铁路电力与牵引供电系统
继电保护

（第 5 版）

谭秀炳　编著

西南交通大学出版社
·成　都·

内容提要

本书结合我国铁路电力与交流电气化铁道的具体情况和实践经验，全面介绍了继电保护的基础知识，电网相间短路的电流保护、电压保护和电流方向保护，电网的接地保护，电网的距离保护，自动重合闸与备用电源进线和备用主变压器自动投入装置，电力变压器保护，交流牵引网保护，交流牵引网短路故障测距原理，电容补偿装置保护，母线保护，以及继电保护的设计原则等。包括各种保护的原理分析、典型接线和整定计算。不仅阐述了直接供电方式下牵引供电系统的继电保护，而且还介绍了 AT 供电系统的继电保护。除了涉及电磁型、整流型等继电保护元件与原理外，还重点介绍了微型计算机继电保护的基本原理以及微机保护系统在电气化铁道的应用。

本书可作为高等学校电气工程及其自动化专业（铁路牵引电气化与自动化方向，铁道电气化，铁道供电）本科或高等职业技术教育继电保护及自动化课程（或相近课程）的教材或教学参考书，也可供牵引供电和铁路电力工程技术人员参考，经适当节选还可作为变配电和继电保护技术培训参考教材。

图书在版编目（CIP）数据

铁路电力与牵引供电系统继电保护 / 谭秀炳编著
. —5 版. —成都：西南交通大学出版社，2023.9
ISBN 978-7-5643-9447-9

Ⅰ. ①铁… Ⅱ. ①谭… Ⅲ. ①电气化铁道 – 牵引供电系统 – 继电保护②电气化铁道 – 牵引变电所 – 继电保护 Ⅳ. ①U224.4

中国国家版本馆 CIP 数据核字（2023）第 150010 号

Tielu Dianli yu Qianyin Gongdian Xitong Jidian Baohu

铁路电力与牵引供电系统继电保护
（第 5 版）

谭秀炳 / 编　著
责任编辑 / 黄淑文
封面设计 / 墨创文化

西南交通大学出版社出版发行
（四川省成都市金牛区二环路北一段 111 号西南交通大学创新大厦 21 楼　610031）
发行部电话：028-87600564　028-87600533
网址：http://www.xnjdcbs.com
印刷：成都蓉军广告印务有限责任公司

成品尺寸　185 mm × 260 mm
印张　19　字数　471 千
版次　2007 年第 7 月第 1 版　2011 年 7 月第 2 版　2015 年 8 月第 3 版
　　　2019 年 12 月第 4 版　2023 年 9 月第 5 版
印次　2023 年 9 月第 9 次
书号　ISBN 978-7-5643-9447-9
定价　49.90 元

课件咨询电话：028-81435775
图书如有印装质量问题　本社负责退换
版权所有　盗版必究　举报电话：028-87600562

第五版前言

本书能出第五版,应该感谢用书学校、单位、任课老师、学生和读者的厚爱与支持,同时应该感谢西南交通大学出版社领导、编辑和涉及的所有工作人员的支持与帮助。

本书第五版与第四版第 7 次印刷相比较,主要有以下修改和提高:

1. 第一章第二节"对继电保护的基本要求"四条顺序排列由原来的"一、选择性,二、速动性,三、灵敏性,四、可靠性"改为"一、可靠性,二、选择性,三、灵敏性,四、速动性"。一方面同国家标准、设计规范和技术导则保持一致;另一方面彰显"可靠性"的重要程度。

2. 根据继电保护技术发展的新情况新资料,重新编写第七章第五节"直接供电方式牵引网的保护方式和整定计算"、第六节"AT 供电系统牵引网的保护方式和整定计算",并将节题中"保护方式"改为"保护配置",使其与设计和运营单位的应用技术更贴近,理论联系实际更密切。

3. 将第七章原第五节"直接供电方式牵引网的保护方式和整定计算"中"双线牵引网与距离保护相关的特点"转移出来并略加修改,同时加上"关于馈电线的电抗"、"变电所馈电线电流速断保护灵敏度校验问题"和"变电所馈电线欠压启动过电流保护的电压元件灵敏度系数",作为第七章第七节进行深入阐述,以凸显其重要性和应用意义。

4. 第十章第二节"继电保护设计应注意的一些技术问题"第四部分"继电保护和自动装置的配置原则"后面,增加了第五部分"补充内容——牵引站供电线路的继电保护配置及其纵联保护",因为其与牵引供电系统继电保护的关系直接又紧密,牵引供电系统继电保护工作者对其简要了解一下是有意义的。

5. 为了第 4 项的需要,补充了新的附录 E"牵引站供电线路继电保护配置原则",原来的附录 E"牵引网阻抗测试记录"改为附录 F。

6. 有些书页作了少许增补、个别删节和调整顺序以及改进插图。订正了前一版(前一次印刷)存在的个别错误、不规范或不严密的词语或表述。

在上述修改过程中,中国铁路西安局集团有限公司宝鸡供电段提供了技术参考资料、设备运行情况和现场参观学习等方面的大力支持和热情帮助,如供电技术科副科长胡军利工程师、孟冬贤高级工程师、前任科长邹志立工程师、变电检修车间主任牛桦工程师等许多同仁都给予了宝贵的帮助;从参考文献、技术资料中获得了很好的启迪、借鉴和帮助。编者对所有提供支持和帮助的单位和人员(包括参考文献和技术资料的作者)一并表示衷心的感谢。

由于编者的水平、掌握的技术资料和了解的现场实际情况等条件有限,书中漏项、不妥甚至失误之处仍可能存在,诚请专家、同仁和读者批评、指正,编者十分感谢。

编 者

2023 年 6 月

第四版前言

本书第四版与第三版相比较，主要有以下修改和提高：

1. 第六章第四节"电力变压器的差动保护"补充了三相变压器励磁涌流的特点，以便读者对变压器励磁涌流的特点有进一步的深入了解。

2. 《高速铁路设计规范》规定，"高压侧电压为 330 kV 及以上的变压器，应装设过励磁保护，保护应具有定时限或反时限特性，并与被保护变压器的过励磁特性相配合。"因此，第六章"电力变压器保护"补充了第八节"变压器的过励磁保护"；同时第一节作了相应的补充。

3. 第十一章第二节"微型计算机继电保护的基本硬件结构"，作了较多的修改、补充和调整顺序。

4. 为了适应变压器过励磁保护的情况，第十二章第二节"主变压器微机主保护装置"作了相应的修改和补充。此外，微机差动保护电流互感器二次回路电流平衡关系，补充了举例阐明其推导的步骤和方法。

5. 第十二章第三节"主变压器微机后备保护装置"补充了主变压器装设过励磁保护的内容。

6. 附录 C"铁路电力变、配电所典型回路继电保护和安全自动装置（单元）配置"：补充了"摘自《铁路电力设计规范》(TB 10008—2015,J660—2016)表 5.5.4—1"，适用于 2016 年 4 月 1 日实施以后设计的铁路电力变、配电所；原有的"摘自《铁路电力设计规范》(TB 10008—2006,J660—2007)表 5.4.4—1"，对应着 2016 年 4 月 1 日以前设计的、相当多的、仍在运行的铁路电力变、配电所。

7. 附录 D"铁路牵引供电系统继电保护和自动装置配置"：补充了"摘自《铁路电力牵引供电设计规划》(TB 10009—2016,J452—2016)4.7 继电保护及自动装置"，适用于 2016 年 9 月 1 日实施以后设计的铁路牵引供电系统；原有的"摘自《铁路电力牵引供电设计规范》(TB 10009—2005,J452—2005)4.7 继电保护及自动装置"，对应着 2016 年 9 月 1 日以前设计的、相当多的、仍在运行的铁路牵引供电系统。还补充了《高速铁路设计规范》(TB 10621—2014,J1942—2014)关于继电保护的配置和安全自动装置的设置应符合的规定。

8. BT供电方式、并联电容补偿装置及其有关内容,在现行的《铁路电力牵引供电设计规范》中已经被删除,表明此后设计的电气化铁路不再安装了。原有的BT供电方式也已经不使用,所以本书删除了BT供电方式的有关内容。但是,并联电容补偿装置,在使用交-直型电力机车牵引的电气化铁路区段仍在使用,所以本书保留了并联电容补偿装置保护及其有关内容。

9. 有些书页作了少许增补、个别删节和调整顺序,以及改进插图。订正了前一版(前一次印刷)存在的个别错误、不规范和不严密的词语或表述。

在本书的修改过程中,中铁第一勘察设计院电化处吴波工程师、中国铁路西安局集团有限公司供电部王向利工程师和原西安铁路分局供电分处钱植之高级工程师给予了支持和帮助;中国铁路西安局集团有限公司宝鸡供电段提供了技术参考资料、设备运行情况和现场参观学习等方面的大力支持和热情帮助,如供电技术科科长邹自立工程师、孟冬贤高级工程师、胡军利工程师、变电检修车间主任牛桦工程师、职教科科长李海峰工程师、赵秀玲工程师、拓石供电车间副主任杨建华工程师等许多同仁都给予了宝贵的帮助;中国铁路西安局集团有限公司西安高铁基础设施段供电技术科权胜利工程师给予了自驾车陪同到高铁牵引变电所参观学习、多次提供技术参考资料等宝贵的帮助;从参考文献和技术资料中获得了很好的启迪、借鉴和帮助。编者对所有提供支持和帮助的单位和人员(包括参考文献和技术资料的作者)一并表示衷心的感谢。

由于编者的水平和所掌握的资料等条件有限,书中漏项、不妥甚至失误之处仍可能存在,诚请专家、同仁和读者批评、指正,编者十分感谢。

编 者

2019年11月

第三版前言

本书第三版与第二版相比较，主要有以下修改和提高：

1. 《铁路电力牵引供电设计规范》规定，对于 110～220 kV 有效接地电力网线路接地短路，零序电流保护不能满足要求时，可装设接地距离保护，并应装设一段或两段零序电流保护作为后备保护。所以，在第四章第五节补充了接地距离保护的概念和反应接地短路的阻抗继电器的接线方式。

2. 第五章第四节"备用电源进线和备用主变压器自动投入装置"电路原理较复杂，而目前该装置的功能都采用微机实现（参看第十二章第七节"主变压器微机测控装置"）。因此，将该装置的具体电路原理删除。

3. 第六章第四节"变压器的差动保护"，以单相联结变压器和三相 YNd11 联结变压器为例，对差动保护作了较详细的阐述，具有典型意义。其他各种联结形式的牵引变压器差动保护在第十二章第二节"主变压器微机主保护装置"中都有所介绍。因此，将第六章原第七节"斯科特联结牵引变压器的差动保护"、原第八节"平衡牵引变压器和三相 Vv 联结牵引变压器差动保护"删除。

4. 第六章第六节第一部分"三相主变压器保护"，根据《铁路电力牵引供电设计规范》的规定，对主变压器中性点是否装设零序过电压保护，已装设的零序电流保护是否投入运行，补充了简单说明。

5. 第六章原第九节"利用二次谐波制动和鉴别波形间断角的差动保护"，补充了第三部分"具有比率制动特性的差动保护"，并改为第七节"利用二次谐波制动、鉴别波形间断角和具有比率制动特性的差动保护"。

6. 第七章第二节中，"四边形特性方向阻抗继电器交流回路的构成""多相量相位比较电路（简称比相电路）"和"四边形特性方向阻抗继电器的整定"等，比较复杂，而其中涉及的原理和功能，已经都利用微机实现，所以删除。

7. 第十一章"微型计算机继电保护的基本原理"末尾，补充了一段，对全章各节进行简明概括，从而使初学者对微型计算机继电保护的基本原理，能有更加完整清晰的概念。

8. 有些章节作了少许增补、删节和调整顺序，以及改进插图。

9. 订正了前一版(前一次印刷)存在的个别错误、不规范和不严密的词语或表述。

本书的内容具有相当的广度和深度,可以作为高等学校电气工程及其自动化专业(铁路牵引电气化与自动化方向,铁道电气化,铁道供电)本科教材。如果作为高等职业技术教育教材,则应根据本校执行的教学大纲(课程标准)决定取舍,超出教学大纲范围的内容不讲授,有的内容可以简要讲授,推导过程较复杂的公式可以只讲授结果(略去推导过程)等。当然,即使作为本科教材,也要根据本校执行的教学大纲适度选取。本书由于系统性和实用性较强,所以对同类专业和相关专业的设计、施工、运营、管理与科研等有关科学技术人员也是一本较好的参考书。

在本书的修改过程中,得到了中铁西安勘察设计研究院通号电化处和符德川教授级高级工程师、西安铁路局宝鸡供电段的大力支持和帮助。编者表示衷心的感谢。

由于编者的水平和所掌握的资料等条件有限,书中遗漏、不妥甚至失误之处仍可能存在,诚请专家、同仁和读者给予指正,编者十分感谢。

编 者
2015 年 7 月

第二版前言

本书第二版与第一版相比较,除保留了第一版的全部优点之外,主要有以下修改和提高:

1. 第十一章"微型计算机继电保护的基本原理"增补了一节"微机保护装置的基本软件程序"。与此相关的第十二章各种供电设备具体的微机保护装置软件程序,作了相应的修改。

2. 第十二章"微机保护系统在电气化铁道的应用"增补了一节"主变压器微机测控装置"。与此相关的"牵引变电所综合自动化系统"一节及其他内容进行了相应的修改。

3. 第十二章第四节"牵引网微机保护测控装置"增补了开闭所使用的"记忆电压元件"、"失压保护元件(用于进线保护)"和"进线自投元件(用于进线保护)"。

4. 增补了附录C"铁路电力变、配电所典型回路继电保护和安全自动装置(单元)配置"与附录D"铁路牵引供电系统继电保护和自动装置配置"。

5. 第九章第一节"并联电容补偿装置保护"中,"差电压保护"和"过电压保护"这两部分全部重新编写;"桥式差电流保护"这部分由于我国生产的电气化铁道牵引供电系统并联电容补偿装置保护很少采用,所以删除。第二节"串联电容补偿装置保护"第二部分"电容器内部故障的保护"重新编写。

6. 第十二章第五节"并联电容补偿微机保护测控装置"第二部分"保护原理"几乎全部重新编写;第二节"主变压器微机主保护装置"做了较大修改。

7. 第五章第三节第四部分"电压抽取装置"和第四节第二部分"备用电源进线和备用主变压器自动投入装置(AAP)电路原理"、第六章第五节第四部分"整定计算举例"至第六节第一部分"三相主变压器保护",对排版顺序进行了较大调整。

8. 有些地方进行了少许增补、删节和调整顺序,以及改进插图。

9. 订正了原来存在的个别错误、不规范和不严密的词语或表述。

还应说明,虽然微型计算机继电保护在我国电气化铁道牵引供电系统已经广泛采用(本书第十一章和第十二章正是为了适应这种情形的需要),但是总体来说,第一章至第十章的内容是基础。实践证明,理解和掌握这些基础知识,对于学习和运用微机保护是十分有益的。使用本教材的学校（单位）根据自己的教学大纲（课程标准），可以灵活机动地选讲。例如，第二章中的"整流型功率方向继电器"，第四章中的"整流型圆特性阻抗继电器"、"以负序电流分量启动的振荡闭锁装置"，第五章中的"备用电源进线和备用主变压器自动投入装置（AAP）电路原理"，第六章中的第七节"斯科特联结牵引变压器的差动保护"、第八节"平衡牵引变压器和三相Vv联结牵引变压器差动保护"，第七章中的"四边形特性方向阻抗继电器交流回路的构成"、"多相量相位比较电路（简称比相电路）"和"四边形特性方向阻抗继电器的整定"等，就可以作为阅读内容。

在本书的修改过程中，得到了中铁二院西安勘测设计研究院符德川教授级高级工程师提供资料和释疑解难等大力帮助；西安铁路局宝鸡供电段给予了借阅资料和现场学习等热情支持。编者表示衷心的感谢。由于编者的水平和所掌握的资料等条件有限，书中遗漏、不妥和错误之处仍可能存在，诚请专家、同仁和读者给予指正，编者十分感谢。

编 者

2011年5月

第一版前言

铁路电力与电气化，同我国整个社会主义现代化建设一样，正以前所未有的速度发展。为了适应高等学校教学、职业技术教育以及专业技术人员提高技术业务水平的需要，特编写了本书。

本书结合我国铁路电力与交流电气化铁道的具体情况和实践经验，全面介绍了继电保护的基础知识，电网相间短路的电流保护、电压保护和电流方向保护，电网的接地保护，电网的距离保护，自动重合闸与备用电源进线和备用主变压器自动投入装置，变压器保护，交流牵引网保护，交流牵引网短路故障测距原理，电容补偿装置保护，母线保护，以及继电保护的设计原则等。包括各种保护的原理分析、典型接线和整定计算。不仅阐述了直接供电方式与 BT 供电方式下牵引供电系统的继电保护方式，而且还介绍了 AT 供电系统的继电保护方式。除了涉及电磁型、整流型等继电保护元件与原理外，还重点介绍了微型计算机继电保护的基本原理以及微机保护系统在电气化铁道中的应用。

本书可作为高等学校电气工程及其自动化（铁道电气化，铁道供电）专业教学之用，也可供牵引供电和铁路电力工程技术人员参考，经适当节选还可作为变配电和继电保护技术培训参考教材。

本书内容力求做到理论联系实际，文字叙述简明扼要、浅显易懂，以达到实用、方便。但囿于编者的水平和掌握的资料，教材中缺点和错误在所难免，恳请同行和读者给予指正。

本书在编写过程中，从参考文献里获得了许多帮助和启迪；西安中铁勘察设计院电化科，特别是符德川（教授级）高级工程师，提供了参考资料和帮助；西安铁路局宝鸡供电段供电技术科也提供了参考资料和帮助；西安铁路运输职工大学（2006 年春与西安铁路运输学校合并，改为西安铁路职业技术学院）领导、教务科、教委、电子信息工程系等给予了关怀和支持。在此，编者对所有提供参考资料和帮助的单位与个人（包括参考文献和技术资料的作者）一并表示衷心的感谢。

编　者
2006 年 10 月

本书使用的主要符号说明

表一　电气设备元件文字符号

文字符号	中文名称	英文名称	旧符号
AAP	自动投入装置	auto-put into automatic	BZT
AAR	自动重合闸装置	auto-recloser automatic	ZCH
BE	试验盒	experimental box	SH
C	电容，电容器	capacity	C
F	避雷器，放电间隙	arrester, discharger	BL，JX
FU	熔断器	fuse	RD
G	发电机	generator	F
HL	信号灯	pilot lamp	XD，YD
K	继电器，接触器	relay, contactor	J、C、IC
KA	电流继电器	current relay	LJ
KAN	负序电流继电器	negative sequence current relay	FLJ
KBL	断线闭锁继电器	break lock relay	DBJ
KD	差动继电器	differential relay	CDJ
KFS	故障测距装置启动继电器	faultfinder start relay	GQJ
KG	瓦斯继电器	gas relay	WSJ
KM	中间继电器	medium relay	ZJ
KMC	合闸继电器	close relay	HJ，HZJ
KME	保护出口继电器	protective exit relay	BCJ
KMF	分闸位置继电器	off-position relay	FWJ，TWJ
KML	跳闸闭锁继电器	trip lock relay	TBJ
KMM	熔断器监视继电器	fuse monitor relay	RJJ
KMN	合闸位置继电器	on-position relay	HWJ
KO	合闸接触器	closing operation contactor	HC
KP	极化继电器	polarized relay	JHJ
KPD	功率方向继电器	power directional relay	GJ
KR	重合闸出口继电器	recloser exit relay	HJ
KS	信号继电器	signal relay	XJ
KSD	同步检查继电器	synchronism detection relay	TJJ

续表

文字符号	中文名称	英文名称	旧符号
KT	时间继电器	timing relay	SJ
KV	电压继电器	voltage relay	YJ
KZ	阻抗继电器	impedance relay	ZKJ
L	电感，电感线圈	inductance, inductance coil	L
M	电动机	motor	D
N	运算放大器	operational amplifier	N
Q	开关，刀开关	switch, blade	K，DK
QF	断路器	circuit breaker	DL
QS	隔离开关	disconnector	GK
R	电阻，电阻器	resistance	R
RP	电位器	potentiometer	WR
S	电力系统	power system	XT
S	电源	source	Y
S	转换开关	switch	ZK
SA	控制开关，万能转换开关	control switch	KK，WK
SB	按钮	push button	AN
SE	试验按钮	experimental push button	SA
SR	复归按钮	reset push button	FA
ST	跳(分)闸弹簧	trip spring	FT
T	变压器	transformer	B
TA	电流互感器	current transformer	LH
TAA	辅助电流互感器	auxiliary current transformer	FLH
TDC	放电线圈	discharge coil	FD
TP	极化变压器	polarized transformer	JHB
TV	电压互感器	potential transformer	YH
TX	电抗变压器	reactance transformer	DKB
U	整流器	rectifier	BZ
UA	电流变换器	current converter	LB
UAA	辅助电流变换器	auxiliary current converter	CCT
UV	电压变换器	voltage converter	YB
VD	半导体二极管	diode	D
VS	稳压二极管	regulator tube	WY
VT	半导体三极管	transistor	BG

续表

文字符号	中文名称	英文名称	旧符号
W	线圈,绕组	winding, coil	W
WA	辅助母线	auxiliary bus-bar	M
WC	控制小母线	control small bus-bar	KM
WNR	掉牌未复归小母线	automatic drop non-resetting small bus-bar	PM
WSE	信号试验小母线	signal experimental small bus-bar	SXM
WSR	信号复归小母线	signal resetting small bus-bar	FXM
X	端子	terminal	D
XB	连接片	link	LP
YR	跳闸线圈	trip winding	TQ
Z	滤过器,滤波器	pass filter, electric filter	LGQ,LBQ

表二 量和单位的符号

量的名称	量的符号	单位名称	单位符号
电流	I	安[培]	A
电压	U	伏[特]	V
电容	C	法[拉]	F
电阻	R	欧[姆]	Ω
电抗	X	欧[姆]	Ω
阻抗	Z	欧[姆]	Ω
单位长度电阻	r	欧姆每千米	Ω/km
单位长度电抗	x	欧姆每千米	Ω/km
单位长度阻抗	z	欧姆每千米	Ω/km
磁通[量]密度,磁感应强度	B	特[斯拉]	T
磁通[量]	Φ	韦[伯]	Wb
磁阻	R_m	每亨[利]	H^{-1}
自感	L	亨[利]	H
互感	M	亨[利]	H
电导	G	西[门子]	S
频率	f	赫[兹]	Hz
周期	T	秒	s
长度,距离	l, L	米,千米	m, km
半径	r, R	米	m
时间	t	秒,分	s, min

续表

量 的 名 称	量的符号	单位名称	单位符号
速度	v	米每秒	m/s
空气隙	δ	毫米	mm
力	F	牛[顿]	N
重量	$W(P, G)$	牛[顿]	N
转矩	M	牛[顿]米	N·m
角	$\alpha, \beta, \theta, \varphi$	度，[角]分，[角]秒	(°), ('), (")
线圈(绕组)匝数	W	匝	
变压比	K_U		
电流比，电压比	n		
品质因数	Q		
系数	K, α, β		

表三　右下角标符号

右下角标符号	中文含义	英文含义	旧符号
a	有功的	active	a
a	非周期性的	aperiodic	f-zq
A	辅助的	auxiliary	F
ACT，act	动作	action	dz
ar	电弧	arc	dh
b	有	be	y
b	偏压	bias	p
bl	分压	bleeder	F
bo	谷点	bottom	gd
bal	平衡的	balancing	ph
bra	分支	branch	fz
brk	制动	brake	zd
c	计算	count	j
d	基准，门槛	datum	b
DC	直流	direct-current	ZL
dif	差动	differential	cd
E	地，接地	earth, earthing	d, jd
e	误差	error	wc
e	励磁	exciting	lc

续表

右下角标符号	中文含义	英文含义	旧符号
fa	断电，出故障，损坏	fail	
fb	反馈	feed-back	fk
fw	精确工作	fine working	jg
g	增益	gain	z
h	谐波	harmonic	XB
hv	高压，高电压的	high-voltage	GY
i	电流	current	L
in	输入	input	sr
K	继电器	relay	J
k	短路	short-circuit	d
L	负荷	load	fh
li	线路	line	xl
lv	失(电)压，失去电压	lose-voltage	sy
lv	低压，低电压的	low voltage	DY
m	记忆	memorial	j
max	最大值	maximum	zd
min	最小值	minimum	zx
n	无	nil	w
N，n	额定	nominal	E，e
NS	不同时，不同期	non-synchronous	bt
O	振荡	oscillation	Z
O	空载	idling	O
OC	过电流	overcurrent	GL
oe	过励磁	overexcitation	GC
OL	过负荷	overload	gf
OV	过电压	overvoltage	GY
out	输出	output	sc
p	极化	polarizing	jh
pe	允许，容许	permissible	y
ph	相	phase	φ，x
pk	峰点	peak	fd
qb	速断，迅速断开	quick-break	SD
R	电阻	resistance	R
r	无功的	reactive	r

续表

右下角标符号	中文含义	英文含义	旧符号
r	实际的	real	S
R，r	返回	return	fh
re	阻力	resistance	zl
REL，rel	可靠	reliable	K
S	采样	sample	C
S	电源，系统	source，system	y，xt
S	降压，降低	step-down	j
SS	自启动	self-start	zq
St	同型	same type	tx
Su	冲击，浪涌，骤增	surge	YL
sen	灵敏	sensitive	lm
SET，set	整定	setting	zd
tr	过渡	transition	g
u	电压	voltage	y
uv	欠(电)压，电压不足	under voltage	qy
unb	不平衡的	unbalanced	bp
w	导线	wire	x
w	接线	wiring	jx
w	工作	work	g
x	电抗	reactance	k
z	阻抗	impedance	z
Δ	差	difference	Δ
Σ	和	summation	Σ

目 录

第一章 继电保护的基础知识 ………………………………………………………… 1
- 第一节 继电保护的含义和功用 …………………………………………………… 1
- 第二节 对继电保护的基本要求 …………………………………………………… 2
- 第三节 继电保护的原理概念和分类 ……………………………………………… 4
- 第四节 继电保护的发展概况 ……………………………………………………… 6
- 第五节 电磁型继电器 ……………………………………………………………… 7

第二章 电网相间短路的电流保护、电压保护和电流方向保护 ………………… 15
- 第一节 电流保护 …………………………………………………………………… 15
- 第二节 电压保护 …………………………………………………………………… 28
- 第三节 电流方向保护 ……………………………………………………………… 30

第三章 电网的接地保护 …………………………………………………………… 44
- 第一节 中性点直接接地系统的接地保护 ………………………………………… 44
- 第二节 中性点不接地系统的单相接地保护 ……………………………………… 52

第四章 电网的距离保护 …………………………………………………………… 56
- 第一节 距离保护的基本概念 ……………………………………………………… 56
- 第二节 阻抗继电器 ………………………………………………………………… 58
- 第三节 距离保护的接线方式和整定校验 ………………………………………… 67
- 第四节 影响距离保护正确工作的因素和防止措施 ……………………………… 73
- 第五节 一种 110/220 kV 输电线路保护屏概述 …………………………………… 82

第五章 自动重合闸与备用电源进线和备用主变压器自动投入装置 …………… 86
- 第一节 自动重合闸的意义与对其基本要求 ……………………………………… 86
- 第二节 单侧电源线路的自动重合闸 ……………………………………………… 87
- 第三节 双侧电源线路的自动重合闸 ……………………………………………… 89
- 第四节 备用电源进线和备用主变压器自动投入装置 …………………………… 94

第六章 电力变压器保护 …………………………………………………………… 96
- 第一节 电力变压器的故障及不正常运行状态 …………………………………… 96
- 第二节 变压器的瓦斯保护 ………………………………………………………… 97

第三节	变压器的电流速断保护	98
第四节	变压器的差动保护	100
第五节	变压器的电流保护	106
第六节	牵引变电所变压器保护举例	110
第七节	利用二次谐波制动、鉴别波形间断角和具有比率制动特性的差动保护	115
第八节	变压器的过励磁保护	120

第七章 交流牵引网保护 … 124

第一节	交流牵引负荷与交流牵引网短路参数的特点	124
第二节	交流牵引网的距离保护	125
第三节	利用牵引负荷特点构成的保护	134
第四节	牵引网成套保护装置简介	138
第五节	直接供电方式牵引网保护配置和整定计算	141
第六节	AT供电系统牵引网保护配置和整定计算	148
第七节	第五节和第六的深入阐述	155

第八章 交流牵引网故障测距原理 … 160

第一节	线路故障测距的基本概念	160
第二节	直接供电方式牵引网故障测距原理	161
第三节	AT供电系统牵引网故障测距原理	163

第九章 电容补偿装置和母线保护 … 169

第一节	并联电容补偿装置保护	169
第二节	串联电容补偿装置保护	177
第三节	母线保护	180

第十章 继电保护的设计原则 … 182

第一节	继电保护设计的任务和程序	182
第二节	继电保护设计应注意的一些技术问题	183

第十一章 微型计算机继电保护的基本原理 … 189

第一节	微型计算机继电保护概述	189
第二节	微型计算机继电保护的基本硬件结构	191
第三节	数字滤波与微机保护算法的基本概念	199
第四节	微机保护装置的基本软件程序	207
第五节	提高微机保护可靠性的措施	212

第十二章 微机保护系统在电气化铁道的应用 … 216

| 第一节 | 牵引供电设施各微机保护系统的相同(或相近)内容 | 216 |

第二节　主变压器微机主保护装置 …………………………………………… 220
　　第三节　主变压器微机后备保护装置 ………………………………………… 231
　　第四节　牵引网微机保护测控装置 …………………………………………… 236
　　第五节　并联电容补偿微机保护测控装置 …………………………………… 244
　　第六节　动力变压器微机保护测控装置 ……………………………………… 248
　　第七节　主变压器微机测控装置 ……………………………………………… 251
　　第八节　牵引变电所综合自动化系统 ………………………………………… 262

附录 A　常用继电器线圈和触点以及逻辑电路的名称和图形 …………………… 268

附录 B　短路保护装置的最小灵敏系数 ……………………………………………… 269

附录 C　铁路电力变、配电所典型回路继电保护和安全自动装置(单元)配置 …… 270

附录 D　铁路牵引供电系统继电保护和自动装置配置 ……………………………… 273

附录 E　牵引站供电线路继电保护配置原则 ………………………………………… 279

附录 F　牵引网阻抗测试记录 ………………………………………………………… 280

参考文献 ………………………………………………………………………………… 281

第一章　继电保护的基础知识

第一节　继电保护的含义和功用

一、继电保护的含义

图 1.1 是某电气化铁道供电系统的部分示意图。虚线框内是牵引变电所，通过 110 kV 三相输电线路，由电源 I 和电源 II 供电。T_1、T_2 是两台主变压器，用来将 110 kV 三相电压变换为 27.5 kV 单相电压向接触网供电。T_3 是一台动力变压器，将 27.5 kV 三相电压降低为 6～10 kV 三相电压，向牵引变电所附近电力用户供电。$QF_1 \sim QF_{12}$ 是断路器。

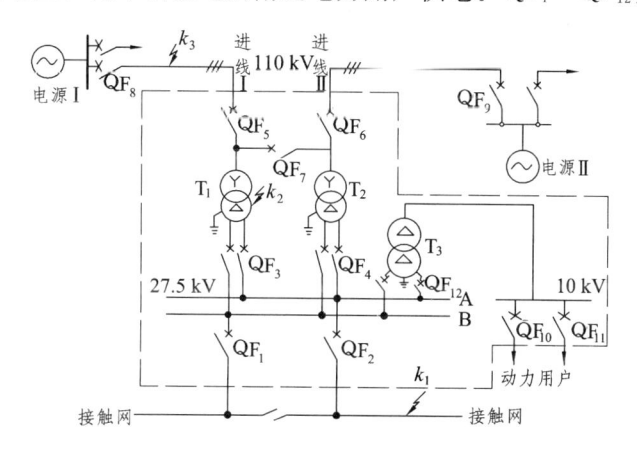

图 1.1　供电系统

断路器是用来带负荷操作断开和接通电路的高压开关电器。正常送电时，用控制开关 SA 操作将断路器合闸。停电时，用控制开关 SA 操作将断路器分闸。如果相关的带电部分发生短路故障，断路器应当自动跳闸，将短路故障切除。但是，怎样才能断定确实发生了短路从而使断路器自动跳闸呢？这就要有这样一种自动装置，它经常地测定供电系统运行中的状态，并将该测定值和预先整定好的基准值(称为整定值)相比较，从而正确地判别正常和故障状态。当供电系统发生故障时，它按设计要求自动地发出必要的指令，使与故障点直接有关的断路器跳闸并显示信号；发生不正常运行情况时，一般只发出信号。这样的自动装置就是继电保护装置。简单地说，继电保护装置是指能反应电力系统(供电系统)发生故障或不正常运行状态，并动作于断路器跳闸或发出信号的一种自动装置。它是由各种继电器、电子元件与互感器等按一定要求组合而成的。

二、继电保护的功用

继电保护对保证电力系统(供电系统)正常运行是非常重要的。其功用如下：

（1）用来切除短路故障。如图 1.1 所示的供电系统，共有十多台断路器，每台断路器都配有专门的继电保护装置。如果没有符合要求的继电保护装置，那么短路故障就不能被迅速切除，从而造成严重的危害：

① 影响工农业和交通运输业的正常生产。如接触网短路，电力机车无法运行，造成电气化铁路运输中断。同时变电所母线电压降低，影响对电力用户正常供电。

② 使电气设备损坏或缩短寿命。短路时，不但短路点产生电弧，而且短路回路电流急剧增大，使电气设备严重发热，并承受巨大的电动力，遭受损坏或缩短寿命。

③ 破坏电力系统运行的稳定性。双电源之间某点发生短路时，可能引起电力系统解裂，影响整个电力系统的正常运行。

（2）用来发出不正常运行状态的信号。如发生主变压器过负荷、过热、轻瓦斯、油位过低或过高，控制回路断线，绝缘不良等不正常状态时，继电保护发出相应的信号，引起值班人员注意，及时采取措施，消除不正常状态。

（3）继电保护与自动重合闸装置配合使用，对于改善供电方案，进一步提高供电质量很有价值。实践证明，电线路 70% 左右的短路故障属于瞬时性故障，具有自消性，即在继电保护装置动作、断路器跳闸后短路故障可以自行消除，采用自动重合闸装置将断路器重合闸后仍能继续正常供电。

对于少数非自消性故障，虽然重合闸不成功，但由于有了完善的继电保护装置，断路器可以再次迅速跳闸，将故障切除。

由此可见，继电保护是保证电力系统安全运行和提高供电质量的重要手段。如果没有符合要求的继电保护，要想保证电力系统正常运行是不可能的。

第二节　对继电保护的基本要求

根据继电保护在电力系统中所担负的任务，一般情况下，对动作于跳闸的继电保护在技术上有四条基本要求：可靠性、选择性、灵敏性、速动性。

一、可靠性

继电保护的可靠性，是指其元件与接线等都经常处于良好状态，在它的保护范围内发生属于它应该动作的短路时，不应该由于它本身有缺陷而拒绝动作；当发生其余任何不应该由它动作的短路时，或者没有发生短路时，则不应该由于它本身有缺陷而误动作。简单地说，可靠性是指保护装置该动作时应可靠动作，不该动作时应可靠不动作。为了提高继电保护的可靠性，应注意以下几点：

① 设计时，选择的保护装置应合乎科学，采用的继电器及触点应尽可能少，选择的继电器和其他元件应当质量高、动作可靠，并且正确地整定计算。

② 装配、施工时，应正确无误，保证质量。

③ 合理调整试验，加强运行维护管理。

二、选择性

继电保护的选择性,是指当电力系统某点发生短路时,继电保护应当只将与短路部分直接有关的断路器跳闸,把故障部分切除后,非故障部分仍能继续运行,使停电范围最小。例如,图 1.1 中,当 k_1 点短路时,应当只是 QF_2 跳闸;当 k_2 点短路时,应当只是 QF_3、QF_5、QF_7 跳闸;当 k_3 点短路时,应当只是 QF_5、QF_8 跳闸。将短路故障部分切除后,其余非故障部分仍能继续供电。选择性由合理地采用继电保护方式与正确地整定计算、调试、运行维护来保证。

三、灵敏性(也叫灵敏度)

继电保护的灵敏性,是指在它的保护范围内发生短路或不正常状态时,保护装置能敏锐反应并动作的能力,没有因反应不灵敏而拒动的现象。灵敏性一般用灵敏系数来衡量,灵敏系数应尽量根据不利运行方式和不利短路故障类型计算。

(1)对于反应短路时参数量增加的保护装置:

$$灵敏系数 = \frac{保护区末端金属性短路时短路参数的最小计算值}{保护装置的动作参数整定值}$$

例如,过电流保护装置的灵敏系数为:

$$K_{sen} = \frac{I_{k \cdot min}}{I_{ACT}} \tag{1.1}$$

式中 $I_{k \cdot min}$ ——保护区末端金属性短路时的最小短路电流;

I_{ACT}——过电流保护装置的动作电流。

(2)对于反应短路时参数量降低的保护装置:

$$灵敏系数 = \frac{保护装置动作参数的整定值}{保护区末端金属性短路时短路参数的最大计算值}$$

例如,欠电压保护装置的灵敏系数为:

$$K_{sen} = \frac{U_{ACT}}{U_{k \cdot max}} \tag{1.2}$$

式中 U_{ACT}——欠电压保护装置的动作电压;

$U_{k \cdot max}$——保护区末端短路时,在保护装置安装处母线上的最大残余电压。

四、速动性

继电保护的速动性,是指在电力系统发生短路故障时,继电保护应当尽快地动作,使与短路点直接有关的断路器跳闸,迅速将故障切除。其目的是:

① 缩短用户在电压降低的情况下工作的时间;
② 减轻电气设备可能受损坏的程度;
③ 防止故障扩展;
④ 有利于提高电力系统并列运行的稳定性。

从理想情况考虑，速动性不应当影响选择性。例如，图 1.1 中，在两台主变压器 T_1 和 T_2 并联运行的情况下，如果 k_1 点发生短路，短路电流也同时流过变压器 T_1 和 T_2，其保护装置的动作时限应大于 QF_2 保护装置的动作时限，这样才能保证选择性。但是，如果变压器内部(例如图 1.1 中 k_2 点)发生短路，其两侧的断路器应尽快跳闸。可见速动性与选择性是有矛盾的。为了兼顾两者的要求，往往需要采用比较复杂的继电保护装置。

对发生不正常运行状态时只需要发出信号的继电保护装置，一般不要求迅速动作，而是按照选择性的要求发出信号。

第三节　继电保护的原理概念和分类

一、继电保护的工作原理概念

以图 1.2 所示最简单的电流保护工作原理示意图为例来说明。当保护范围内发生短路时，电流互感器 TA 的一次电流 I_1 增大，因而二次侧流入继电器 K 线圈中的电流 I_2 也增大，如果超过整定值，则继电器的衔铁动作，常[①]开触点闭合，使跳闸线圈 YR 受电，铁芯被向上吸动，顶开脱扣机构，使断路器跳闸。断路器跳闸后，它的辅助常开触点 QF 断开，YR 断电。在正常运行时，I_2 小于整定值，继电器不动作。

可见这种继电保护的核心是电流继电器，它通过电流互感器受电，经常测量着电流值，并与整定值进行比较，一旦超过整定值就动作，向断路器跳闸机构送出跳闸命令。

有的继电器(如整流型继电器)不能直接与电流互感器连接，需要经过变换电路。有的继电器，例如阻抗继电器，测量的是 $Z=U/I$，需要同时与电流互感器和电压互感器连接。因而继电保护装置可概括地画成图 1.3 所示的结构方框图。

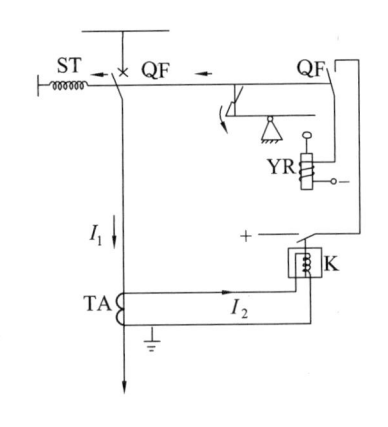

QF—断路器；ST—分闸弹簧；
YR—跳闸线圈；K—继电器；
TA—电流互感器。

图 1.2　电流保护工作原理示意图

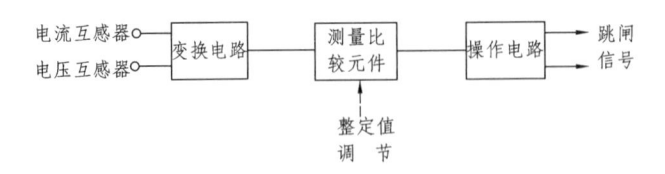

图 1.3　保护装置结构方框图

变换电路——将电流互感器、电压互感器二次侧的电流、电压变换为测量比较元件所需要的输入量。

[①]　常：指继电器等元件线圈不受电，或断路器等开关断开。下同。

测量比较元件——电流继电器、阻抗继电器等，当被测量值符合整定值动作条件时，测量比较元件动作。

操作电路——实现一定控制要求的直流电路，经过它去接通所需要的跳闸电路和信号电路。

二、继电保护装置的分类

1. 按保护装置反应的电参数分类

（1）电流保护——测量比较元件反应的是流过保护安装处的电流 I。正常时，电流小于整定值，保护不动作。当发生短路、电流等于或大于整定值时，保护动作。

（2）欠电压保护——测量比较元件反应的是保护安装处的电压 U。正常时，电压高于整定值，保护不动作。当发生短路、电压等于或低于整定值时，保护动作。

（3）距离保护——测量比较元件反应的是从保护安装处至短路点的线路阻抗 $Z=U/I$。正常时，电流 I 小，电压 U 高，阻抗 Z 大于整定值，保护不动作。在短路情况下，保护安装处电流回路中的电流 I 增大，母线电压 U 降低，阻抗 Z 减小；当 Z 小于整定值时，保护动作。

（4）差动保护——测量比较元件反应的是被保护设备两端的电流差 I_Δ。正常时和保护范围外部短路时，该电流差小，保护不动作。当保护范围内发生短路时，该电流差增大，I_Δ 等于或大于整定值时，保护动作。

（5）方向性保护——在双侧电源线路中，为了判别短路的方向，确保继电保护的选择性，往往增加方向元件，或使测量比较元件本身具有方向性，从而构成具有方向性的保护装置。正常时或反方向短路时，保护不动作。正方向短路时，保护动作。

（6）反应某一对称分量（如零序分量或负序分量）的保护——这时在变换电路中应包括对称分量滤过器，以获得所需要的相序分量。正常时，该相序分量小于整定值，保护不动作。当发生不对称短路故障，导致零序或负序分量等于或大于整定值时，保护动作。

2. 按保护装置的构成元件分类

（1）电磁型保护——由电磁型继电器构成。
（2）感应型保护——测量比较元件由感应型继电器构成。
（3）整流型保护——测量比较元件由整流型继电器构成。
（4）晶体管型保护——由晶体管型继电器构成。
（5）集成电路型保护——由集成电路型继电器构成。
（6）微型计算机保护——由微型计算机和相关的电路构成。

3. 按被保护设备分类（即按用途分类）

（1）线路保护——被保护设备是线路。
（2）母线保护——被保护设备是母线。
（3）变压器保护——被保护设备是变压器。
（4）牵引网保护——被保护设备是牵引网。
（5）电容补偿装置保护——被保护设备是电容补偿装置。

4. 按保护的后备问题分类

（1）主保护。
（2）后备保护：包括近后备保护和远后备保护。
（3）辅助保护。

它们的含义见第十章第二节。

第四节 继电保护的发展概况

熔断器可说是最早的过电流保护，它的特点是融保护装置与切断电流的装置于一体，因而最简单。它至今仍广泛用作低压配电线路、小型配电变压器和低压用电设备的保护。由于电力系统的迅速发展，熔断器不能满足选择性和速动性的要求，于是出现了作用于专门的断流装置（断路器）的电磁型过电流继电器。

20世纪初，继电器开始广泛应用于电力系统的保护。1901年，出现了用感应型电流继电器构成的电流保护；1908年，提出了电流差动保护；1910年，开始采用电流方向保护，应用了感应型功率方向继电器；1920年，应用了感应型阻抗继电器构成的距离保护；1927年以后，开始应用输电线路的高频保护，应用了电子管构成的高频发送与接收电路。

20世纪50年代以前的继电保护装置都是由电磁型、感应型继电器构成的，这些继电器都具有机械转动部分，统称为机电式继电器。由这些继电器构成的继电保护装置称为机电式保护装置。机电式保护装置虽然工作比较可靠，运行经验丰富，但是体积大，功率消耗多，动作速度慢，机械转动部分和触点容易磨损或粘连，调试比较复杂，不能满足超高压、大容量电力系统的要求。

20世纪60年代以来，随着半导体技术的迅速发展，应用半导体器件的整流型保护装置和晶体管型保护装置逐渐受到重视，并推广应用。晶体管型继电保护的优点是：动作迅速、灵敏度高、体积小、重量轻、功率消耗少、无触点、无机械磨损等。其缺点是：离散性大、抗干扰能力较差、工作可靠性较低。经过继电保护工作者不懈地努力，这些缺点逐步得到了满意的解决，使晶体管型保护装置的正确动作率达到了同机电式保护装置一样的水平。20世纪70年代是晶体管型和整流型继电保护装置在我国被大量采用的时期，满足了当时电力系统向超高压、大容量方向发展的需要。晶体管型继电保护装置由于无机械转动部分而称为静态继电保护装置。

随着电子技术的发展，出现了体积更小、工作更可靠的集成运算放大器和其他集成电路元件。这就促使静态继电保护装置向集成电路化方向发展。20世纪80年代后期，是静态继电保护装置从第一代（晶体管型）向第二代（集成电路型）过渡和发展的时期。

20世纪70年代以来，随着电子计算技术的迅速发展，特别是微处理器技术的迅速发展及其价格的急剧下降，出现了微型计算机型继电保护装置（简称微机保护）。我国在微机保护方面的研究，也取得了可喜的成果。1984年，我国第一套高压输电线路微机保护在电力系统投入试运行，到80年代后期通过部级鉴定，并投入小批量生产。在我国电气化铁道方面，西南交通大学研制了第一套WXB-61型微机电力牵引馈线保护与故障测距装置，于1992年通过部级鉴定。铁道科学研究院研制了 WXB-71 型电气化铁道馈电系统微机保护及故障测距装置、WBZ-71 型电气化铁道牵引变电所主变压器微机保护装置和 WRZ-71 型电气化铁道牵引变电所电容器并联补偿微机保护装置,于 1993 年通过部级鉴定。

微机保护的优点是：能充分利用计算机的存储、快速运算功能和软件技术,有效地解决其他继电保护难以实现的技术特性；具有自检查和自诊断功能,可增强可靠性；灵活性好,响应时间短。它的缺点是：易受环境的电磁干扰、传导性浪涌干扰等影响；软件程序不易移植。随着科学技术的发展,这些缺点已逐渐被克服。

微机保护装置是第三代静态继电保护装置。由于它的巨大优越性和潜力,而日益受到用户的欢迎,自 20 世纪 90 年代以来,在我国得到了大量应用,成为继电保护装置的主要形式。可以说,微机保护代表着电力系统继电保护的未来,成为电力系统保护、控制、测量、信号、运行调度和事故处理的统一计算机系统(电力系统综合自动化系统)的组成部分。

第五节 电磁型继电器

为了便于初学者理解和掌握关于简单继电器的一些基本概念,这里阐述电磁型继电器的结构原理和几种典型的电磁型继电器。

一、电磁型继电器的结构原理

1. 电磁型继电器的分类和组成

电磁型继电器按用途分类,有电流继电器、电压继电器、时间继电器、中间继电器、信号继电器等；按结构形式分类,有螺管线圈式、吸引衔铁式、转动舌片式等。

电磁型继电器一般都由铁芯、衔铁、线圈、触点、反作用弹簧、止挡等部分组成,而且基本作用原理都是相同的。图 1.4(a)就是吸引衔铁式电磁型继电器的结构原理图。

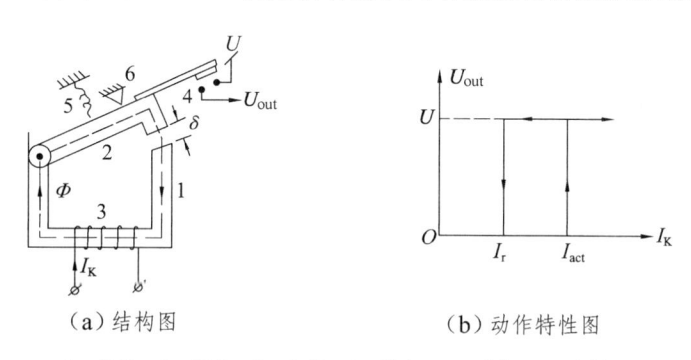

(a)结构图　　(b)动作特性图

1—铁芯；2—衔铁；3—线圈；4—触点；5—弹簧；6—止挡。

图 1.4 电磁型继电器作用原理

2. 电磁型继电器的作用原理

(1) 电磁力公式。

设继电器线圈匝数为 W_K,当线圈中有电流 I_K 时,在铁芯中产生磁通 Φ,磁通经衔铁、

空气隙 δ 而成闭合回路,在铁芯和衔铁之间产生电磁力 F_{em}。F_{em} 的大小与 Φ 的二次方成正比;Φ 又与磁势成正比,与磁通所经磁路的磁阻 R_m 成反比;磁阻 R_m 又与空气隙 δ 近似地成正比(因为铁芯和衔铁磁阻,与空气隙磁阻相比,可忽略不计)。即

$$F_{em}=K_1\Phi^2=K_1\left(\frac{W_K I_K}{R_m}\right)^2\approx K_2\left(\frac{W_K I_K}{\delta}\right)^2 \tag{1.3}$$

式中　K_1、K_2——比例系数,当磁路不饱和时为常数。

(2)动作电流及其改变的方法。

当线圈电流 I_K 较小时,F_{em} 在衔铁上产生的吸合转矩还不足以克服弹簧拉力及摩擦力所产生的阻力矩,继电器仍不动作。继续增大电流 I_K,当 $I_K=I_{act}$ 时,吸合转矩等于阻力矩,于是衔铁被吸动,空气隙 δ 减小,因而吸力更增大,瞬时就把衔铁吸过来,常开触点立刻闭合,把输出电路接通。可见,继电器具有跳变特性,如图 1.4(b)所示。

能使电流继电器动作的最小电流值 I_{act},叫作该继电器的动作电流(或启动电流)。

令吸合转矩 M_{em} 等于阻力矩 M_{re},并以 I_{act} 代替式(1.3)中的 I_K,可得

$$M_{em}=K\left(\frac{W_K I_{act}}{\delta}\right)^2=M_{re}$$

从而得到 I_{act} 的表达式:

$$I_{act}=\frac{\delta}{W_K}\sqrt{\frac{M_{re}}{K}} \tag{1.4}$$

式中　K——与 K_1、K_2、力臂有关的比例系数。

由式(1.4)能明显看出,要改变继电器的动作电流,可以采取下列方法:

① 改变继电器线圈匝数 W_K;
② 改变弹簧的阻力矩;
③ 改变空气隙 δ。

(3)返回电流和返回系数。

继电器动作之后,I_K 继续增大对输出电路并无影响;I_K 减小一点对继电器输出电路也无影响,因为继电器动作以后空气隙 δ 较小,只要较小的电流就能维持继电器于动作状态。如果继续减小 I_K,当 $I_K=I_r$ 时,吸合转矩开始小于弹簧的作用力矩(即弹簧的作用力矩等于吸合转矩及摩擦力矩之和),则衔铁被弹簧拉回原来位置。因为衔铁只要被拉开一点,空气隙 δ 增大,F_{em} 减小,衔铁更易于返回,所以继电器返回也是瞬时完成的,如图 1.4(b)所示。

能使电流继电器返回的最大电流值 I_r,叫作该继电器的返回电流。

电流继电器的返回电流与动作电流之比叫作返回系数,用 K_r 表示,即

$$K_r=\frac{I_r}{I_{act}} \tag{1.5}$$

动作电流与返回电流的差别,主要是由空气隙 δ 的变化及衔铁转动时的摩擦力引起的。动作前的 δ 比动作后的大。动作过程中摩擦力的作用方向与电磁吸力相反;返回过程中摩擦力的方向与电磁吸力一致。因此,动作电流总比返回电流大,即 $K_r<1$。

对于作为保护装置启动元件的继电器,在满足可靠性的基础上,要求 K_r 尽可能接近于1,以便使保护装置有较高的灵敏度。因此,就需要改善磁路系统的结构以减小 δ 的变化,

并采用坚硬、光滑的轴承以减小摩擦力。这也就是作为启动元件的电流和电压继电器采用图1.5所示结构形式的理由。图1.4所示的结构形式主要用于返回系数要求不高的中间继电器和信号继电器。

二、电流和电压继电器

1. 电流继电器

电流继电器的基本作用原理与上述相似，这里进一步说明它的结构特点以及动作电流调节方法和范围。

(1) 电流继电器的结构特点。

图1.5所示是DL-10系列电流继电器的结构图。它的衔铁采用旋转的Z形舌片，动作前后空气隙δ的变化较小；而且由于铁片薄，易于饱和，动作后磁通的增加不会太大。因此返回系数较高，一般在0.85以上。并且动作快，消耗功率小。铁芯上装有上、下两组相同的线圈，可以根据需要并联或串联。其缺点是触点容量小，不能直接接通断路器跳、合闸回路。

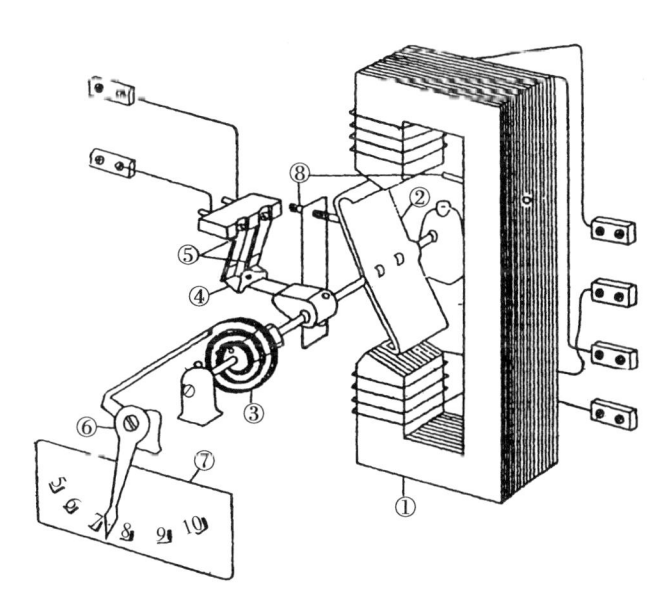

1—铁芯；2—Z形舌片；3—弹簧；4—可动触点；5—静触点；
6—调整手柄；7—刻度盘；8—限制螺杆。

图1.5 DL-10型继电器结构

(2) 电流继电器的动作电流调节方法和范围。

① 通过线圈并联或串联来调节。不论线圈并联或串联，对于一个电流继电器，在调整把手固定位置一定时，其动作安匝数是一定的。线圈并联时，匝数是串联时的1/2，继电器从外部所需的动作电流是串联时的2倍。反过来说，线圈串联时，匝数是并联时的2倍，继电器从外部所需的动作电流是并联时的1/2。

② 用调整把手改变弹簧的拉力来平滑调节。在线圈接法一定时，调整把手在最大刻度值时的动作电流为最小刻度值时的2倍。

两种调节方法综合考虑，电流继电器的动作电流可在最小刻度值的 1～4 倍范围内平滑调节。例如，DL-11/10 型电流继电器(11 指触点方式，为具有一对常开触点；10 指最大动作电流为 10 A)，当线圈串联时，动作电流可在 2.5～5 A 间调节；并联时可在 5～10 A 间调节。

(3) 电流继电器与电流互感器的连接。

电流继电器接到电流互感器的二次侧，如图 1.6(a)所示，其动作与否取决于电流互感器电流的大小和电流继电器动作电流整定值的大小。

(a) 电流继电器与电流互感器的连接　　(b) 电压继电器与电压互感器的连接

QF—断路器；TA—电流互感器；TV—电压互感器。

图 1.6　继电器与互感器的连接

2. 电 压 继 电 器

(1) 电压继电器的结构。

DJ-100 系列电压继电器的结构形式与 DL-10 系列电流继电器一样，不同的只是它的线圈匝数多，导线截面小，线圈阻抗大。

(2) 电压继电器与电压互感器的连接。

电压继电器接到电压互感器的二次侧，如图 1.6(b)所示，其动作与否取决于电压互感器电压的高低和电压继电器动作电压整定值的大小。

(3) 电压继电器的应用与返回系数。

电压继电器常用于当母线电压降低时启动保护装置。这种继电器叫作欠电压继电器。它是用常闭触点启动保护装置。如图 1.6(b)所示，当母线电压为正常值时，电压继电器的线圈承受着较高电压(100 V 左右)，衔铁处于被吸住状态，常闭触点断开；当发生短路时，母线电压降低，电压继电器衔铁释放，常闭触点闭合，启动保护装置；故障被切除后，母线电压恢复到原来较高的值，电压继电器的衔铁又被吸住，常闭触点又断开，保护装置返回。可见，欠电压继电器的动作和返回的概念，与电流继电器的动作和返回的概念相反，即当欠电压继电器线圈电压降低，电磁力减小，衔铁释放，使常闭触点闭合，称为欠电压继电器动作；而当电压升高，电磁力增大，衔铁被吸住，使常闭触点断开，称为欠电压继电器返回。因此，欠电压继电器的启动电压低于返回电压，返回系数为

$$K_r = \frac{U_r}{U_{act}} > 1 \tag{1.6}$$

式中　U_r——欠电压继电器的返回电压；

　　　U_{act}——欠电压继电器的动作电压(启动电压)。

一般欠电压继电器的 K_r 值应不大于 1.2。

除了欠电压继电器之外，还有过电压继电器。过电压继电器的动作和返回的概念与电流继电器的动作和返回的概念相同。过电压继电器的动作电压高于返回电压，返回系数为

$$K_r=\frac{U_r}{U_{act}}<1 \tag{1.7}$$

一般过电压继电器的 K_r 值应不小于 0.85。

如前所述，电压继电器也是在调整把手位置一定时，动作安匝一定。线圈并联时，匝数为串联时的 1/2，动作电流为串联时的 2 倍，阻抗为串联时的 1/4。如果线圈并联时外加电压与线圈串联时外加电压相等，电流将是串联时的 4 倍。所以，线圈并联时，只有外加电压为串联时的 1/2，才能使电流为串联时的 2 倍，从而保持动作安匝不变。由此可见，电压继电器线圈并联时，整定电压是串联时的 1/2。反之，其线圈串联时，整定电压是并联时的 2 倍。

三、时间继电器

1. 时间继电器的结构

图 1.7 所示为 DS-110 型时间继电器的原理结构图。

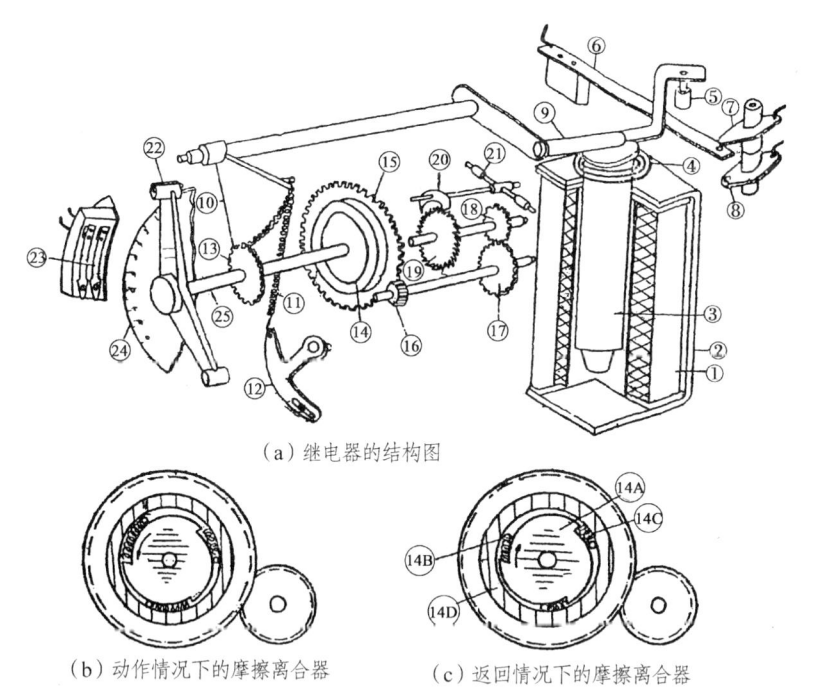

（a）继电器的结构图

（b）动作情况下的摩擦离合器　　（c）返回情况下的摩擦离合器

1—线圈；2—磁路；3—衔铁；4—返回弹簧；5—轧头；6—可动瞬时切换触点；7、8—固定瞬时切换触点；9—曲柄；10—扇形齿轮；11—主弹簧；12—改变弹簧拉力的卡板；13—齿轮；14—摩擦离合器（14A—凸轮；14B—钢球；14C—弹簧；14D—钢环）；15—主齿轮；16—钟表机构的齿轮；17、18—钟表机构的中间齿轮；19—摆齿轮；20—摆卡；21—平衡锤；22—延时动触点；23—延时静触点；24—标度盘；25—主轴。

图 1.7　DS-110 型时间继电器原理结构图

2. 时间继电器的作用原理

当线圈1通电流时，衔铁3瞬时被吸入，曲柄9失去支持，一方面瞬时常闭触点7断开，瞬时常开触点8闭合；另一方面扇形齿轮10在主弹簧11的作用下沿顺时针方向转动，带动齿轮13与主轴25、摩擦离合器14沿反时针方向转动，钢环14D紧卡主齿轮15，主齿轮15随着反时针方向转动，带动齿轮16和17沿顺时针方向转动，经中间齿轮18使摆齿轮19沿反时针方向转动而与摆卡20的齿接触，使摆齿轮19等停止转动，但在摆齿轮19的压力下摆卡20偏转而离开摆齿轮19，摆齿轮19转过一个齿；摆齿轮19又被摆卡20的另一个齿挡住而停转，摆齿轮19又在自身的压力下使摆卡20偏转而离开，摆齿轮19又转过一个齿。如此接续进行，就控制了主轴25按一定速度转动。经过整定的时间后，延时动触点22与延时静触点23接触，即时间继电器动作。改变延时静触点23的位置，即改变延时动触点22到延时静触点23之间的距离，就可以调节时间继电器的动作时限。

当线圈1电流消失时，衔铁3被返回弹簧4顶回原位，曲柄9被衔铁3顶回原位，扇形齿轮10立刻恢复原位，主弹簧11重新拉伸准备下一次动作。因为返回时，主轴25顺时针方向转动，同轴的摩擦离合器14已与主齿轮15离开，故钟表机构(15~21)不起作用，所以时间继电器返回是瞬时的。

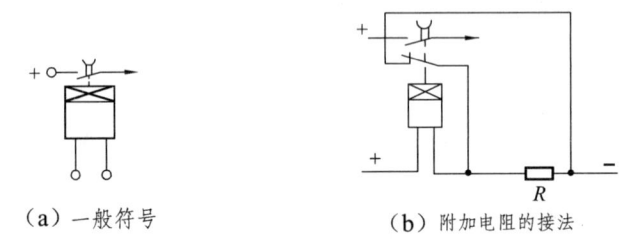

3. 时间继电器的符号

时间继电器的符号如图1.8所示。在时间继电器线圈是按短时接入额定电压设计、而线圈承受额定电压的时间较长的情况下，为了避免线圈过热，可按图1.8(b)所示的接法给线圈串入一个附加电阻R。在衔铁3被吸入之前，附加电阻R被瞬时常闭触点旁路，不影响时间继电器启动；衔铁3被吸入之后，瞬时常闭触点断开，附加电阻R串入线圈电路，使线圈电流减小，防止线圈过热烧坏。

（a）一般符号　　（b）附加电阻的接法

图1.8　时间继电器的符号

四、信号继电器与中间继电器

1. 信号继电器

信号继电器的用途是，当继电保护装置动作时给出有关保护动作的信号。图1.9所示为DX-11型信号继电器结构图。

正常时，线圈2不受电，衔铁3被弹簧7拉住。衔铁的锁扣支持着信号掉牌6，使其保持在垂直位置，不发出信号。

当电流通过线圈 2 时，衔铁 3 被铁芯 1 吸引，信号掉牌 6 因一端失去支持而落下，停留在水平位置。同时，与信号掉牌相连的轴随着转 90°角，使固定在转轴上的动触点 4 与静触点 5 接触，从而接通灯光或音响信号回路。变电所值班人员查看信号掉牌的位置，可确认是哪一种保护装置动作。确认后用手转动复归手柄，将信号掉牌复归，为下一次动作做准备。

典型的信号继电器除 DX-11 型以外，还有 DX-31 型、DX-32 型。DX-31 型信号继电器的机械指示装置不是采用掉牌，而是利用弹簧将指示装置弹出，复归时用手按下即可。DX-32 型信号继电器具有灯光信号，由电压线圈保持，电动复归。

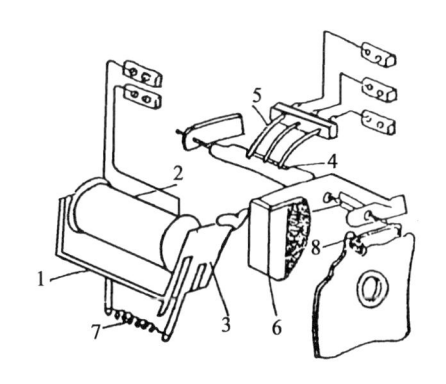

1—铁芯；2—线圈；3—衔铁；4—可动触点；
5—固定触点；6—掉牌；7—弹簧；
8—复归手柄

图 1.9　DX-11 型信号继电器结构图

2. 中间继电器

中间继电器是为了增加触点数量和增大触点容量的一种辅助继电器。图 1.10 所示为 DZ 型中间继电器结构图。

当线圈中通电流时，产生电磁力。当电磁力足够克服弹簧的反作用力时，衔铁被铁芯吸合，带动常开触点闭合、常闭触点断开。

当线圈中无电流时，电磁力消失，弹簧的反作用力使衔铁返回，带动常开触点断开、常闭触点闭合。

中间继电器的触点较多，当同时需要控制多个回路时，可利用中间继电器来实现，如图 1.11 所示。另外，电流、电压继电器等的触点容量小，不能直接接通断路器跳、合闸电路，也要经过中间继电器来实现断路器跳、合闸。有时也利用中间继电器本身的动作时间来获得较短的延时，而省去专门的时间继电器。

1—铁芯；2—线圈；3—衔铁；4—固定触点；
5—动触点；6—弹簧；7—衔铁行程限制器。

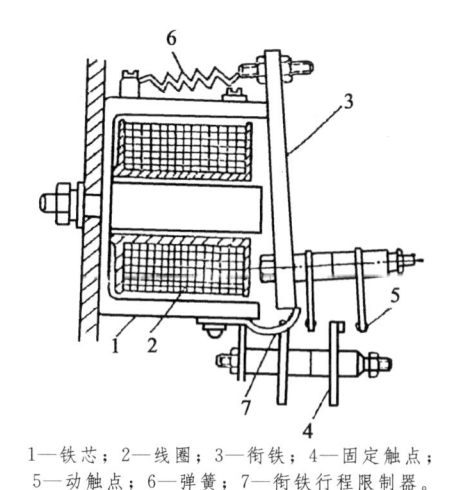

图 1.10　DZ 型中间继电器

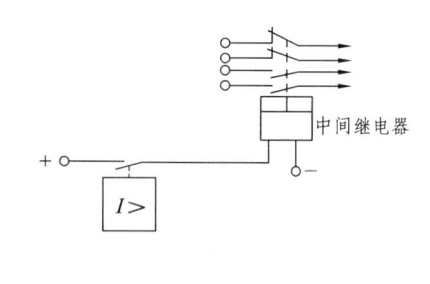

图 1.11　用中间继电器扩大触点数量

13

五、干簧继电器

干簧继电器的结构示意图如图 1.12 所示。线圈绕在框架上，框架中间装一密封玻璃管，管内装有两支簧片，簧片由坡莫合金制成，它既是导磁体又是导电的一对触点。在簧片的自由端（即管内触点）接触面上镀有金、银或铑等金属，以减小接触电阻。玻璃管内充有干燥纯净的氮气，以防止触点表面氧化。

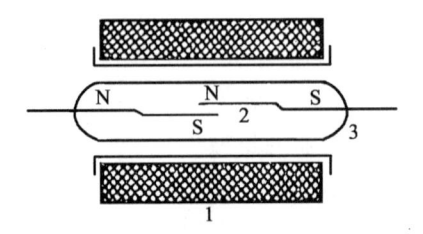

1—线圈；2—簧片；3—密封玻璃管。
图 1.12　干簧继电器结构示意图

当线圈通电时，即产生磁通，簧片在磁通的作用下即被磁化，使簧片的一端为 N 极，另一端为 S 极，如图 1.12 所示。由于管内两簧片自由端的极性不同，产生一个相互吸引的力，当线圈中电流大到一定值时，两簧片自由端互相吸住，即继电器触点闭合；当线圈中电流降低到一定值时，簧片借其本身的弹性而返回，触点打开。

由于干簧继电器的动作快（约为几毫秒），消耗功率也很小，而且不怕振动，工作比较可靠，因此，在各代静态保护中用得比较多。但干簧触点能耐受的电压比较低。

第二章 电网相间短路的电流保护、电压保护和电流方向保护

第一节 电流保护

通过第一章的学习，知道了什么是继电保护，继电保护的功用，对继电保护的基本要求，继电保护的原理概念和分类，以及继电器的构成和原理等。那么如何实现继电保护呢？下面将遵循由简单到复杂、由浅入深的原则，逐步解决。在本节中，将讲述电流保护的一般原理、整定校验和有关问题，并解决 6～10 kV 动力馈电线的保护问题，为变压器和其他线路的电流保护打下基础。

短路故障时，一个普遍的特点，是回路电流比正常运行时显著增大。因此，可利用短路与正常情况下电流数值上的差别构成继电保护。这种反应电流增大到整定值时就动作的保护，叫作电流保护。电流保护包括电流速断保护、限时电流速断保护和过电流保护。

一、过电流保护原理

1. 过电流保护的含义

过电流保护是指其动作电流按躲开最大负荷电流整定，用适当的延时保证动作选择性的电流保护装置。

2. 过电流保护的组成和基本原理

如图 2.1 所示。

正常情况下，I_1 较小→i_2 较小→KA 不动作（其触点断开）→后面的 KT、KS 均不动作。

被保护设备发生短路时，$I_1\uparrow$→$i_2\uparrow$（$i_2\propto I_1$）→KA 动作（其触点闭合）→KT 动作（经过时限 Δt，其触点闭合），一方面 YR 受电→QF 跳闸；另一方面 KS 线圈受电→动作（其触点闭合）→发出保护动作信号。

3. 过电流保护的时限配合

时限配合的目的是保证保护动作的选择性。

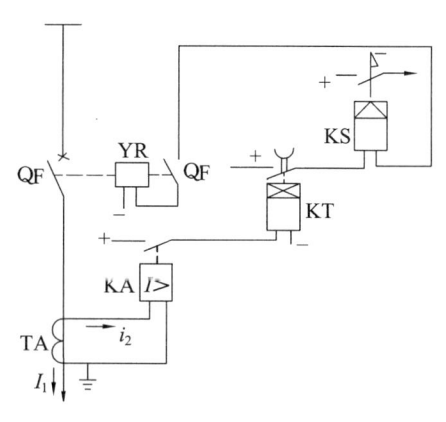

KA—电流继电器；KT—时间继电器；
KS—信号继电器；TA—电流互感器；
QF—断路器；YR—跳闸线圈。

图 2.1 过电流保护单相原理接线图

现以图 1.1 中动力变压器和动力馈电线的过电流保护为例加以说明，画成图 2.2 的形式。

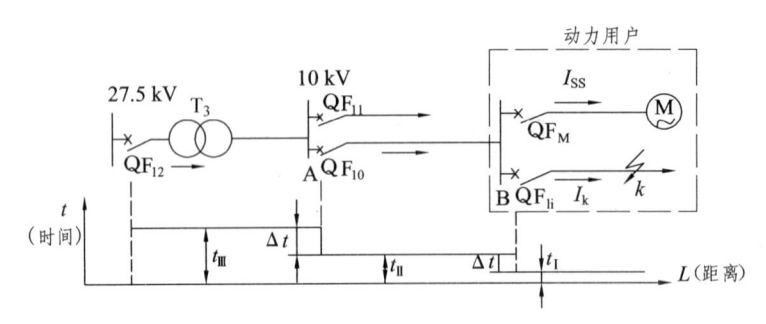

图 2.2 过电流保护的时限配合

图的下方为各处过电流保护的时限图。设动力用户处保护的时限为 t_I，则动力馈电线断路器 QF_{10} 保护的时限 t_II 应比 t_I 大 Δt，以便当用户处发生短路时用户的保护先动作，把故障切除，QF_{10} 处的保护不至于发生非选择性的动作。同理，动力变压器一次侧断路器 QF_{12} 处的过电流保护的时限 t_III 应比动力馈线断路器 QF_{10} 处的过电流保护的时限 t_II 又大 Δt。Δt 的数值是根据断路器的跳闸时间、时间继电器的时间误差和一定的裕度时间确定的。断路器的跳闸时间在 0.05~0.15 s 范围内；时间继电器的时间误差为 ±0.05 s，当较远的一级时限为正误差（偏大）、较近的相邻一级时限为负误差（偏小）时，时间继电器的时间总误差为 0.1 s；裕度时间取 0.1~0.15 s。所以 Δt 一般取 0.3~0.5 s（对微机保护装置可适当缩短）。为了减小时限级差 Δt，应当采用快速动作的断路器，并设法减小时间继电器的时间误差。如图 2.2 所示的时限特性在整定好之后是固定不变的，因此叫作定时限保护。

二、过电流保护的整定校验

1. 过电流保护的整定原则

（1）在正常运行情况下过电流保护不应动作，保护装置的动作电流 I_ACT 必须大于最大负荷电流 $I_\mathrm{L·max}$。

（2）保护范围外部短路故障被切除后，保护装置应能返回。例如，在图 2.2 中，当 k 点发生短路之后，断路器 QF_li 应先跳闸。在它跳闸之前，QF_{10} 处的保护装置因有短路电流流过也被启动；母线 B 的电压因有短路而降低，由该母线供电的电动机被制动。当 QF_li 切除短路故障后，母线电压恢复，电动机自启动，自启动电流 I_SS 也流过 QF_{10}。如果 I_SS 大于 QF_{10} 处保护装置的返回电流 I_R，那么该保护装置就不能返回，将引起 QF_{10} 误跳闸。为了使该保护装置能够返回，其返回电流 I_R[①] 必须大于电动机的自启动电流 I_SS。

（3）保护范围内部发生短路时，保护装置应灵敏动作。

---

① 这里的电流是指一次回路的电流，右下角标用大写字母；继电器流过的是二次电流，右下角标用小写字母。以后都以同样方法书写一次和二次回路各种参数。一次参数常常冠以"保护装置"，例如 I_R 叫作保护装置的返回电流。

2. 过电流保护的整定计算

(1) 过电流保护装置的动作电流 I_{ACT} 按下式确定：

$$I_{ACT} = \frac{K_{REL} K_{SS}}{K_R} I_{L \cdot max} \quad (A) \tag{2.1}$$

式中　K_{REL}——可靠系数，考虑到电流继电器的动作电流的误差、负荷电流和自启动电流取值的近似性等，一般为 1.1～1.2；

　　　K_{SS}——自启动系数，其数值由电网具体接线与负荷性质确定，一般取 1.5～3，但在无高电压大功率电动机时可取为 1；

　　　K_R——过电流保护装置的返回系数，应为 0.85～0.9；

　　　$I_{L \cdot max}$——被保护设备最大负荷电流(A)。

式(2.1)的由来可说明如下：一般情况下，自启动电流 I_{SS} 大于最大负荷电流 $I_{L \cdot max}$，引入一个大于 1 的自启动系数 K_{SS}，则 $I_{SS} = K_{SS} I_{L \cdot max}$。为了满足整定原则(2)，必须 $I_R > I_{SS}$，引入一个大于 1 的可靠系数 K_{REL}，则

$$I_R = K_{REL} I_{SS} = K_{REL} K_{SS} I_{L \cdot max} \tag{2.1a}$$

又因为保护装置的启动与返回是通过继电器实现的，过电流保护装置的启动电流与返回电流都是按同一比例关系换算到电流继电器线圈回路的。因此，过电流保护装置的返回系数 K_R 也就是电流继电器的返回系数 K_r，即

$$K_R = K_r = \frac{I_R}{I_{ACT}} \tag{2.1b}$$

由式(2.1a)和式(2.1b)，即可得式(2.1)。由于式(2.1)中，$K_{REL} > 1$，$K_{SS} > 1$，$K_R < 1$，则 $\frac{K_{REL} K_{SS}}{K_R} > 1$，故 $I_{ACT} > I_{L \cdot max}$，即满足整定原则(1)。

(2) 过电流保护的校验灵敏系数 K_{sen}。

为了满足整定原则(3)，过电流保护装置动作电流确定后必须校验灵敏系数。又为了在最不利的情况下保护装置也能动作，必须按最小运行方式下保护范围末端发生金属性两相短路来校验灵敏系数，即

$$K_{sen} = \frac{I_{k \cdot min}^{(2)}}{I_{ACT}} \tag{2.2}$$

式中　$I_{k \cdot min}^{(2)}$——最小运行方式下保护范围末端两相短路电流(A)。

作为主保护时，一般要求 $K_{sen} \geqslant 1.5$；对于铁路电力，如果线路过长（自动闭塞和贯通电力线路），可取 $K_{sen} \geqslant 1.25$。作为下一段线路的远后备保护时，还应以下一段线路末端最小两相短路电流来校验灵敏系数，并要求 $K_{sen} \geqslant 1.2$。之所以这样要求，是因为考虑到下列因素对保护动作存在不利影响：① 短路点往往存在过渡电阻，短路电流实际值小于计算值；② 电流互感器在流过短路电流时变换误差增大；③ 继电器动作值误差等。

三、电流速断保护

1. 电流速断保护的含义

过电流保护的时限是按阶梯时限特性构成的,如图 2.2 所示。因而靠近电源的保护时限相当长,往往不能满足快速动作的要求,在选择性与速动性之间产生了矛盾。为了解决这个问题,就提出了电流速断保护。

如图 2.3,Ⅰ、Ⅱ 分别为最大三相、最小两相短路电流与距离的关系曲线。短路点离电源越近,短路电流越大,因此可利用这一特点来构成保护。设最大运行方式时,母线 B 三相短路时的电流为 $I_{kB.max}$,取保护 2 的动作电流稍大于 $I_{kB.max}$,则 A—B 段短路时保护 2 可以动作,而在母线 B 及以远发生短路时保护 2 不会动作。因而利用动作电流的不同保证了选择性,保护装置就可以不带动作时限。这种动作电流按躲开保护范围末端最大三相短路电流整定,不带动作时限的电流保护叫作电流速断保护。

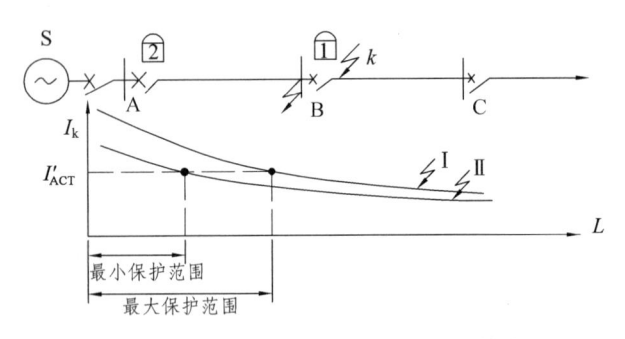

图 2.3 电流速断保护范围与运行方式的关系

2. 电流速断保护的整定计算

(1) 动作电流 I'_{ACT} 按躲过保护范围末端的最大三相短路电流确定,即

$$I'_{ACT} = K'_{REL} I^{(3)}_{k.max} \quad (A) \tag{2.3}$$

式中 $I^{(3)}_{k.max}$ ——保护范围末端的最大三相短路电流(A);

K'_{REL}——可靠系数,一般为 1.2~1.3。

这里用大于 1 的可靠系数,是为了保证可靠的选择性。例如,在图 2.3 中,k 点(紧靠断路器出口)短路时,短路电流值与母线 B 发生短路时没有什么区别。为了保证可靠的选择性,应躲过这一电流,故保护 2 的可靠系数必须大于 1。

(2) 最小保护范围按最小运行方式下被保护线路两相短路电流曲线进行校验,并要求其不得小于被保护线路全长的 15%;如果小于 15%,采用电流速断保护就没有多大意义。

3. 电流速断保护与其他保护方式配合使用

由于可靠系数 $K'_{REL} > 1$,故保护 2 不能保护 A—B 线路全长,在最小运行方式下保护范围更小,如图 2.3 所示。因此,单独用电流速断保护是不行的,它作为一种辅助保护与其他保护方式配合使用。当电流速断保护与过电流保护配合使用时,其原理图如图 2.4 所示。

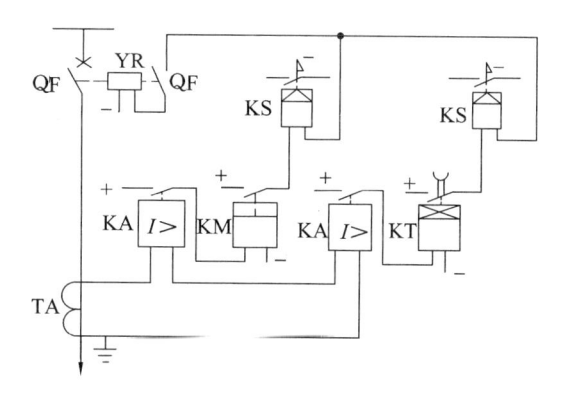

图 2.4　电流速断与过电流保护原理图

四、三段电流保护

1. 限时电流速断保护及其整定计算

(1) 限时电流速断保护的含义。

从图 2.3 已知，电流速断不能保护线路全长，未被保护的部分发生短路时仍按过电流保护时限跳闸，因而这部分故障的切除，可能时间仍较长。为此，可再加一套电流保护，使它带较短动作时限(只比下一段线路的电流速断保护大 Δt)，动作电流比下一段线路的电流速断保护的动作电流略大一些。这种带较短动作时限，动作电流按躲开下一段线路电流速断保护的动作电流整定的电流保护叫作限时电流速断保护。

(2) 限时电流速断保护的整定计算。

以图 2.3 中 A 处的限时电流速断保护为例。

① 动作电流 $I''_{ACT \cdot A}$：按下式整定

$$I''_{ACT \cdot A} = K''_{REL} I'_{ACT \cdot B} \quad (A) \tag{2.4}$$

式中　$I'_{ACT \cdot B}$——B 处电流速断保护的动作电流(A)；

　　　K''_{REL}——可靠系数，一般为 1.1～1.2。

② 灵敏系数 K_{sen}：以本线路末端的最小两相短路电流来校验(因为它的主要任务是用来较快地切除电流速断未保护到的部分)

$$K_{sen} = \frac{I^{(2)}_{k \cdot min \cdot B}}{I''_{ACT \cdot A}} \tag{2.5}$$

式中　$I^{(2)}_{k \cdot min \cdot B}$——本线路末端(母线 B)的最小两相短路电流(A)。

要求 $K_{sen} \geq 1.5$，在个别情况下允许为 1.25。

2. 三段电流保护

电流速断不能保护线路全长。限时电流速断虽然能保护线路全长，但不能作为下一段线路全长的后备保护。因此，还要采用过电流保护作为本线路和下一段线路全长的后备保护。

由电流速断保护、限时电流速断保护和定时限过电流保护相配合共同构成的保护，叫作三段电流保护。它可以迅速而有选择性地切除线路上的故障。装在 A 处的三段电流保护单线原理图如图 2.5(a)所示，其时限特性如图 2.5(b)所示。

(a) 原理图

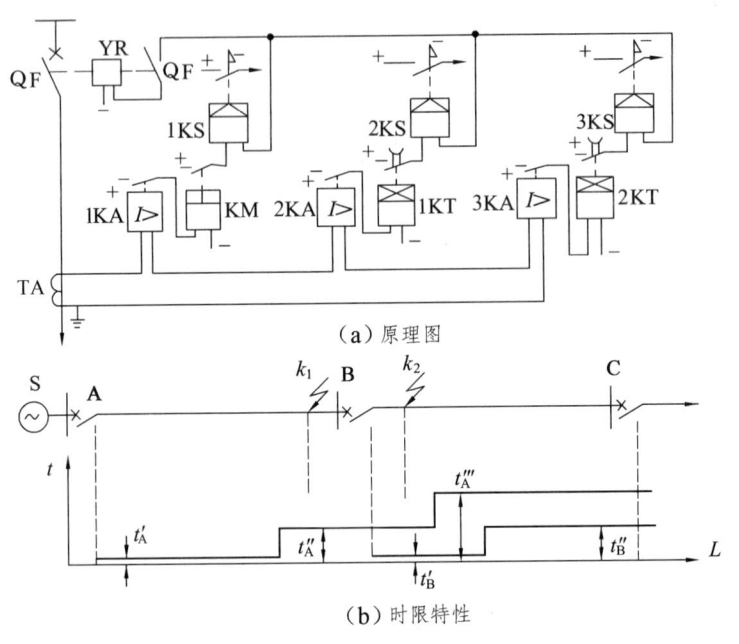

(b) 时限特性

图 2.5 三段电流保护

当 k_1 点发生短路时，A 处第Ⅱ段保护(限时电流速断保护)动作，A 处第Ⅲ段保护(定时限过电流保护)是它的近后备保护。当 k_2 点发生短路时，B 处第Ⅰ段保护(电流速断保护)动作；A 处第Ⅱ段和第Ⅲ段保护是它的远后备保护。

五、电流保护的接线方式

所谓电流保护的接线方式，是指电流互感器与电流继电器之间怎样连接。前面介绍的是单相时的接线方式，下面介绍三相时的接线方式。对相间短路的电流保护，主要有以下三种方式：

1. 三相星形接线

如图 2.6 所示，三相的电流互感器二次线圈接成星形，三相的电流继电器线圈也接成星形，电流互感器星形中性点与电流继电器星形中性点连接；每相电流互感器二次线圈的另一端与每相电流继电器线圈的另一端对应连接。三相的电流继电器触点并联，任何一个电流继电器动作，都可以使后面的时间继电器或中间继电器动作，引起断路器跳闸，信号继电器发出保护动作的信号。当发生任何形式的相间短路时，最少有两相流过短路电流，有两个继电器同时动作。可见，三相星形接线方式作为相间短路保

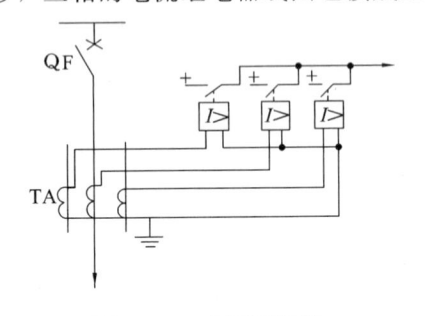

图 2.6 三相星形接线

护是可靠的。在中性点直接接地系统中，发生单相接地时，有一相流过短路电流，对应的一相继电器动作。因此，在中性点直接接地系统中，这种接线方式还可以兼作接地保护。三相星形接线比较复杂，使用的电流互感器、继电器较多，主要用于重要设备的保护中。

2. 两相星形接线

如图 2.7 所示，通常电流互感器和电流继电器都装在 A、C 两相。在两相或三相短路时，最少有一相流过短路电流，因此最少有一个继电器动作。这种接线方式能满足相间短路保护的要求，接线简单，在 10 kV 及以下电压等级的电网中应用很广。

但在线路上装有三相 Yd 联结变压器的情况下应作别论。现以图 2.8 所示的三相 Yd 联结变压器为例来说明。

当△侧（负荷侧，下同）a—b 两相短路时，从 a、b 两点向内看，有两条并联支路：一条是支路 a—x—c—b，串联两相线圈；另一条是支路 a—b，只有一相线圈。前者阻抗是后者的 2 倍，前者电流是后者的 1/2。所以△侧线圈中的电流分布：a 相与 c 相为 $\frac{1}{3}I_\triangle^{(2)}$，b 相为 $\frac{2}{3}I_\triangle^{(2)}$。

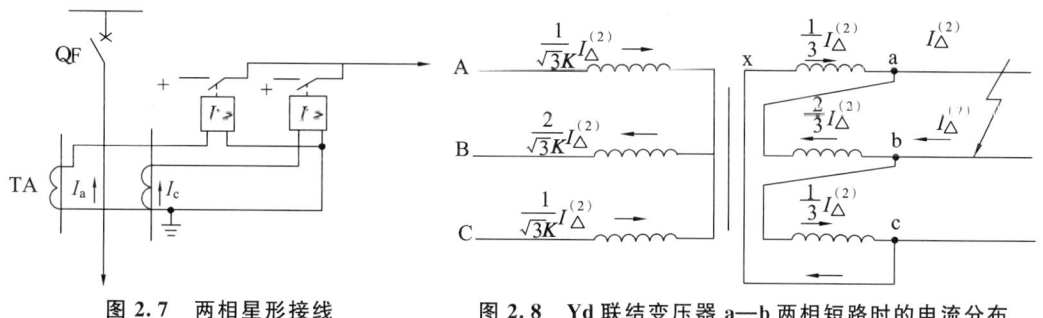

图 2.7　两相星形接线　　图 2.8　Yd 联结变压器 a—b 两相短路时的电流分布

变压器一、二次侧各相线圈电流与匝数成反比。对于 Yd 联结变压器，当变压比为 K 时，Y 侧相线圈匝数是△侧相线圈匝数的 $K/\sqrt{3}$ 倍，因而 Y 侧相线圈电流是△侧相线圈电流的 $\sqrt{3}/K$ 倍，所以

$$I_{Y\cdot A}=I_{Y\cdot C}=\frac{\sqrt{3}}{K}\cdot\frac{1}{3}I_\triangle^{(2)}=\frac{1}{\sqrt{3}K}I_\triangle^{(2)} \tag{2.6}$$

$$I_{Y\cdot B}=\frac{\sqrt{3}}{K}\cdot\frac{2}{3}I_\triangle^{(2)}=\frac{2}{\sqrt{3}K}I_\triangle^{(2)} \tag{2.7}$$

推导表明，当 Dy 联结变压器 y 侧 b—c 两相短路时，D 侧、y 侧电流有类似的关系式。

由此可知，当 Yd 或 Dy 联结变压器负荷侧发生 a—b 或 b—c 两相短路时，如果电源侧的电流保护采用两相星形接线方式，其灵敏系数比三相星形接线方式降低一半。因为如上所述，电源侧 I_A、I_C 都只有 I_B 的一半，而 B 相未装电流继电器，灵敏系数只能由 A 相、C 相的电流决定。

3. 两相差电流接线

如图 2.9 所示，继电器中流过的电流是两相电流之差，即 $I_K=I_a-I_c$。不同短路情况下流过继电器的电流与流过电流互感器二次侧的电流有不同的关系，如图 2.10 所示。

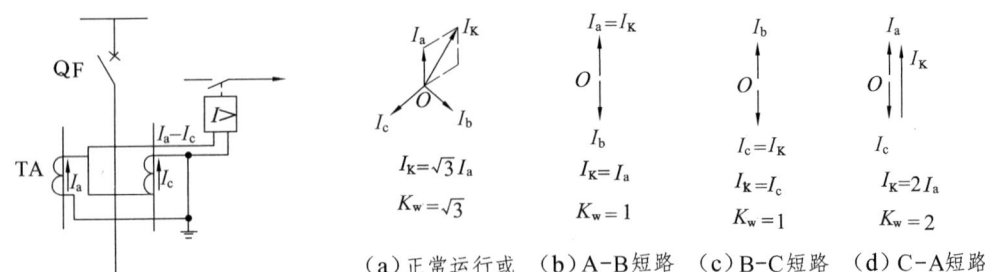

图 2.9 两相差电流接线　　图 2.10 不同短路时的电流关系

(a)正常运行或三相短路　(b)A-B短路　(c)B-C短路　(d)C-A短路

设流过电流继电器的电流 I_K 与电流互感器二次侧相电流 I_2 之比用一个接线系数 K_w 表示，即

$$K_w = \frac{I_K}{I_2} \tag{2.8}$$

则电流继电器线圈中流过的电流 I_K 与电流互感器一次侧电流 I_1 有以下关系：

$$I_K = \frac{K_w I_1}{n_i} \tag{2.9}$$

式中　n_i——电流互感器的电流比，$n_i = I_1/I_2$。

由于过电流保护装置的动作电流 I_{ACT} 是按三相最大负荷电流 $I_{L.max}$ 整定的[见式(2.1)]，所以在两相差电流接线方式中，由电流互感器一次侧动作电流求电流继电器的动作电流 I_{act} 时，应取 $K_w = \sqrt{3}$ [见图 2.10(a)]，即

$$I_{act} = \frac{\sqrt{3} I_{ACT}}{n_i} \tag{2.10}$$

两相差电流接线方式虽然简单，但有以下缺点：

(1) 灵敏系数低。

由图 2.10 可见，当 A—B 两相或 B—C 两相短路时，流过电流继电器的电流最小，过电流保护装置的灵敏系数应以这两种短路情况为准来校验。设 A—B 两相或 B—C 两相短路时电流互感器一次侧短路电流为 $I_k^{(2)}$，因这时接线系数 $K_w = 1$，则流过电流继电器的电流 $I_{kK}^{(2)} = I_k^{(2)}/n_i$。所以这时两相差电流接线方式过电流保护的灵敏系数为

$$K_{sen}^{(2)} = \frac{I_{kK}^{(2)}}{I_{act}} = \frac{I_k^{(2)}/n_i}{\sqrt{3} I_{ACT}/n_i} = \frac{I_k^{(2)}}{\sqrt{3} I_{ACT}} \tag{2.11}$$

对于三相星形或两相星形接线方式的过电流保护，接线系数总等于1(即 $I_K = I_2$)，所以两相短路时其灵敏系数为

$$K_{sen}^{(2)} = \frac{I_{kK}^{(2)}}{I_{act}} = \frac{I_k^{(2)}/n_i}{I_{ACT}/n_i} = \frac{I_k^{(2)}}{I_{ACT}} \tag{2.12}$$

比较式(2.11)和式(2.12)可知，两相差电流接线方式下的灵敏系数是三相星形或两相星形接线方式下的灵敏系数的 $1/\sqrt{3}$。

（2）Yd 或 Dy 联结变压器负荷侧发生 $a-b$ 或 $b-c$ 两相短路时，保护装置不能动作。

如前分析，这时电源侧 I_A、I_C 方向相同，数值相等，都只有 I_B 的一半。从而，图 2.9 所示的两相差电流接线方式中的电流继电器线圈电流为

$$I_K = \frac{I_A - I_C}{n_i} = 0$$

显然，该保护装置不能动作。

两相差电流接线方式由于存在上述缺点，故只能用于 10 kV 以下的电网中作为馈线和较小功率高压电动机的保护。

设计三相 Yd 或 Dy 联结变压器电流保护接线方式时应注意以下事项：

① 不能采用两相差电流接线方式。因为 Yd 或 Dy 联结变压器负荷侧发生 a—b 或 b—c 两相短路时，两相差电流接线方式的电流保护装置不能动作。

② 一般采用三相星形接线方式。因为三相星形接线方式对各种短路类型都能可靠动作，而且灵敏系数高。

③ 如果采用两相星形接线方式，应在中线上再接一个电流继电器 B。如图 2.11 所示。中线流过的电流为 $i_a + i_c = i_b$，因而电流继电器 B 可以灵敏地动作，这就提高了保护装置的灵敏系数。中线上的电流继电器 B 可以称为等效 B 相电流保护。

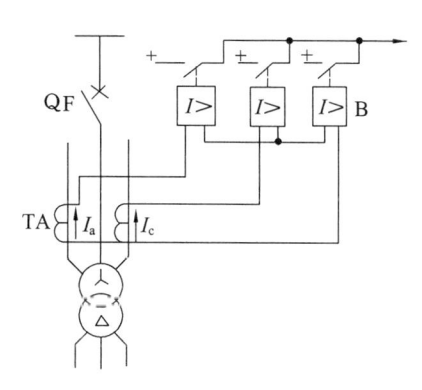

图 2.11 两个互感器与三个继电器的接线

六、电流互感器的变换误差

1. 电流互感器的变换误差概念

（1）比差和相位差。

设电流互感器一次侧电流为 I_1，二次侧电流为 I_2，电流比为 n_i。在理想情况下（无误差时），$I_2 = I_1/n_i$。但实际上，当 I_1 增大或电流互感器负载电阻较大时，$I_2 \neq I_1/n_i$，从而产生电流误差，称为比差；I_2 与 I_1/n_i 相位也不相同，从而产生角度误差，称为相位差。

《规范》要求，在继电保护中电流互感器电流误差不应超过 10%，相位差不应超过 7°。

（2）电流互感器的 10% 误差曲线。

电流互感器电流误差为 10% 时，一次侧电流与二次侧负载电阻的关系曲线，叫作电流互感器的 10% 误差曲线。

如图 2.12 所示，图中纵坐标 I_1/I_{1N} 为电流互感器一次侧实际电流 I_1 对额定电流 I_{1N} 的倍数，横坐标 R 为电

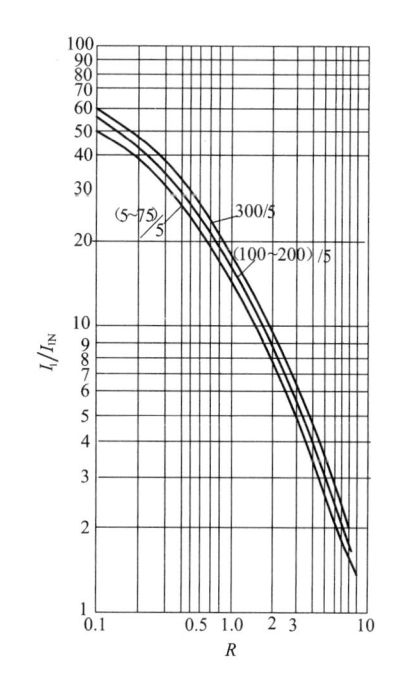

图 2.12 电流互感器的 10% 误差曲线示例

流互感器二次侧负载电阻。当 I_1 增大时，电流互感器铁芯趋向饱和，励磁电流增大，误差增大。为了保证电流误差不超过 10%，必须减小二次侧的负载电阻 R。R 减小时，二次线圈的感应电势(等于 I_2R)减小，铁芯饱和程度减小，从而励磁电流减小，误差减小。

2. 影响电流互感器二次侧负载电阻的因素

影响电流互感器二次侧负载电阻的因素有继电器、测量仪表、变换器等线圈的阻抗，连接导线的电阻，接头处的接触电阻，以及接线方式和短路类型。现以两相星形接线方式为例进行分析。可画出如图 2.13 所示的计算两相星形接线方式电流互感器二次侧负载电阻的等效电路。

图中 Z_K 代表继电器、测量仪表、变换器等线圈的阻抗，R_w 代表连接导线的电阻以及接头处的接触电阻。各种相间短路情况下电流互感器二次侧负载 Z_2 如下。

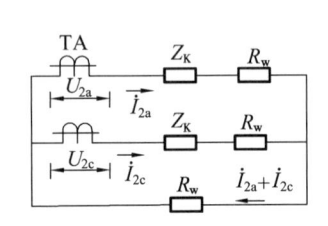

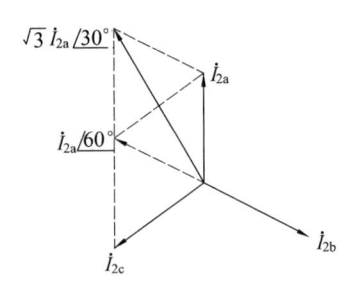

图 2.13 计算两相星形接线时互感器负载的等效电路　　**图 2.14** 三相短路的相量关系

(1) 三相短路时。

在图 2.13 中，沿 a 相及中线构成的回路写回路电压方程如下(并参阅图 2.14)：

$$\dot{U}_{2a}=\dot{I}_{2a}Z_K+\dot{I}_{2a}R_w+(\dot{I}_{2a}+\dot{I}_{2c})R_w$$
$$=\dot{I}_{2a}Z_K+\dot{I}_{2a}R_w+\dot{I}_{2a}R_w\angle 60°$$
$$=\dot{I}_{2a}Z_K+R_w(\dot{I}_{2a}+\dot{I}_{2a}\angle 60°)$$
$$=\dot{I}_{2a}Z_K+R_w\sqrt{3}\dot{I}_{2a}\angle 30°$$
$$=\dot{I}_{2a}(Z_K+\sqrt{3}R_w\angle 30°)$$

所以电流互感器二次侧负载为

$$Z_2=\frac{\dot{U}_{2a}}{\dot{I}_{2a}}=Z_K+\sqrt{3}R_w\angle 30° \tag{2.13}$$

(2) A—B 两相短路时。

因 $\dot{I}_{2c}=0$，中线内的电流只有 $\dot{I}_{2a}$，所以

$$\dot{U}_{2a}=\dot{I}_{2a}Z_K+\dot{I}_{2a}R_w+\dot{I}_{2a}R_w=\dot{I}_{2a}(Z_K+2R_w)$$

电流互感器二次侧负载为

$$Z_2=\frac{\dot{U}_{2a}}{\dot{I}_{2a}}=Z_K+2R_w \tag{2.14}$$

(3) A—C两相短路时。

因 $\dot{I}_{2a}+\dot{I}_{2c}=0$，中线内无电流，所以

$$\dot{U}_{2a}=\dot{I}_{2a}(Z_K+R_w)$$

电流互感器二次侧负载为

$$Z_2=\frac{\dot{U}_{2a}}{\dot{I}_{2a}}=Z_K+R_w \tag{2.15}$$

(4) B—C两相短路时。

电流互感器二次侧负载 Z_2 与 A—B 两相短路时相同。

比较式(2.13)、式(2.14)和式(2.15)可见，A—B(或B—C)两相短路时，电流互感器二次侧负载最重，应以这种情况作为计算条件。

所求出的 Z_2(一般只计算绝对值)必须小于按电流保护装置动作电流 I_{ACT}、由10%误差曲线查出的允许负载电阻，否则应采取措施减小 Z_2。

3. 减小电流互感器二次侧负载 Z_2 的措施

(1) 增大连接导线的截面，如采用大截面芯线的电缆。

(2) 改变电流保护的接线方式。

(3) 采用两个电流比相同的电流互感器二次线圈串联使用，以减小每个二次线圈承担的负载，使其为二次侧所带全部负载的一半。

顺便说明，一般情况下，电流互感器在满足电流误差不超过10%的要求时，相位差就不超过7°。

七、6/10 kV 动力馈电线保护

变电所和配电所一般都是由 6/10 kV 线路向附近的工农业电力用户供电。由于线路简单，一般采用电流速断保护和过电流保护即可满足要求。

1. 接线图

继电保护装置的接线图是制造、安装和运用维修保护装置的依据。因此，熟练地阅读和绘制保护装置接线图，是一项十分重要的基本技能。

保护装置的接线图，通常分为原理接线图、展开接线图和安装接线图等。其中安装接线图在其他有关课程中已有详细说明。这里以 6/10 kV 动力馈电线保护装置为例，简述原理接线图和展开接线图。

由于 6/10 kV 系统中性点不接地，电流速断和过电流保护装置是用作相间短路保护的，故采用两相星形接线，如图 2.15 所示，(a)是原理图，(b)是展开图。

(1) 原理图：各电气元件都以完整的图形符号表示，各继电器的触点与线圈都画在一起，与继电保护装置有关的一次设备也画在一起。看起来比较直观，能够使人对整套保护装置各元件间的电气联系和动作原理有一个整体的概念。但是当元件较多、接线较复杂时，这种图绘制很麻烦，连接线纵横交错，头绪较多，条理不清，而且没有继电器等内部接线，所以

反而不利于看图，难以进行电路的分析和检查。因此，原理图在设计中和现场应用不广泛。

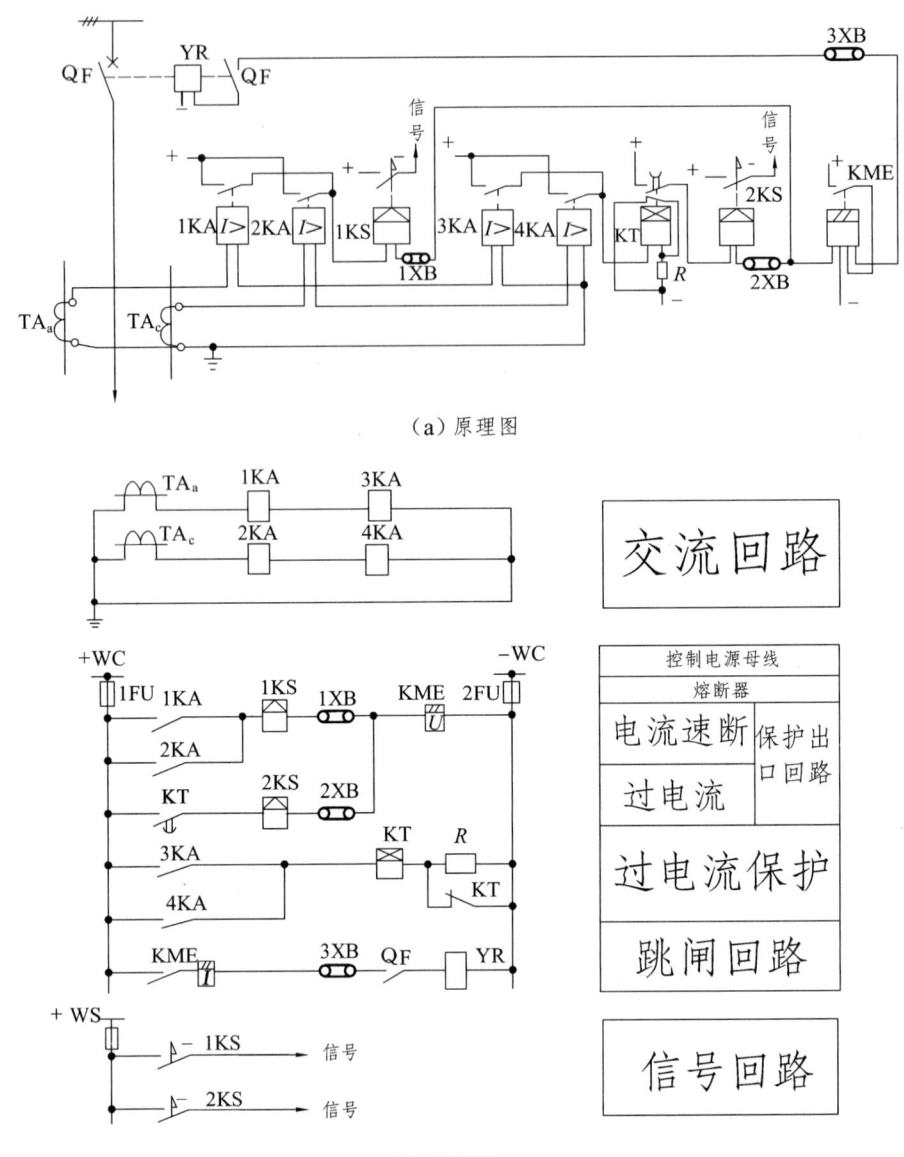

（a）原理图

（b）展开图

图 2.15　6/10 kV 馈电线保护接线图

（2）展开图：继电器和其他电器都不作完整的元件画出来，而是将它们的线圈和触点按其所能通过的电流性质分别表示在交流回路和直流回路。对属于同一种类（交流或直流，电流或电压）回路的各个分支、同一分支中的各个元件，都力求按照它们在工作时的动作顺序，从左到右或自上而下地依次排列。属于同一元件的线圈和触点用相同的字母符号表示。线圈和触点等两端标注接线端子编号，连接线标注回路编号，图右侧附有文字说明。展开图结构简单，层次分明，便于察看和进行电路的分析、检查。因此，应用很广。

（3）由原理图画展开图的方法：如图 2.15 所示。

① 画交流回路。从电流互感器 TA_a、TA_c 二次线圈一个端子开始，分别经过电流继电

器 1KA 和 3KA、2KA 和 4KA 的线圈以及中性线，而回到 TA_a、TA_c 二次线圈的另一个端子。

② 画直流回路的操作电路。将属于同一回路的各个组成部分，从"+"极开始，按电流流经的顺序连接起来，直到"-"极。例如：

+→1KA 常开触点→1KS 线圈→1XB→KME 电压线圈→-；

+→2KA 常开触点——

+→KT 延时常开触点→2KS 线圈→2XB——

+→3KA 常开触点→KT 线圈→电阻 R→-；

+→4KA 常开触点—— →KT 瞬时切换触点→-；

+→KME 常开触点和电流线圈→3XB→QF 常开触点→YR 线圈→-。

③ 画直流回路的信号电路。

+→1KS 常开触点→给信号；

+→2KS 常开触点→给信号。

这样就形成许多"行"，各"行"按动作顺序由上到下排列，即组成整个展开图。

2. 整定与校验

（1）必需的已知量：被保护线路的最大负荷电流 $I_{L \cdot max}$，末端最大三相短路电流 $I_{k \cdot max}^{(3)}$、最小两相短路电流 $I_{k \cdot min}^{(2)}$，电流互感器电流比 n_i。

（2）电流速断保护装置的动作电流 I'_{ACT} 按式（2.3）确定，电流继电器的动作电流 $I'_{act} = \dfrac{I'_{ACT}}{n_i}$。

（3）过电流保护装置的动作电流 I_{ACT} 按式（2.1）确定，灵敏系数 K_{sen} 按式（2.2）校验，电流继电器的动作电流 $I_{act} = \dfrac{I_{ACT}}{n_i}$。

例 2.1 已知被保护线路最大负荷电流 $I_{L \cdot max} = 38$ A，末端最大三相短路电流 $I_{k \cdot max}^{(3)} = 360$ A、最小两相短路电流 $I_{k \cdot min}^{(2)} = 280$ A，电流互感器电流比 $n_i = 50/5 = 10$。

解 （1）电流速断保护装置动作电流，按式（2.3）计算得

$$I'_{ACT} = K'_{REL} \cdot I_{k \cdot max}^{(3)} = 1.3 \times 360 = 468 \quad (A)$$

其中 K'_{REL} 取 1.3。

电流继电器动作电流

$$I'_{act} = \dfrac{I'_{ACT}}{n_i} = \dfrac{468}{10} = 46.8 \quad (A)$$

（2）过电流保护装置动作电流，按式（2.1）计算得

$$I_{ACT} = \dfrac{K_{REL} K_{SS}}{K_R} I_{L \cdot max} = \dfrac{1.2 \times 1.5}{0.85} \times 38 = 80.5 \quad (A)$$

其中，$K_{REL} = 1.2$，$K_R = 0.85$，$K_{SS} = 1.5$。

灵敏系数校验，按式（2.2）计算得

$$K_{sen}=\frac{I_{k\cdot min}^{(2)}}{I_{ACT}}=\frac{280}{80.5}=3.5$$

满足要求。

电流继电器动作电流

$$I_{act}=\frac{I_{ACT}}{n_i}=\frac{80.5}{10}=8.1 \quad (A)$$

动作时限　　$t=0.5$ s(对微机保护装置可缩短)

第二节　电压保护

一、电压保护的概念

利用正常运行与短路状态下母线电压的差别构成的保护，叫作电压保护。电压保护所用的主要元件为电压继电器。最简单的欠电压保护接线方式如图 1.6(b)所示，当线路发生短路时，母线电压降低。当母线电压低于欠电压保护装置的动作电压时，欠电压继电器动作，其常闭触点闭合。

反应电压降低而不带时限动作的电压保护，称为电压速断保护。其整定计算可用图 2.16 说明，图中 1 为最大运行方式下的残余电压曲线，2 为最小运行方式下的残余电压曲线，3 为电压速断保护的动作电压 U'_{ACT}。按照选择性要求，U'_{ACT} 应按躲过保护范围末端 B 最小两相短路时，保护安装处母线 A 最低残余电压整定，即

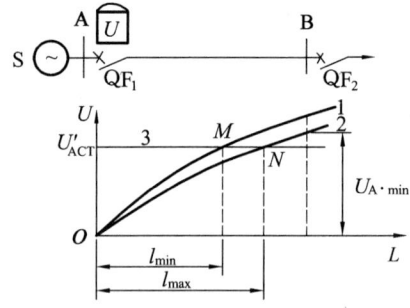

$$U'_{ACT}=\frac{U_{A\cdot min}}{K_{REL}} \quad (V) \qquad (2.16)$$

图 2.16　电压速断保护整定原理说明图

式中　$U_{A\cdot min}$——保护范围末端 B 最小两相短路时，保护安装处母线 A 最低残余电压(V)；
　　　K_{REL}——可靠系数，一般取 1.1～1.2。

由上式可知，电压速断保护也不能保护线路 A—B 的全长。

二、欠电压保护的实际应用

电压速断保护在电力系统继电保护实际应用中常见的是作为给出失压信号，而不能用来动作于跳闸。这是因为：① 不能保证动作的选择性。在同一母线向两回及以上线路供电的情况下，任意一回线路发生短路时母线电压都下降，可能引起全部由该母线供电的线路电压速断保护动作。② 当电压互感器回路断线时，因送往电压继电器的电压下降，也会引起电压速断保护装置误动作。常见的动作于跳闸的是下面两种情况。

1. 带电流闭锁的欠电压速断保护

如图 2.17 所示，只有当电流继电器和欠电压继电器的触点同时闭合时，保护装置才能启动中间继电器而跳闸。这样就可以保证有选择地只切断故障设备。如果正常运行中发生了电压互感器回路断线，因电流继电器不动作，保护装置也不会误动作。

整定校验：电压元件的动作电压仍按式(2.16)整定。电流元件的动作电流按保护范围末端最小两相短路时保证灵敏度整定。

2. 欠电压启动的过电流保护

如图 2.18 所示。在过电流保护中，当灵敏系数不能满足要求时，可采用欠电压启动的过电流保护方式，以提高灵敏系数。

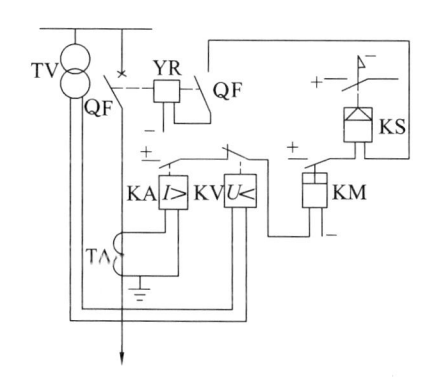

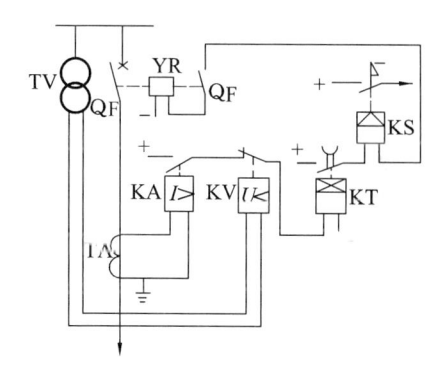

图 2.17 带电流闭锁的欠电压速断保护　　**图 2.18 欠电压启动的过电流保护**

增加欠电压启动元件后，只有当电流增大、电压降低到整定值时，保护装置才能动作于跳闸。因此，电流元件可以按额定电流 I_N（A）来整定，即

$$I_{ACT}=\frac{K_{REL}}{K_R} \cdot I_N \quad (A) \tag{2.17}$$

式中　K_{REL}——可靠系数，取 1.2；

K_R——保护装置电流元件的返回系数，取 0.85～0.9。

欠电压启动元件应保证在母线最低工作电压 U_{min}（V）下能返回，即返回电压 $U_R<U_{min}$，引入一个大于1的可靠系数 K_{REL}，则

$$U_R=\frac{U_{min}}{K_{REL}} \quad (V)$$

又因为欠电压保护装置的返回系数（即欠电压继电器的返回系数）为

$$K_R=\frac{U_R}{U_{ACT}}$$

由以上两式可得

$$U_{ACT}=\frac{U_{min}}{K_R \cdot K_{REL}} \quad (V) \tag{2.18}$$

一般取 $K_{REL}=1.1～1.2$，$K_R=1.1～1.2$。

欠电压启动元件的动作电压就按式(2.18)整定；灵敏系数 K_{sen} 按式(1.2)校验，对主保护应不小于 1.5，对后备保护应不小于 1.2。

第三节 电流方向保护

一、方向保护的基本原理

1. 采用方向保护的必要性

前面所述的电流保护和电压保护，都是以单侧电源为基础进行分析的。为了保证各保护之间的选择性，过电流保护靠动作时限不同来满足，电流速断保护靠不同的动作电流值来满足。经过合理的整定计算，上述几种保护配合使用一般能满足单侧电源供电线路的要求。

但是，对于双侧电源供电或环形供电网络，上述保护还不能满足选择性的要求。

如图 2.19 所示(图 1.1 中 110 kV 系统)，图中箭头为功率的方向。在仅仅采用过电流保护的情况下，如果 QF₆ 处的保护动作时限小于 QF₅ 处的保护动作时限，那么 k_3 点短路时 QF₆ 将比 QF₅ 先跳闸。同理，如果 QF₅ 处的保护动作时限小于 QF₆ 处的保护动作时限，那么 k_4 点短路时 QF₅ 将比 QF₆ 先跳闸。如果 QF₅ 处、QF₆ 处的保护动作时限相同，那么 k_3 点或 k_4 点短路时，QF₅、QF₆ 将同时跳闸。可见单靠过电流保护不能保证保护动作的选择性。

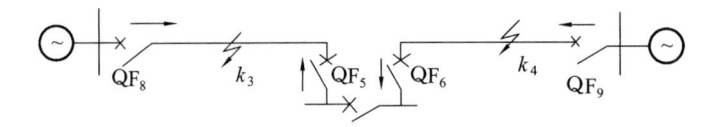

图 2.19 两侧电源供电网络中短路时的功率方向

对于双侧电源供电或环形供电的电力网，为了能保证保护动作的选择性，要求采用方向保护。

2. 功率流动的方向和解决保护动作选择性的途径

分析图 2.19 功率流动的方向，就会得出如下的规律：

① 当功率由母线流向线路(规定为正方向)时，保护应该动作，如 k_3 点短路时 QF₅ 应该跳闸。

② 当功率由线路流向母线(规定为反方向)时，保护不应该动作，如 k_3 点短路时 QF₆ 不应该跳闸。

因此，如果电流保护增加一个反应功率方向的元件，就能实现方向电流保护，有效地解决动作选择性问题。这个元件就是功率方向继电器。

3. 方向过电流保护原理图

在过电流保护的基础上增加功率方向继电器，就构成方向过电流保护，如图 2.20 所示。功率方向继电器 1 由电压互感器和电流互感器供电。只有在功率方向继电器 1 和电流继电器 2

都动作后，才能启动时间继电器3，引起断路器跳闸。而功率方向继电器1只有当功率由母线流向线路时才能动作。

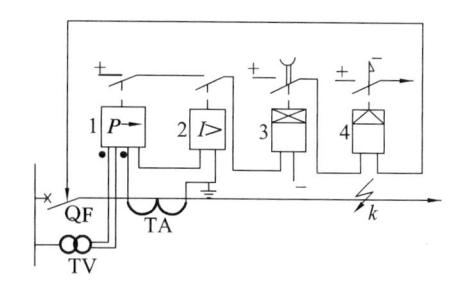

4. 为什么判别短路点方向要用功率关系

因为交流电流的方向每半周变换一次，如果正半周电流由母线流向线路，负半周就是由线路流向母线，没有固定不变的方向。但是交流电流与交流电压的相位关系则随着短路点方向的不同而有相应的固定关系。

图 2.20 方向过电流保护原理

如图2.21所示，当k点短路时，加到功率方向继电器1的电压U_K与电流I_{K1}间的相位角为$\varphi_K<90°$，φ_K由线路的阻抗角决定。加到功率方向继电器2上的电压U_K相同，但电流I_{K2}不是由继电器2的对应端流入，而是由其对应端流出。与继电器1比较，加到继电器2的电压U_K与电流I_{K2}之间的相位角为$\varphi_K+180°$。所以，继电器1测量的是正功率，因而动作；继电器2测量的是负功率，因而不动作。

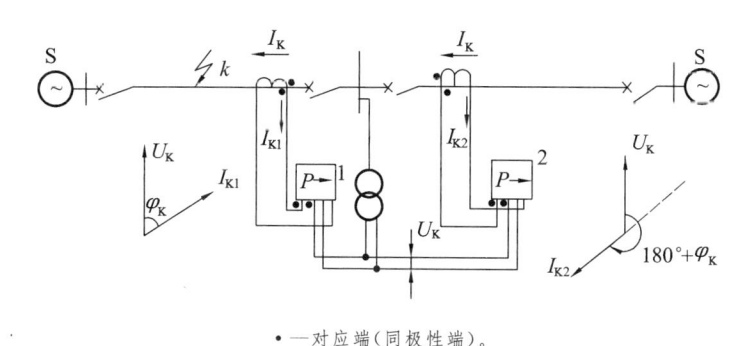

●—对应端（同极性端）。

图 2.21 电流与电压的相位关系

当母线另一方向短路时，上述电流与电压的相位关系正好相反。

因此，交流电流与电压的相位关系是判别不同方向短路的主要依据。

二、功率方向继电器

方向元件的构成方式：由于交流电流与电压之间的相位关系是判别不同方向短路的主要依据，因而方向元件可按比较两个相量相位的原理来构成，如图2.22所示。

另外，相位可以转化为两个相量绝对值的比较，故方向元件又可按比较两个相量绝对值的原理构成，如图2.23所示。

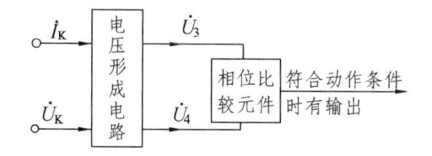

图 2.22 按比较相位原理构成继电器 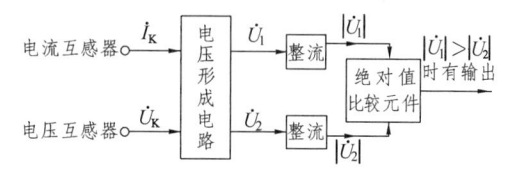   图 2.23 按比较绝对值原理构成继电器

功率方向继电器有感应型、整流型、晶体管型、集成电路型和微机型等。这里仅以整流型功率方向继电器为例进行阐述，以便于初学者理解和掌握关于功率方向继电器的一些基本概念。

典型的整流型功率方向继电器有 LG-11 型和 LG-12 型。前者作为相间短路保护（切除相间的短路故障）的方向元件，后者作为接地保护（切除接地短路故障）的方向元件，两者都是按比较两个相量绝对值原理构成的，有许多类似之处。为了叙述的方便，将两者放在这里一起分析。原理接线图如图 2.24(a) 和图 2.24(b) 所示。结构原理如下：

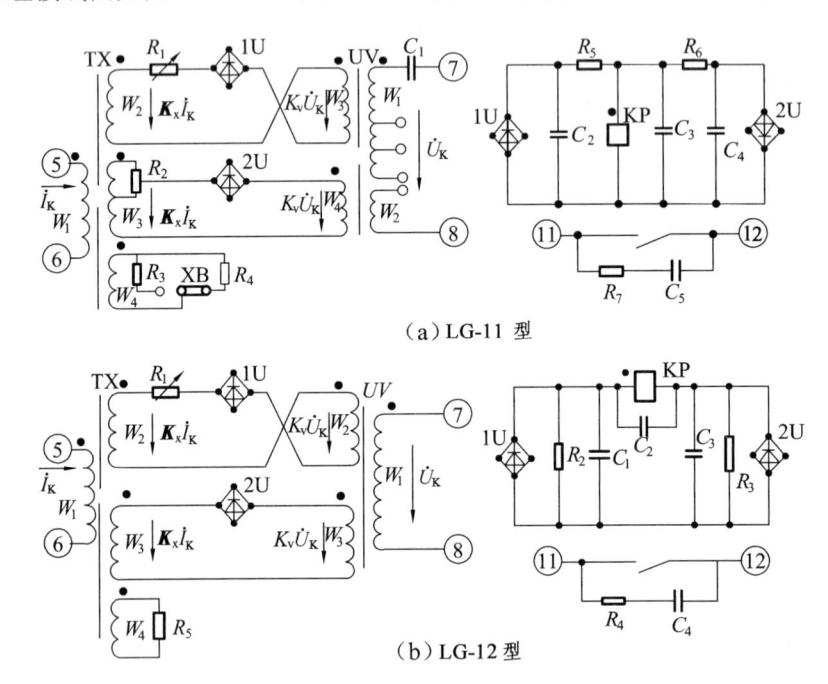

（a）LG-11 型

（b）LG-12 型

图 2.24　LG-11、LG-12 型功率方向继电器接线图

1. 电压形成电路

（1）电抗变压器 TX：在一次侧通入电流，在二次侧形成小电压的小型变压器。

① 对 TX 两点要求：一是要具有小的输入阻抗，以便当它接入电流互感器二次回路时不影响电流互感器正常工作；二是要它的输出电压 $\dot{U}_x$ 与输入电流 $\dot{I}_K$ 成正比，即 $\dot{U}_x = \mathbf{K}_x \dot{I}_K$，$\mathbf{K}_x$ 是一个复数比例系数，它的量纲同阻抗的量纲一致。

② TX 的原理。

TX 的原理图如图 2.25 所示。它有一个带空气间隙的铁芯。在铁芯上绕有一次线圈 W_1，二次线圈 W_2 和 W_3（W_2 和 W_3 匝数相等），移相用的二次线圈 W_4，并接有移相电阻 R_x。当一次线圈 W_1 流过电流 $\dot{I}_K$ 时，在铁芯中产生磁通 Φ，Φ 在二次线圈 W_2、W_3 中感应形成电压 $\dot{U}_x$，在 W_4 中感应形成电压 $\dot{U}_R$。设移相电阻 R_x 归算到一次侧时为 R'_x，励磁电抗为 $X_e = \omega L$，忽略线圈漏抗和铁芯损耗，可画出图 2.25(b) 所示的等效电路。因而电压 $\dot{U}_R$ 归算到一次侧便是

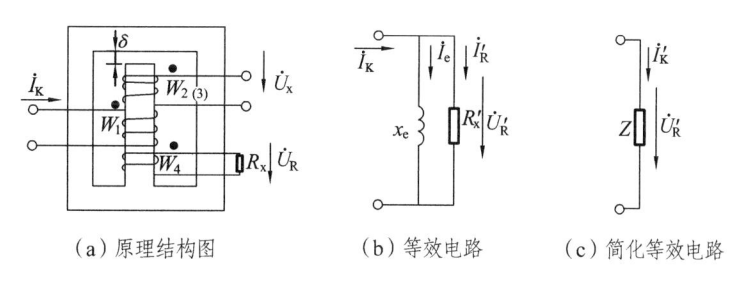

(a) 原理结构图　　(b) 等效电路　　(c) 简化等效电路

图 2.25　电抗变压器原理图

$$\dot{U}'_R = \dot{I}_K \cdot \frac{j\omega L \cdot R'_x}{j\omega L + R'_x}$$

二次侧 W_2、W_3 电压 $\dot{U}_x$ 与 $\dot{U}'_R$ 只差一个匝数比，故

$$\dot{U}_x = \frac{W_2}{W_1} \cdot \dot{U}'_R = \frac{W_2}{W_1} \cdot \frac{j\omega L \cdot R'_x}{j\omega L + R'_x} \cdot \dot{I}_K$$

$$= \boldsymbol{K}_x \dot{I}_K = K_x I_K e^{j\varphi_x} \tag{2.19}$$

$\dot{U}_x$ 是在比较过程中所需要的电压。由式(2.19)可以看出，改变匝数比可以改变 $\dot{U}_x$ 的幅值；由于在 TX 参数已经选定的情况下，L 不易改变，故改变 R_x 可以改变 $\dot{U}_x$ 与 $\dot{I}_K$ 之间的相位角 φ_x。如图 2.26(a)所示，φ_x 是 $\dot{U}_x$ 超前 $\dot{I}_K$ 的相位角，也就是 $\boldsymbol{K}_x$ 的幅角。由式(2.19)得

$$\boldsymbol{K}_x = \frac{W_2}{W_1} \cdot \frac{j\omega L \cdot R'_x}{j\omega L + R'_x} = \frac{W_2}{W_1} \cdot \frac{j\omega L \cdot R'_x (j\omega L - R'_x)}{(j\omega L + R'_x)(j\omega L - R'_x)}$$

$$= \frac{W_2}{W_1} \cdot \frac{\omega^2 L^2 \cdot R'_x}{\omega^2 L^2 + R'^2_x} + j \frac{W_2}{W_1} \cdot \frac{\omega L \cdot R'^2_x}{\omega^2 L^2 + R'^2_x} \tag{2.20}$$

$$\tan\varphi_x = \frac{\dfrac{W_2}{W_1} \cdot \dfrac{\omega L \cdot R'^2_x}{\omega^2 L^2 + R'^2_x}}{\dfrac{W_2}{W_1} \cdot \dfrac{\omega^2 L^2 \cdot R'_x}{\omega^2 L^2 + R'^2_x}} = \frac{R'_x}{\omega L} \tag{2.21}$$

分析式(2.21)可知：

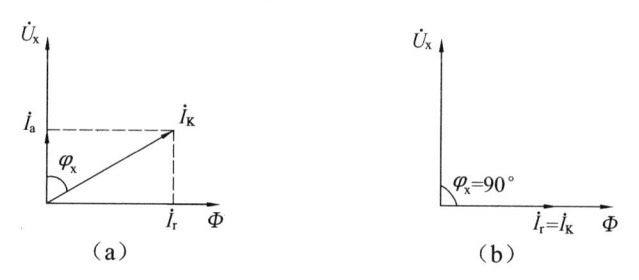

a. 当 $R'_x \downarrow \to \tan\varphi_x \downarrow \to \varphi_x \downarrow$；
b. 当 $R'_x \uparrow \to \tan\varphi_x \uparrow \to \varphi_x \uparrow$；
c. 当 $R'_x \to \infty$（W_4 开路），$\tan\varphi_x \to \infty$，$\varphi_x \to 90°$，即 $\dot{U}_x$ 比 $\dot{I}_K$ 超前 $90°$，如图 2.26(b)所示。

(a)　　(b)

图 2.26　电抗变压器相量

LG-11 型功率方向继电器有两个移相电阻：当接入 R_3 时，$\varphi_x=45°$；当接入 R_4 时，$\varphi_x=60°$。

LG-12 型功率方向继电器只有一个移相电阻 R_5，对应的 $\varphi_x=70°$。

③ TX 铁芯空气隙的作用。

铁芯的磁化曲线一般如图 2.27 所示。在起始部分，磁导率较低，单位电流在二次侧感应的电势较小；在中间部分，磁导率最高，单位电流在二次侧感应的电势最大；在励磁电流相当大以后，铁芯饱和，磁导率下降，单位电流在二次侧感应的电势又减小。因此，变换系数 K_x 不是常数，K_x 随 I_K 变化的情况如图 2.28 所示，在 I_K 相当小和相当大的时候，K_x 呈减小趋势。这是不符合要求的。

为了消除铁芯饱和的影响，在铁芯中留有空气隙。铁芯中的空气隙可以延长磁化曲线的直线部分。如果在选择 TX 的参数时，使一次安匝数与空气隙的大小互相配合，确保继电器正常工作时的最大电流所对应的安匝数不超过磁化曲线的直线部分，即可使 K_x 为常数。这样就消除了铁芯饱和的影响。

④ 怎样消除磁化曲线起始部分磁导率较低的影响？

可以在铁芯空气隙中插入坡莫合金片，以作补偿。因为坡莫合金的磁化曲线如图 2.29 所示。在小电流时，由于坡莫合金片的插入，减小了磁路的磁阻，补偿了原来铁芯磁导率较低的缺点；而在电流增大时，坡莫合金片迅速饱和，不再起作用。采用坡莫合金片补偿后，K_x 与 I_K 的关系曲线可以调整到如图 2.28 中虚线所示的情况。

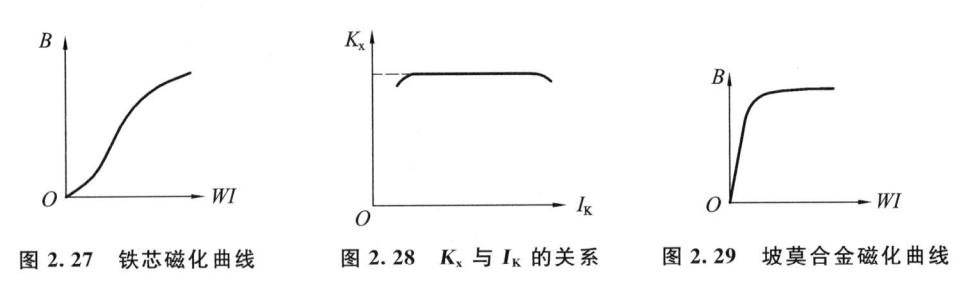

图 2.27　铁芯磁化曲线　　图 2.28　K_x 与 I_K 的关系　　图 2.29　坡莫合金磁化曲线

(2) 电压变压器 UV：将较高电压变换为成比例的小电压的小型变压器。

① 对于 LG-12 型功率方向继电器，采用普通的中间变压器 UV，如图 2.24(b) 所示。有一次线圈 W_1 和两个匝数相等的二次线圈 W_2、W_3。由电压互感器的二次侧电压 $\dot{U}_K$ 加于 UV 一次侧，UV 两个二次线圈的电压 $\dot{U}_v$ 与 $\dot{U}_K$ 成正比，即 $\dot{U}_v = K_v \dot{U}_K$，而且 $\dot{U}_v$ 与 $\dot{U}_K$ 同相位。其中 K_v 为小于 1 的正实数，即 $K_v = \dfrac{W_2}{W_1}$，K_v 称为电压变换系数。

② 对于 LG-11 型功率方向继电器，采用谐振变压器 UV，原理电路如图 2.24(a) 所示。其铁芯有空气隙，以避免铁芯饱和；并在一次回路接入电容 C_1，与谐振变压器的励磁电感构成对 50 Hz 频率的串联谐振电路。UV 的一次线圈 W_1 设有抽头，还有调节线圈 W_2。改变抽头位置，以及加入或不加入调节线圈 W_2，可以对谐振电路进行调整。两个二次线圈 W_3、W_4 匝数相等。当 UV 一次侧加电压 $\dot{U}_K$ 时，两个二次线圈 W_3、W_4 的电压 $\dot{U}_v = K_v \dot{U}_K$，这里 K_v 为复数。

串联谐振等效电路如图 2.30(a) 所示。图中，R 为谐振电路等效电阻，L 为谐振电路等效电感。当电路谐振时，UV 的电压、电流相量关系如图 2.30（b）所示，以 $\dot{U}_\mathrm{K}$ 为基准，$\dot{I}_\mathrm{u}$ 与 $\dot{U}_\mathrm{K}$ 同相位；$\dot{U}_\mathrm{C1}$ 比 $\dot{I}_\mathrm{u}$ 滞后 90°；$\dot{U}_\mathrm{R}$ 与 $\dot{I}_\mathrm{u}$ 同相，而且 $\dot{U}_\mathrm{R}=\dot{U}_\mathrm{K}$；$\dot{U}_\mathrm{L}$ 比 $\dot{I}_\mathrm{u}$ 超前 90°，$\dot{U}_\mathrm{L}=-\dot{U}_\mathrm{C1}$；$\dot{U}_\mathrm{V}$ 与 $\dot{U}_\mathrm{L}$ 同相位，比 $\dot{U}_\mathrm{K}$ 超前 90°。

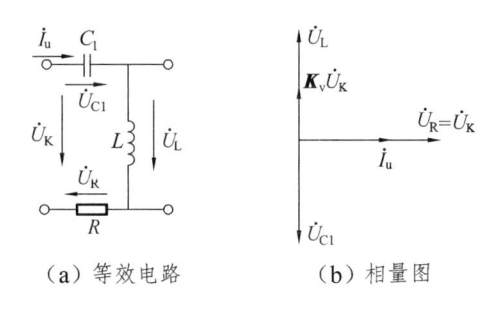

（a）等效电路　　（b）相量图

图 2.30　谐振变压器工作原理

2. 绝对值比较电路

对两个交流电气量的绝对值进行比较的方法是：把被比较的两个交流电气量进行整流，再把整流后的两个直流电气量进行比较，比较的结果通过执行元件来反应。按照执行元件与比较电路连接方法的不同，绝对值比较电路分为均压式和环流式两种。

（1）均压式绝对值比较电路，如图 2.31 所示。

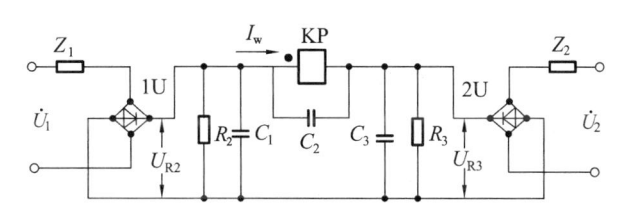

图 2.31　均压式比较电路

图中，被比较的两个电气量是在电压形成电路形成的交流电压 $\dot{U}_1$ 和 $\dot{U}_2$。Z_1 和 Z_2 分别为交流侧的等效阻抗，主要包括电抗变压器 TX 和电压变压器 UV 的等效阻抗以及调整用的电阻等。1U 和 2U 是两组同极性对接的整流桥。U_{R2} 和 U_{R3} 分别为 1U 和 2U 的输出直流电压。KP 是作为执行元件的极化继电器。KP 的主要特点是具有方向性：当电流 I_w 从"·"端流入时，即便 I_w 较小，KP 也能动作（KP 的动作功率较小）；反之，当电流 I_w 由"·"端流出时，无论 I_w 多大，KP 也不会动作。R_2 和 R_3 为负载电阻。C_1 和 C_3 为滤波电容，使整流后的波形变得平滑，以防止 KP 触点抖动。电容 C_2 的作用是防止电源突然接入时和短暂的干扰脉冲使 KP 误动作。

当 $|\dot{U}_1|>|\dot{U}_2|$ 时，$U_{R2}>U_{R3}$，电流 I_w 从"·"端流入 KP 线圈，故 KP 动作。由于执行元件反应的是两组整流桥输出电压之差，故称这种比较电路为均压式绝对值比较电路。

负载电阻 R_3 的作用是在 $|\dot{U}_1|>|\dot{U}_2|$ 的情况下给 I_w 提供通路，以保证 KP 可靠动作。因为如果没有 R_3，这时相当于 2U 输出端开路，流过 KP 线圈的电流很小，不能保证 KP 可靠动作。负载电阻 R_2 的作用，是防止当 $|\dot{U}_1|<|\dot{U}_2|$ 时，KP 误动作。因为这时如果没有 R_2，相当于 1U 输出端开路，其输出电压就是 $|\dot{U}_1|$，而 2U 输出电压是 $|\dot{U}_2|$

在 R_3 上的分压。这样就有可能出现 KP 左侧的整流电压高于右侧，使 KP 误动作。为了保证比较电路工作的正确性，应合理选择 R_2 与 R_3。R_2 和 R_3 的数值可由下面的简单推导求出。当忽略 1U 和 2U 中二极管的电压降，并且不考虑滤波器的影响时，则 R_2 和 R_3 上的电压降分别为

$$U_{R2}=0.9\left|\frac{\dot{U}_1 \cdot R_2}{Z_1+R_2}\right|$$

$$U_{R3}=0.9\left|\frac{\dot{U}_2 \cdot R_3}{Z_2+R_3}\right|$$

在动作边界条件下，$|\dot{U}_1|=|\dot{U}_2|$，此时为了保证 $U_{R2}=U_{R3}$，使 $I_w=0$，必须满足以下平衡条件：

$$\left|\frac{R_2}{Z_1+R_2}\right|=\left|\frac{R_3}{Z_2+R_3}\right| \tag{2.22}$$

R_2 和 R_3 按满足式(2.22)的要求确定。

(2) 环流式绝对值比较电路，如图 2.32 所示。

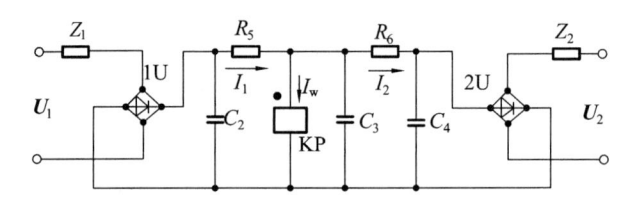

图 2.32 环流式比较电路

与均压式绝对值比较电路相比，环流式绝对值比较电路的主要特点是两组整流桥 1U 和 2U 顺极性串联，故流过 KP 线圈的电流是整流桥直流侧循环电流之差，即 $I_w=I_1-I_2$；当 $|\dot{U}_1|>|\dot{U}_2|$ 时，I_w 从 KP 线圈"·"端流入，KP 动作。图中，电阻 R_5 和 R_6 的作用在于平衡两个整流回路的总阻抗，其余各元件的作用与图 2.31 类似。电阻 R_5 和 R_6 的数值按下列方法确定。

由于 KP 线圈的电阻很小，当忽略整流桥中二极管的电压降，并且不考虑滤波器的影响时，电流 I_1 和 I_2 可分别写成

$$I_1=0.9\left|\frac{\dot{U}_1}{Z_1+R_5}\right|$$

$$I_2=0.9\left|\frac{\dot{U}_2}{Z_2+R_6}\right|$$

在 KP 动作边界条件下，$I_1=I_2$，即 $I_w=0$；从功率方向继电器的动作边界条件来说，$|\dot{U}_1|=|\dot{U}_2|$，因此必须满足以下平衡条件：

$$|Z_1+R_5|=|Z_2+R_6| \tag{2.23}$$

R_5 和 R_6 按满足式(2.23)的要求确定。

(3) 均压式和环流式绝对值比较电路的对比与应用。

均压式绝对值比较电路的特点是灵敏度高。这是因为当$|\dot{U}_1|>|\dot{U}_2|$时，1U的正向压降要减小，而2U的正向压降要增大，使得流过KP线圈的电流I_w更加增大的缘故。

环流式绝对值比较电路的特点，由于在继电器动作时，2U、R_6串联后与KP线圈并联作为1U的负载，加于KP线圈的电压，比$|\dot{U}_1|$小R_5上的电压降，故加于KP线圈的电压比较低。但是环流式的灵敏度低，这是因为继电器动作时，2U对KP线圈产生分流作用的缘故。

LG-11型功率方向继电器采用环流式比较方式。因为LG-11型的电压回路经过谐振变压器，输出电压为谐振回路等效电感两端的电压，故输出阻抗较大，与输入阻抗小的环流式比较电路相配合。LG-12型功率方向继电器采用均压式比较方式。因为LG-12型的电压回路经过一般的中间变压器，其输出阻抗比谐振变压器的输出阻抗小，与输入阻抗大的均压式比较电路相配合。这样，正常时有利于减小继电器的功率消耗；当被保护线路发生短路时，有利于提高继电器的灵敏度。

3. 执行元件

在整流型继电器中，执行元件就是极化继电器KP。KP属于电磁型继电器，其作用原理如图2.33所示。极化继电器由线圈、铁芯、永久磁铁、衔铁和触点等构成。永久磁铁产生极化磁通Φ_{01}、Φ_{02}，当永久磁铁选定后，Φ_{01}、Φ_{02}的数值分别与空气隙δ_1、δ_2的大小有关。

调节衔铁的位置即可调节空气隙δ_1、δ_2的大小，从而调节Φ_{01}、Φ_{02}的大小。平时可以是触点1与2接通，也可以是触点1与3接通。图2.33所示调节为$\Phi_{02}>\Phi_{01}$，右边吸力大于左边吸力，衔铁的下端吸向右边，触点1与2是断开的。

当线圈流过电流I_w时，产生磁通Φ_w，与Φ_{01}相加，与Φ_{02}相减，即空气隙δ_1、δ_2的合成磁通分别为

$$\left.\begin{array}{l}\Phi_1=\Phi_{01}+\Phi_w\\ \Phi_2=\Phi_{02}-\Phi_w\end{array}\right\} \quad (2.24)$$

式中　Φ_1——左边空气隙(δ_1)的总磁通；
　　　Φ_2——右边空气隙(δ_2)的总磁通。

当I_w大于启动电流时，$\Phi_1>\Phi_2$，左边吸力大于右边吸力，衔铁的下端被吸向左边，触点1与2接通，启动保护装置。当线圈电流I_w消失时，因$\Phi_{02}>\Phi_{01}$，触点1与2又断开。

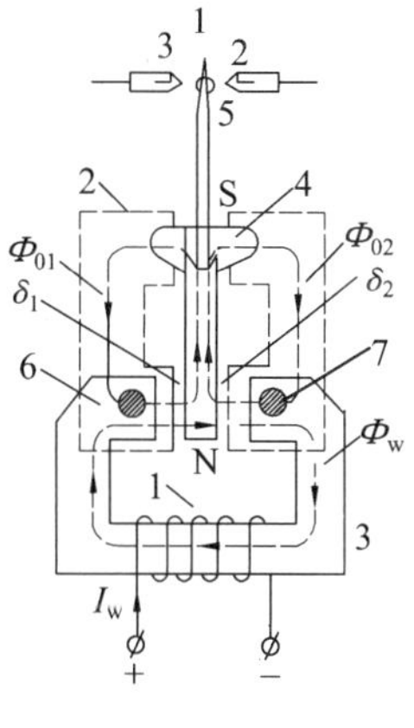

1—线圈；2—永久磁铁；
3—蹄形铁芯；4—衔铁；
5—触点；6—极靴；
7—螺丝。

图2.33　极化继电器原理结构图

如果线圈所加的电流是两个电流之差，例如(I_1-I_2)，I_1与$|\dot{U}_1|$成正比，I_2与$|\dot{U}_2|$成正比，那么当$|\dot{U}_1|>|\dot{U}_2|$时，$I_w=I_1-I_2>0$，KP动作；当$|\dot{U}_1|<|\dot{U}_2|$时，$I_w=I_1-I_2<0$，即为反方向电流，这时式(2.24)的Φ_w为负值，因而$\Phi_1<\Phi_{01}$，$\Phi_2>\Phi_{02}$，又由于已调节为$\Phi_{02}>\Phi_{01}$，所以$\Phi_2\gg\Phi_1$，衔铁下端更紧地被吸向右边，KP不动作。可见，KP是有极性(方向性)的。

有时，KP采用两个线圈，一个线圈加电流I_1，另一个线圈加电流I_2，两者所产生的磁

通方向相反，效果与上述相同。为了提高极化继电器 KP 的灵敏度，有时还增加一个助磁线圈，其中加入一定的助磁电流，产生一定的助磁安匝。

KP 的主要优点是灵敏度高，动作快，消耗功率小，有方向性等。其缺点是触点容量小。由图 2.24 可见，KP 触点并联有电阻与电容串联的消弧回路，以增加触点的断弧能力。

4．特性分析

（1）动作条件。

由图 2.24 可知，比较电路的两组整流桥分别输入两组电压，其中 1U 的输入电压 $\dot{U}_1$ 为 $\dot{U}_v$、$\dot{U}_x$ 顺极性串联，所以

$$\dot{U}_1=\dot{U}_v+\dot{U}_x=\boldsymbol{K}_v\dot{U}_K+\boldsymbol{K}_x\dot{I}_K=\boldsymbol{K}_v\dot{U}_K+K_x I_K e^{j\varphi_x} \tag{2.25}$$

2U 的输入电压 $\dot{U}_2$ 为 $\dot{U}_v$、$\dot{U}_x$ 同极性对接，所以

$$\dot{U}_2=\dot{U}_v-\dot{U}_x=\boldsymbol{K}_v\dot{U}_K-\boldsymbol{K}_x\dot{I}_K=\boldsymbol{K}_v\dot{U}_K-K_x I_K e^{j\varphi_x} \tag{2.26}$$

式中各符号的含义如前所述。电压、电流相量关系如图 2.34 所示。

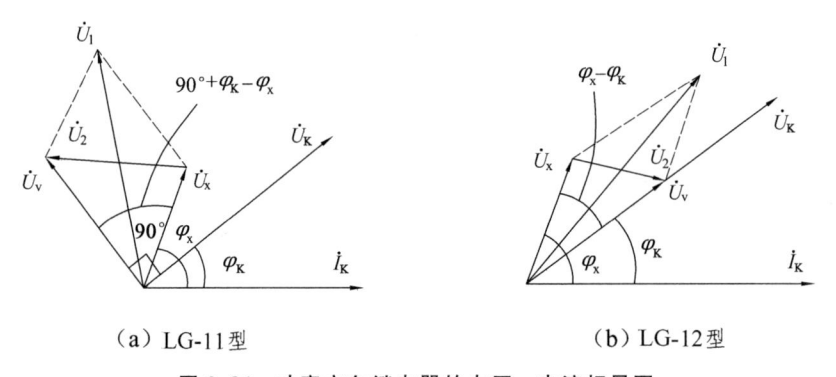

（a）LG-11 型　　　　　　　　　　（b）LG-12 型

图 2.34　功率方向继电器的电压、电流相量图

$\dot{U}_1$、$\dot{U}_2$ 分别经过整流桥 1U、2U 整流后，进行直流电压大小（即绝对值）的比较。$\dot{U}_1$ 为动作量，$\dot{U}_2$ 为制动量。

当 $|\dot{U}_1|>|\dot{U}_2|$ 时，继电器动作，即继电器的动作条件为

$$|\boldsymbol{K}_v\dot{U}_K+\boldsymbol{K}_x\dot{I}_K|>|\boldsymbol{K}_v\dot{U}_K-\boldsymbol{K}_x\dot{I}_K| \tag{2.27}$$

当 $|\dot{U}_1|=|\dot{U}_2|$ 时，继电器处于边界状态；

当 $|\dot{U}_1|<|\dot{U}_2|$ 时，继电器不动作。

$|\dot{U}_1|$ 和 $|\dot{U}_2|$ 可按余弦定理从图 2.34 求得。

对于 LG-11 型，由图 2.34(a)得

$$\begin{aligned}|\dot{U}_1|&=\sqrt{U_v^2+U_x^2-2U_v U_x\cos[180°-(90°+\varphi_K-\varphi_x)]}\\&=\sqrt{U_v^2+U_x^2+2U_v U_x\cos(90°+\varphi_K-\varphi_x)}\end{aligned} \tag{2.28}$$

$$|\dot{U}_2|=\sqrt{U_v^2+U_x^2-2U_v U_x\cos(90°+\varphi_K-\varphi_x)} \tag{2.29}$$

对于 LG-12 型，由图 2.34(b)得

$$|\dot{U}_1| = \sqrt{U_v^2 + U_x^2 - 2U_v U_x \cos[180° - (\varphi_x - \varphi_K)]}$$
$$= \sqrt{U_v^2 + U_x^2 + 2U_v U_x \cos(\varphi_x - \varphi_K)} \tag{2.30}$$

$$|\dot{U}_2| = \sqrt{U_v^2 + U_x^2 - 2U_v U_x \cos(\varphi_x - \varphi_K)} \tag{2.31}$$

（2）动作区和最灵敏角。

这是表征功率方向继电器动作特性的两个重要概念。所谓动作区，就是表示在复数平面上的这样一个范围，当加入继电器的电压 $\dot{U}_K$ 与电流 $\dot{I}_K$ 之间的相位角 φ_K 位于此范围内时，继电器能够动作。

对于 LG-11 型，当接入 R_3 时，$\varphi_x = 45°$；当接入 R_4 时，$\varphi_x = 60°$。从式(2.28)和式(2.29)可知：

当 $\cos(90° + \varphi_K - \varphi_x) > 0$ 时，$|\dot{U}_1| > |\dot{U}_2|$，满足继电器的动作条件。此时，$-90° < (90° + \varphi_K - \varphi_x) < 90°$，对 φ_K 解不等式，$(-180° + \varphi_x) < \varphi_K < \varphi_x$；即当加入继电器的电压与电流之间的相位角 φ_K 在 $(-180° + \varphi_x) \sim \varphi_x$ 范围内变化时，继电器动作。

当 $\varphi_x = 45°$ 时，其动作区为

$$-135° < \varphi_K < 45° \tag{2.32}$$

当 $\varphi_x = 60°$ 时，其动作区为

$$-120° < \varphi_K < 60° \tag{2.33}$$

如图 2.35(a)、(b)所示动作区。

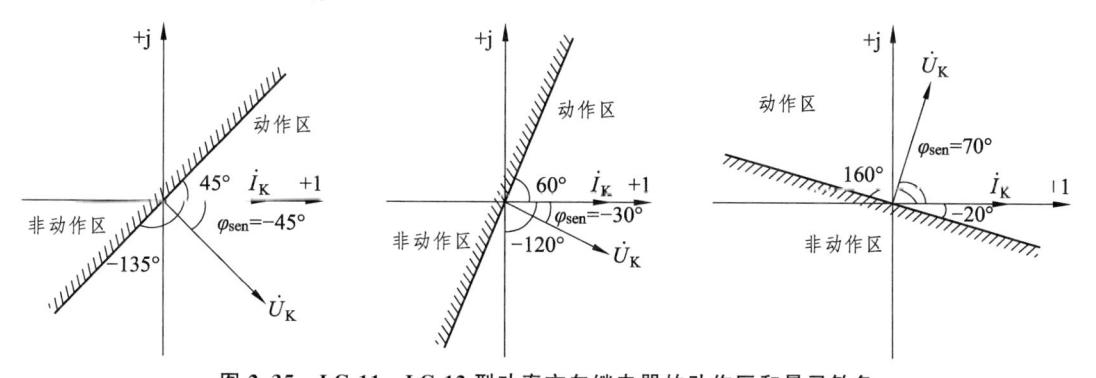

图 2.35　LG-11、LG-12 型功率方向继电器的动作区和最灵敏角

当 $\cos(90° + \varphi_K - \varphi_x) = 1$ 时，$90° + \varphi_K - \varphi_x = 0$，$\dot{U}_v$ 与 $\dot{U}_x$ 同相位，$|\dot{U}_1|$ 最大，$|\dot{U}_2|$ 最小，继电器动作最灵敏。此时，加入继电器的电压 $\dot{U}_K$ 与电流 $\dot{I}_K$ 之间的相位角叫作继电器的最灵敏角，用 φ_{sen} 表示，则 $\varphi_{sen} = \varphi_K = \varphi_x - 90°$。当 $\varphi_x = 45°$ 时，$\varphi_{sen} = 45° - 90° = -45°$；当 $\varphi_x = 60°$ 时，$\varphi_{sen} = 60° - 90° = -30°$，如图 2.35(a)、(b)所示。

对于 LG-12 型，$\varphi_x = 70°$，从式(2.30)和式(2.31)可知：

当 $\cos(\varphi_x - \varphi_K) > 0$ 时，$|\dot{U}_1| > |\dot{U}_2|$，满足继电器的动作条件。此时，$-90° < (\varphi_x - \varphi_K) < 90°$，对 φ_K 解不等式，$(90° + \varphi_x) > \varphi_K > (-90° + \varphi_x)$；即当加入继电器的电压与电流之间

的相位角 φ_K 在 $(-90°+\varphi_x) \sim (90°+\varphi_x)$ 范围内变化时,继电器动作。由于 $\varphi_x=70°$,故其动作区为

$$-20°<\varphi_K<160° \tag{2.34}$$

如图 2.35(c)所示动作区。

当 $\cos(\varphi_x-\varphi_K)=1$ 时,$\varphi_x-\varphi_K=0$,$\varphi_K=\varphi_x$,$\dot{U}_x$ 与 $\dot{U}_v$ 同相位,$|\dot{U}_1|$ 最大,$|\dot{U}_2|$ 最小,继电器动作最灵敏。此时,加入继电器的电压 $\dot{U}_K$ 与电流 $\dot{I}_K$ 之间的相位角叫作继电器的最灵敏角,用 φ_{sen} 表示,则 $\varphi_{sen}=\varphi_K=\varphi_x=70°$,如图 2.35(c)所示。

上面分析的都是理想情况。在理想情况下,动作区为 180°,非动作区也是 180°。但在实际情况下,由于极化继电器反作用力矩和整流回路二极管电压降的影响,动作区小于 180°,一般为 160°左右,非动作区大于 180°。

(3) 电压死区和记忆电路。

由继电器的动作条件式(2.27)可以看出,如果 $\dot{U}_K$ 极小,不等式两边接近相等。这样,继电器即使工作在灵敏角的情况下也不会动作,可见继电器有一最小动作电压 $U_{act·min}$。当保护装置安装处出口附近发生三相短路时,继电器由于其测量电压 $\dot{U}_K$ 将小于 $U_{act·min}$,而不能动作,因而得不到保护。这个小范围叫作功率方向继电器的电压死区。

为了消除电压死区,在 LG-11 型功率方向继电器电压回路中设有记忆电路,即由电容 C_1 与 UV 一次线圈的电感构成的对 50 Hz 频率的串联谐振电路。当由于保护装置安装处出口附近发生三相短路而使 $\dot{U}_K$ 突然减小时,谐振回路将以原有频率振荡,亦即将原有电压"记忆"一段时间,一直到回路的电能和磁能耗尽为止。这记忆时间足以使继电器可靠动作,从而消除了电压死区。谐振记忆是 LG-11 型功率方向继电器的一个重要特点。

(4) 潜动。

从理论上讲,当 $\dot{I}_K$ 或 $\dot{U}_K$ 为零时,式(2.27)左右两边相等,继电器不应动作。但是如果动作电压回路与制动电压回路参数不对称,继电器仍有可能动作,这种现象称为潜动。只加电流产生的潜动称为电流潜动;只加电压产生的潜动称为电压潜动。如果潜动方向与继电器动作方向相反,将会增大继电器的动作功率,从而降低继电器动作的灵敏度。如果潜动方向与继电器的动作方向相同,则有可能使保护装置误动作。如图 2.36 所示,当 k 点发生三相短路时,流经方向过电流保护装置 2 和 3 的电流很大,而电压几乎为零。如果继电器存在电流潜动,就有可能使保护装置 2 和 3 误动作。为此,必须设法消除潜动现象。在整流型功率方向继电器中,通常是采用调节回路电阻的方法来消除潜动现象。图 2.24(a)、(b)中的可变电阻 R_1 用作消除电流潜动;图 2.24(a)中的可变电阻 R_2 用作消除电压潜动。

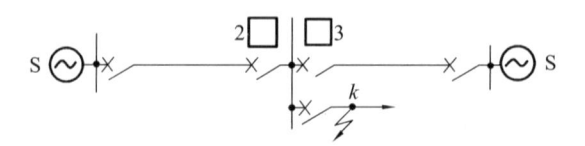

图 2.36 潜动影响说明图

三、过电流功率方向保护的接线方式

所谓过电流功率方向保护的接线方式，就是采用功率方向继电器时，对于三相电力系统来说，继电器的电流、电压线圈与电流、电压互感器如何连接。

这里先讨论用作相间短路保护的接线方式，按采用整流型功率方向继电器来叙述。

对用作相间短路保护的过电流功率方向保护接线方式的要求如下：

（1）功率方向继电器动作的方向性：当正方向短路时，不论是两相或三相短路，至少应有一个功率方向继电器动作，而反方向短路时功率方向继电器都不动作。

（2）功率方向继电器动作的灵敏性：正方向短路时，加入功率方向继电器的电压 U_K 和电流 I_K 应尽可能大一些，并尽可能使 $\dot{U}_K$ 与 $\dot{I}_K$ 之间的相位角 φ_K 接近电抗变压器变换系数 $\mathbf{K}_x$ 的相位角 φ_x，以使功率方向继电器动作灵敏。

获得广泛使用的是 90°接线方式，即一个功率方向继电器的电流线圈接入某一相电流，电压线圈接入另外两相相间电压，如图 2.37 所示。

三个功率方向继电器分别接入的电流、电压如下：

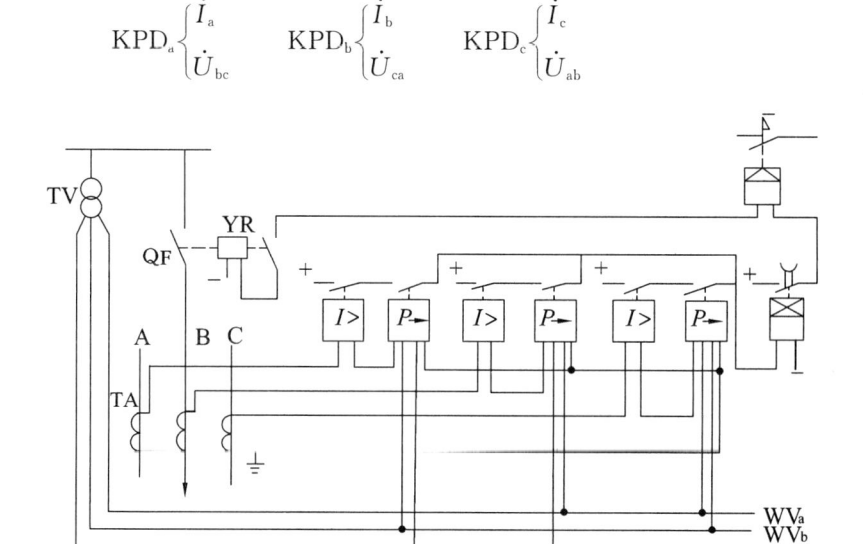

$$KPD_a \begin{cases} \dot{I}_a \\ \dot{U}_{bc} \end{cases} \qquad KPD_b \begin{cases} \dot{I}_b \\ \dot{U}_{ca} \end{cases} \qquad KPD_c \begin{cases} \dot{I}_c \\ \dot{U}_{ab} \end{cases}$$

图 2.37 过电流功率方向保护 90°接线方式

在三相对称的情况下，每个功率方向继电器电压线圈所加的相间电压比电流线圈加入的电流所属相别的相电压滞后 90°，由此得名。如果采用两相接线，取消 b 相即可。

当采用 90°接线方式和 LG-11 型功率方向继电器时，在各种短路情况下的动作特性分析如下：

① 三相短路。

因为三相短路为对称短路，三个功率方向继电器的工作条件完全相同，所以可任选其中一个，例如 KPD_a，进行分析。当正方向三相短路时，KPD_a 的电流 $\dot{I}_{Ka} = \dot{I}_a$，电压 $\dot{U}_{Ka} = \dot{U}_{bc}$，其相量关系如图 2.38(a)所示。$\dot{I}_a$ 滞后 $\dot{U}_a$ 的相位角为 φ_k（线路阻抗角）。$\dot{U}_{Ka}$ 与 $\dot{I}_{Ka}$ 之间的相位角为

$$\varphi_{Ka}=-(90°-\varphi_k) \quad (2.35)$$

式中，括弧前的"－"号表示电流 $\dot{I}_{Ka}$ 超前电压 $\dot{U}_{Ka}$。通常 $0°<\varphi_k<90°$，故

$$-90°<\varphi_{Ka}<0° \quad (2.36)$$

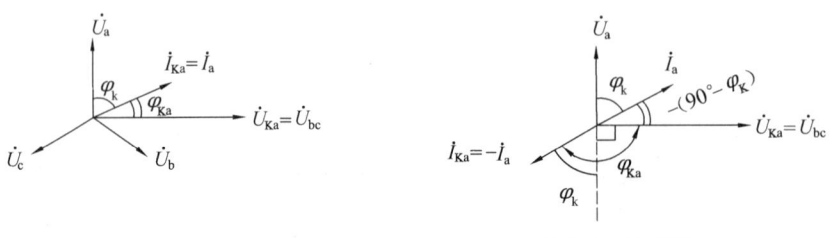

（a）正方向三相短路时　　　　（b）反方向三相短路时

图 2.38　正、反方向三相短路时 KPDₐ 电流与电压相量关系

将式(2.36)与图 2.35(a)、(b)比较，可以明显看出，φ_{Ka} 在功率方向继电器的动作区内，灵敏线附近。说明正方向三相短路时，三个 LG-11 型功率方向继电器都能动作。

在绝大多数情况下，$\varphi_k=65°\sim 70°$。此时，$\varphi_{Ka}=-25°\sim-20°$，接近 LG-11 型功率方向继电器的最灵敏角。

当近点三相短路时，虽然三个功率方向继电器电压线圈的电压突然降为零，但由谐振记忆电路供给继电器动作所需要的电压，故功率方向继电器仍能可靠动作，没有电压死区。

当反方向三相短路时，功率方向继电器 KPDₐ 电压 $\dot{U}_{Ka}$ 不变，电流 $\dot{I}_{Ka}$ 变为 $-\dot{I}_a$，如图 2.38(b)所示。此时，$\dot{U}_{Ka}$ 与 $\dot{I}_{Ka}$ 之间的相位角 $\varphi_{Ka}=90°+\varphi_k$，$90°<\varphi_{Ka}<180°$，与图 2.35(a)、(b)比较，$\varphi_{Ka}$ 在非动作区内。说明反方向三相短路时，三个 LG-11 型功率方向继电器都不会动作。

② 两相短路。

以母线附近 B—C 两相短路为例来说明，如图 2.39 所示。图中 $\dot{E}_A$、$\dot{E}_B$、$\dot{E}_C$ 为系统电源电势，Z 为系统阻抗。此时短路电流 $\dot{I}_B=-\dot{I}_C=\dfrac{\dot{E}_{BC}}{2Z}=\dfrac{E_{BC}}{2Z}\angle\varphi_k$，滞后 $\dot{E}_{BC}$ 的相位角为 φ_k；母线电压分别为 $\dot{U}_A=\dot{E}_A$，$\dot{U}_B=\dot{U}_C=-\dfrac{1}{2}\dot{E}_A$，$\dot{U}_{BC}\approx 0$。

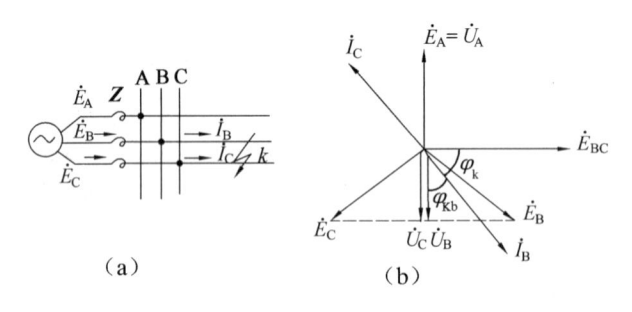

（a）　　　　（b）

图 2.39　母线附近 B—C 两相短路时电流、电压相量

对于 KPDₐ，$\dot{I}_{Ka}$ 为负荷电流，$\dot{U}_{Ka}\propto\dot{U}_{BC}$。但由于 KPDₐ 电压线圈记忆回路的作用，$\dot{U}_{Ka}$ 不会立即变为零，而且 $\dot{U}_{Ka}$ 与 $\dot{I}_{Ka}$ 之间的相位角 $\varphi_{Ka}=-(90°-\varphi_a)\approx-(90°-37°)=-53°$，故

KPD$_a$ 仍可能动作。只是由于在 a 相过电流功率方向保护装置中，负荷电流小于电流元件的动作电流，电流元件不会动作。因此，即便是功率方向继电器动作，a 相保护装置也不会动作。

对于 KPD$_b$，$\dot{U}_{Kb}=\dot{U}_{ca}$，$\dot{I}_{Kb}=\dot{I}_b$，$\varphi_{Kb}=-(90°-\varphi_k)$；$\varphi_k$ 为线路阻抗角，$0°<\varphi_k<90°$，故 $-90°<\varphi_{Kb}<0°$，φ_{Kb} 在 LG-11 型功率方向继电器的动作区内。

对于 KPD$_c$，$\dot{U}_{Kc}=\dot{U}_{ab}$，$\dot{I}_{Kc}=\dot{I}_c=-\dot{I}_b$，$\varphi_{Kc}=-(90°-\varphi_k)$；$\varphi_k$ 为线路阻抗角，$0°<\varphi_k<90°$，故 $-90°<\varphi_{Kc}<0°$，φ_{Kc} 也在 LG-11 型功率方向继电器的动作区内。

说明 B—C 两相正方向短路时，KPD$_b$、KPD$_c$ 都能动作。而且因 $\dot{U}_{ca}$ 和 $\dot{U}_{ab}$ 都较高，所以没有电压死区。

其灵敏性和反方向 B—C 两相短路时，分析方法和结论与三相短路时一样。

同理，可以分析 C—A 两相、A—B 两相短路时的情况而得到相同的结论。

远点两相短路时，虽然相位角 φ_k 的变化范围有所不同，但功率方向继电器动作特性的结论和前面叙述的相同。

四、过电流功率方向保护的整定校验

电流元件的整定校验与前面叙述的完全一样，时限特性也一样。由于 LG-11 型功率方向继电器没有电压死区，所以也不需要校验电压死区长度。

第三章 电网的接地保护

第一节 中性点直接接地系统的接地保护

为电气化铁道牵引变电所供电的 110~220 kV 系统,属于中性点直接接地系统(又称大接地短路电流系统,也称中性点有效接地系统)。这种系统广泛采用零序电流保护或方向零序电流保护作为接地保护。

一、零序保护的概念

1. 什么叫作零序保护

(1) 对于不对称短路,可以利用对称分量法将三相系统的电压、电流分解为正序、负序和零序三个分量(分别以右下角标 1、2、0 表示)。即

$$\left.\begin{array}{l}\dot{U}_A=\dot{U}_1+\dot{U}_2+\dot{U}_0\\ \dot{U}_B=\alpha^2\dot{U}_1+\alpha\dot{U}_2+\dot{U}_0\\ \dot{U}_C=\alpha\dot{U}_1+\alpha^2\dot{U}_2+\dot{U}_0\end{array}\right\} \tag{3.1}$$

$$\left.\begin{array}{l}\dot{I}_A=\dot{I}_1+\dot{I}_2+\dot{I}_0\\ \dot{I}_B=\alpha^2\dot{I}_1+\alpha\dot{I}_2+\dot{I}_0\\ \dot{I}_C=\alpha\dot{I}_1+\alpha^2\dot{I}_2+\dot{I}_0\end{array}\right\} \tag{3.2}$$

式中,$\alpha=e^{j120°}$,为运算符号;$\dot{U}_1$、$\dot{U}_2$、$\dot{U}_0$ 分别为正序、负序、零序电压;$\dot{I}_1$、$\dot{I}_2$、$\dot{I}_0$ 分别为正序、负序、零序电流。以上两式中都是以 A 相的各对称分量为基准。

因 $\alpha^2+\alpha+1=0$,故由式(3.1)中三式相加得

$$\dot{U}_A+\dot{U}_B+\dot{U}_C=3\dot{U}_0 \tag{3.3}$$

由式(3.2)中三式相加得

$$\dot{I}_A+\dot{I}_B+\dot{I}_C=3\dot{I}_0 \tag{3.4}$$

(2) 在发生三相或两相短路时,$3\dot{U}_0=0$,$3\dot{I}_0=0$。例如,B、C 两相间短路时,$\dot{I}_B=-\dot{I}_C$,$\dot{I}_A=0$,代入式(3.4)得 $3\dot{I}_0=0$;同时,$\dot{U}_B=\dot{U}_C=-\frac{1}{2}\dot{U}_A$,代入式(3.3)得 $3\dot{U}_0=0$。

(3) 在中性点直接接地系统中,当发生单相或两相接地短路时,$3\dot{U}_0\neq0$,$3\dot{I}_0\neq0$。例如,A 相接地短路,$\dot{I}_B=\dot{I}_C=0$,$\dot{I}_A\neq0$,代入式(3.4)得 $3\dot{I}_0=\dot{I}_A$;同时,$\dot{U}_A\approx0$,$\dot{U}_B\neq0$,

$\dot{U}_\mathrm{C}\neq0$，代入式(3.3)得 $3\dot{U}_0\approx\dot{U}_\mathrm{B}+\dot{U}_\mathrm{C}$。

由此可见，零序电流和零序电压的出现即表明电力系统发生了接地短路。可以利用这一特点构成接地短路保护，这种保护叫作零序保护，也称接地保护。

2. 零序电流和零序电压的特点

计算零序电流的等效网络如图3.1所示。

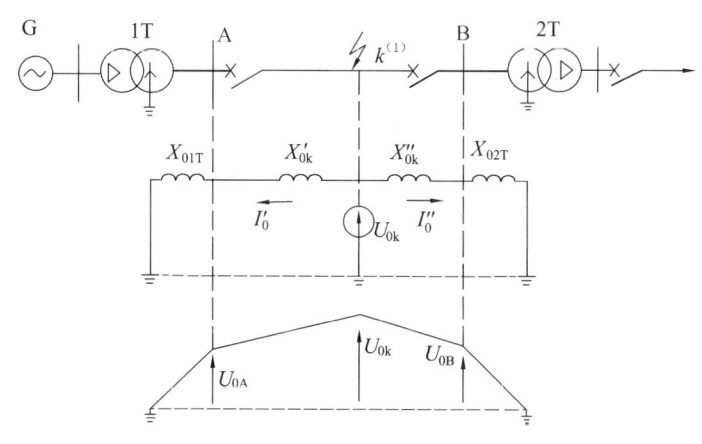

图 3.1 零序网络及电流、电压分布

零序电流可看成是由接地短路点出现的零序电压 U_{0k} 产生的，由接地短路点流向变压器接地的中性点。由于零序电流必须通过变压器接地的中性点来构成回路，所以零序电流的大小和分布与中性点接地的变压器台数和位置有关。

由图3.1可看出零序电流和零序电压有以下特点：

① 接地短路点零序电压最高，距离接地短路点越远，零序电压越低，到变压器中性点接地处，零序电压等于零。

② 零序功率方向是由线路流向母线，例如由 $k^{(1)}$ 点流向母线 A 和母线 B。

③ 保护安装处的零序电压，实际上是从该点到零序网络中性点之间零序阻抗上的电压降。例如，对母线 A 来说，零序电压就是在变压器1T零序阻抗 X_{01T} 上的电压降。该处零序电流与零序电压之间的相位差也由零序阻抗 X_{01T} 的阻抗角决定，而与被保护线路和故障点位置无关。

二、零序分量滤过器

1. 对称分量滤过器的概念

为了使继电器只受一种分量而不受其他分量的作用，需要采用一种特殊的对称分量滤过电路，它只让所需要的分量通过，而将其他分量阻挡。只让零序分量通过的，叫作零序分量滤过器。只让负序分量通过的，叫作负序分量滤过器。下面介绍零序分量滤过器。

2. 零序电压滤过器

图3.2是由电压互感器二次侧接成开口三角形构成的零序电压滤过器，它是按式(3.3)

构成的。对于正序或负序电压分量，三相相加为零；对于零序电压分量，三相相加不为零。因此，电压互感器二次侧开口三角形输出端只有零序电压分量 $3\dot{U}_0$ 出现。

当电力系统有三次谐波电压时，由于三相的三次谐波电压同相位，因此在电压互感器二次侧开口三角形输出端有三次谐波电压出现。在使用中，反应零序电压的继电器整定值应该能躲过零序电压滤过器输出端可能出现的最大三次谐波电压。

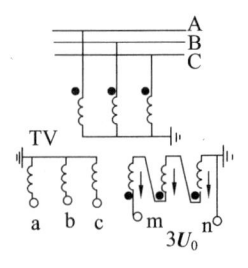

图 3.2 零序电压滤过器

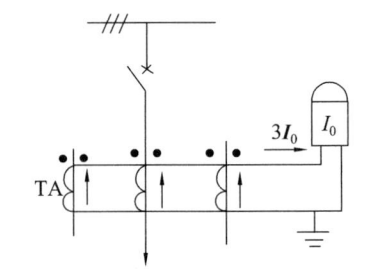

3. 零序电流滤过器

图 3.3 是由电流互感器二次侧三相的首端并联、末端并联，两并联点为输出端而构成的零序电流滤过器，它是按式(3.4)构成的。对于正序或负序电流分量，三相相加为零；对于零序电流分量，三相相加不为零。因此，零序电流滤过器输出端只有零序电流分量 $3\dot{I}_0$ 出现。实际上，这就是三相星形接线方式的中线上所流过的电流。因此，在实际使用中，这种零序电流滤过器并不需要专用一组电流互感器，而是可与相间短路保护共用一组三相星形接线的电流互感器。

图 3.3 零序电流滤过器

实际上，在零序电流滤过器中，由于三个电流互感器的励磁电流不相等，即使三相一次侧电流对称，输出端也会有不大的零序电流出现，称为不平衡电流。不平衡电流等于三个电流互感器励磁电流的相量和。因为

$$\dot{I}_K = 3\dot{I}_0 = \dot{I}_a + \dot{I}_b + \dot{I}_c$$
$$= \frac{1}{n_i}[(\dot{I}_A - \dot{I}_{eA}) + (\dot{I}_B - \dot{I}_{eB}) + (\dot{I}_C - \dot{I}_{eC})]$$
$$= \frac{1}{n_i}[(\dot{I}_A + \dot{I}_B + \dot{I}_C) - (\dot{I}_{eA} + \dot{I}_{eB} + \dot{I}_{eC})]$$

式中 $\dot{I}_A$，$\dot{I}_B$，$\dot{I}_C$——电流互感器一次侧电流；
$\dot{I}_{eA}$，$\dot{I}_{eB}$，$\dot{I}_{eC}$——电流互感器励磁电流；
$\dot{I}_a$，$\dot{I}_b$，$\dot{I}_c$——电流互感器二次侧电流；
n_i——电流互感器电流比。

当三相一次侧电流对称，即 $\dot{I}_A + \dot{I}_B + \dot{I}_C = 0$ 时，$\dot{I}_K = -\frac{1}{n_i}(\dot{I}_{eA} + \dot{I}_{eB} + \dot{I}_{eC})$，这就是不平衡电流。所以，不平衡电流为

$$\dot{I}_{unb} = \frac{1}{n_i}(\dot{I}_{eA} + \dot{I}_{eB} + \dot{I}_{eC}) \tag{3.5}$$

当发生相间短路时，电流互感器一次侧电流增大，并含有非周期分量。因为各电流互感器磁路饱和，而且饱和程度不同，不平衡电流增大。在使用中，反应零序电流的继电器整定值应该躲过相间短路时在零序电流滤过器输出端可能出现的最大不平衡电流。

此外，对于用电缆引出的送电线路，还广泛地采用零序电流互感器以获得 $3\dot{I}_0$，如图

3.4所示。此电流互感器套在电缆的外面,从其铁芯中穿过的电缆芯线就是一次绕组,$\dot{I}_A+\dot{I}_B+\dot{I}_C$就是一次电流。只有当一次侧出现零序电流时,在二次侧才有相应的零序电流$3\dot{I}_0$输出,故称它为零序电流互感器。采用零序电流互感器的优点,主要的是没有不平衡电流,同时接线也更简单。

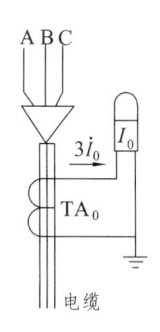

三、零序电流保护

在单侧电源情况下的中性点直接接地系统中,高压输电线路(如110 kV线路)常采用三段零序电流保护,其原理与第二章所介绍的三段电流保护相似,即包括零序电流速断保护、零序电流限时速断保护和零序过电流保护。三段零序电流保护原理接线图和时限特性也与第二章所介绍的三段电流保护相似,不同的是三相的电流互感器二次侧线圈接成零序电流滤过器,如图3.5(a)所示。第Ⅰ、Ⅱ段作为本线路的主保护,第Ⅲ段作为本线路和相邻元件的后备保护,如图3.5(b)所示。

图3.4 零序电流互感器

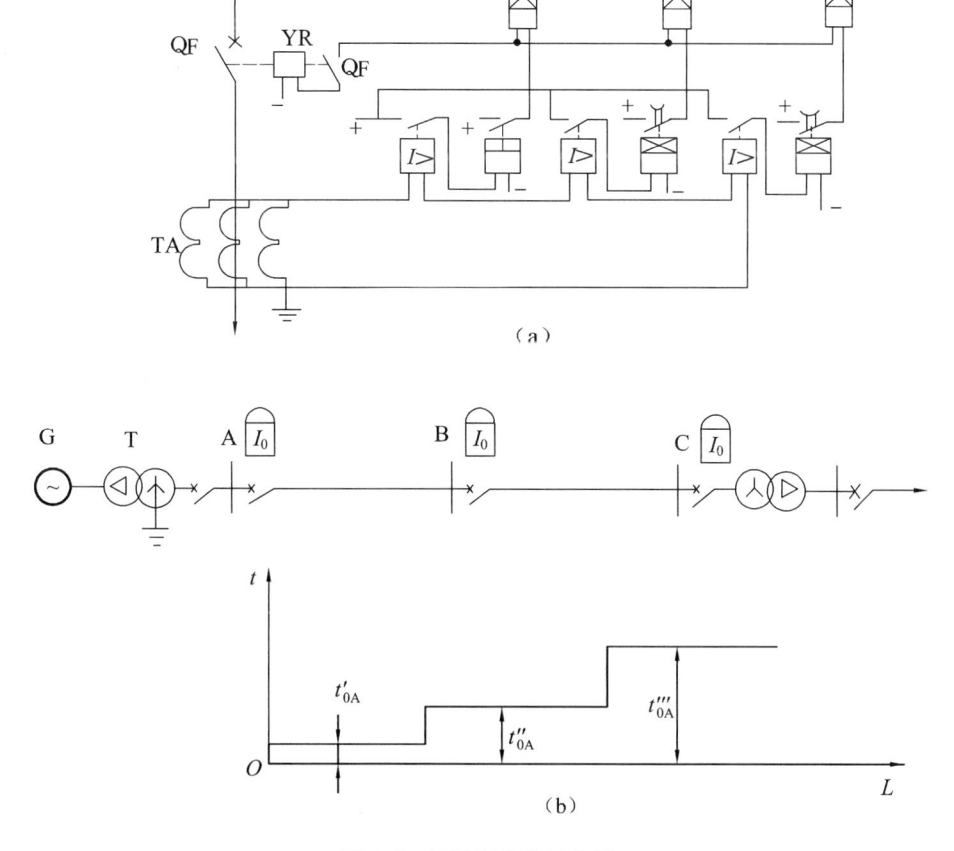

图3.5 三段零序电流保护

三段零序电流保护整定计算如下:

1. 零序电流速断保护(简称零序Ⅰ段)

动作电流 I_{ACT}^{I} 按下述两个条件整定:

(1) 躲过本线路末端(或下一条线路出口处)发生单相或两相接地短路时,可能出现的最大零序电流 $3I_{0k.max}$(A),即

$$I_{ACT}^{I} = K_{REL}^{I} \cdot 3I_{0k.max} \quad (A) \tag{3.6}$$

式中 K_{REL}^{I}——可靠系数,取为 1.2~1.3。

(2) 躲过断路器三相触头不同时合闸所出现的最大零序电流 $3I_{0.NS}$(A),即

$$I_{ACT}^{I} = K_{REL}^{I} \cdot 3I_{0.NS} \quad (A) \tag{3.7}$$

式中 K_{REL}^{I}——可靠系数,取为 1.1~1.2。

根据式(3.6)、式(3.7)计算结果,选取较大者作为零序Ⅰ段保护装置的动作电流。有时也采用适当延时的方法躲过断路器三相触头不同时合闸所出现的最大零序电流,这时可不考虑式(3.7)。

零序Ⅰ段不进行灵敏系数校验,其保护范围应不小于被保护线路全长的 15%~20%。

零序Ⅰ段的动作时限,就是相应的电流继电器和中间继电器的固有动作时限。

2. 零序电流限时速断保护(简称零序Ⅱ段)

动作电流 I_{ACT}^{II},应该与下一条线路的零序电流速断保护装置的动作电流相配合,即按躲过下一条线路零序Ⅰ段保护范围末端接地短路时,流过本保护装置的最大零序电流整定,即

$$I_{ACT}^{II} = K_{REL}^{II} \cdot 3I'_{0k.max} \quad (A) \tag{3.8}$$

式中 K_{REL}^{II}——可靠系数,正常情况下取 1.1~1.2;若考虑到某些变压器参数不准确,应取大一些,采用 1.5~2.0;

$3I'_{0k.max}$——在下一条线路零序电流速断保护范围末端发生接地短路时,流过本保护装置的最大零序电流(A)。

动作时限应与下一条线路零序Ⅰ段的动作时限相配合,高出 Δt,通常取为 0.5 s。

灵敏系数 K_{sen} 应按照本线路末端接地短路时的最小零序电流来校验,要求 $K_{sen} \geq 1.3$。当灵敏系数不能满足要求时,可按躲过下一条线路零序Ⅱ段保护范围末端接地短路时流经本保护装置的最大零序电流来整定,动作时限也要与下一条线路的零序Ⅱ段的动作时限相配合。

3. 零序过电流保护(简称零序Ⅲ段)

零序过电流保护装置中的电流继电器的动作电流 I_{act}^{III},按躲开下一条线路出口处三相短路时流过继电器的最大不平衡电流 $I_{unb.max}$(A)进行整定,即

$$I_{act}^{III} = K_{rel}^{III} \cdot I_{unb.max} \quad (A) \tag{3.9}$$

式中 $K_{rel}^{Ⅲ}$——可靠系数，取 1.2～1.3。

最大不平衡电流

$$I_{unb \cdot max} = \frac{K_a \cdot K_{st} \cdot K_e \cdot I_{k \cdot max}^{(3)}}{n_i} \quad (A) \tag{3.10}$$

式中 $I_{k \cdot max}^{(3)}$——下一条线路出口处最大三相短路电流(A)；
   K_a——短路电流非周期分量的影响系数，当保护装置的动作时限在 0.1 s 以下时取为 2；动作时限为 0.1～0.3 s 时取为 1.5；动作时限大于 0.3 s 时取为 1；
   K_{st}——电流互感器的同型系数，型号相同时取为 0.5，型号不同时取为 1；
   K_e——电流互感器 10% 误差系数，取为 0.1；
   n_i——电流互感器电流比。

零序过电流保护的灵敏系数 K_{sen}，按保护范围末端接地短路时流过继电器的最小零序电流 $3I_{0 \cdot min}(A)$ 来校验，即

$$K_{sen} = \frac{3I_{0 \cdot min}}{I_{act}^{Ⅲ}} \tag{3.11}$$

当作为本线路的后备保护时，要求 $K_{sen} \geqslant 2.0$；作为下一条线路的后备保护时，要求 $K_{sen} \geqslant 1.5$。

零序过电流保护的动作时限 $t^{Ⅲ}$：由于相串联的有关各条线路的零序过电流保护装置中，电流继电器的动作电流都是按躲过不平衡电流的原则整定的，其动作电流一般都很小。因此，在本电压级(未经变压器隔离的)网络中发生接地短路时，都可能启动。为了保证动作选择性，零序过电流保护的动作时限也必须按阶梯形原则来确定，如图 3.6 所示。图中，t_1、t_2、t_3 分别表示各条线路(或元件)零序过电流保护装置 1、2、3 的动作时限。因为 YNd 联结变压器△侧发生任何形式的短路故障，都不会在 YN 侧引起零序电流，所以 YN 侧的零序过电流保护装置不需要考虑与△侧相配合的问题。YN 侧的零序过电流保护装置 1 的动作时限 t_1 可取为 0(s)。按照选择性的要求，t_2 比 t_1 高出一个时间级差 Δt，t_3 又比 t_2 高出了一个时间级差 Δt，即

$$t_1 = 0 \quad (s)$$
$$t_2 = t_1 + \Delta t = \Delta t \quad (s)$$
$$t_3 = t_2 + \Delta t = t_1 + \Delta t + \Delta t = 2\Delta t \quad (s)$$

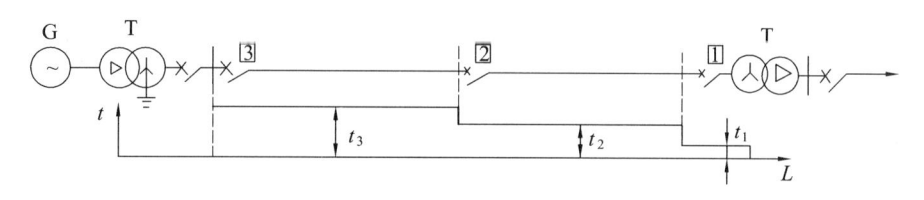

图 3.6 零序电流保护的时限特性

在同一线路上，和用于相间短路的过电流保护动作时限相比，零序过电流保护的动作时限较短，这是它的一个优点。

四、方向零序电流保护

1. 增加方向元件的必要性

在双侧或多侧电源的电力网中,电源处的变压器中性点一般都要接地。由于零序电流的分布是由故障点流向中性点接地的各台变压器,所以在中性点接地的变压器台数较多的复杂网络中,就要在零序电流保护的基础上增加方向元件,使保护具有方向性,以保证保护动作的选择性。这种保护就叫作方向零序电流保护。

例如,在图 3.7 中 k 点发生接地短路时,I''_{0k} 同时流经保护 2 和保护 3,如果保护 3 的动作时限比保护 2 的相应动作时限短,那么保护 3 将比保护 2 先动作跳闸,形成无选择性动作。为了保证零序电流保护动作的选择性,就要增加方向元件。

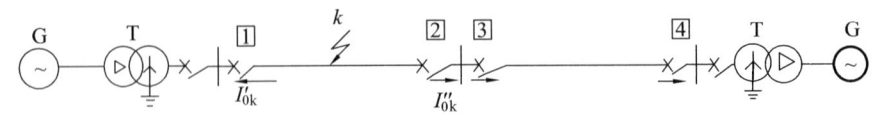

图 3.7 用方向元件保证选择性的说明

2. 方向元件的动作功率方向及其与零序分量滤过器的连接

(1) 方向元件的动作功率方向。

根据零序功率流动的特点,方向元件应该在零序功率由线路流向母线时动作;反之,不动作。

(2) $3\dot{U}_{0k}$ 与 $3\dot{I}_{0k}$ 的相量关系。

设 A 相发生接地短路,$\dot{I}_A \neq 0$,$\dot{I}_B = \dot{I}_C = 0$;$\dot{U}_{kA} = 0$,$\dot{U}_{kB} = \dot{E}_B$,$\dot{U}_{kC} = \dot{E}_C$,那么由式(3.3)和式(3.4)得

$$\left. \begin{array}{l} 3\dot{U}_{0k} = \dot{U}_{kA} + \dot{U}_{kB} + \dot{U}_{kC} = 0 + \dot{E}_B + \dot{E}_C = -\dot{E}_A \\ 3\dot{I}_{0k} = \dot{I}_A + \dot{I}_B + \dot{I}_C = \dot{I}_A \end{array} \right\} \quad (3.12)$$

$3\dot{U}_{0k}$ 与 $3\dot{I}_{0k}$ 的相量关系如图 3.8 所示。可见 $3\dot{I}_{0k}$ 超前 $3\dot{U}_{0k}$ 的角度为 φ_{0k}。

注意:式(3.12)和图 3.8 中的 $3\dot{I}_{0k}$ 是设电流由母线流向线路为正方向。但是,设计方向元件应该在零序功率由线路流向母线时动作。$-3\dot{I}_{0k}$ 就是由线路流向母线的电流。$-3\dot{I}_{0k}$ 滞后 $3\dot{U}_{0k}$ 的角度 φ_k 就是线路的阻抗角,一般为 60°~80°。

图 3.8 $3\dot{U}_{0k}$ 与 $3\dot{I}_{0k}$ 的相量关系

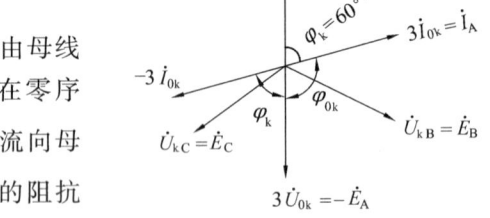

(3) 方向元件与零序分量滤过器的连接。

在后面概述的 110~220 kV 输电线路保护屏中,零序保护采用的方向元件是 LG-12 型整流型功率方向继电器,最灵敏角 $\varphi_{sen} = 70°$。它与零序分量滤过器的连接方式是,TX 一次侧接零序电流滤过器 $+3\dot{I}_0$,UV 一次侧接零序电压滤过器 $-3\dot{U}_0$,如图 3.9 所示。这样可以使线路阻抗角 φ_k 等于或接近于方向元件的最灵敏角 φ_{sen},从而保证当电力系统发生单相接地

短路时，功率方向继电器动作最灵敏。

LG-12型整流型功率方向继电器的结构、作用原理和特性分析已在第二章第三节叙述。

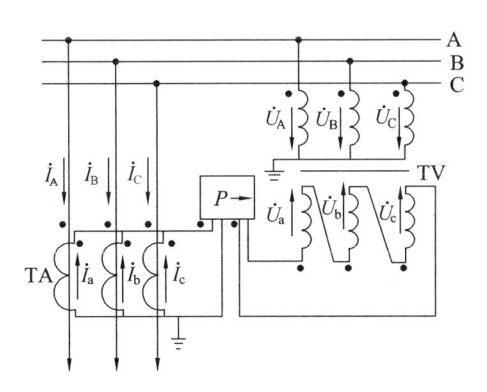

图3.9 方向元件与零序分量滤过器的连接

五、变压器中性点接地的选择原则

在中性点直接接地系统中，中性点接地变压器的台数、容量及其分布情况，对电网中某一点发生单相接地短路时不同地点的零序电压和零序电流以及不接地变压器中性点的电压值有很大的影响。变压器中性点是否接地，总的原则是，不论发电厂或变电所，首先要根据工频过电压保护的要求来确定；其次要以保持变压器所接母线的零序电抗在运行中变化最小为出发点来考虑，以适应零序电流保护的要求。具体来说，中性点直接接地系统中变压器中性点接地的选择原则如下：

（1）发电厂和变电所低压侧有电源的变压器，中性点都应接地运行，以防止出现不接地系统的工频过电压状态。若事前确定不能接地运行，则应采取其他防止工频过电压的措施。

（2）自耦变压器和分级绝缘的变压器，中性点必须接地运行。若在任何运行方式下都能保持为中性点直接接地系统，分级绝缘的变压器中性点也可以不接地运行。

（3）T接于线路上的变压器、终端变电所的变压器，中性点以不接地运行为宜。当低压侧有电源时，则应采取防止工频过电压的措施。

（4）中性点接地运行的变压器台数，应使电网各短路点的综合零序电抗与综合正序电抗之比 $X_{0\Sigma}/X_{1\Sigma}$ 小于3，以使单相接地短路时健全相的工频过电压不超过阀型避雷器的灭弧电压；$X_{0\Sigma}/X_{1\Sigma}$ 还应大于1.0～1.5，以使单相接地短路电流不超过三相短路电流。

（5）所有普通变压器中性点都应装设隔离开关，以便于电力系统调度灵活选择接地点。若变压器是按分级绝缘设计而又可能中性点不接地运行，在中性点应装设阀型避雷器保护。

（6）选择变压器中性点接地时，应保证在任何故障形式下都不应使电网解裂成为中性点不接地的系统。

（7）为防止操作过电压，在投运和停运变压器时，操作前必须将该变压器中性点接地，操作完毕后再断开。这种情况不按变压器中性点接地运行考虑。

电气化铁路牵引变电所的主变压器中性点是否接地运行，一般都由电力系统管理部门考虑和决定。在运行中，主变压器中性点接地运行与否，由电力系统调度通知铁路供电调度；铁路供电调度可利用远动装置操作完成，或者命令牵引变电所值班人员具体执行。

第二节　中性点不接地系统的单相接地保护

一、中性点不接地系统中单相接地故障的特点

图 3.10 所示为中性点不接地系统（又称小接地短路电流系统）接线示意图。图中母线上接有一个电源和两条馈电线路。电源和每条馈电线路每相对地都有电容，设分别以 C_{0S}、C_{0I}、C_{0II} 等集中电容来表示。正常运行时，三相的对地电容相当于中性点接地的三相对称星形容性负载，三相的对地电压仍然是对称的相电压，对地电容电流也三相对称，并分别比系统电势超前 90°，电源中性点的电位与地电位相等，无零序电压和零序电流。

当馈电线路Ⅱ的 A 相发生接地故障后，如果忽略负荷电流和电容电流在线路阻抗上的电压降，则全系统 A 相对地电压都等于零，因而各元件 A 相对地电容电流也等于零；同时 B 相和 C 相的对地电压和电容电流都升高到 $\sqrt{3}$ 倍，相量关系如图 3.11 所示。电容电流的分布在图 3.10 中用"→"表示。这时，各相对地电压为

$$\left.\begin{aligned} \dot{U}_{Ak} &= 0 \\ \dot{U}_{Bk} &= \dot{E}_B - \dot{E}_A = \sqrt{3}\dot{E}_A e^{-j150°} \\ \dot{U}_{Ck} &= \dot{E}_C - \dot{E}_A = \sqrt{3}\dot{E}_A e^{+j150°} \end{aligned}\right\} \tag{3.13}$$

图 3.10　单相接地时，用三相系统表示的电容电流分布图

图 3.11　A 相接地时的相量图

故障点 k 的零序电压为

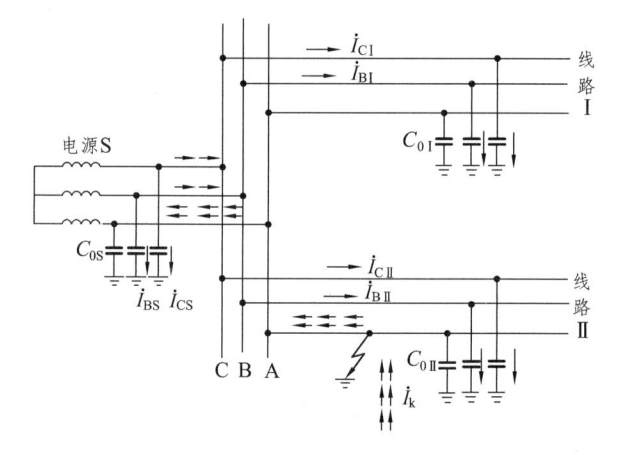

$$\dot{U}_{0k} = \frac{1}{3}(\dot{U}_{Ak} + \dot{U}_{Bk} + \dot{U}_{Ck}) = -\dot{E}_A \tag{3.14}$$

由此引起全系统都将出现零序电压。

由图 3.10 可见，在非故障的馈电线路Ⅰ上，A 相对地电容电流为零，B 相和 C 相有本身的对地电容电流。因此，在馈电线路Ⅰ始端所反应的零序电流为

$$3\dot{I}_{0I} = \dot{I}_{BI} + \dot{I}_{CI}$$

参照图 3.11 所示的相量关系，其相位比 $3\dot{U}_{0k}$ 超前 90°，有效值为

$$3I_{0\text{I}} = 3U_{\text{ph}}\omega C_{0\text{I}} \tag{3.15}$$

式中 U_{ph}——相电压的有效值。

式(3.15)表明，在非故障的馈电线路始端所反应的零序电流为该线路本身的对地电容电流，其电容性无功功率的方向为由母线流向馈电线路。当母线上接有多条馈电线路时，此结论可适用于每一条非故障的馈电线路。

在电源 S 上，本身的 A 相对地电容电流也为零，本身的 B 相和 C 相对地电容电流分别为 $\dot{I}_{\text{BS}}$ 和 $\dot{I}_{\text{CS}}$。但是，在 A 相中要流回从故障点流来的全部对地电容电流，而在 B 相和 C 相中又要分别流出各馈电线路同名相的对地电容电流。此时，从电源出线端所反应的零序电流 $3\dot{I}_{0\text{S}}$ 仍应为三相电流之和。由图 3.10 可见，各条馈电线路的对地电容电流从 A 相流入电源后，又分别从 B 相和 C 相流出电源，故相加后又互相抵消，而只剩下电源本身的 B 相和 C 相对地电容电流，因此

$$3\dot{I}_{0\text{S}} = \dot{I}_{\text{BS}} + \dot{I}_{\text{CS}}$$

参照图 3.11 所示的相量关系，其相位也比 $3\dot{U}_{0\text{k}}$ 超前 90°，有效值为

$$3I_{0\text{S}} = 3U_{\text{ph}}\omega C_{0\text{S}} \tag{3.16}$$

式(3.16)表明，从电源出线端所反应的零序电流为电源本身的对地电容电流。其电容性无功功率的方向是由母线流向电源。当母线上接有多个电源时，此结论可适用于每一个电源。这个特点与非故障馈电线路是一样的。

再看 A 相发生接地故障的馈电线路 II。在 B 相和 C 相，也流有它本身的对地电容电流 I_{BII} 和 I_{CII}，而在 A 相的接地故障点要流回全系统 B 相和 C 相的对地电容电流之总和，即

$$\dot{I}_{\text{k}} = (\dot{I}_{\text{BI}} + \dot{I}_{\text{CI}}) + (\dot{I}_{\text{BII}} + \dot{I}_{\text{CII}}) + (\dot{I}_{\text{BS}} + \dot{I}_{\text{CS}})$$

其有效值为

$$I_{\text{k}} = 3U_{\text{ph}}\omega(C_{0\text{I}} + C_{0\text{II}} + C_{0\text{S}}) = 3U_{\text{ph}}\omega C_{0\Sigma} \tag{3.17}$$

式中 $C_{0\Sigma}$ 为全系统每相对地电容的总和。$\dot{I}_{\text{k}}$ 要从 A 相流回电源，故从 A 相流出的电流可表示为 $\dot{I}_{\text{AII}} = -\dot{I}_{\text{k}}$。于是，在馈电线路 II 始端所反应的零序电流为

$$3\dot{I}_{0\text{II}} = \dot{I}_{\text{AII}} + \dot{I}_{\text{BII}} + \dot{I}_{\text{CII}} = -(\dot{I}_{\text{BI}} + \dot{I}_{\text{CI}} + \dot{I}_{\text{BS}} + \dot{I}_{\text{CS}})$$

参照图 3.11 所示的相量关系，其相位比 $3\dot{U}_{0\text{k}}$ 滞后 90°，有效值为

$$3I_{0\text{II}} = 3U_{\text{ph}}\omega(C_{0\Sigma} - C_{0\text{II}}) \tag{3.18}$$

式(3.18)表明，在发生接地故障的馈电线路始端所反应的零序电流，为全系统非故障元件(不包括故障线路本身)对地电容电流之总和，数值一般较大。其电容性无功功率的方向为由发生接地故障的馈电线路流向母线。

二、中性点不接地系统的单相接地保护

1. 绝缘监察装置

它是利用接在母线上的三相五柱式电压互感器 TV 与一个过电压继电器 KV 构成，如图

3.12所示。TV二次侧有两个绕组：一个绕组接成星形，用三个电压表分别测量三个相电压；另一个绕组接成开口三角形，在开口处接一个过电压继电器KV。

正常运行时，母线三相电压对称，三个电压表指示值相等（都等于相电压），KV不动作。当连接于母线的任何一个元件发生单相接地故障时，接地相的电压表指示为零，另两相电压表指示值增加至$\sqrt{3}$倍；同时KV线圈端子上加入数值接近3倍相电压的零序电压$3U_0$，KV动作，发出信号。

由于在发生单相接地故障时，全系统都将出现零序电压，故绝缘监察装置的动作是无选择性的，分不清是哪一个元件发生单相接地。为此，通常是利用短时间断开每条馈电线路，观察零序电压是否消除的办法来寻找故障线路。其具体做法是：运行人员依次按动每条线路的"检查接地按钮"，使其断路器跳闸，并立即由自动重合闸装置动作使断路器合闸；在断开某条线路断路器的瞬时，如果接地信号消失，即表明该线路有单相接地故障。

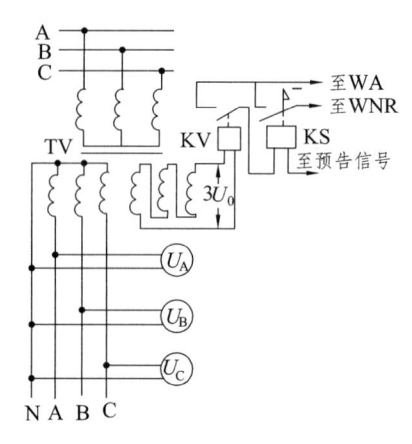

图3.12 绝缘监察装置接线图

2. 零序电流保护

它是利用故障线路零序电流比非故障线路零序电流要大的特点来实现有选择性地发出信号或动作于跳闸。这种保护一般使用在有条件安装零序电流互感器的线路上（如电缆线路或经电缆引出的架空线路）。当单相接地电流较大，足以克服零序电流滤过器中不平衡电流的影响时，这种保护也可以接于三个电流互感器构成的零序电流回路中。

零序电流保护的动作电流I_{ACT}按大于本线路的对地电容电流整定，参照式(3.15)，得

$$I_{ACT}=K_{REL} \cdot 3U_{ph}\omega C_0 \quad (A) \tag{3.19}$$

式中 C_0——被保护线路每相的对地电容；

K_{REL}——可靠系数，若保护为瞬时动作，一般取为4～5，以防止接地电容电流的暂态分量（数值很大，但衰减极快）引起保护误动作；若保护为延时动作，可取为1.5～2.0。

零序电流保护的灵敏系数K_{sen}按系统最小运行方式下流经被保护线路单相接地时的零序电流来校验，参照式(3.18)得

$$K_{sen}=\frac{3U_{ph}\omega(C_{0\Sigma}-C_0)}{K_{REL}3U_{ph}\omega C_0}=\frac{C_{0\Sigma}-C_0}{K_{REL}C_0} \tag{3.20}$$

式中，$C_{0\Sigma}$为全系统各元件每相对地电容之总和，校验时采用系统最小运行方式下的$C_{0\Sigma}$。对电缆线路要求$K_{sen} \geq 1.25$；对架空电线路要求$K_{sen} \geq 1.5$。

采用零序电流互感器，考虑到当线路发生单相接地故障时，接地电流不仅在地中流通，也可能沿着电缆铅皮和钢铠流通。为了防止当保护区外发生单相接地故障时，该电流引起非故障线路零序电流保护误动作；同时，也为了避免该电流使故障线路零序电流保护的灵敏度

降低，应将电缆端盒(电缆头)与金属支架绝缘，并将电缆端盒的接地线穿过零序电流互感器的铁芯再接地，如图 3.13 所示。

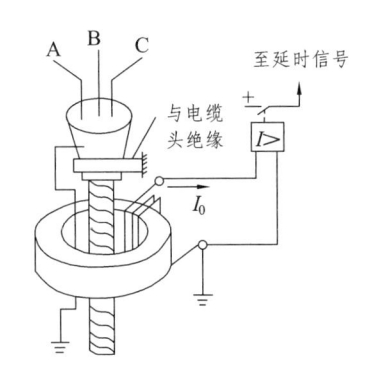

图 3.13　零序电流互感器的安装接线图

由于零序电流保护的一次动作电流很小，所以要求采用灵敏度很高的电流继电器。在机电式继电保护中，采用 DD-11 型接地电流继电器与 LJ 型电缆式零序电流互感器配合使用，一次动作电流可达 5 A 以下。

3. 零序功率方向保护

在出线较少或较短的情况下，故障线路零序电流与非故障线路零序电流差别不大，采用零序电流保护灵敏度往往不能满足要求。这时，可采用零序功率方向保护。它利用故障线路与非故障线路零序功率方向不同的特点，来实现有选择性的保护，动作于信号或跳闸。

由式(3.18)处已知，故障线路的 $3\dot{I}_0$ 比 $3\dot{U}_0$ 滞后 90°，因此也可选用 LG-12 型功率方向继电器，而将其电抗变压器 TX 的二次线圈 W_4 开路，使最灵敏角 φ_{sen} 为 90°，动作区为 0°～180°。该继电器外部接线也与图 3.9 相似，加入电流线圈的电流 $\dot{I}_K$ 为 $3\dot{I}_0$，但加入电压线圈的电压 $\dot{U}_K$ 为 $3\dot{U}_0$。这样，当被保护线路发生单相接地故障时，$\dot{I}_K$ 比 $\dot{U}_K$ 滞后 90°，即 $\varphi_K = 90°$，为最灵敏角，继电器动作；而在其他线路发生单相接地故障时，$\dot{I}_K$ 比 $\dot{U}_K$ 超前 90°，即 $\varphi_K = -90°$，深入非动作区，继电器能可靠不动作。

第四章　电网的距离保护

我国电气化铁道牵引变电所是由 110～220 kV 系统供电。如果牵引变电所高压侧母线除了担当本所牵引负荷之外，还有电力系统的其他负荷电流穿越，则这种牵引变电所高压进线可用桥式接线（牵引变压器采用固定备用情况下用外桥接线）。因此，这种牵引变电所高压进线需要采用距离保护作为相间短路保护。并且，需要设专门的零序电流保护或方向零序电流保护作为接地短路保护。在这一章里，将介绍距离保护的基本概念、阻抗继电器和 110～220 kV 线路距离保护的有关问题。

第一节　距离保护的基本概念

一、距离保护的概念

短路时，电流回路中的阻抗 Z 减小，电流 I 增大，母线电压 U 降低。根本的原因是电流回路中的阻抗减小。短路电流、母线剩余电压都受系统运行方式的影响。输电线路短路点至保护安装处的阻抗取决于短路点的位置，即取决于短路点至保护安装处的电距离。因而，测量短路点至保护安装处的阻抗可以正确反映短路情况。反应阻抗减小而动作的继电器叫作阻抗继电器。因为输电线路阻抗与距离成正比，所以用这种原理构成的保护装置叫作距离保护。也就是说，距离保护是反应短路点至保护安装处的距离（或阻抗）的一种保护装置。

又因为阻抗 $Z=U/I$，所以阻抗继电器可用测量继电保护安装处的母线电压和线路电流来实现。阻抗继电器与电压互感器、电流互感器的单相连接原理图如图 4.1 所示。

阻抗继电器所测量的是互感器二次电压和电流，因此，它的测量阻抗 Z_K 与互感器一次侧阻抗的关系如下：

$$Z_K = \frac{\dot{U}_K}{\dot{I}_K} = \frac{\dot{U}_1/n_u}{\dot{I}_1/n_i}$$

$$= \frac{\dot{U}_1}{\dot{I}_1} \cdot \frac{n_i}{n_u} = Z_1 \cdot \frac{n_i}{n_u} \quad (4.1)$$

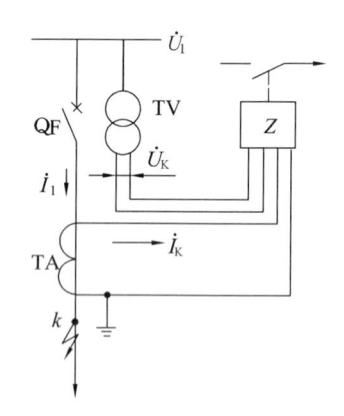

图 4.1　阻抗继电器连接原理图

式中　Z_1——一次侧阻抗；
　　　n_i——电流互感器电流比；
　　　n_u——电压互感器电压比。

当 Z_K 小于阻抗继电器的动作阻抗 Z_{act} 时，继电器动作，引起相应断路器跳闸。

二、为什么要采用距离保护

110 kV及以上电压等级的线路,由于其负荷电流大,距离长,用电流保护往往不能满足技术要求,而需要采用距离保护。这是因为与电流保护相比,距离保护有以下优点:

(1) 灵敏度较高。因为阻抗 $Z=U/I$,阻抗继电器反映了正常情况与短路时电流、电压值的变化,短路时电流 I 增大,电压 U 降低,阻抗 Z 减小得多。

(2) 保护范围与选择性基本上不受系统运行方式的影响。当系统运行方式改变时,短路电流和母线剩余电压都发生变化。例如,在最小运行方式下,短路电流减小,电流速断保护要缩短保护范围,过电流保护要降低灵敏度。由于短路点至保护安装处的阻抗取决于短路点至保护安装处的电距离,基本上不受系统运行方式的影响,因此,距离保护的保护范围与选择性基本上不受系统运行方式的影响。

(3) 迅速动作的范围较长。距离保护常采用如图 4.2 所示的阶梯形时限特性(以 A 处的距离保护为例画出)。(为了简化,假设被保护线路无中间分支。)

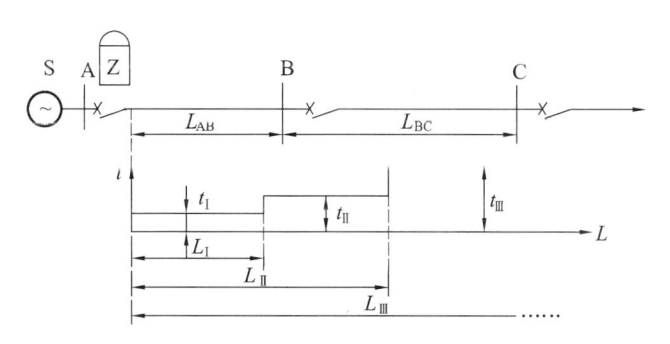

图 4.2 距离保护的时限特性

一般第Ⅰ段保护范围为本线路 AB 长度的 80%～85%,即

$$L_\text{I} = (0.8 \sim 0.85) L_\text{AB} \tag{4.2}$$

第Ⅱ段保护范围为本线路 AB 全长 L_AB 与相邻线路 BC 的第Ⅰ段保护范围总长的 85% 左右,即

$$L_\text{II} = 0.85[L_\text{AB} + (0.8 \sim 0.85) L_\text{BC}] \tag{4.3}$$

第Ⅲ段为本线路的近后备保护和下一段线路的远后备保护。

这种时限特性比单一的电流保护的时限特性优越得多。与三段电流保护相比,由于距离保护的保护范围基本上不受系统运行方式的影响,所以距离保护第Ⅰ段的保护范围比电流速断保护范围长,距离保护第Ⅱ段的保护范围比限时电流速断保护范围长,因而距离保护迅速动作的范围较长。

距离保护比电流保护复杂,投资多。但由于上述优点,在电流保护不能满足技术要求的情况下应当采用距离保护。

三、距离保护的主要组成元件

(1) 启动元件:主要作用是在线路发生短路的瞬间启动整套保护装置,并可作为距离保护第Ⅲ段的距离元件。启动元件通常采用全阻抗继电器,或偏移特性阻抗继电器。

(2) 距离元件：主要作用是测量短路点至距离保护安装处的电距离（即测量阻抗），故又叫测量元件（或阻抗元件）。

(3) 方向元件：主要作用是判别短路故障的方向，保证距离保护动作的方向性，防止反方向短路时距离保护误动作。

现在一般都将方向元件和阻抗元件综合考虑，而采用兼有方向元件功能和阻抗元件功能的方向阻抗继电器。

(4) 时间元件：主要作用是按照短路点到距离保护安装处的远近，根据预定的时限特性而确定保护动作时限，以保证保护动作的选择性。一般应用时间继电器。

第二节　阻抗继电器

阻抗继电器也有感应型、整流型、晶体管型、集成电路型和微机型等，这里仅以整流型圆特性阻抗继电器为例进行阐述，以便于初学者理解和掌握关于阻抗继电器的一些基本概念。

一、全阻抗继电器

1. 全阻抗继电器的构成

整流型阻抗继电器是用比较两个电气量绝对值的原理构成的。整流型全阻抗继电器原理接线图如图 4.3 所示。两个被比较量 U_K 与 I_K 经过桥式整流后得到它们的绝对值，然后把这两个绝对值按环流式比较电路加到极化继电器 KP 线圈。

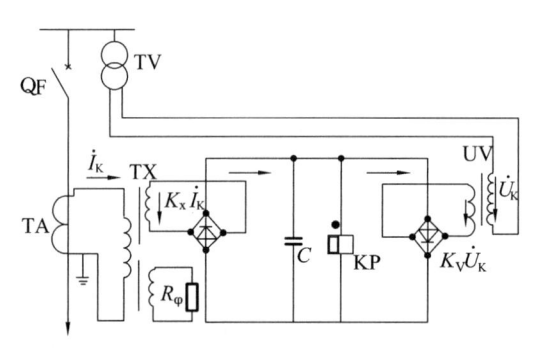

V—中间变压器；TX—电抗变压器；KP—极化继电器。
图 4.3　整流型全阻抗继电器原理接线图

2. 全阻抗继电器的动作原理和特性分析

电压 $\dot{U}_K$ 在环流式比较电路产生的电压为 $|K_v \dot{U}_K|$，反极性加于极化继电器 KP 的线圈，是制动量；电流 $\dot{I}_K$ 在环流式比较电路产生的电压为 $|K_x \dot{I}_K|$，正极性加于极化继电器 KP 的线圈，是动作量。K_v 为中间变压器 UV 的变换系数，是无量纲的实数。K_x 为电抗变压器 TX 的变换系数，是具有阻抗量纲的复数。如果忽略极化继电器动作时的阻力矩和整流桥二极管的正向电压降不计，则整流型全阻抗继电器的动作条件为

$$|K_x \dot{I}_K| \geqslant |K_v \dot{U}_K| \tag{4.4}$$

它的测量阻抗

$$Z_K = \frac{|\dot{U}_K|}{|\dot{I}_K|} \leqslant \frac{|K_x|}{|K_v|} = Z_{set} = 常数 \tag{4.5}$$

式中 $Z_{set} = \frac{|K_x|}{|K_v|}$——整流型全阻抗继电器的整定阻抗。

因为 Z_{set} 是 K_x 与 K_v 的绝对值之比，当整流型全阻抗继电器整定好之后，K_x 与 K_v 都是常数，所以 Z_{set} 是常数。

根据极坐标与直角坐标的关系，可写出

$$\left.\begin{array}{l} R = Z_K \cos\varphi_K \\ X = Z_K \sin\varphi_K \end{array}\right\}$$

则

$$R^2 + X^2 = Z_K^2 \leqslant Z_{set}^2 \tag{4.6}$$

当全阻抗继电器平衡时，式(4.5)、式(4.6)取等号，此时的 Z_K 就是动作阻抗 Z_{act}，于是可得

$$Z_{act} = Z_{set} \tag{4.7}$$

$$R^2 + X^2 = Z_{act}^2 = Z_{set}^2 \tag{4.8}$$

式(4.7)和式(4.8)是阻抗复数平面上同一个圆的不同形式的方程，也是全阻抗继电器的不同形式的动作方程。式(4.7)是以极坐标表示的圆方程；式(4.8)是以直角坐标表示的圆方程，更明显易懂。分析式(4.8)可知，该圆的圆心为(0，0)，即坐标原点；半径为 Z_{set}，如图 4.4 所示。

当 $Z_K \leqslant Z_{set}$ 时，全阻抗继电器动作，故圆内为动作区，圆外为非动作区。

从全阻抗继电器的动作特性可以看出，其动作没有方向性。因此，限制了全阻抗继电器的实际应用。

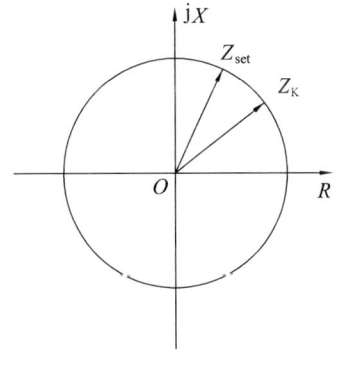

图 4.4 全阻抗继电器特性

3. 精确工作电流

式(4.4)忽略了全阻抗继电器动作时极化继电器的阻力矩和整流桥二极管的正向电压降，因而在 $U_K = 0$ 时，即便是 $I_K = 0$，全阻抗继电器也可动作。但这只是理想情况。实际上，极化继电器有一定的阻力矩，整流桥二极管也有一定的正向电压降。因而当 $U_K = 0$ 时，为了使全阻抗继电器动作必须加入一定的电流，以克服极化继电器的阻力矩和整流桥二极管的正向电压降。这一电流叫作全阻抗继电器的最小动作电流 $I_{act.min}$，如图 4.5 所示。因为这时 $U_K = 0$，所以 $I_{act.min}$ 与 $Z_{act} = 0$ 相对应。

当 U_K 增大时，为了使全阻抗继电器动作，必须增大 I_K。这就是图 4.5 中 I_K 随 Z_{act} 增大而增大的部分。当 I_K 足够大时，极化继电器阻力矩和整流桥二极管正向电压降完全可以忽略。这时根据式(4.5)可知，$Z_{act} = Z_{set} = 常数$。

由图 4.5 的曲线可以看出，当 I_K 较小时，实际动作阻抗与整定阻抗有误差，与 $0.9Z_{set}$

对应的电流叫作精确工作电流 I_{fw}。当加入全阻抗继电器的电流大于精确工作电流时，就可保证动作阻抗的误差小于 10%。为了保证在发生短路时，距离保护有可靠的动作范围，《设计规范》要求线路末端最小短路电流折算到二次侧后与精确工作电流之比（精确工作电流灵敏系数）应在 2.0 以上。

精确工作电流是衡量阻抗继电器的重要技术指标，其数值越小越好。精确工作电流的概念，虽然是以全阻抗继电器为例得出的，但对任何阻抗继电器都适用。

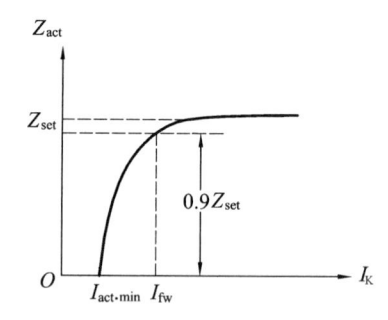

图 4.5 动作阻抗与电流的关系曲线

二、方向阻抗继电器

1. 方向阻抗继电器的构成

整流型方向阻抗继电器由电抗变压器 TX、整定变压器 UV、记忆电路、极化变压器 TP、第三相电压引入电路、整流滤波电路和执行元件等主要部分构成，如图 4.6 所示。

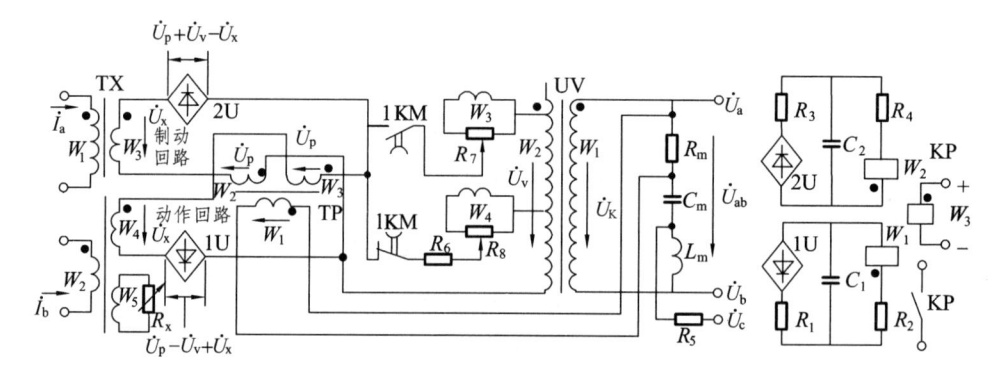

图 4.6 整流型方向阻抗继电器原理接线图

（1）电抗变压器 TX。

一次侧有两个匝数相同的线圈 W_1、W_2，可接入不同相别的电流，以实现两相电流差的接线方式。两个一次线圈在相同匝数处各有三个抽头引至面板上，以改变整定阻抗值（图 4.6 未画出）。改变二次线圈 W_5 所接移相电阻 R_x 可改变灵敏角，有 60°、70°、80°三档。二次线圈 W_3、W_4 相同，产生的两个电压 $\dot{U}_x$ 也相同。

（2）整定变压器 UV。

一次线圈 W_1 接入 $\dot{U}_K$。二次侧有一个带抽头的主线圈 W_2，为Ⅰ、Ⅱ段距离保护共用，其抽头分别连接到第Ⅰ段和第Ⅱ段整定板上，为Ⅰ、Ⅱ段整定时独立使用。二次侧还有两个接有微调电阻 R_7、R_8 的辅助线圈 W_3、W_4，为Ⅰ、Ⅱ段分别使用。改变抽头和微调电阻，即可改变 UV 的二次侧输出电压（主线圈抽头电压和微调电阻分压之和），以适应不同整定值的需要。

正常时，由切换继电器 1KM 常开触点将第Ⅰ段电压回路接通，方向阻抗继电器工作于第Ⅰ段。当短路发生在第Ⅱ段保护范围内时，1KM经一定时间将电压$\dot{U}_v$从第Ⅰ段自动地切换到第Ⅱ段。切换时，先闭合第Ⅱ段，后断开第Ⅰ段。用电阻R_6限制切换过程中所产生的闭环电流。

（3）记忆电路、极化变压器TP和第三相电压引入电路。

记忆电路由C_m和L_m组成，是对50 Hz串联谐振的电路。当外加电压突然由额定值下降为零时，回路的电压不是突然消失，而是经过几周后逐渐消失。这电压与短路前加于方向阻抗继电器的电压同相位，因此可以起到原来电压$\dot{U}_K$的作用，从而消除死区。这是消除死区的第一种措施。

极化变压器TP一次线圈经电阻R_m接于$\dot{U}_K$；两个二次线圈相同，两个相等的二次侧电压$\dot{U}_p$分别接入动作回路和制动回路。

第三相电压（不属于方向阻抗继电器$\dot{U}_K$所接的两相）经过高阻值电阻R_5引至记忆电路L_m和C_m之间。

通过三者的联合作用与适当选择参数，当保护安装处附近发生短路时也能获得足够的与方向阻抗继电器原来承受的电压$\dot{U}_K$同相位的极化电压$\dot{U}_p$，而起到原来电压$\dot{U}_K$的作用，从而消除死区。这是消除死区的第二种措施。其作用原理分析如下（以图4.6所示相别为例）：

当A、B两相短路时，等效电路如图4.7(a)所示。因R_5阻值很大，则$\dot{I}_{R5} \approx \dot{U}_{ac}/R_5$，与电压$\dot{U}_{ac}(\dot{U}_{bc})$同相。$\dot{I}_{R5}$在$R_m$、$C_m$支路中的分流为

$$\dot{I}_c = \dot{I}_{R5} \cdot \frac{jX_{Lm}}{R_m - jX_{Cm} + jX_{Lm}} = \dot{I}_{R5} \cdot \frac{jX_{Lm}}{R_m} \tag{4.9}$$

所以这时极化电压为

$$\dot{U}_p \propto \dot{I}_c R_m = \dot{I}_{R5} \cdot \frac{jX_{Lm}}{R_m} \cdot R_m = \dot{I}_{R5} \cdot jX_{Lm} = j\frac{\dot{U}_{ac}}{R_5}X_{Lm} \tag{4.10}$$

即$\dot{U}_p$比$\dot{U}_{ac}$超前90°，和短路前方向阻抗继电器承受的电压$\dot{U}_{ab}$同相，如图4.7(b)所示。

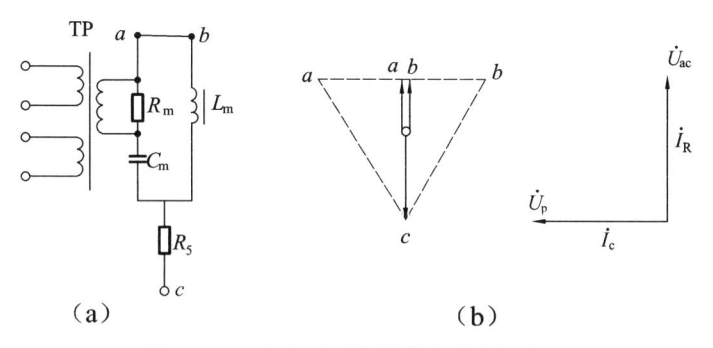

图4.7 两相短路时的等效电路与相量图

为什么要有两种消除死区的措施呢？这是因为第一种措施虽然适用于三相短路、两相短路，但由于记忆时间不长，只能有效地用于瞬时动作的第Ⅰ段距离保护。第二种措施虽然在动作时限方面能满足各段距离保护的要求，但由于是借助非故障相（第三相）电压产生极化电

压 $\dot{U}_\mathrm{p}$ 的，所以只对于两相短路有效。

（4）整流滤波电路。

1U 为动作回路整流桥，2U 为制动回路整流桥，各由 4 只晶体二极管组成单相全周桥式整流电路。滤波电路分别为电阻电容 R_1—C_1—R_2、R_3—C_2—R_4 构成的 T 形滤波电路。

（5）执行元件。

采用三线圈极化继电器：一个线圈正接于动作回路整流桥 1U 直流侧；一个线圈反接于制动回路整流桥 2U 直流侧；还有一个线圈正接于助磁回路，以提高极化继电器灵敏度。

2. 方向阻抗继电器的动作原理和特性分析

方向阻抗继电器以三个电压来判定短路阻抗的数值、方向与整定阻抗的差别，以确定执行元件的触点是否闭合。这三个电压分别为：

（1）极化变压器 TP 输出的极化电压。

$$\dot{U}_\mathrm{p} = K_\mathrm{p} \dot{U}_\mathrm{K} \tag{4.11}$$

式中　K_p——极化变压器的变压比，为正实数。

极化电压 $\dot{U}_\mathrm{p}$ 作为参考相量，和 $\dot{U}_\mathrm{K}$ 同相位。

（2）整定变压器 UV 输出电压。

$$\dot{U}_\mathrm{v} = K_\mathrm{v} \dot{U}_\mathrm{K} \tag{4.12}$$

式中　K_v——整定变压器变压比，为正实数。

$\dot{U}_\mathrm{v}$ 和 $\dot{U}_\mathrm{K}$ 同相位。

（3）电抗变压器 TX 输出电压。

$$\dot{U}_\mathrm{x} = K_\mathrm{x} \dot{I}_\mathrm{K} \tag{4.13}$$

式中　K_x——具有阻抗量纲，为电抗变压器的变换系数，也叫转移阻抗。

$\dot{U}_\mathrm{x}$ 超前 $\dot{I}_\mathrm{K}$ 的相位角为 φ_x，也就是 K_x 的幅角。

式（4.11）～式（4.13）中，$\dot{U}_\mathrm{K}$ 为加在方向阻抗继电器电压端子上的电压，$\dot{I}_\mathrm{K}$ 为通入方向阻抗继电器电流回路中的电流，$\dot{I}_\mathrm{K}$ 与 $\dot{U}_\mathrm{K}$ 的相位差角为 φ_K。

从图 4.6 来看，动作回路整流桥 1U、制动回路整流桥 2U 的输入电压分别为

$$\left. \begin{array}{l} \dot{U}_1 = \dot{U}_\mathrm{p} - \dot{U}_\mathrm{v} + \dot{U}_\mathrm{x} = \dot{U}_\mathrm{K}(K_\mathrm{p} - K_\mathrm{v}) + K_\mathrm{x} \dot{I}_\mathrm{K} \\ \dot{U}_2 = \dot{U}_\mathrm{p} + \dot{U}_\mathrm{v} - \dot{U}_\mathrm{x} = \dot{U}_\mathrm{K}(K_\mathrm{p} + K_\mathrm{v}) - K_\mathrm{x} \dot{I}_\mathrm{K} \end{array} \right\} \tag{4.14}$$

上述电压的相量关系如图 4.8 所示。

利用余弦定理求 $\dot{U}_1$ 和 $\dot{U}_2$ 的绝对值如下：

$$\begin{aligned} |\dot{U}_1| &= \sqrt{U_\mathrm{K}^2(K_\mathrm{p}-K_\mathrm{v})^2 + K_\mathrm{x}^2 I_\mathrm{K}^2 - 2 U_\mathrm{K} I_\mathrm{K}(K_\mathrm{p}-K_\mathrm{v}) K_\mathrm{x} \cos[180°-(\varphi_\mathrm{x}-\varphi_\mathrm{K})]} \\ &= \sqrt{U_\mathrm{K}^2(K_\mathrm{p}-K_\mathrm{v})^2 + K_\mathrm{x}^2 I_\mathrm{K}^2 + 2 U_\mathrm{K} I_\mathrm{K}(K_\mathrm{p}-K_\mathrm{v}) K_\mathrm{x} \cos(\varphi_\mathrm{x}-\varphi_\mathrm{K})} \end{aligned}$$

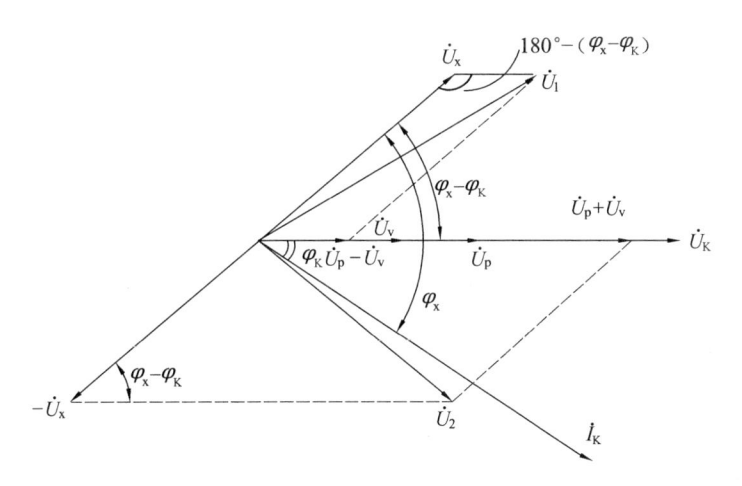

图 4.8　整流型方向阻抗继电器电压、电流相量关系

$$|\dot{U}_2| = \sqrt{U_K^2(K_p+K_v)^2 + K_x^2 I_K^2 - 2U_K I_K(K_p+K_v)K_x\cos(\varphi_x-\varphi_K)}$$

整流型方向阻抗继电器动作与否，取决于两组整流桥输出电压绝对值的比较结果：

当 $|\dot{U}_1| > |\dot{U}_2|$ 时，继电器动作；

当 $|\dot{U}_1| < |\dot{U}_2|$ 时，继电器制动；

当 $|\dot{U}_1| = |\dot{U}_2|$ 时，继电器处于边界状态。

将 $\dot{U}_1$ 和 $\dot{U}_2$ 的绝对值代入继电器的边界条件 $|\dot{U}_1|=|\dot{U}_2|$，两边二次方，得

$$U_K^2(K_p-K_v)^2 + K_x^2 I_K^2 + 2U_K I_K(K_p-K_v)K_x\cos(\varphi_x-\varphi_K)$$
$$=U_K^2(K_p+K_v)^2 + K_x^2 I_K^2 - 2U_K I_K(K_p+K_v)K_x\cos(\varphi_x-\varphi_K)$$

经过展开、合并同类项、化简、整理得

$$4K_p K_v U_K^2 - 4U_K I_K K_p K_x \cos(\varphi_x-\varphi_K) = 0$$

移项后，两边同除以 $4K_p K_v U_K I_K$，得

$$\frac{U_K}{I_K} = \frac{K_x}{K_v}\cos(\varphi_x-\varphi_K)$$

即　　　　　　　　　$Z_K = Z_{set}\cos(\varphi_x-\varphi_K)$

式中　Z_K——整流型方向阻抗继电器的测量阻抗；

$Z_{set}=\dfrac{K_x}{K_v}$——整流型方向阻抗继电器的整定阻抗。

阻抗继电器处于边界状态时的测量阻抗 Z_K 就是动作阻抗 Z_{act}，故上式可写成

$$Z_{act} = Z_{set}\cos(\varphi_x-\varphi_K) \tag{4.15}$$

根据极坐标与直角坐标的关系，可将式(4.15)变换为

$$\left(R-\frac{1}{2}Z_{set}\cos\varphi_x\right)^2 + \left(X-\frac{1}{2}Z_{set}\sin\varphi_x\right)^2 = \left(\frac{1}{2}Z_{set}\right)^2 \tag{4.16}$$

式(4.15)和式(4.16)是阻抗复数平面上同一个圆的两种不同形式的方程，也是方向阻抗

继电器的两种不同形式的动作方程。式(4.15)是以极坐标表示的圆方程，式(4.16)是以直角坐标表示的圆方程。式(4.16)更浅显易懂。

分析式(4.15)、式(4.16)可知：

① 方向阻抗继电器的动作特性圆的圆心为 $\left(\dfrac{1}{2}Z_{set}\cos\varphi_x, \dfrac{1}{2}Z_{set}\sin\varphi_x\right)$，半径为 $\dfrac{1}{2}Z_{set}$，圆心到坐标原点的距离为 $\sqrt{\left(\dfrac{1}{2}Z_{set}\cos\varphi_x-0\right)^2+\left(\dfrac{1}{2}Z_{set}\sin\varphi_x-0\right)^2}=\dfrac{1}{2}Z_{set}=$半径，故圆周通过坐标原点，如图4.9所示。

② 当 $Z_K \leqslant Z_{set}\cos(\varphi_x-\varphi_K)$ 时，方向阻抗继电器动作，即圆内为动作区，圆外为非动作区。

③ 当 $\varphi_K=\varphi_x$ 时，$\cos(\varphi_x-\varphi_K)=1$，$Z_{act}=Z_{set}$，方向阻抗继电器动作最灵敏，故称 $\varphi_K=\varphi_x$ 时的相位角为最灵敏角，用 φ_{sen} 表示，$\varphi_{sen}=\varphi_x$。

三、偏移阻抗继电器

1. 偏移阻抗继电器的构成

整流型偏移阻抗继电器由电抗变压器 TX、整定变压器 UV、整流滤波电路和执行元件等主要部分构成，比方向阻抗继电器简单，如图4.10所示。

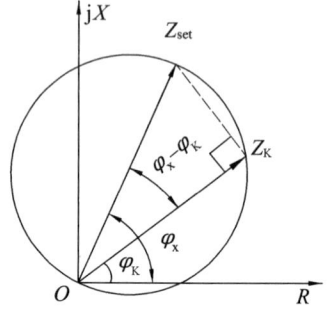

图4.9 方向阻抗继电器特性

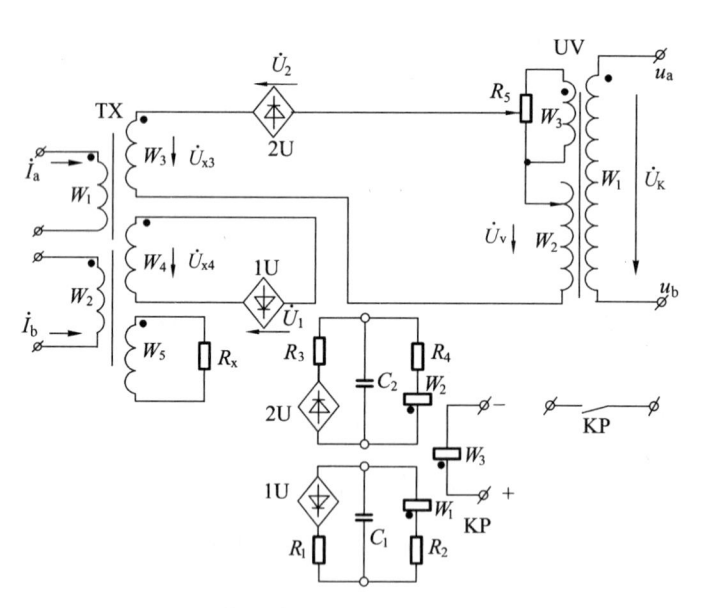

图4.10 整流型偏移阻抗继电器原理接线图

(1) 电抗变压器 TX。

一次侧也是有两个匝数相同的线圈 W_1，W_2，可接入不同相别的电流，以实现两相电流差的接线方式。但这里的一次侧线圈没有抽头，二次侧线圈 W_4 的匝数比 W_3 的匝数多。W_4 属于动作回路，它的输出电压 $\dot{U}_{x4}=K_{x4}\dot{I}_K=K_{x4}I_Ke^{j\varphi_x}$；$W_3$ 属于制动回路，它的输出电压

$\dot{U}_{x3}=K_{x3}\dot{I}_{K}=K_{x3}I_{K}e^{j\varphi_{x}}$。二次线圈 W_5 接入移相电阻 R_x，所对应的 $\dot{U}_K$ 超前 $\dot{I}_K$ 的相位角 $\varphi_x=70°$。

（2）整定变压器 UV。

一次线圈 W_1 接入电压 $\dot{U}_K$。二次侧有一个带抽头的主线圈 W_2，抽头连接到一组整定板上，还有一个接有微调电阻 R_5 的辅助线圈 W_3，为第Ⅲ段距离保护整定动作阻抗用。改变抽头和微调电阻，即可改变 UV 的二次侧输出电压 $\dot{U}_v$（主线圈抽头电压和微调电阻分压之和），以适应不同整定值的需要。$\dot{U}_v=K_v\dot{U}_K$，$\dot{U}_v$ 与 $\dot{U}_K$ 同相位。

（3）整流滤波电路、执行元件。

偏移阻抗继电器的整流滤波电路和执行元件与整流型方向阻抗继电器的大致相同，此处不再介绍。

2. 偏移阻抗继电器的动作原理和特性分析

如图 4.10 所示，动作回路整流桥 1U、制动回路整流桥 2U 的输入电压分别为

$$\dot{U}_1=\dot{U}_{x4}=K_{x4}\dot{I}_K=K_{x4}I_Ke^{j\varphi_x}$$

$$\dot{U}_2=\dot{U}_v-\dot{U}_{x3}=K_v\dot{U}_K-K_{x3}\dot{I}_K=K_v\dot{U}_K-K_{x3}I_Ke^{j\varphi_x}$$

上述电压的相量关系如图 4.11 所示。

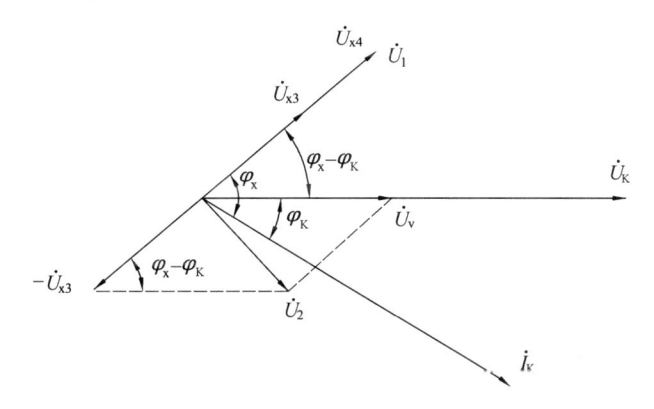

图 4.11 整流型偏移阻抗继电器电流、电压相量关系

$\dot{U}_1$ 的绝对值

$$|\dot{U}_1|=|\dot{U}_{x4}|=K_{x4}I_K$$

利用余弦定理求 $\dot{U}_2$ 的绝对值得

$$|\dot{U}_2|=\sqrt{U_v^2+U_{x3}^2-2U_vU_{x3}\cos(\varphi_x-\varphi_K)}$$
$$=\sqrt{K_v^2U_K^2+K_{x3}^2I_K^2-2K_vU_KK_{x3}I_K\cos(\varphi_x-\varphi_K)}$$

整流型偏移阻抗继电器动作与否，取决于两组整流桥输出电压绝对值的比较结果：

当 $|\dot{U}_1|>|\dot{U}_2|$ 时，继电器动作；

当 $|\dot{U}_1|<|\dot{U}_2|$ 时，继电器制动；

当 $|\dot{U}_1|=|\dot{U}_2|$ 时，继电器处于边界状态。

将 $\dot{U}_1$ 和 $\dot{U}_2$ 的绝对值代入边界条件 $|\dot{U}_1|=|\dot{U}_2|$，两边二次方，得

$$K_{x4}^2 I_K^2 = K_v^2 U_K^2 + K_{x3}^2 I_K^2 - 2K_v U_K K_{x3} I_K \cos(\varphi_x - \varphi_K)$$

两边同除以 $K_v^2 I_K^2$，得

$$\frac{K_{x4}^2}{K_v^2} = \frac{U_K^2}{I_K^2} + \frac{K_{x3}^2}{K_v^2} - 2 \cdot \frac{K_{x3}}{K_v} \cdot \frac{U_K}{I_K} \cos(\varphi_x - \varphi_K)$$

令 $\frac{U_K}{I_K} = Z_K$，$\frac{K_{x4}}{K_v} = Z_{set1}$，$\frac{K_{x3}}{K_v} = Z_{set2}$，代入上式，整理得

$$Z_K^2 - 2Z_K Z_{set2} \cos(\varphi_x - \varphi_K) + Z_{set2}^2 = Z_{set1}^2$$

式中 Z_K——整流型偏移阻抗继电器的测量阻抗。

阻抗继电器处于边界状态时的测量阻抗 Z_K 就是动作阻抗 Z_{act}，故上式可写成

$$Z_{act}^2 - 2Z_{act} Z_{set2} \cos(\varphi_x - \varphi_k) + Z_{set2}^2 = Z_{set1}^2 \tag{4.17}$$

将式(4.17)按两角差的三角函数公式变换后，以极坐标与直角坐标的关系式代入，然后因式分解，得

$$(R - Z_{set2} \cos\varphi_x)^2 + (X - Z_{set2} \sin\varphi_x)^2 = Z_{set1}^2 \tag{4.18}$$

式(4.17)和式(4.18)是阻抗复数平面上的同一个圆的两种不同形式的方程，也是整流型偏移阻抗继电器的两种不同形式的动作方程。式(4.17)是以极坐标表示的圆方程，式(4.18)是以直角坐标表示的圆方程。式(4.18)更浅显易懂。

下面进一步分析：

(1) 由式(4.18)可知，偏移阻抗继电器的动作特性圆的圆心为($Z_{set2}\cos\varphi_x$，$Z_{set2}\sin\varphi_x$)，半径为 Z_{set1}，圆心到坐标原点的距离为

$$\sqrt{(Z_{set2}\cos\varphi_x - 0)^2 + (Z_{set2}\sin\varphi_x - 0)^2} = Z_{set2}$$

由于电抗变压器 TX 二次侧线圈 W_4 的匝数比 W_3 的匝数多，于是 $K_{x4} > K_{x3}$，即 $Z_{set1} > Z_{set2}$，故圆周包围坐标原点，如图 4.12 所示。

(2) 当 $Z_K < (Z_{set1} + Z_{set2} + \Delta Z)\cos(\varphi_x - \varphi_K)$ 时，偏移阻抗继电器动作($Z_{set1} + Z_{set2} = Z_{set}$ 称为偏移阻抗继电器的整定阻抗，ΔZ 为变换差值)。圆内为动作区，圆外为非动作区。

(3) 由式(4.17)可知，当 $\varphi_K = \varphi_x$ 时，$\cos(\varphi_x - \varphi_K) = 1$，可得 $Z_{act} = Z_{set1} + Z_{set2} = Z_{set}$，此时偏移阻抗继电器动作最灵敏，故称 $\varphi_K = \varphi_x$ 时的相位角为最灵敏角，用 φ_{sen} 表示，$\varphi_{sen} = \varphi_x$。

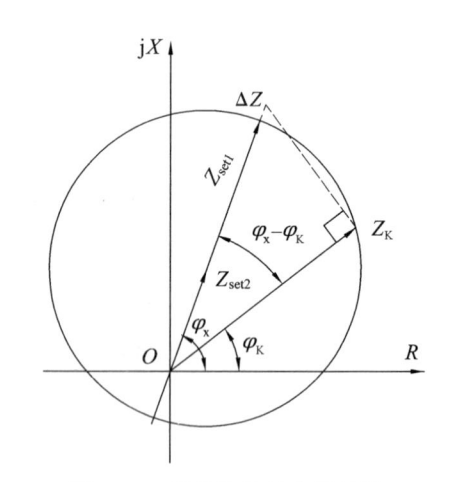

图 4.12 偏移阻抗继电器特性

(4) 式(4.17)还可以变换为

$$Z_{act}^2 - 2Z_{act} Z_{set2} \cos(\varphi_x - \varphi_K) + Z_{set}^2 \delta = 0 \tag{4.19}$$

式中，$\delta = -\frac{Z_{set1} - Z_{set2}}{Z_{set1} + Z_{set2}} \times 100\%$，称为偏移阻抗继电器的偏移度，"—"号表示其特性圆对 Z_{set} 为反方向偏移，即向第Ⅲ象限偏移，如图 4.12 所示。δ 一般为 $-10\% \sim -20\%$。

由于这种阻抗继电器特性圆对 Z_{set} 为反方向偏移,所以叫作偏移阻抗继电器。而且,当保护安装点附近正方向短路时,没有动作死区;当反方向短路时,动作范围为正方向短路时动作范围的 δ 倍,即 $(10\% \sim 20\%)Z_{set}$。

四、阻抗继电器三种阻抗的概念

1. 测量阻抗 Z_K

测量阻抗 Z_K 是由加入阻抗继电器的电压 $\dot{U}_K$ 与电流 $\dot{I}_K$ 的比值确定的,Z_K 的阻抗角 φ_K 就是 $\dot{U}_K$ 与 $\dot{I}_K$ 之间的相位差角。因此,Z_K 完全由线路参数、负荷参数、故障情况以及距离保护的接线方式等因素确定,与阻抗继电器本身的结构参数无关。

2. 整定阻抗 Z_{set}

整定阻抗 Z_{set} 是由阻抗继电器电抗变压器 TX 的变换系数 K_x 和整定变压器 UV 的变换系数 K_v 的比值确定的;Z_{set} 的阻抗角就是 K_x 的幅角。对方向阻抗继电器和偏移阻抗继电器而言,Z_{set} 的阻抗角就是最灵敏角 φ_{sen}。因此,Z_{set} 只取决于阻抗继电器本身结构的参数,与线路情况、负荷情况、距离保护的接线方式等因素无关。对圆特性阻抗继电器而言,当 Z_{set} 确定后,在理想情况下,阻抗继电器的特性圆就被确定,其保护范围就被确定。从动作特性圆来看,对于全阻抗继电器,Z_{set} 就是圆的半径;对于方向阻抗继电器,Z_{set} 就是在最灵敏角方向圆的直径;对于偏移阻抗继电器,Z_{set} 就是在最灵敏角方向,由坐标原点到正方向(第Ⅰ象限)圆周的距离。

3. 动作阻抗 Z_{act}

动作阻抗 Z_{act} 是阻抗继电器刚好动作(边界状态)时的测量阻抗。对圆特性阻抗继电器而言,在理想情况下,Z_{act} 就是动作特性圆圆周所对应的阻抗值。对于全阻抗继电器,Z_{act} 在各方向相等,数值等于 Z_{set},与相位角 φ_K 无关。而对于方向阻抗继电器和偏移阻抗继电器,Z_{act} 则随相位角 φ_K 的不同而不等;当 $\varphi_K = \varphi_{sen}$ 时,Z_{act} 的数值最大,且等于 Z_{set}。Z_{act} 与加于阻抗继电器的电压 $\dot{U}_K$、电流 $\dot{I}_K$ 和夹角 φ_K 等因素有关,即与线路情况有关。

第三节 距离保护的接线方式和整定校验

一、距离保护的接线方式

1. 距离保护的接线方式的含义

所谓距离保护的接线方式,是指用于三相电力系统的距离保护装置中的阻抗继电器,与相应的电流互感器、电压互感器怎样连接。

2. 距离保护的接线方式应满足的要求

(1) 阻抗继电器的测量阻抗 Z_K，应与短路点到保护安装处的距离 L 成正比，即 $Z_K \propto L$；

(2) 阻抗继电器的测量阻抗 Z_K，应与短路故障种类无关，即保护范围不随短路类型而变化。

3. 线电压与两相电流差的接线方式

根据分析和运行经验，对于相间短路，距离保护采用线电压与两相电流差的接线方式，参见图 4.30，能满足上述要求。各阻抗继电器的整定变压器 UV 一次侧线圈端子分别接到相应电压互感器二次回路一定的两相，以反映线电压；电抗变压器 TX 的一次侧有两个线圈，每一个线圈分别接到相应电流互感器二次回路一定的一相，以反映两相电流差。各相阻抗继电器所加的电压与电流如表 4.1 所示。

表 4.1 各相阻抗继电器所加的电压与电流

阻抗继电器代号	1KZ(AB 相)	2KZ(BC 相)	3KZ(CA 相)
UV 一次侧加入的电压 $\dot{U}_K$	$\dot{U}_{ab}$	$\dot{U}_{bc}$	$\dot{U}_{ca}$
TX 一次侧加入的电流 $\dot{I}_K$	$\dot{I}_a - \dot{I}_b$	$\dot{I}_b - \dot{I}_c$	$\dot{I}_c - \dot{I}_a$

这种接线方式又称为 0° 接线方式，即假定输电线路在功率因数为 1 的情况下运行，则加到阻抗继电器的电压与电流同相位。

在各种相间短路时，阻抗继电器的测量阻抗分析如下：

(1) 三相短路(见图 4.13)。

设线路单位长度阻抗为 z，短路点 k 至保护装置安装处的距离为 L，则每相阻抗为 zL，故加入 1KZ 的 UV 一次侧电压和 TX 一次侧电流分别为

$$\dot{U}_K = \dot{U}_{ab} = \frac{\dot{U}_{AB}}{n_u} = \frac{\dot{U}_A - \dot{U}_B}{n_u} = \frac{1}{n_u}(\dot{I}_A zL - \dot{I}_B zL) = \frac{1}{n_u}(\dot{I}_A - \dot{I}_B)zL$$

$$\dot{I}_K = \dot{I}_a - \dot{I}_b = \frac{\dot{I}_A}{n_i} - \frac{\dot{I}_B}{n_i} = \frac{1}{n_i}(\dot{I}_A - \dot{I}_B)$$

因此阻抗继电器 1KZ 的测量阻抗为

$$Z_K = \frac{\dot{U}_K}{\dot{I}_K} = \frac{\frac{1}{n_u}(\dot{I}_A - \dot{I}_B)zL}{\frac{1}{n_i}(\dot{I}_A - \dot{I}_B)} = \frac{n_i}{n_u}zL \tag{4.20}$$

可见，阻抗继电器 1KZ 的测量阻抗与短路点至保护装置安装处的距离成正比。同理，2KZ，3KZ 的测量阻抗有同样的结论。

(2) 两相短路(见图 4.14)。

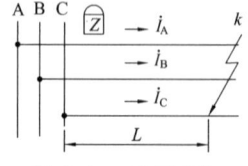

图 4.13 三相短路　　　　图 4.14 两相短路

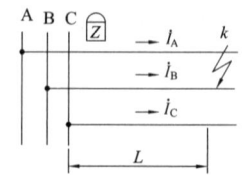

以 A—B 两相短路为例，加入阻抗继电器 1KZ 的 UV 一次侧电压和 TX 一次侧电流分别为

$$\dot{U}_\mathrm{K} = \dot{U}_{ab} = \frac{1}{n_u}\dot{U}_{AB} = \frac{1}{n_u}(\dot{I}_A - \dot{I}_B)zL$$

$$\dot{I}_\mathrm{K} = \dot{I}_a - \dot{I}_b = \frac{1}{n_i}(\dot{I}_A - \dot{I}_B)$$

阻抗继电器 1KZ 的测量阻抗为

$$Z_\mathrm{K} = \frac{\dot{U}_\mathrm{K}}{\dot{I}_\mathrm{K}} = \frac{\frac{1}{n_u}(\dot{I}_A - \dot{I}_B)zL}{\frac{1}{n_i}(\dot{I}_A - \dot{I}_B)} = \frac{n_i}{n_u}zL \tag{4.21}$$

故阻抗继电器 1KZ 的测量阻抗与短路点至保护装置安装处的距离成正比，能正确动作。但加入阻抗继电器 2KZ、3KZ 的电压由于有一相是非故障相，数值较大；而加入的电流只有一个故障相电流，数值较小，因此 2KZ、3KZ 的测量阻抗很大而不能动作。同理，B—C 两相短路时，只有 2KZ 动作，1KZ、3KZ 不能动作。C—A 两相短路时，只有 3KZ 动作，1KZ、2KZ 不能动作。由此可见，当两相短路时，只有接入两故障相相间电压与两故障相电流差的阻抗继电器，才能正确地反应短路点至保护装置安装处的距离而动作，其余两个阻抗继电器由于测量阻抗数值很大而不能动作。因此，为了使各种两相短路都得到可靠的保护，用于三相电力系统的距离保护装置需要装三个阻抗继电器。

(3) 大接地短路电流系统中的两相接地短路（见图 4.15）。

仍以 A—B 两相接地短路为例。它与两相短路不同之处是有电流从地中流回，因而 $\dot{I}_A \neq -\dot{I}_B$。此时，可把 A 相与 B 相看成两个"导线——地"回路的输电线路，并且彼此通过互感耦合。设线路单位长度自感抗为 x_L、电阻为 r、互感抗为 x_M。于是保护装置安装处的故障相电压可表示为

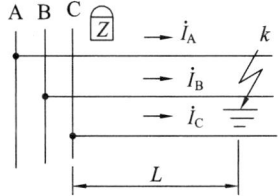

图 4.15 两相接地短路

$$\dot{U}_A = \dot{I}_A(r + jx_L)L + j\dot{I}_B x_M L$$

$$\dot{U}_B = \dot{I}_B(r + jx_L)L + j\dot{I}_A x_M L$$

$$\begin{aligned}\dot{U}_{AB} &= \dot{U}_A - \dot{U}_B \\ &= \dot{I}_A(r + jx_L)L + j\dot{I}_B x_M L - \dot{I}_B(r + jx_L)L - j\dot{I}_A x_M L \\ &= (\dot{I}_A - \dot{I}_B)(r + jx_L)L - j(\dot{I}_A - \dot{I}_B)x_M L \\ &= (\dot{I}_A - \dot{I}_B)[r + j(x_L - x_M)]L \\ &= (\dot{I}_A - \dot{I}_B)zL\end{aligned}$$

故阻抗继电器 1KZ 的测量阻抗为

$$Z_\mathrm{K} = \frac{\dot{U}_\mathrm{K}}{\dot{I}_\mathrm{K}} = \frac{\dot{U}_{ab}}{\dot{I}_a - \dot{I}_b} = \frac{\frac{1}{n_u}\dot{U}_{AB}}{\frac{1}{n_i}(\dot{I}_A - \dot{I}_B)} = \frac{\frac{1}{n_u}(\dot{I}_A - \dot{I}_B)zL}{\frac{1}{n_i}(\dot{I}_A - \dot{I}_B)} = \frac{n_i}{n_u}zL \tag{4.22}$$

式中 $z = r + j(x_L - x_M)$，为线路单位长度阻抗。

由此可知，当 A—B 两相接地短路时，1KZ 的测量阻抗也是与短路点至保护安装处的距离成正比，能正确动作。与 A—B 两相短路时相类似，2KZ、3KZ 由于测量阻抗值很大而不会动作。

同理，当 B—C 或 C—A 两相接地短路时，只有 2KZ 或 3KZ 能正确动作。

由上述分析可知，线电压与两相电流差距离保护接线方式，对于被保护线路某一点发生的各种相间短路，至少有一个阻抗继电器的测量阻抗与短路点至保护装置安装处的距离成正比而正确动作，从而使保护装置能正确反应各种相间短路，实现保护的要求。

二、距离保护的整定校验

距离保护一般具有三段式阶梯形时限特性，如图 4.2 所示。以 A 处的距离保护装置为例，各段的整定计算方法与校验原则如下：

1. Ⅰ 段的整定与校验

(1) Ⅰ 段的一次整定阻抗 $Z_{\text{SET}}^{\text{I}}$，应按躲开相邻线路首端短路来整定计算，即

$$Z_{\text{SET}}^{\text{I}} = K_{\text{I}} Z_{\text{AB}} = K_{\text{I}} z L_{\text{AB}} \quad (\Omega) \tag{4.23}$$

式中 K_{I}——可靠系数，一般取 0.8～0.85；

Z_{AB}——线路 AB 的阻抗(Ω)；

z——线路单位长度阻抗(Ω/km)；

L_{AB}——线路 AB 的长度(km)。

(2) Ⅰ 段不必进行灵敏度校验。

(3) Ⅰ 段的动作时限 t^{I}。

Ⅰ 段不设时间继电器，t^{I} 为阻抗继电器、出口继电器等固有动作时间，一般不超过 0.1 s。

2. Ⅱ 段的整定与校验

(1) Ⅱ 段的一次整定阻抗 $Z_{\text{SET}}^{\text{II}}$，一般按躲开相邻线路 B 处的距离保护装置 Ⅰ 段保护范围末端短路来整定计算，即

$$Z_{\text{SET}}^{\text{II}} = K_{\text{II}} (Z_{\text{AB}} + K_{\text{I}} Z_{\text{BC}}) = K_{\text{II}} (z L_{\text{AB}} + K_{\text{I}} z L_{\text{BC}}) \quad (\Omega) \tag{4.24}$$

式中 K_{II}——可靠系数，一般取 0.8；

Z_{BC}——线路 BC 的阻抗(Ω)；

L_{BC}——线路 BC 的长度(km)。

(2) Ⅱ 段的灵敏系数 K_{sen}，按本线路(AB)末端短路阻抗进行校验，要求不小于 1.5，即

$$K_{\text{sen}} = \frac{Z_{\text{set}}^{\text{II}}}{Z_{\text{AB}}} \geq 1.5 \tag{4.25}$$

(3) Ⅱ 段的动作时限 t^{II}。

应比相邻线路 B 处的距离保护装置 Ⅰ 段的动作时限 t^{I} 大一个时限级差 Δt，一般 t^{II} 为 0.5～0.7 s(对微机保护装置可适当缩短)。

3. Ⅲ段的整定与校验

（1）Ⅲ段的一次整定阻抗 $Z_{SET}^{Ⅲ}$，按躲开被保护线路在正常运行条件下的最小负荷阻抗 $Z_{L·min}$ 来整定计算。

设被保护线路最大负荷电流为 $I_{L·max}$（A），距离保护安装处母线最低工作线电压为 $U_{L·min}$（V），则被保护线路最小负荷阻抗为

$$Z_{L·min} = \frac{U_{L·min}}{\sqrt{3} I_{L·max}} \quad (\Omega) \tag{4.26}$$

根据保护范围外部故障切除后保护装置必须立即返回的要求，对于距离保护来说，就必须选择返回阻抗 $Z_R < Z_{L·min}$，引入一个大于 1 的可靠系数 K_{REL}（一般取 1.2）和一个大于 1 的考虑负载电动机自启动时电流增长与电压降低影响的自启动系数 K_{SS}（一般取 1.5～2.5，在无高电压大功率电动机的情况下可取 1），可得

$$Z_R = \frac{Z_{L·min}}{K_{REL} K_{SS}} \quad (\Omega)$$

因此，Ⅲ段的一次整定阻抗 $Z_{SET}^{Ⅲ}$ 计算式如下：

① 当采用全阻抗继电器时为

$$Z_{SET}^{Ⅲ} = \frac{Z_R}{K_R} = \frac{Z_{L·min}}{K_{REL} K_{SS} K_R} \quad (\Omega) \tag{4.27}$$

式中 K_R——距离保护的返回系数，一般取 1.2。

② 当采用方向阻抗继电器时为

$$Z_{SET}^{Ⅲ} = \frac{Z_{L·min}}{K_{REL} K_{SS} K_R \cos(\varphi_{sen} - \varphi_L)} \quad (\Omega) \tag{4.28}$$

式中 φ_L——被保护线路的负荷阻抗角；

φ_{sen}——阻抗继电器的最灵敏角。

③ 当采用偏移阻抗继电器时为

$$Z_{SET}^{Ⅲ} = \frac{Z_{L·min}}{K_{REL} K_{SS} K_R \cos(\varphi_{sen} - \varphi_L)} - \Delta Z \quad (\Omega) \tag{4.29}$$

式中，ΔZ 为变换差值，直接用解析法计算较复杂，可用作图法近似求得，如图 4.16 所示：

• 在 R、X 坐标平面上，过原点 O 作 $\overline{CA}$，使 $\angle AOR$ 等于 φ_{sen}，取 $\overline{OA}$ 为 100，$\overline{OC}$ 为 100δ；

• 以 $\overline{CA}$ 中点为圆心，$\frac{1}{2}\overline{CA}$ 为半径画圆，$\overline{OA}$ 代表 $Z_{SET}^{Ⅲ}$；

• 作 $\overline{OB}$ 交圆周于 B 点，使 $\angle BOR$ 等于 φ_L，$\overline{OB}$ 代表 $\frac{Z_{L·min}}{K_{REL} K_{SS} K_R}$；

• 过 B 点作 $\overline{DB}$ 垂直于 $\overline{OB}$，与 $\overline{OA}$ 的延长线相交于 D 点，$\overline{OD}$ 代表式（4.29）等号右边第一项，$\overline{AD}$ 代表 ΔZ；

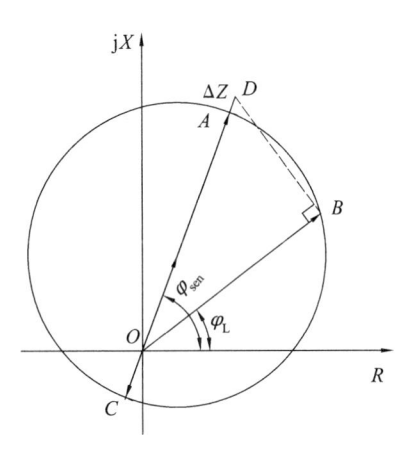

图 4.16 求 ΔZ 的作图法

- 用直尺量出 $\overline{AD}$ 和 $\overline{OB}$ 的长度，即可得

$$\Delta Z = \frac{Z_{\text{L·min}}}{K_{\text{REL}} K_{\text{SS}} K_{\text{R}}} \cdot \frac{\overline{AD}}{\overline{OB}} \quad (\Omega) \tag{4.30}$$

(2) Ⅲ段的灵敏系数 K_{sen}。

作为本线路的近后备保护时，K_{sen} 按本线路末端短路时的短路阻抗校验，要求不小于 1.3～1.5，即

$$K_{\text{sen}} = \frac{Z_{\text{SET}}^{\text{Ⅲ}}}{z L_{\text{AB}}} \geqslant 1.3 \sim 1.5 \tag{4.31}$$

作为相邻线路的远后备保护时，K_{sen} 按相邻线路末端短路时的短路阻抗校验，要求不小于 1.2，即

$$K_{\text{sen}} = \frac{Z_{\text{SET}}^{\text{Ⅲ}}}{z(L_{\text{AB}} + L_{\text{BC}})} \geqslant 1.2 \tag{4.32}$$

(3) Ⅲ段的动作时限 $t^{\text{Ⅲ}}$。

应比保护范围内的其余保护装置的动作时限中的最大者大一个时限级差 Δt，一般 $t^{\text{Ⅲ}}$ 要达到 2 s（对微机保护装置可缩短）。

4. 关于分支系数的概念和选择原则

如前所述，以上关于距离保护的整定校验，是针对图 4.2 所示的那种中间无分支情况来说的。如果被保护线路有中间分支，那么还需要考虑分支的影响。

(1) 分支线路的影响。

如图 4.17 所示，当 k 点发生短路时，$\dot{I}_1 = \dot{I}_2 + \dot{I}_2'$，$\dot{I}_2'$ 称为汲出电流。A 处的距离保护的测量阻抗为

$$\mathbf{Z}_{\text{A}} = \frac{\dot{U}_{\text{A}}}{\dot{I}_1} = \frac{\dot{I}_1 \mathbf{Z}_{\text{AB}} + \dot{I}_2 \mathbf{Z}_{\text{k}}}{\dot{I}_1} = \mathbf{Z}_{\text{AB}} + \frac{\dot{I}_2}{\dot{I}_1} \mathbf{Z}_{\text{k}} = \mathbf{Z}_{\text{AB}} + K_{\text{bra}} \mathbf{Z}_{\text{k}} \tag{4.33}$$

式中，$K_{\text{bra}} = \dot{I}_2 / \dot{I}_1$，叫作分支系数，在应用中只取绝对值。

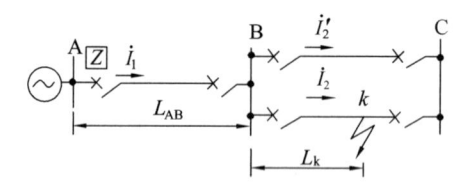

图 4.17 平行线路汲出电流的影响

因为 $\dot{I}_1 = \dot{I}_2 + \dot{I}_2'$，$\dot{I}_2 < \dot{I}_1$，$K_{\text{bra}} < 1$，所以 $\mathbf{Z}_{\text{A}} < \mathbf{Z}_{\text{AB}} + \mathbf{Z}_{\text{k}}$，即 A 处的距离保护装置测量阻抗要缩小。在这种情况下，如果仍按式(4.24)整定 A 处的第Ⅱ段距离保护，那么当 B 处的第Ⅰ段距离保护范围末端发生短路时，A 处的第Ⅱ段距离保护可能误动作，从而降低了选择性。因此，式(4.24)中的 Z_{BC} 应乘以按电力网络实际情况可能出现的最小分支系数 K_{bra}，即

$$Z_{\text{SET}}^{\text{Ⅱ}} = K_{\text{Ⅱ}} (Z_{\text{AB}} + K_{\text{Ⅰ}} K_{\text{bra}} Z_{\text{BC}}) = K_{\text{Ⅱ}} (z L_{\text{AB}} + K_{\text{Ⅰ}} K_{\text{bra}} z L_{\text{BC}}) \quad (\Omega) \tag{4.34}$$

(2) 分支电源的影响。

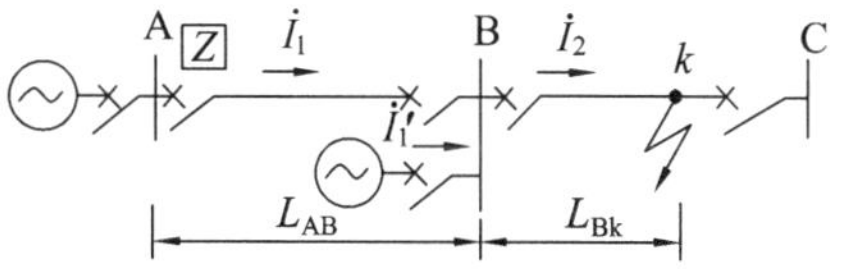

如图 4.18 所示，当 k 点发生短路时，$\dot{I}_1 + \dot{I}_1' = \dot{I}_2$，$\dot{I}_1'$ 称为助增电流。A 处的距离保护的测量阻抗为

图 4.18 分支电源助增电流的影响

$$\mathbf{Z}_A = \frac{\dot{U}_A}{\dot{I}_1} = \frac{\dot{I}_1 \mathbf{Z}_{AB} + \dot{I}_2 \mathbf{Z}_k}{\dot{I}_1}$$

$$= \mathbf{Z}_{AB} + \frac{\dot{I}_2}{\dot{I}_1} \mathbf{Z}_k = \mathbf{Z}_{AB} + K_{bra} \mathbf{Z}_k \tag{4.35}$$

式中，$K_{bra} = \dot{I}_2/\dot{I}_1$，也叫作分支系数。由于 $\dot{I}_2 > \dot{I}_1$，$K_{bra} > 1$，所以 $\mathbf{Z}_A > \mathbf{Z}_{AB} + \mathbf{Z}_k$，即 A 处的第Ⅱ段距离保护装置测量阻抗要增大，从而降低了灵敏性[参看式(4.25)]，有时可能拒动。为了消除这种影响，在这种情况下，式(4.24)中的 $\mathbf{Z}_{BC}$ 应乘以按电力网络实际情况可能出现的最小分支系数 K_{bra}。

5. 距离保护装置精确工作电流灵敏系数的校验

距离保护装置精确工作电流灵敏系数 $K_{sen·I}$ 按下式计算：

$$K_{sen·I} = \frac{I_{k·min}}{I_{fw}} \quad (\text{要求 } K_{sen·I} \geqslant 2.0) \tag{4.36}$$

式中 $I_{k·min}$ ——被保护范围末端短路时流经距离保护装置的最小短路电流；

I_{fw} ——阻抗继电器的精确工作电流归算到与 $I_{k·min}$ 同一侧时的数值。

6. 各段距离保护的阻抗继电器整定阻抗计算方法

某段距离保护的阻抗继电器整定阻抗值

$$= K_w \cdot \frac{n_i}{n_u} \cdot \text{同一段距离保护的一次整定阻抗值} \quad (\Omega) \tag{4.37}$$

式中 K_w ——接线系数，当距离保护采用线电压与两相电流差的接线方式时，$K_w = 1$。

第四节 影响距离保护正确工作的因素和防止措施

为了确保距离保护的正确工作，防止非短路的不正常状态引起距离保护误动作，以及短路点过渡电阻增大引起距离保护拒绝动作，必须采取必要的措施。

一、电压互感器回路断线和断线闭锁装置

1. 电压互感器回路断线的影响和防止措施

(1) 影响：当电压互感器回路断线时，二次回路的相电压和线电压降低，阻抗继电器的测量阻抗减小，会引起距离保护装置误动作。

(2) 防止措施：采用断线闭锁装置。当电压互感器回路断线时，断线闭锁装置动作，将

距离保护装置闭锁。这样,距离保护装置即使误动作,也不会出口,相应的断路器也不会因距离保护误动作而跳闸。

2. 断线闭锁装置 KBL

(1) 对断线闭锁装置的要求如下:

① 正常时,KBL 不应动作,以保证距离保护装置不受闭锁。

② 当电力系统发生短路故障时,KBL 不应动作,距离保护装置不受闭锁。

③ 当电压互感器回路断线时,KBL 应动作,将距离保护装置闭锁,免于误动作;同时发出"电压互感器回路断线"信号 。

(2) KBL 的构成。

断线闭锁装置 KBL 的原理接线图如图 4.19 所示。

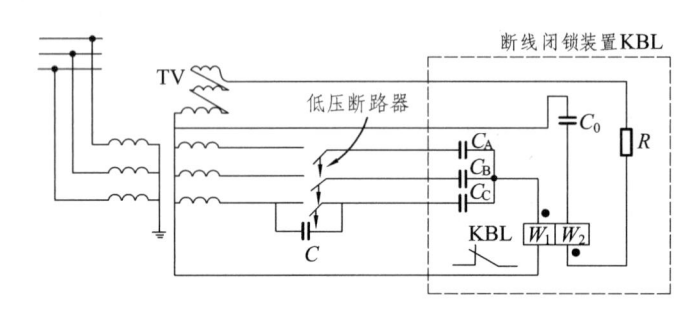

图 4.19 断线闭锁装置原理接线图

KBL 的执行元件是一个瞬时动作的电磁型继电器,它有两个线圈 W_1 和 W_2,按磁平衡原理构成,线圈 W_1 经过由三个电容器 C_A、C_B、C_C 组成的零序电压滤过器接到电压互感器二次回路 Y 侧,线圈 W_2 经过电容器 C_0 和电阻 R 接到电压互感器二次回路开口三角形侧。KBL 常闭触点接到距离保护直流回路第Ⅲ段(启动元件常开触点)"+"电源侧。

W_1 和 W_2 的匝数比与极性,以及电容、电阻的参数是这样选择的:当电力系统中有零序电压时,W_1 和 W_2 产生的零序安匝大小相等,方向相反,即综合磁势为零,KBL 不动作。

(3) KBL 的作用原理如下:

① 正常运行时,线圈 W_1、W_2 端子间都没有零序电压,KBL 不动作。

② 当电力系统发生两相或三相短路时,因不产生零序分量,所以 W_1、W_2 端子间都没有零序电压,KBL 也不动作。若电力系统发生接地故障时,零序电压滤过器、开口三角形输出端都有 $3\dot{U}_0$ 的输出电压,W_1、W_2 中都有电流流过。但因 W_1 和 W_2 的匝数比与极性,以及电容、电阻的参数已恰当选择,使得 W_1 和 W_2 产生的零序安匝大小相等、方向相反,综合磁势为零,KBL 仍不动作。

③ 当电压互感器二次回路发生一相或两相断线时,在 W_1 端子间有零序电压,W_2 端子间没有零序电压,综合磁势不为零,而且有相当的数值,KBL 动作,将距离保护装置闭锁。

④ 电压互感器二次回路三相低压断路器全部断开时,W_1 与 W_2 端子间都没有电压,KBL 不动作,距离保护装置不会受闭锁,而可能误动作,并且出口。为此,可在任一相低

压断路器触头两端并联一个 4~6 μF 的电容器,当三相低压断路器全部断开后,一相电压通过这个电容器加到线圈 W_1 上,使 KBL 动作,将距离保护装置闭锁。

用低压断路器代替熔断器,可以克服熔断器往往因熔丝熔断较慢而使距离保护装置误动作的缺点。

二、电力系统振荡和振荡闭锁装置

1. 电力系统振荡的影响和防止措施

(1) 电力系统振荡的影响:

电力系统中发电机失去同步的不正常运行状态,称为电力系统振荡。当电力系统发生振荡时,电流、电压将在很大范围内作周期性变化,因而阻抗继电器的测量阻抗也随之变化。当电流增大、电压降低、阻抗继电器的测量阻抗随之减小时,可能引起距离保护误动作。

运行经验表明,当系统中发电机失去同步时,往往经过一定时间后能够通过自动装置的调节,自行恢复同步运行。如果不允许长期异步运行,可有控制地将系统解列运行。就是说,当系统振荡时不允许保护装置动作。

(2) 防止电力系统振荡影响的措施:

采用振荡闭锁装置。在电力系统发生振荡时,振荡闭锁装置动作,将距离保护装置闭锁。

2. 电力系统振荡时的特性

一般地说,任何复杂的电力网络都可以简化为一个具有两侧等效电源(发电机)的开式电力网络,如图 4.20 所示。

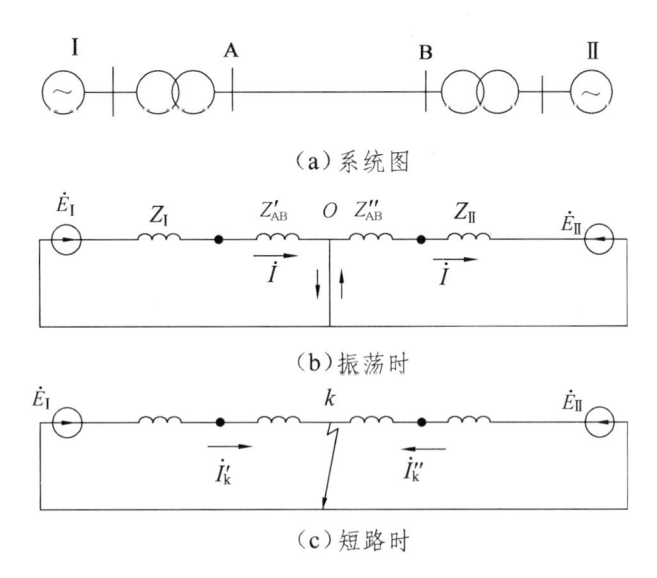

(a) 系统图

(b) 振荡时

(c) 短路时

图 4.20 系统振荡和短路时的等效电路

设两侧等效电源电势 $\dot{E}_\mathrm{I}$ 与 $\dot{E}_\mathrm{II}$ 大小都等于 E,相位差为 δ,两电源之间系统总阻抗为

$$Z_\Sigma = Z_\mathrm{I} + Z_\mathrm{II} + Z_{AB}$$

式中　Z_I——电源 I 的阻抗；

　　　Z_II——电源 II 的阻抗；

　　　Z_{AB}——A、B 间线路的阻抗。

振荡时，三相对称，不考虑负荷电流，则振荡电流为

$$\dot{I} = \frac{\dot{E}_\mathrm{I} - \dot{E}_\mathrm{II}}{Z_\Sigma} = \frac{\Delta \dot{E}}{Z_\Sigma}$$

各点电压、电流相量关系如图 4.21 所示，可以看出 $\Delta E = 2E\sin\frac{\delta}{2}$，故振荡电流的有效值为

$$I = \frac{2E}{Z_\Sigma}\sin\frac{\delta}{2} \quad (4.38)$$

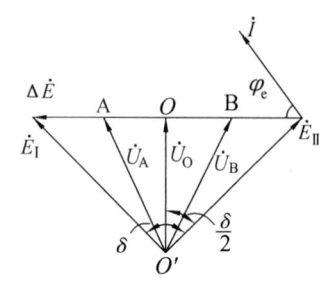

图 4.21　各点电压、电流相量

电流 $\dot{I}$ 滞后电势差 $\Delta \dot{E}$ 的相位角为 φ_e；母线 A 和 B 电压为

$$\dot{U}_A = \dot{E}_\mathrm{I} - \dot{I}Z_\mathrm{I}$$
$$\dot{U}_B = \dot{E}_\mathrm{II} + \dot{I}Z_\mathrm{II}$$

$\dot{U}_O$ 为线路中电压最低的一点，O 点称为系统的振荡中心。因 $\overline{O'O} \perp \overline{AB}$，故 $\dot{U}_O$ 的有效值为

$$U_O = E\cos\frac{\delta}{2} \quad (4.39)$$

从式(4.38)、式(4.39)可知，电力系统振荡时，电流、电压都是随着 δ 的变化而变化的。电流从一个最大值到下一个最大值所经历的时间称为振荡周期。当 δ 增大时，I 增大，U_O 减小。当 $\delta = 180°$ 时，振荡电流 I 最大，$I = \frac{2E}{Z_\Sigma}$；振荡中心的电压 $U_O = 0$。这时的情况正像在振荡中心 O 处发生了三相短路一样。

电力系统的振荡和短路虽有共同点，但也有不同点：

（1）振荡时，电流和各点电压的有效值作周期性变化，在 $\delta = 180°$ 时才出现最严重现象；短路瞬间，电流、电压变化速度 $\left(\frac{\mathrm{d}I}{\mathrm{d}t}\text{和}\frac{\mathrm{d}U}{\mathrm{d}t}\right)$ 比振荡时快，如图 4.22 所示。

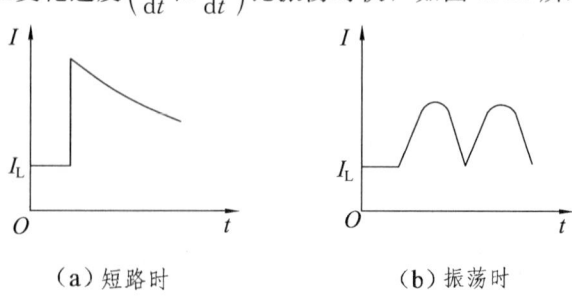

（a）短路时　　　　（b）振荡时

图 4.22　短路与振荡发生时电流变化速度比较

(2)振荡时,三相完全对称,没有负序分量;短路时,不对称短路有稳定的负序分量,三相短路在短路初期也有瞬时的负序分量。

由于振荡与短路有上述不同点,因而可以利用这些特点构成各种振荡闭锁装置。利用第二个不同点构成的振荡闭锁装置应用较广泛。

3. 利用负序分量启动的振荡闭锁装置

(1)对振荡闭锁装置的基本要求如下:
① 电力系统发生振荡时,应可靠地将距离保护装置闭锁,使其免于误动作;
② 电力系统发生短路时,距离保护应不受振荡闭锁装置的影响,而能可靠地动作;
③ 在振荡的过程中发生短路时,距离保护应能正确地动作;
④ 先短路而后发生振荡时,距离保护不应无选择性地动作。

(2)以负序电流分量启动的振荡闭锁装置。

它主要用一个负序电流继电器 KAN 作启动元件,负序电流继电器原理接线如图 4.23 所示。

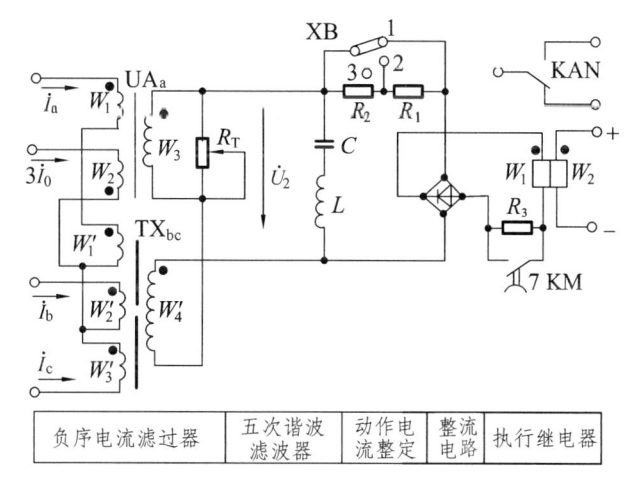

图 4.23 负序电流启动元件原理接线

① 负序电流继电器 KAN 的组成。

负序电流继电器 KAN 由负序电流滤过器、五次谐波滤波器、负序动作电流整定装置、整流电路、执行继电器等组成。

负序电流滤过器由变流器 UA$_a$、电抗变压器 TX$_{bc}$ 和电阻 R_T 组成。UA$_a$ 一次侧有两个线圈 W_1、W_2,其匝数比为 3:1,W_1 通入电流 $\dot{I}_a$,W_2 反极性通入电流 $3\dot{I}_0$;二次线圈 W_3 与 R_T 并联。TX$_{bc}$ 一次侧有三个线圈 W_1'、W_2'、W_3',其匝数比为 $n:1:1(n<1)$,W_1' 通入电流 $\dot{I}_a$,W_2' 通入电流 $\dot{I}_b$,W_3' 反极性通入电流 $\dot{I}_c$。二次侧有一个线圈 W_4'。W_3 与 W_4' 反极性连接,所以 $\dot{U}_2 = \dot{U}_R - \dot{U}_{bc}$。

五次谐波滤波器为 L—C 电路,用以消除五次谐波电流的影响。

负序动作电流整定装置包括电阻 R_1、R_2 和切换片 XB,用以调节负序电流继电器的动作电流:

XB 在"1"位置时(R_1、R_2 都被旁路),负序动作电流整定值为 0.25~0.35 A;

XB在"2"位置时（R_1串入，R_2被旁路），负序动作电流整定值为0.55～0.75 A；

XB在"3"位置时（R_1、R_2都串入），负序动作电流整定值为0.90～1.15 A。

整流电路为单相整流桥，把负序电流滤过器的输出电压$\dot{U}_2$变成直流电压。

执行继电器为具有双线圈的极化继电器：线圈W_1经电阻R_3正接于整流桥输出端，为启动线圈；线圈W_2正接于直流控制回路，为自保持线圈。正常情况下R_3被7KM常开触点旁路，当负序电流继电器KAN动作时R_3才接入，以提高极化继电器的返回系数和热稳定性。

② 负序电流继电器KAN的工作原理。

变流器UA_a把A相电流$\dot{I}_a$变换成电阻R_T上的电压$\dot{U}_{RT}$，电抗变压器TX_{bc}把B、C两相电流的相量差$\dot{I}_b-\dot{I}_c$与一定量的A相电流$n\dot{I}_a$之相量和$\dot{I}_b-\dot{I}_c+n\dot{I}_a$变换成$TX_{bc}$的二次电压$\dot{U}_{bc}$，然后把$\dot{U}_{RT}$与$\dot{U}_{bc}$进行比较。

$\dot{U}_{RT}$可通过R_T来调节，使其与$\dot{U}_{bc}$大小相等，比$\dot{I}_a$超前7°。$\dot{I}_a$比$\dot{I}_b-\dot{I}_c$超前90°，$\dot{I}_b-\dot{I}_c+n\dot{I}_a$比$\dot{I}_b-\dot{I}_c$超前7°。$\dot{U}_{bc}$是$\dot{I}_b-\dot{I}_c+n\dot{I}_a$在$W'_4$中感应的电压，故$\dot{U}_{bc}$比$\dot{I}_b-\dot{I}_c+n\dot{I}_a$超前90°，比$\dot{I}_b-\dot{I}_c$超前90°+7°=97°，比$\dot{I}_a$超前7°。

• 当正序电流$\dot{I}_{a1}$、$\dot{I}_{b1}$、$\dot{I}_{c1}$通入负序电流滤过器时，根据图4.23所示和上面分析的相位关系，$\dot{U}_{bc}$与$\dot{U}_{RT}$重合，负序电流滤过器的输出电压为零，即$\dot{U}_2=\dot{U}_{RT}-\dot{U}_{bc}=0$，如图4.24(a)所示。

• 当负序电流$\dot{I}_{a2}$、$\dot{I}_{b2}$、$\dot{I}_{c2}$通入负序电流滤过器时，根据图4.23所示和上面分析的相位关系，$\dot{U}_{bc}$比$\dot{U}_{RT}$超前(83°+83°)=166°，负序电流滤过器的输出电压$\dot{U}_2=|\dot{U}_{RT}-\dot{U}_{bc}|=2|\dot{U}_{RT}|\cos7°\approx2|\dot{U}_{RT}|$，如图4.24(b)所示。

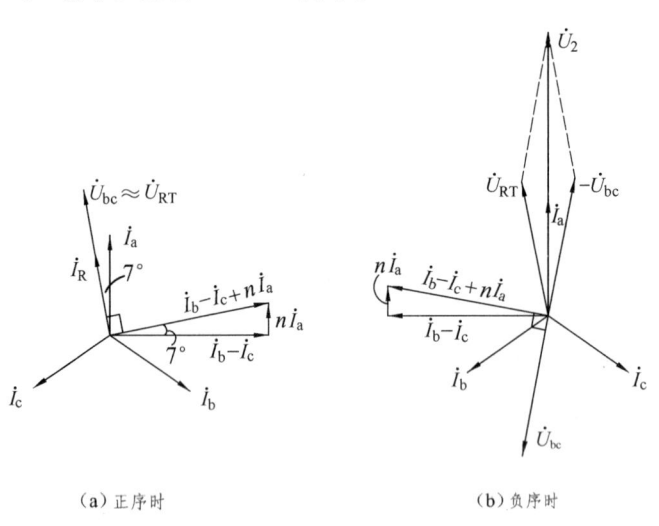

图4.24 正序及负序电流时的相量

• 当零序电流$\dot{I}_{a0}$、$\dot{I}_{b0}$、$\dot{I}_{c0}$($\dot{I}_{a0}=\dot{I}_{b0}=\dot{I}_{c0}=\dot{I}_0$)通入负序电流滤过器时，因$UA_a$一次线圈$W_1$、$W_2$的匝数比为3∶1，根据图4.23所示，磁势$\dot{I}_{a0}W_1$和$3\dot{I}_0W_2$大小相等、方向相反，合成磁势为零，那么$UA_a$的输出电压$\dot{U}_{RT}=0$。$TX_{bc}$一次线圈$W'_2$、$W'_3$匝数相等，磁势

$\dot{I}_{b0}W'_2$和$\dot{I}_{c0}W'_3$大小相等、方向相反；W'_1匝数很少，$\dot{I}_{a0}W'_1$影响不大，可忽略不计，故TX_{bc}的输出电压$\dot{U}_{bc}\approx0$。因此，当零序电流通入负序电流滤过器时，其输出电压$\dot{U}_2\approx0$。

可见，只有当负序电流$\dot{I}_{a2}$、$\dot{I}_{b2}$、$\dot{I}_{c2}$通入负序电流滤过器时，其输出电压$\dot{U}_2\approx2|\dot{U}_{RT}|$，执行继电器才动作，即负序电流继电器动作。

③ 利用负序电流继电器KAN启动的振荡闭锁装置的直流回路，如图4.25所示。

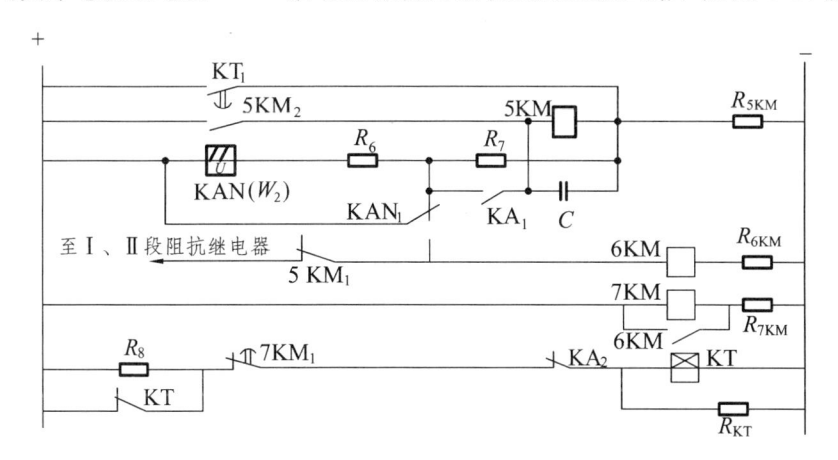

图 4.25 振荡闭锁装置的直流回路

- 在正常运行时，负序电流继电器KAN不动作，Ⅰ、Ⅱ段阻抗继电器无操作电源，因而距离保护被闭锁。

- 有振荡而没有短路时，KAN因无负序电流输入仍不动作，距离保护被闭锁。为了防止在某些情况下，由于振荡电流过大而使磁路饱和，可能出现较大的不平衡电流使KAN误动作，故设有过电流继电器KA和中间继电器5KM。在振荡电流较大但还没有引起KAN误动作之前KA即动作[负序电流滤过器铁芯饱和电流(20 A)比KA动作电流(10 A)大]。常开触点KA_1闭合使5KM动作，由常闭触点$5KM_1$断开Ⅰ、Ⅱ段阻抗继电器的操作电源，将距离保护闭锁，而且常开触点$5KM_2$闭合，使5KM自保持在动作状态。即使KAN再误动作也不会启动距离保护(常开触点KA_1闭合时，C通过R_7放电，保证此时5KM不延时动作)。

- 当发生短路时，KAN立即动作，切换触点KAN_1合向下方，接通Ⅰ、Ⅱ段阻抗继电器操作电源；同时KAN的自保持线圈W_2受电，使KAN自保持在动作状态。因此，只要瞬时出现负序电流，距离保护即被启动。

- 在振荡过程中振荡电流还不足以使KA动作或正常运行情况下发生短路时，KA虽然会动作，但由于KAN常闭触点断开先于KA常开触点闭合，而且5KM线圈并联了增加延时动作的电容C，所以切换触点KAN_1可以顺利地合向下方，接通Ⅰ、Ⅱ段阻抗继电器的直流操作电源。为了防止5KM在切换触点KAN_1合向下方、KA常开触点闭合时动作，增加了限制5KM线圈电压的电阻R_6。

- 为了防止在短路过程中发生振荡时，由振荡而引起保护非选择性动作，KAN动作后接通Ⅰ、Ⅱ段阻抗继电器直流操作电源的时间以足够保护动作时间为限，通常为0.4 s左右，之后将距离保护重新闭锁。这一时间由6KM、7KM构成；当KAN_1合向下方时6KM动作，7KM线圈被旁路，7KM是带延时返回的继电器，经过约0.25~0.35 s时间7KM的常闭触点$7KM_1$闭合，使时间继电器KT动作，经一定时间后它的常开触点KT_1闭合，将KAN的自保持线圈W_2与5KM线圈旁路，使振荡闭锁装置恢复原状。

4. 负序电流增量继电器

牵引负荷是单相负荷,虽然各牵引变电所电源进线实行换相连接,以减少三相系统的负荷不平衡,但有些情况下因三相负荷不平衡较严重,仍会有较大的负序电流分量,可能引起负序电流继电器误动作。为此,有人研究新的振荡闭锁启动元件。其中一种方案是负序电流增量继电器。它是利用短路时负序电流分量会突然增加的原理构成的,如图 4.26 所示。

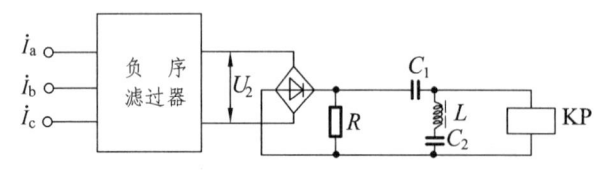

图 4.26 负序电流增量继电器原理图

短路时,由于负序电流突然增大,U_2 突然增大,U_2 的变化速度 $\dfrac{\mathrm{d}U_2}{\mathrm{d}t}$ 较大,有较大电流通过 C_1,使极化继电器 KP 动作。

正常运行情况下,U_2 的变化速度不大,整流后是较平稳的直流电压,故不能通过 C_1 使 KP 动作。振荡情况下,三相对称,没有负序分量,负序滤过器没有输出,极化继电器 KP 不动作。

三、短路点过渡电阻的影响和防止措施

1. 短路点过渡电阻的性质和影响

电网中发生短路时,一般在短路点都有过渡电阻 R_{tr}。短路点的过渡电阻 R_{tr} 是指当相间短路或接地短路时,短路电流从一相流到另一相或从相导线流入地的途径中所通过的物质的电阻,包括电弧电阻、中间物质的电阻、相导线与地之间的接触电阻、金属杆塔或高压电气设备外壳的接地电阻等。

相间短路时,过渡电阻主要由电弧电阻构成。当短路电流相当大(几百安以上)时,电弧实际上呈现的有效电阻,其值可按以下经验公式估计:

$$R_{tr} \approx 1\,050 \cdot \dfrac{L_{ar}}{I_{ar}} \quad (\Omega) \tag{4.40}$$

式中 I_{ar}——电弧电流有效值(A);

L_{ar}——电弧长度(m)。

一般情况下,短路初瞬间,电弧电流 I_{ar} 最大,电弧长度 L_{ar} 最短,电弧电阻 R_{tr} 最小。几周后,在风吹、空气对流和电动力等作用下,电弧逐渐伸长,电弧电阻有急速增大之势。相间短路的电弧电阻,一般为几欧至十几欧。

接地短路时,过渡电阻,除了电弧电阻以外,主要由金属杆塔或高压电气设备外壳的接地电阻构成。接地电阻的数值与接地体的材料、表面积、布置方式和大地电导率等因素有关。对于跨越山区的高压线路,金属杆塔的接地电阻可高达数十欧至数百欧。当一相导线通过树木或其他高阻物体接地短路时,过渡电阻更高,难以准确计算。我国对高压输电线路接地短路的最大过渡电阻:500 kV 线路按 300 Ω 估计,330 kV 线路按 150 Ω 估计,220 kV 线路按 100 Ω 估计。

总的来说，过渡电阻基本呈纯电阻性质。参看文献[21]。另外，接地短路时，地回路（大地）电阻也基本呈纯电阻性质。

过渡电阻的存在使短路回路阻抗增大，阻抗角变小，短路电流减小，有时会影响阻抗继电器的正确动作。例如，在图 4.27 所示的电网中，假定 A 处距离保护采用不同特性圆的阻抗继电器，它们的整定阻抗都相等。如果在距离保护范围内，线路阻抗为 Z_k 处发生短路，短路点有过渡电阻 R_{tr}，则 A 处距离保护的测量阻抗为 $Z_K = Z_k + R_{tr}$。由图 4.27 可见，当过渡电阻为零或小于 R_{tr1} 时，三种阻抗继电器都能动作。如果过渡电阻 R_{tr} 与线路阻抗 Z_k 相加后，超出了阻抗继电器的动作特性圆，就发生拒动；当过渡电阻达 R_{tr1} 时，方向阻抗继电器开始拒动；当过渡电阻达 R_{tr2} 时，偏移阻抗继电器开始拒动；当过渡电阻达 R_{tr3} 时，全阻抗继电器开始拒动。可见阻抗继电器的动作特性在 $+R$ 轴方向面积越小，受过渡电阻 R_{tr} 的影响越大。

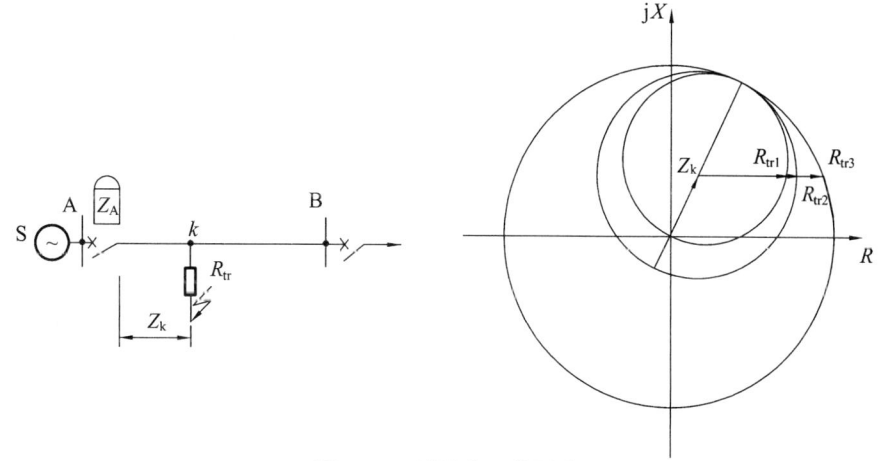

图 4.27 过渡电阻的影响

2. 防止过渡电阻影响的措施

（1）采用能容许较大的过渡电阻而不致拒动的阻抗继电器，例如偏移特性阻抗继电器、四边形特性阻抗继电器等。它们的动作特性沿 $+R$ 轴方向的面积大一些，可以在出现较大的过渡电阻时，也不至于发生拒动现象。

（2）有时在距离保护第 II 段采用瞬时测定电路来固定测量元件的动作。在相间短路时，过渡电阻主要是电弧电阻。刚短路时电弧电阻很小，经过 0.1~0.15 s 后，由于风吹、空气对流和电动力等作用，使电弧拉长，电弧电阻随之增大。故采用瞬时测定电路将测量元件反应刚短路时的测量阻抗的动作固定下来，作为距离保护第 II 段动作的依据，就能使过渡电阻的影响降到最小。瞬时测定电路的原理接线如图 4.28 所示。

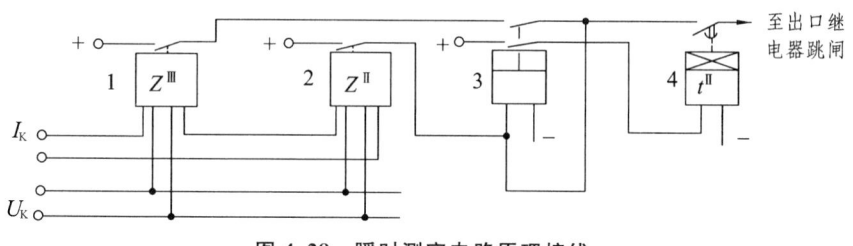

图 4.28 瞬时测定电路原理接线

在距离保护第Ⅱ段保护范围内发生短路时，启动元件1和距离Ⅱ段测量元件2动作，2动作后启动中间继电器3。3动作后一方面启动距离Ⅱ段时间元件4；另一方面通过1的常开触点自保持，从而可与2的常开触点脱离关系，同时为距离Ⅱ段保护出口做准备。这样，当距离Ⅱ段的整定时限一到，4的延时常开触点闭合，通过1和3的常开触点，启动出口继电器而使断路器跳闸。在此期间，即使由于电弧电阻增大而导致距离Ⅱ段测量元件2返回，但因3动作后自保持，距离保护仍能正确动作。中间继电器3起到了将测量元件2反应短路瞬间的测量阻抗的动作固定下来的作用，故又称为固定继电器。

一般，瞬时测定电路在单回线路链形电网中的距离Ⅱ段采用，此时被保护方向相邻各段单回线路距离Ⅱ段都采用瞬时测定电路。距离Ⅰ段动作时限很短，不超过0.1 s，电弧电阻还小，没有必要采用瞬时测定电路；距离Ⅲ段测量元件与启动元件共用偏移阻抗继电器，动作特性在+R轴方向的面积较大，可避免电弧电阻的影响，无须再考虑瞬时测定。当单回线路与相邻的双回线路(或环网线路)配合时，在单回线路上一般不能采用瞬时测定电路，否则可能引起距离保护越级动作。

第五节　一种110～220 kV输电线路保护屏概述

这种保护屏主要用于110～220 kV输电线路，作为相间短路和接地短路保护。相间短路由三段距离保护装置担任保护，接地短路由三段零序电流保护或者方向零序电流保护装置担任保护。

1. 距离保护

(1) 结构原理如图4.29所示。保护第Ⅰ、Ⅱ段合用一个方向阻抗继电器，平时位于第Ⅰ段整定值。当短路发生在第Ⅰ段时，在Ⅰ段整定值下动作，经阻抗继电器等固有时间跳闸。当短路发生在第Ⅱ段时，经过0.15 s左右利用切换继电器1KM由第Ⅰ段自动切换到第Ⅱ段整定值，经过第Ⅱ段时限$t^{Ⅱ}$后跳闸。第Ⅲ段采用偏移阻抗继电器，它同时又是启动元件，当发生短路时用来启动整套距离保护装置。如果短路发生在第Ⅲ段保护范围，那么第Ⅰ、Ⅱ段的方向阻抗继电器不动作，仅启动元件动作，经过第Ⅲ段的时限$t^{Ⅲ}$后跳闸。因此，每一相有一个方向阻抗继电器、一个偏移阻抗继电器，都采用线电压与两相电流差的接线方式，其具体接线图如图4.30所示。

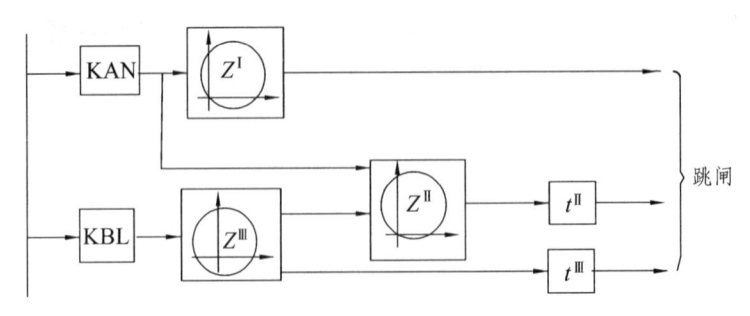

图4.29　三段距离保护装置原理方框图

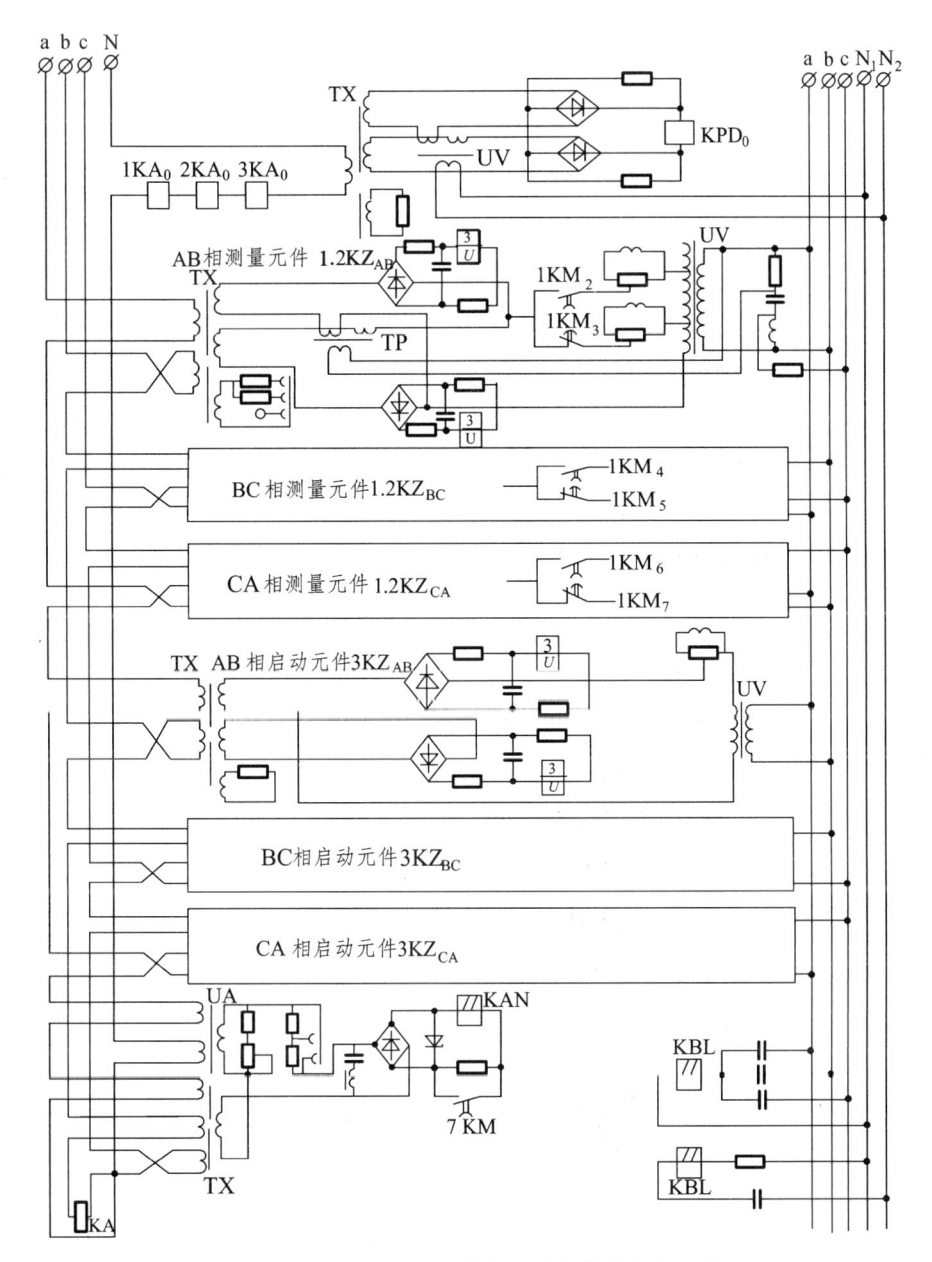

图 4.30　110～220 kV 输电线路保护屏交流回路

（2）距离保护的振荡闭锁装置 KAN，由负序电流（见图 4.30 下方）启动。当系统发生不对称短路，或由不对称短路转化为对称短路时，KAN 动作，瞬时开放，使正常状态被闭锁的第Ⅰ、Ⅱ段接通，以备跳闸。当系统发生振荡时，KAN 不动作，起闭锁作用，防止距离保护装置误动作。

（3）距离保护的断线闭锁装置 KBL，如图 4.30 下部所示。当电压互感器二次回路发生断线时，KBL 切断第Ⅲ段阻抗元件的直流操作电源，将第Ⅲ段距离保护闭锁。第Ⅰ、Ⅱ段距离保护由反应负序电流的振荡闭锁装置 KAN 闭锁着，所以距离保护装置不会因电压互感器二次回路断线而误动作。

2. 零序保护

启动元件为三个电磁型电流继电器 $1KA_0$、$2KA_0$ 和 $3KA_0$，它们的线圈串联接于电流互感器二次回路的中性线 N 上，如图 4.30 上方所示。

方向元件为整流型功率方向继电器 KPD_0，其电抗变压器 TX 的一次侧也串接在电流互感器二次回路的中性线 N 上，电压变换器 UV 的一次侧接于电压互感器二次侧的开口三角形输出端（N_1 和 N_2）之间，如图 4.30 上方所示。

这种保护屏的直流回路从略。

3. 补充内容——接地距离保护

对于 110～220 kV 有效接地电力网线路接地短路，零序电流保护不能满足要求时，可装设接地距离保护，并应装设一段或两段零序电流保护作为后备保护。所谓接地距离保护，就是采用反应接地短路的阻抗继电器的接线方式构成的距离保护。

反应接地短路的阻抗继电器，原则上应采用相电压和相电流的接线方式，因为当发生单相接地短路时，只有故障相的电压和电流起变化。但仅采用相电压和相电流的接线，并不能完全正确地反应接地短路点的距离，因此一般都采用带零序电流补偿的电路。采用带零序电流补偿电路的原因和方法如下。

如图 4.31 所示的电网中，对于单相接地短路（以 A 相为例），应用对称分量法分析，设 $\dot{U}_{a1}$、$\dot{U}_{a2}$、$\dot{U}_0$ 和 $\dot{U}_{k1}$、$\dot{U}_{k2}$、$\dot{U}_{k0}$ 分别为保护装设处 a 相和短路点的正序、负序、零序电压，$\dot{I}_{a1}$、$\dot{I}_{a2}$、$\dot{I}_0$ 分别为流通于保护装置 a 相的正序、负序、零序电流，z_1、z_2、z_0 分别为输电线路的单位长度正序、负序、零序阻抗，则故障相（A 相）的未采用零序电流补偿的阻抗继电器所测得的电压 $\dot{U}_{Ka}$ 和电流 $\dot{I}_{Ka}$ 分别为

$$\dot{U}_{Ka}=\dot{U}_{a1}+\dot{U}_{a2}+\dot{U}_0=\dot{U}_{k1}+\dot{I}_{a1}z_1L+\dot{U}_{k2}+\dot{I}_{a2}z_2L+\dot{U}_{k0}+\dot{I}_0z_0L$$

$$\dot{I}_{Ka}=\dot{I}_{a1}+\dot{I}_{a2}+\dot{I}_0$$

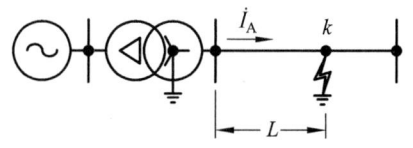

图 4.31　电网发生单相接地短路的示意图

由于输电线路可取负序阻抗 Z_2 等于正序阻抗 Z_1，所以有 $z_2=z_1$；而单相接地短路点的电压 $\dot{U}_{ka}=\dot{U}_{k1}+\dot{U}_{k2}+\dot{U}_{k0}=0$，所以单相接地短路时，该阻抗继电器的测量阻抗 Z_{Ka} 如下

$$Z_{Ka}=\frac{\dot{U}_{Ka}}{\dot{I}_{Ka}}=\frac{\dot{I}_{a1}z_1L+\dot{I}_{a2}z_2L+\dot{I}_0z_0L}{\dot{I}_{a1}+\dot{I}_{a2}+\dot{I}_0}=\frac{(\dot{I}_{a1}+\dot{I}_{a2}+\dot{I}_0)z_1L+\dot{I}_0(z_0-z_1)L}{\dot{I}_{a1}+\dot{I}_{a2}+\dot{I}_0}$$

$$=z_1L+\frac{\dot{I}_0}{\dot{I}_{Ka}}(z_0-z_1)L \tag{4.41}$$

$\dfrac{\dot{I}_0}{\dot{I}_{Ka}}$ 的比值随系统中性点接地位置的数量和分布的不同，其变化范围可能相当大。为了

使阻抗继电器的测量阻抗 Z_{Ka} 不随系统运行方式而改变,可根据表 4.2 所示的接线方式来补偿 $\dot{I}_0$ 对 Z_{Ka} 的影响。

表 4.2　各相阻抗继电器所加的电压与电流

阻抗继电器代号	1KZ(A 相)	2KZ(B 相)	3KZ(C 相)
阻抗继电器所加的电压 $\dot{U}_K$	$\dot{U}_a$	$\dot{U}_b$	$\dot{U}_c$
阻抗继电器所加的电流 $\dot{I}_K$	$\dot{I}_a+K\cdot 3\dot{I}_0$	$\dot{I}_b+K\cdot 3\dot{I}_0$	$\dot{I}_c+K\cdot 3\dot{I}_0$

当 A 相发生接地短路时,阻抗继电器测得的上述电压 $\dot{U}_{Ka}$ 可改写为

$$\dot{U}_{Ka}=z_1L\left(\dot{I}_{a1}+\dot{I}_{a2}+\dot{I}_0\frac{z_0}{z_1}\right)=z_1L\left(\dot{I}_{a1}+\dot{I}_{a2}+\dot{I}_0+3\dot{I}_0\frac{z_0-z_1}{3z_1}\right)=z_1L(\dot{I}_a+K\cdot 3\dot{I}_0)$$

式中　$K=\dfrac{z_0-z_1}{3z_1}$ 为一复数。

根据表 4.2 所示,使通过阻抗继电器的电流为 $\dot{I}_{Ka}=\dot{I}_a+K\cdot 3\dot{I}_0$,则其测量阻抗为

$$Z_{Ka}=\frac{\dot{U}_{Ka}}{\dot{I}_{Ka}}=\frac{z_1L(\dot{I}_a+K\cdot 3\dot{I}_0)}{\dot{I}_a+K\cdot 3\dot{I}_0}=z_1L \tag{4.42}$$

式(4.42)表明,经过零序电流补偿之后,阻抗继电器的测量阻抗有以下特性:
(1) 与短路点至保护安装处的距离 L 成正比;
(2) 既与接地短路的形式无关,也与电流 $\dot{I}_0$ 与 $\dot{I}_{Ka}$ 的比值无关;
(3) 等于短路点至保护安装处的正序阻抗,因而与反应相间短路并按线电压与两相电流差接线方式的阻抗继电器的测量阻抗相同。

零序电流补偿通常采用如图 4.32 所示的接线方式。为了简化,假设 z_0 和 z_1 的阻抗角相等(对于高压线路,这样假设引起的误差不大),则 K 可看成为实数。图 4.32 中阻抗继电器的电流是利用中间电流互感器接入的,中间电流互感器一次侧有两个线圈,一个流通相电流 $\dot{I}$,感应到二次侧仍为 $\dot{I}$(电流比为 1∶1);另一个流通 3 倍零序电流 $3\dot{I}_0$,感应到二次侧变为 $K\cdot 3\dot{I}_0$(电流比为 1∶K)。阻抗继电器测得的总电流为 $\dot{I}+K\cdot 3\dot{I}_0$。

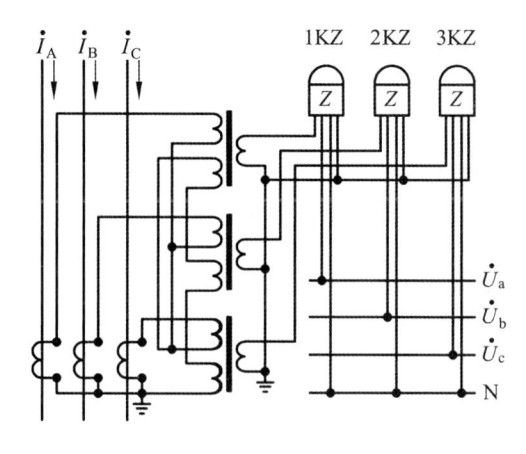

图 4.32　阻抗继电器接入相电流和相电压并具有零序电流补偿的原理接线图

第五章　自动重合闸与备用电源进线和备用主变压器自动投入装置

第一节　自动重合闸的意义与对其基本要求

一、自动重合闸的意义

当断路器跳闸之后，经过整定的动作时限，能够使断路器重新合闸的自动装置，叫作自动重合闸装置，用 AAR 表示。

电力系统和牵引供电系统的运行经验证明，架空输电线路和接触网的短路故障大多数是瞬时性、自消性的。例如，大气过电压引起的绝缘子表面闪络，大风引起的导线短时碰接，鸟类等身体引起的放电，等等。当继电保护动作，断路器跳闸，把故障线路切除后，短路点的电弧即自行熄灭，绝缘强度随即恢复，如果把线路重新合闸，就能恢复正常供电。但是用控制开关 SA 操作，速度太慢，耽误时间。采用自动重合闸能获得良好的效果。根据运行资料的统计，60%~90%的重合闸是成功的（指重合后恢复正常供电）。可见，自动重合闸的作用是：当断路器跳闸后，缩短断路器重新合闸的操作时间，有利于供电系统可靠地、不间断地供电，进一步提高供电质量。

二、对自动重合闸装置的基本要求

（1）除了下述第（2）、第（3）两种情况外，当断路器由于继电保护动作或其他原因而跳闸后，自动重合闸装置都应该动作，使断路器重新合闸。

（2）用控制开关 SA 操作或遥控分闸断路器后，不应进行重合闸。

（3）用 SA 操作合闸断路器，保护随即动作跳闸时，不应进行重合闸。因为在这种情况下，一般是存在持续性短路，如可能是由于有隐患或者保证作业安全的接地线忘记拆除等原因所致，所以重合一次也不可能成功。

（4）一般应优先采用由 SA 位置与断路器实际位置不对应，即 SA 在合后位置而断路器实际上在断开位置，作为启动自动重合闸的条件。当采用保护装置启动重合闸时，必须采取措施（如自保持回路，记忆回路等）保证 AAR 可靠动作。

（5）重合闸次数应符合规定，例如，一次自动重合闸装置只允许重合闸一次。

（6）自动重合闸装置的动作时限应尽可能短，以缩短停电时间；但也不能太短，以提高重合成功率和设备工作可靠性。

（7）AAR 动作后应能自动复归（即自动恢复到准备下次动作的状态）。

（8）应考虑有可能在重合闸之后或之前加速继电保护动作，以便更好地与继电保护配合，加速切除故障。

第二节　单侧电源线路的自动重合闸

为了使原理直观，便于初学者理解，这里以电磁型（DH-2A 型）一次自动重合闸装置为例来说明。

一、工作原理

自动重合闸装置原理电路如图 5.1 所示。它是用 SA 位置与断路器实际位置不对应，作为启动自动重合闸的条件。

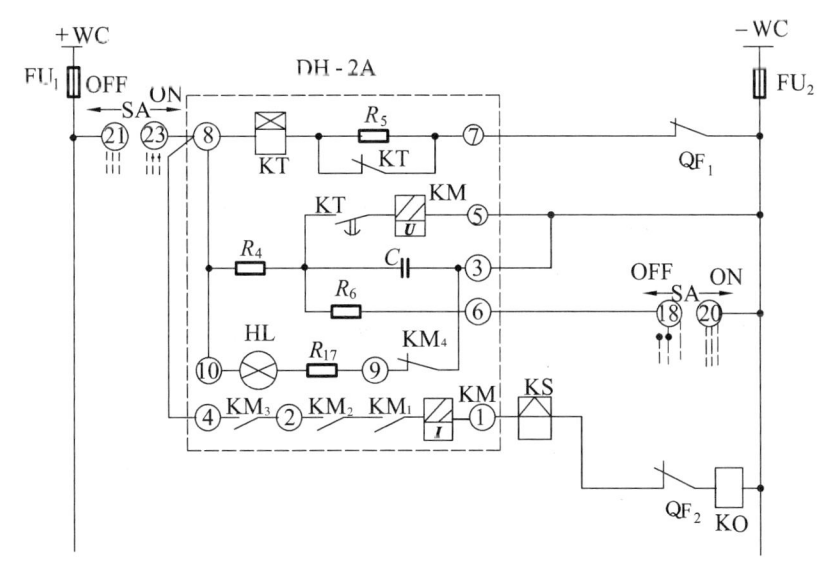

图 5.1　自动重合闸装置（DH-2A 型）原理电路

1. DH-2A 型自动重合闸装置中各元件的作用

时间元件 KT：用于整定自动重合闸装置的动作时间；
中间元件 KM：是自动重合闸装置的出口元件，用于发出接通断路器合闸回路的脉冲；
电容器 C：用于保证 AAR 只动作一次；
充电电阻 R_4：用于限制电容器的充电速度，防止一次重合闸不成功时而发生多次重合；
放电电阻 R_6：在不需要重合闸时，电容器 C 通过 R_6 放电；
电阻 R_5：用于保证时间元件 KT 线圈的热稳定性；

87

信号灯 HL：用于监视中间元件 KM 和 SA 的触点是否良好；

信号灯 HL 的串联电阻 R_{17}：用于限制信号灯 HL 的电压和电流。

2. DH-2A 型自动重合闸电路的工作原理

（1）正常运行时，断路器 QF 合闸送电，QF_1 常闭触点断开，KT、KM 线圈不受电。SA 在"合后"位置，其触点 21—23 闭合。一方面，+WC→SA 触点 21—23→HL→R_{17}→KM 常闭触点→—WC 通路，HL 亮，表示 KM 和 SA 触点良好；另一方面，+WC→SA 触点 21—23→R_4→C→—WC 通路，C 充满电。

（2）当 SA 在"合后"位置而断路器 QF 跳闸时，即发生不对应→KT 线圈受电动作，一方面，KT 瞬时切换触点断开→R_5 串入 KT 线圈回路→KT 线圈不至因较长时间带电而过热。另一方面，经过整定的动作时限，KT 延时闭合的常开触点闭合→C 对 KM 电压线圈放电而 KM 动作→KM 常开触点闭合→KM 电流线圈、信号继电器 KS 线圈、合闸接触器 KO 线圈串联受电；KM 电流线圈使 AAR 自保持，直至 QF 常闭触点断开（即 QF 合闸后）为止→使 KO 线圈电流持续足够时间；KO 动作→QF 重合闸；KS 动作→给出 AAR 动作的信号。

（3）如果自动重合闸成功→QF 常闭触点断开→KM、KT 恢复原位→C 充电，充电时间由 R_4 和 C 确定，一般为 15～25 s→整个电路恢复到准备下次再动作。

（4）如果自动重合闸后，保护又动作使断路器跳闸，因为 C 充电不够→KT 延时常开触点闭合后，KM 不动作（AAR 不动作）→断路器不重合闸。

（5）断路器用 SA 操作分闸与分闸后→$\begin{cases} \text{SA 触点 21—23 断开} \\ \text{SA 触点 18—20 闭合→C 通过 } R_6 \text{ 放电}\end{cases}$→不会发生重合闸。

（6）用 SA 操作合闸时，如线路有短路故障→断路器合闸后立即跳闸→C 来不及充电→不会发生重合闸。

（7）在 AAR 出口回路中，串联多个 KM 触点，有利于防止发生意外的触点粘住而导致不良影响；端子 2 可连线至加速继电器 KMA 线圈，以实现 AAR 与继电保护的配合。

可见此电路能满足第一节所述各项基本要求，同时彰显每一项基本要求是怎样实现的。

二、AAR 动作时限的整定

AAR 中有 KT，以作为 AAR 动作时限的整定，即当断路器跳闸后，AAR 经过整定的时限动作，使断路器重新合闸。这个时限的确定，主要考虑以下两点：

（1）断路器切断故障后，短路点的电弧熄灭，并使周围电介质恢复绝缘强度，需要一定时间。必须在这个时间之后进行重合闸才有可能成功。

（2）断路器本身在跳闸以后，其触头周围电介质绝缘强度的恢复，灭弧室灭弧能力的恢复，断路器操作机构恢复原状准备再次动作，也需要一定时间。必须在这个时间之后，才能向断路器合闸线圈送去合闸脉冲。否则，如果线路有持续性短路，就可能发生断路器爆炸的危险。

在满足以上两条要求的前提下，AAR 动作时限应尽量短一些，以便迅速恢复供电。根据运行经验，AAR 动作时限一般整定为 0.5～3 s。在有些情况下，为了与其他位置的供电设备保护或重合闸动作时限配合，AAR 动作时限整定有超过 3 s 的。

三、AAR 与继电保护的配合

AAR 与继电保护的配合有两种方式：

(1) 前加速。当被保护线路发生短路时，继电保护在 AAR 动作之前，先不按规定时限动作，断路器跳闸，瞬时地将故障切除，然后重合闸；如果重合不成功，继电保护再按规定时限动作。

(2) 后加速。当被保护线路发生短路时，继电保护在 AAR 动作之前，按规定时限动作，断路器跳闸，然后重合闸；重合闸之后，如果故障仍旧存在，则继电保护不按规定时限动作，瞬时地将故障切除。

前加速方式的优点是第一次跳闸快，能够迅速切除瞬时性、自消性的故障；缺点是第一次跳闸是无选择性的，如果是持续性故障，就会扩大停电范围。

后加速方式的优缺点，与前加速方式正好相反。

如果保护装置比较完善，第一次有选择性动作的时限并不长，可用后加速方式。反之，可用前加速方式。

第三节　双侧电源线路的自动重合闸

一、双侧电源线路自动重合闸的条件

在双侧电源线路实现自动重合闸时，除了应满足第一节列出的各项要求外，还要增加下列两点要求：

(1) 当线路发生故障时，两侧的继电保护可能以不同的时限跳闸，两侧的 AAR 必须保证在两侧的断路器都跳闸以后才能重合。这是双侧电源线路 AAR 动作时限整定必须增加的一项要求。

(2) 当线路发生短路故障、直接有关的断路器跳闸后，要考虑重合闸时两侧电源是否同步，以及是否允许非同步合闸。

二、关于同步问题实际使用的主要方式

(1) 非同步重合闸方式。即当两侧断路器跳闸以后，不管两侧电源是否同步，不需要任何检查就进行重合闸。按设计技术规程规定，使用非同步重合闸方式的条件是：

① 在两侧电源电势之间的相位差为最大值 180°瞬间合闸时，流过发电机、同步调相机或电力变压器的冲击电流不超过允许值。

② 在非同步重合闸所产生的振荡过程中，对重要负荷的影响较小，或者可以采取措施减小其影响。

(2) 检查同步以后重合闸方式。

三、检查同步以后重合闸方式的作用原理

1. 基本原理

原理图如图 5.2(a)所示,在线路两侧除了都装设 AAR 以外,还都装设检查线路无电压的继电器 KV 和检查两侧电源同步的继电器 KSD。在运行时,线路的一侧(如 M 侧)KV 和 KSD 同时投入(简称"检无压"侧),另一侧(如 N 侧)只投入 KSD(简称"检同步"侧)。AAR

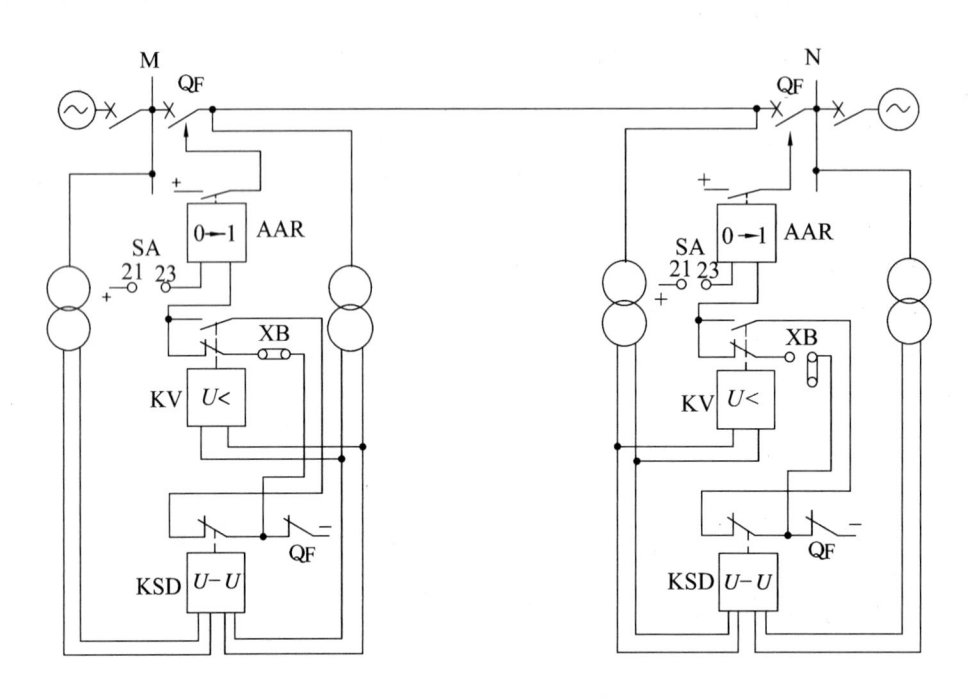

(a)原理图

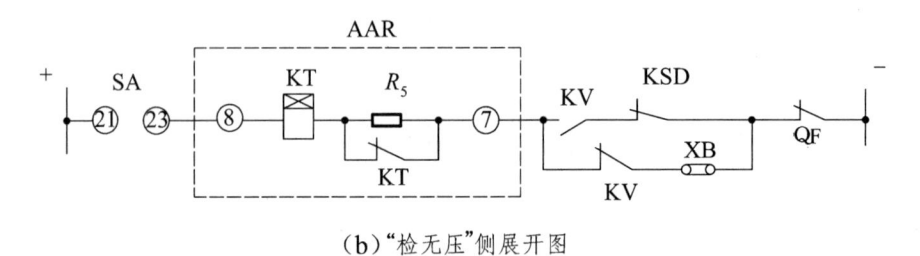

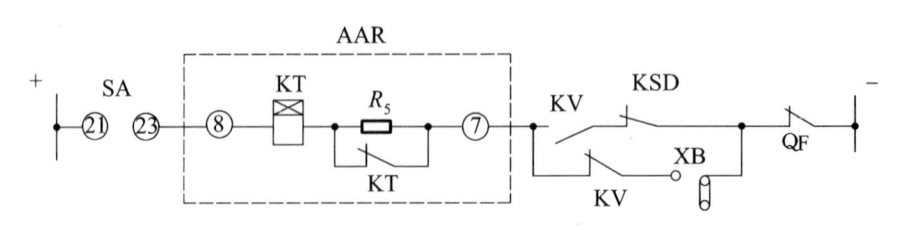

(b)"检无压"侧展开图

(c)"检同步"侧展开图

图 5.2 检查同步以后重合闸方式作用原理图

本身的原理电路可参见图5.1，只是在AAR的启动回路中增加KV和KSD的触点。展开图如图5.2(b)、(c)所示，利用连接片XB可进行运行方式的切换：当XB接通时，AAR为"检无压"运行方式(KV与KSD常闭触点并联，线路无电压时，与KSD常闭触点串联的KV常开触点断开)；当XB断开时，AAR为"检同步"运行方式。

当线路发生短路故障、两侧保护装置动作使断路器都跳闸后，线路失去电压，KV常开触点断开，QF常闭触点闭合。"检无压"的M侧，KV常闭触点闭合，AAR启动，经过整定的动作时限，将该侧断路器重新合闸。如果线路短路故障是持续性的，则该侧保护装置再次动作，使断路器第二次跳闸；而后，两侧AAR都不启动。如果线路短路故障是瞬时性的，则该侧断路器重合闸成功，线路恢复电压，KV常开触点闭合；"检同步"的N侧，在检查两侧电源符合同步条件后，KSD常闭触点闭合，AAR启动，将该侧断路器重新合闸，双侧电源线路恢复正常供电。

"检无压"侧的断路器，在线路发生持续性短路的情况下，将连续两次切断短路电流，工作条件比"检同步"侧困难得多。为克服这一缺点，可利用连接片XB切换，定期改变(轮换)两侧重合闸运行方式，以使两侧断路器工作条件大致相同。

在正常运行情况下，因某种原因(如误碰跳闸机构、保护误动作等)，使任一侧断路器误跳闸时，由于两侧都投入KSD，所以都能由KSD常闭触点和KV常开触点启动AAR，将误跳闸的断路器重新合闸，以恢复正常运行。

值得注意的是，"检同步"侧只能投入KSD常闭触点，而KV常闭触点绝对不允许同时投入。否则，也变成了"检无压"侧，就不是"检同步"以后重合闸方式了。这可能引起在不具备非同步重合闸条件时，而误用非同步重合闸方式，将造成不良后果。例如，对发电机、同步调相机和电力变压器等造成不能允许的大电流冲击，等等。

2. 检查线路无电压的继电器KV

KV就是一般的电磁型欠电压继电器，通常整定为0.5倍额定电压时动作，要求常闭触点、常开触点各一副。

3. 检查同步的继电器KSD

KSD也是电磁型继电器，其型号为DT-13或DT-13/L，原理图如图5.3所示。

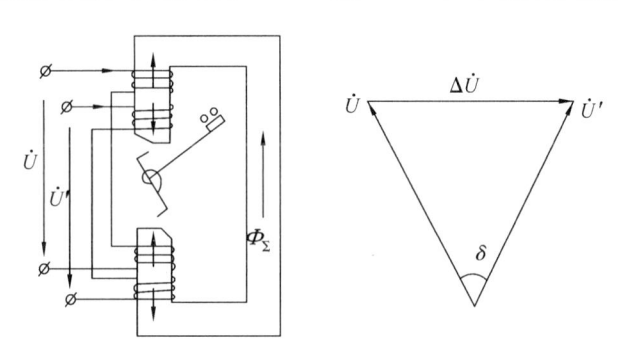

图 5.3 DT-13型同步检查继电器原理图

KSD有两组线圈，其中一组经电压互感器接到母线上，另一组经电压互感器或电压抽取装置接到线路上。铁芯中的总磁通 Φ_Σ 与这两个电压的相量差成正比。设这两个电压 U 和 U' 幅值相等，则

$$\Phi_\Sigma \propto \Delta U = 2U\sin\frac{\delta}{2} \tag{5.1}$$

从上式可见，KSD 铁芯中的总磁通 Φ_Σ 随两个电压 U 和 U' 的相位差 δ 而变化。当 $\delta\uparrow \rightarrow \sin\frac{\delta}{2}\uparrow \rightarrow \Delta U\uparrow \rightarrow \Phi_\Sigma\uparrow \rightarrow$ 作用于转动 Z 形舌片上的电磁力矩↑，δ 大到一定数值时，电磁力吸住 Z 形舌片，使 KSD 常闭触点断开，将 AAR 闭锁而不启动。当 $\delta\downarrow \rightarrow \sin\frac{\delta}{2}\downarrow \rightarrow \Delta U\downarrow \rightarrow \Phi_\Sigma\downarrow \rightarrow$ 作用于转动 Z 形舌片上的电磁力矩↓，δ 小到一定数值（一般是 20°～40°）时，Z 形舌片被反作用弹簧拉回，使 KSD 常闭触点闭合，AAR 启动。

四、电压抽取装置

为了把线路电压接到无电压检查继电器线圈和同步检查继电器的一组线圈上，一般采用耦合电容器电压抽取装置，这样比装设电压互感器经济得多。

图 5.4 为在 ZY-1 型电压抽取装置的基础上改进的 ZY-2 型电压抽取装置（考虑与载波通信共用耦合电容器）原理图，虚线框内为电压抽取装置本体。

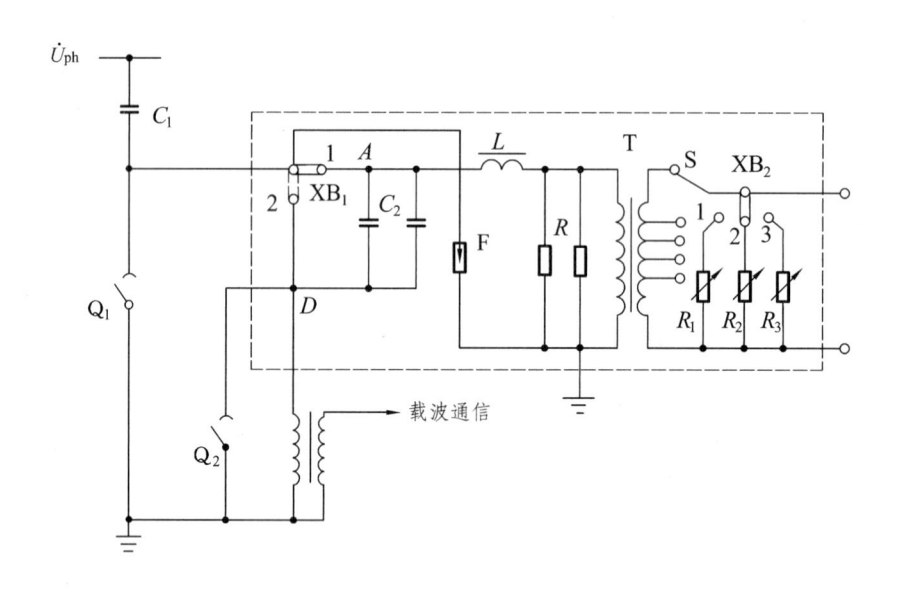

C_1—耦合电容器；C_2—移相电容器；L—高频扼流圈；T—抽压变压器；
R—电阻；XB_1、XB_2—切换片；R_1、R_2、R_3—负载调节电阻；
F—低压阀式避雷器；Q_1、Q_2—刀开关。

图 5.4　ZY-2 型电压抽取装置原理图

ZY-2 型电压抽取装置的等效电路和相量关系如图 5.5 所示。其中不考虑载波通信装置和高频扼流圈的影响（对工频交流来说，可将它们看成是短连线）。

(a) 等效电路图　　　　　　　　(b) 相量图

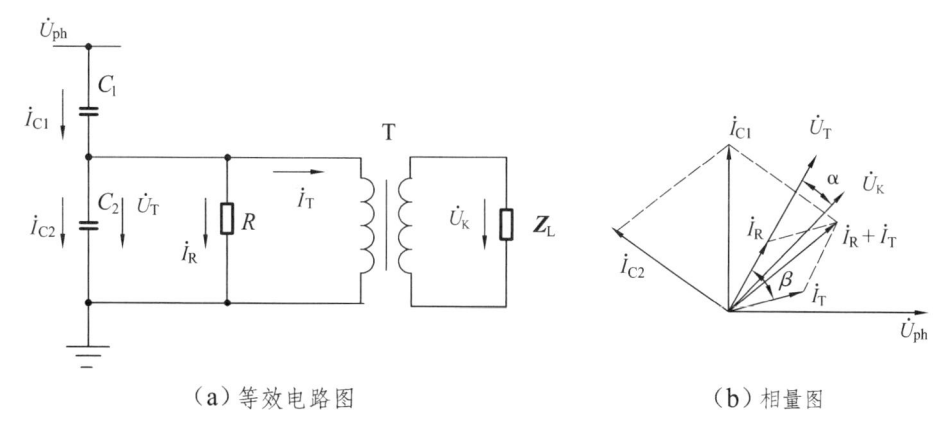

图 5.5　ZY-2 型电压抽取装置的等效电路和相量关系

耦合电容器 C_1 用以将电压抽取装置和载波通信装置连接到高压线路,从高压线路抽取泄漏电流 $\dot{I}_{C1}$。移相电容器 C_2 用来移相,其中电流为 $\dot{I}_{C2}$。电阻 R 的作用,一是移相;二是防止回路仅有电感和电容时产生工频谐振,其中电流为 $\dot{I}_R$。高频扼流圈 L 用以防止高频信号窜入 T,因而高频信号不会流失,T 也不会受影响。低压阀式避雷器 F 的作用是,当系统出现过电压时,F 被击穿将电压限制在安全数值以下,保护 ZY-2 不被过电压损坏。抽压变压器 T 一次侧经 L 流入一部分从高压线路抽取的泄漏电流 $\dot{I}_T$,并在一次侧输入电压 $\dot{U}_T$;在二次侧感应电势,并在负载上形成电压 $\dot{U}_K$。

由于电容量 $C_1 \ll C_2$,容抗 $X_{C1} \gg X_{C2}$,电压抽取装置取用的电压为 500 V 左右,仅占高压线路相电压 $\dot{U}_{ph}$ 的极小部分,所以 $\dot{I}_{C1}$ 可看作恒流,其数值约为 0.132 A,相位比 $\dot{U}_{ph}$ 超前 90°。$\dot{I}_{C2}$ 比 $\dot{U}_T$ 超前 90°。$\dot{I}_R$ 与 $\dot{U}_T$ 同相位。$\dot{I}_T$ 比 $\dot{U}_T$ 滞后的相位角决定于 T 带负载后的阻抗角 β。由于负载为感性和 T 漏抗的影响,$\dot{U}_K$ 比 $\dot{U}_T$ 滞后 α 角。T 的变压比(可通过 S 改变抽头来调节)固定后,改变 C_2 和 R 就可改变 $\dot{I}_2$ 和 $\dot{I}_R$ 的大小;由于 $\dot{I}_R + \dot{I}_T + \dot{I}_{C2} = \dot{I}_{C1}$,就必然影响 $\dot{I}_T$ 和 $\dot{U}_T$ 相量,造成 $\dot{U}_T$ 相对于 $\dot{U}_{ph}$ 的偏转。适当选择 C_2 和 R 的数值,就可满足 $\dot{U}_K$ 数值为 100 V、相位比 $\dot{U}_{ph}$ 超前 30°的要求,与相应的线电压数值、相位一致。这样,当 C_1 接在线路的 A 相时,加在 KSD 另一组线圈的母线电压应该取 $\dot{U}_{AB}$。

为了保证 $\dot{U}_K$ 数值、相位符合要求,必须保证负载阻抗为恒定值。但前述 KV、KSD 因制造厂不同而阻抗有差异。为了适应不同的负载组合,设有负载调节电阻 R_1、R_2、R_3 和切换片 XB_2,以便在不同的负载阻抗下选用调节。

ZY-2 型电压抽取装置可以得到额定值为 100 V、相位比所接某相高压线路相电压超前 30°的输出电压。计及抽压装置本身的误差与耦合电容器的误差等而引起的综合误差,其输出电压数值误差在 ±7% 以内,相位误差在 ±4° 以内,均能满足前述 KV 和 KSD 的要求。

XB_1、Q_1、Q_2 用来改变运行方式:

(1) XB_1 与 1 接通,Q_1、Q_2 断开,电压抽取装置、载波通信装置都投入运行。

(2) XB_1 与 1 接通,Q_1 断开,Q_2 闭合,电压抽取装置投入运行,载波通信装置停止运行。

(3) XB$_1$ 与 2 接通，Q$_1$、Q$_2$ 断开，电压抽取装置停止运行，载波通信装置投入运行。

(4) Q$_1$ 闭合，电压抽取装置、载波通信装置都停止运行。

在牵引变电所中，载波通信装置一般不用，因此它和 Q$_2$ 可以不装。这时，C$_2$ 下端和 XB$_1$ 位置 2 下端（D 点）可直接接地。当维修、检验电压抽取装置时，必须将 Q$_1$ 闭合，将 XB$_1$ 与 1 断开，同时将 T 二次侧断开，并在 C$_2$ 上端、L 左端和 XB$_1$ 位置 1 右端的导线上（A 点）增加一条临时接地线，以保证人身安全。

第四节 备用电源进线和备用主变压器自动投入装置

一、备用电源进线和备用主变压器自动投入的意义

为了提高对电力系统重要用户供电的可靠性，在用户变电所的电源进线侧通常采用环形电网或双回线路供电。例如，电气化铁路供电系统的牵引变电所，在其高压电源进线侧，一般都采用双"T"形电源进线的接线方式，或者双侧电源"桥"形接线方式，如图 5.6 所示。

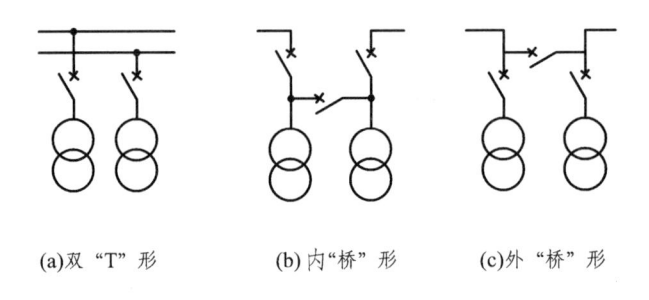

(a)双"T"形　　(b)内"桥"形　　(c)外"桥"形

图 5.6　牵引变电所电源进线接线方式

但是，在采用环形电网或双回线路供电的情况下，如果两路电源进线同时投入，一是短路电流增大，二是继电保护装置复杂。有些情况下，电力系统只准投入一路电源进线。为此，将两路电源进线分为工作电源进线和备用电源进线。仅当工作电源进线发生故障退出运行时，备用电源进线才自动投入运行。

备用电源进线自动投入的意义在于：一方面可以提高供电可靠性，另一方面可以限制短路电流，简化继电保护装置。因而，其在电力系统中获得广泛应用。

备用主变压器自动投入的意义如同文献[17]所述：采用固定备用方式的电气化铁路，每个牵引变电所一般装设两台(组)主变压器，互为备用。每台(组)主变压器容量能承担全所最大负荷，满足铁路正常运输的要求。每台(组)都装设备用主变压器自动投入装置。平时，一台(组)运行，一台(组)备用。这样做的优点是，其投入快速方便，尤其是发挥备用主变压器自动投入装置的功能，可实现不间断行车供电，确保铁路正常运输；又可不修建铁路专用岔线，牵引变电所选址方便、灵活；场地面积较小，土石方工程量较少；电气主接线较简单。

二、对备用电源进线和备用主变压器自动投入装置的基本要求

(1) 任何原因引起工作电源进线断电或工作主变压器故障时，备用电源进线或备用主变

压器都应可靠地实现自动投入,以保障对用户正常供电的连续性。

(2) 在工作电源进线或工作主变压器断路器还未断开的情况下,不允许备用电源进线或备用主变压器投入运行。

(3) 在工作电源进线或工作主变压器断路器由 SA 操作分闸时,不允许备用电源进线或备用主变压器自动投入运行。

(4) 在工作电源进线失压后,首先应延时断开工作电源进线或工作主变压器断路器。该延时的时限应满足与电力系统继电保护、自动重合闸装置动作时限配合的需要。

(5) 电压互感器回路断线时,不应引起备用电源进线或备用主变压器自动投入装置误动作。

三、备用电源进线和备用主变压器自动投入装置(AAP)概述

我国电气化铁路牵引变电所大多数采用"双 T"形主接线,举例如图 5.7 所示。运行时,由一路电源进线向一台主变压器供电,另一路电源进线和另一台主变压器处于备用状态。

为了提高牵引供电的可靠性,装设备用电源进线和备用主变压器自动投入装置(AAP),以便当运行的电源进线失压或运行的主变压器故障时,AAP 能使备用电源进线或备用主变压器自动投入运行,以迅速恢复正常供电。

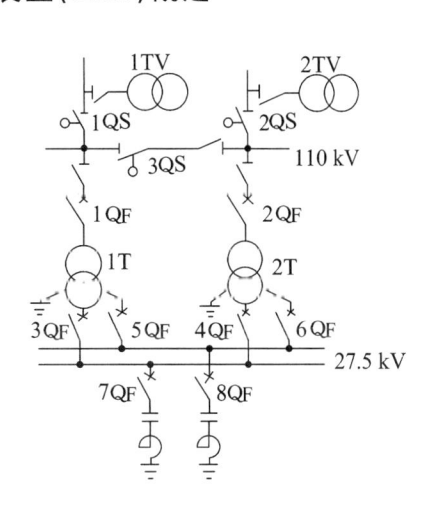

图 5.7 "双 T"形主接线

四、设计 AAP 所考虑的几个问题

(1) AAP 工作时,必须在工作电源进线和工作主变压器退出运行后,才能投入备用电源进线或备用主变压器。这是为了防止将备用电源通过其进线隔离开关向故障的电源线路送电,或使备用主变压器向故障的主变压器送电,而扩大故障范围。

(2) 无论是工作电源进线失压,还是工作主变压器故障,AAP 都应启动,并按故障地点(是电源进线失压还是主变故障)有选择地投入备用电源进线,或者投入备用主变压器。考虑到"双 T"主接线的特点和实际运行状态,当 110 kV 跨条隔离开关 3QS 在合闸位置时,如果工作电源进线失压,AAP 使备用电源进线投入后应重新投入原工作主变压器;如果工作主变压器故障,AAP 应只投入备用主变压器。当 3QS 在分闸位置时,为了简化 AAP 的接线和减少故障期间的操作量,在 AAP 启动后不让 3QS 操作;无论是工作电源进线失压,还是工作主变压器故障,AAP 都应使备用电源进线投入后再投入备用主变压器。

(3) AAP 只应动作一次,并且应在备用电源进线自动投入后尽快地返回。这是为了防止备用主变压器万一有异常情况时多次投入而使故障扩大。

(4) AAP 应在牵引侧两组并联补偿装置电容器组已退出运行(并通过放电线圈放完电)的状态下投入原工作主变压器或备用主变压器。这是为了防止当并联补偿装置电容器组的电源电压恢复时,电源电压与剩余电压叠加而产生危险过电压,使电容器损坏。

AAP 的具体电路原理从略,采用微机实现的备用电源进线和备用主变压器自动投入功能参看第十二章第七节。

第六章　电力变压器保护

第一节　电力变压器的故障及不正常运行状态

一、变压器的故障

（1）内部故障：变压器油箱内所发生的故障，如线圈的相间短路、一相接地短路、线圈层间短路、匝间短路和铁芯烧坏等。

（2）外部故障：变压器油箱外所发生的故障，如套管故障、引出线上的故障等。

二、变压器的不正常运行状态

（1）过电流：外部短路或过负荷引起；
（2）过热：过电流或冷却系统异常引起；
（3）油面异常降低或升高：漏油或油异常膨胀引起。
（4）变压器过励磁：超高压变压器设计制造时，额定磁通密度往往取值较大，接近饱和磁通密度，运行中系统电压升高或频率降低时引起。

三、变压器应装设的继电保护

根据设计技术规范的规定，针对变压器的各种故障、不正常运行状态和变压器容量，应装设相应的保护装置：

（1）对 800 kVA 以上的油浸式变压器：应装设瓦斯保护作为变压器内部故障的保护。发生轻瓦斯、油面异常降低时发信号，发生重瓦斯时使各侧断路器瞬时跳闸。

（2）对于变压器的引出线、套管和内部故障：

① 并联运行、容量为 6 300 kVA 及以上，单台运行、容量为 10 000 kVA 及以上的变压器，应装设纵差动保护。

② 并联运行、容量为 6 300 kVA 以下，单台运行、容量为 10 000 kVA 以下的变压器，应装设电流速断保护。2 000 kVA 及以上的变压器，如果电流速断保护的灵敏度不能满足要求，应装设纵差动保护。

（3）对于由外部相间短路引起的变压器过电流，应装设过电流保护。如果灵敏度不能满足要求时，可装设欠电压启动的过电流保护。

（4）对于一相接地故障，应装设零序电流保护。

（5）对于400 kVA及以上的变压器，应根据其过负荷的能力，装设过负荷保护。

（6）对于过热，应装设温度信号保护。

（7）对于高压侧电压为330 kV及以上的变压器，应装设过励磁保护。

第二节　变压器的瓦斯保护

一、瓦斯保护的概念

变电所的主变压器和动力变压器，都是用变压器油作为绝缘和散热的。当变压器内部故障时，由于短路电流和电弧的作用，故障点附近的绝缘物和变压器油分解而产生气体，同时由于气体的上升和压力的增大会引起油流的变化。利用这个特点构成的保护，叫作瓦斯保护，或称气体保护。

瓦斯保护主要由瓦斯继电器、信号继电器、保护出口继电器等构成，瓦斯继电器装在变压器油箱和油枕的连接管上。在安装带有瓦斯继电器的变压器时，变压器顶盖沿瓦斯继电器方向应有1%～1.5%的升高坡度，连接管朝油枕方向应有2%～4%的升高坡度，如图6.1所示，这是为了使变压器内的气体容易往瓦斯继电器内跑，以提高灵敏度。

1—瓦斯继电器；2—油枕。

图6.1　瓦斯继电器安装位置示意图

二、瓦斯继电器的结构原理

瓦斯保护使用的瓦斯继电器（又称气体继电器）主要是开口杯式的，其结构如图6.2所示。它用开口杯代替了密封浮筒，用磁力触点代替了水银触点，具有较好的防震性能。

正常时，上、下开口杯都浸在油内，由于开口杯侧产生的力矩小于平衡锤产生的力矩，因此开口杯处于上升位置，磁力触点断开。

当变压器内部发生轻微故障时，聚集在瓦斯继电器内上部的气体使油面下降，上开口杯侧的力矩大于平衡锤所产生的力矩，因此上开口杯绕支点顺时针方向偏转，带动永久磁铁使磁力触点接通，发出轻瓦斯信号。

当变压器内部发生严重故障时，在油箱内形成的油流冲击进油口挡板而带动下开口杯偏转，永久磁铁随着偏转，使磁力触点接通而引起变压器各侧断路器跳闸。

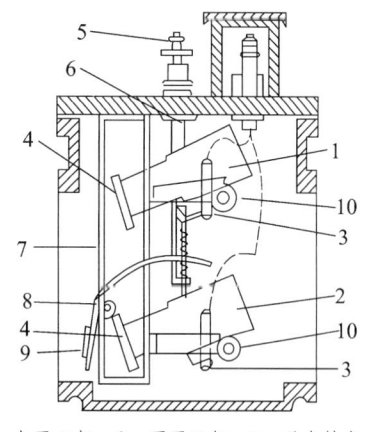

1—上开口杯；2—下开口杯；3—磁力触点；
4—平衡锤；5—放气门；6—探针；7—支架；
8—挡板；9—进油挡板；10—永久磁铁。

图6.2　开口杯式瓦斯继电器

当变压器油箱严重漏油而使油面显著降低时，也可使下开口杯动作于断路器跳闸。当不需要下开口杯反应严重漏油而动作时，拧出其底部螺丝即可。

放气门的作用：当变压器经过换油等，不可避免地要带进去一些空气，然后再分离出来，聚集在瓦斯继电器内上部，使轻瓦斯动作。这时，由放气门把空气放出。当变压器发生故障时，由放气门把瓦斯继电器内聚集的气体收集起来，进行检查和化验，以便根据检查和化验的结果，分析瓦斯继电器动作的原因和变压器内部故障的性质。

三、瓦斯保护的接线及工作原理

瓦斯保护的接线图如图 6.3 所示。

瓦斯继电器的上触点为轻瓦斯保护，由上开口杯控制，整定值为当瓦斯继电器内上部积聚 250～300 cm³ 气体时动作，动作后发信号。下触点为重瓦斯保护，由下开口杯控制，整定值为当油流速度达到 0.6～1.0 m/s 时动作，动作后一方面发信号，另一方面启动出口继电器，使其触点闭合，并通过继电器本身的电流线圈自保持，一直到变压器各侧的断路器跳闸完成为止。

考虑到瓦斯继电器的下触点在不稳定的油流的冲击下可能会发生抖动或短时闭合的情况，所以出口继电器的自保持线圈有着特殊的意义，可以保证在这种情况下也能可靠地动作于跳闸。跳闸完成后，由断路器的辅助常开触点将自保持回路切断。

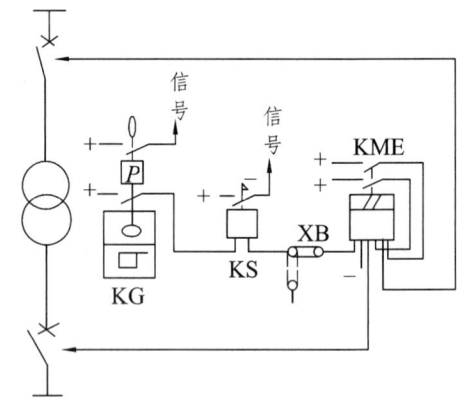

KG—瓦斯继电器；KS—信号继电器；
XB—切换片；KME—出口继电器。

图 6.3 瓦斯保护原理

切换片是用来将重瓦斯保护切换到只发信号的位置。

瓦斯保护的优点：简单、经济、灵敏度高，能反应变压器油箱内部的一切故障。当有大量气体产生时动作迅速。

瓦斯保护的缺点：不能反应变压器油箱外部套管和引出线上的故障。

第三节 变压器的电流速断保护

一、变压器电流速断保护的原理接线

如上所述，瓦斯保护装置不能反应变压器油箱外部套管和引出线上的故障。为此，需要在中、小型变压器电源侧加装电流速断保护，以弥补瓦斯保护装置的缺点。

变压器电流速断保护的原理接线如图 6.4 所示。电流速断保护动作后，不带延时断开变压器各侧的断路器。

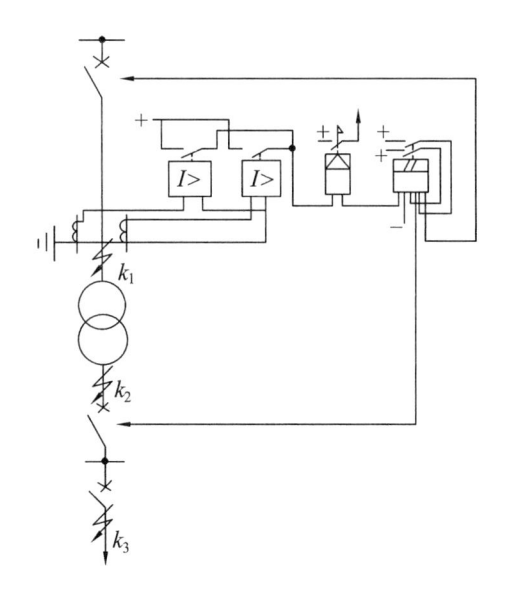

图 6.4　变压器两相式电流速断保护原理接线

二、整定计算

1. 动作电流的整定

因为变压器阻抗是一个集中阻抗，k_1 点与 k_2 点的短路电流数值相差很大，但 k_2 点与 k_3 点的短路电流数值基本一样。因此，为了满足 k_3 点最大短路电流时不动作，其动作电流 I_{ACT} 应按躲过保护范围外部最大短路电流整定，即

$$I_{ACT} = K_{REL} I_{k.max} \quad (A) \tag{6.1}$$

式中　K_{REL}——可靠系数，取 1.2~1.3；

$I_{k.max}$——保护范围外部最大短路电流(A)。

2. 灵敏系数的校验

根据式(6.1)整定的动作电流，肯定不能满足 k_2 点两相短路时的灵敏度。因此，一般仅要求电流速断保护的灵敏系数，按保护安装处(k_1 点)发生两相金属性短路时流过保护装置的最小短路电流来检验，要求不小于 2。

三、电流速断保护的优缺点

电流速断保护的优点是接线简单，动作迅速。

电流速断保护的缺点如下：

① 保护范围很短，只能保护到变压器电源侧线圈的一部分。这就要求电流速断保护必须与过电流保护配合使用。对于负荷侧从线圈到套管、引出线以外的一段，要靠带延时的过电流保护动作跳闸，切除故障延时较长，对供电系统的安全运行影响较大。

② 并联运行的变压器负荷侧故障时，可能由过电流保护无选择性地切除并联运行的所有变压器。

上述缺点，对于较大容量的变压器是不允许的。

第四节 变压器的差动保护

由于变压器的电流速断保护有上述缺点，故对并联运行、容量为 6 300 kVA 及以上，单台运行、容量为 10 000 kVA 及以上的变压器，应装设差动保护。2 000 kVA 及以上的变压器，如果电流速断保护的灵敏系数不能满足要求，也应装设差动保护。

变压器的差动保护主要是用来保护变压器内部、套管以及引出线上的相间短路，同时也可以保护单相层间短路和接地短路。

一、变压器差动保护的基本原理

变压器差动保护单相原理接线图如图 6.5 所示。假定变压器变压比等于 1，一、二次侧电流同相。

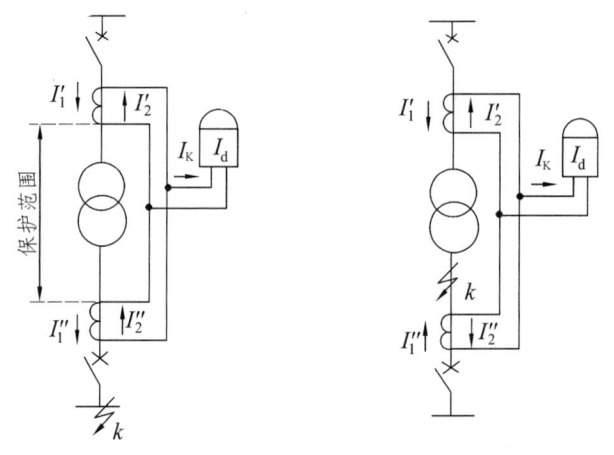

(a)正常运行或外部短路时　　(b)内部短路时

图 6.5　变压器差动保护单相原理接线图

正常运行或保护范围外部短路时，如图 6.5(a)所示，$I_1' = I_1''$，$I_2' = I_2''$，流过继电器的电流 $I_K = I_2' - I_2'' = 0$，继电器不动作。

保护范围内部短路时，如图 6.5(b)所示，流过继电器的电流 $I_K = I_2' + I_2''$（在变压器二次侧没有电源的情况下，$I_1'' = 0$，$I_2'' = 0$），数值很大，继电器动作。

实际上，变压器的变压比一般不等于 1，因而 $I_1' \neq I_1''$；当变压器采用 Yd 接线时，一、二次侧电流的相位也不相同。那么如何才能做到正常运行或外部短路时 $I_2' = I_2''$ 呢？适当选用变压器差动保护用的电流互感器电流比和接线方式来补偿，就可以做到这一点。

(1) 变压比问题。

设变压器一次侧电流互感器的电流比为 n_{i1}，变压器二次侧电流互感器的电流比为 n_{i2}，要求 $I'_2 = I''_2$，则必须使：

$$\frac{I'_1}{n_{i1}} = \frac{I''_1}{n_{i2}}$$

由更比定理得

$$\frac{n_{i2}}{n_{i1}} = \frac{I''_1}{I'_1} = K \tag{6.2}$$

式中　K——变压器变压比。

即单相联结变压器差动保护用的电流互感器电流比应满足式(6.2)。

(2) 相位问题。

变压器采用 YNd11 联结时，$\dot{I}''_1$ 比 $\dot{I}'_1$ 超前 30°，如图 6.6 所示。一次侧的电流互感器二次线圈采用△形接线，于是，$\dot{I}'_2$ 比 $\dot{I}'_1$ 超前 30°，从而 $\dot{I}'_2$ 与 $\dot{I}''_1$ 同相位；二次侧的电流互感器二次线圈采用两相星形接线(等效 Y 形接线)，$\dot{I}''_2$ 与 $\dot{I}''_1$ 同相。所以 $\dot{I}'_2$ 与 $\dot{I}''_2$ 就同相了。

但是，电流互感器二次线圈接成△形以后，流向继电器的电流 I_K 是电流互感器二次线圈电流的 $\sqrt{3}$ 倍。因此，必须将接成△形的电流互感器电流比增大为原来的 $\sqrt{3}$ 倍，以将其二次线圈的电流减小为原来的 $1/\sqrt{3}$ 倍，这样才能保证流向继电器的电流 I'_2 与 I''_2 相等。所以式(6.2)应改变如下：

设变压器一次侧接成△形的电流互感器电流比为 $n_{i1}^{\triangle}$，变压器二次侧接成 Y 形的电流互感器电流比为 n_{i2}^{Y}，要求 $I'_2 = I''_2$，亦即要求：

$$\frac{I'_1}{n_{i1}^{\triangle}} \cdot \sqrt{3} = \frac{I''_1}{n_{i2}^{Y}}$$

由更比定理得

$$\frac{n_{i2}^{Y}}{n_{i1}^{\triangle}} = \frac{I''_1}{\sqrt{3} I'_1} = \frac{K}{\sqrt{3}} \tag{6.3}$$

式中　K——变压器变压比。

即三相 YNd11 联结变压器差动保护用的电流互感器电流比应满足式(6.3)。

在这里，还顺便对图 6.6 说明以下两点：

① 该图所示是牵引变电所实际应用的 YNd11 联结主变压器差动保护装置的三相原理图，电流互感器装设在断路器与母线之间，这样可以扩大保护范围。而习惯上将差动保护装置的电流互感器绘于断路器与变压器之间。

② 当 Y 形接线的电流互感器二次侧的中性点接地后，△形接线的电流互感器二次侧任何一相都不允许再接地。否则，将引起 Y 形接线的电流互感器二次侧一相被旁路，使差动保护装置误动作。

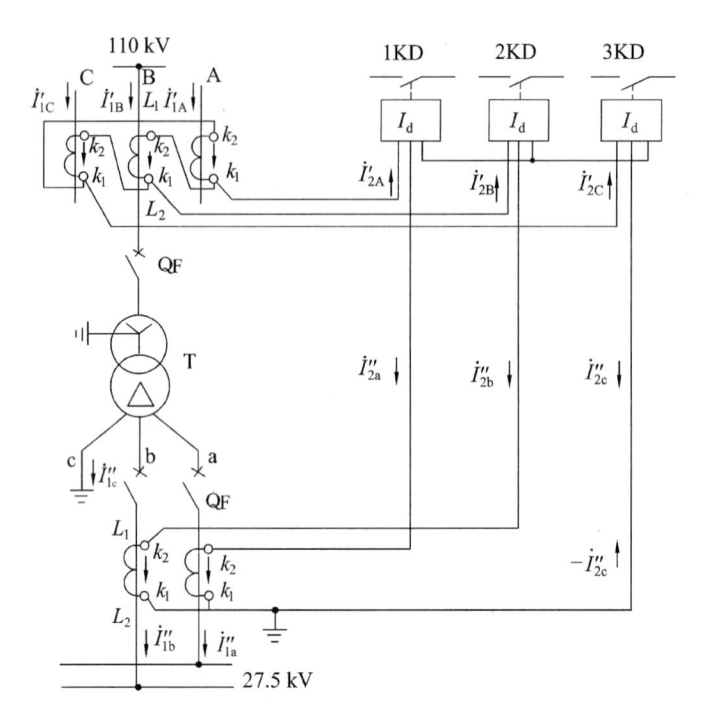

(a) 原理接线图

(b) 主变电流互感器一次回路
电流相量图

(c) 主变电流互感器二次回路
电流相量图

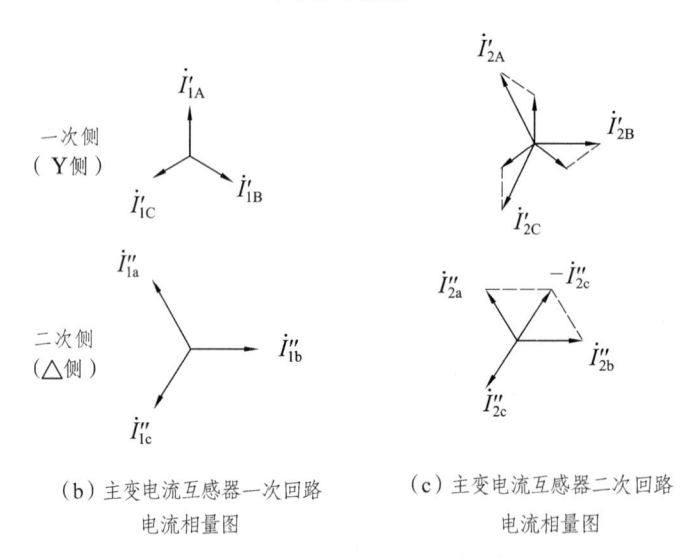

图 6.6　YNd11 联结变压器差动保护原理

二、不平衡电流和克服其影响的措施

1. 不平衡电流的概念

实际上，变压器差动保护在正常运行和外部短路时，继电器线圈电流并不等于零，而是有一定的电流流过，这电流叫作不平衡电流，用 I_{unb} 表示。I_{unb} 是由多方面的因素造成的，有时可能很大，如果不采取措施克服其影响，将引起差动保护误动作。

2. 产生不平衡电流的主要原因和克服其影响的相应措施

(1) 变压器的励磁涌流。

变压器在正常运行时有空载电流 I_0，它只流经变压器的电源侧，因此经过电流互感器反应到差动回路中就不能被平衡，从而构成不平衡电流的一部分。但是，在正常运行情况下，I_0 一般不超过额定电流的 3%~5%，对 I_{unb} 的影响很小，整定计算时不考虑。

在变压器空载合闸以及保护范围外部短路故障被切除后，电压突然恢复的暂态过程中，可能产生很大的冲击励磁电流，一般称为励磁涌流。

励磁涌流产生的原因：如图 6.7 所示，曲线 u 为加入变压器一次侧的电压，曲线 Φ 为变压器在稳态时的磁通，Φ 比 u 滞后 90°。因为变压器是一个带铁芯的电感元件，当一次侧加上电压后，电流和磁通都不可能突变，必须经过一个过渡过程才能达到稳定状态。如果合闸时正好 $u=0$，Φ 为 "$-\Phi_m$"，所以产生一个非周期分量 Φ_a，其初始值与周期分量大小相等，总磁通 Φ_Σ 为 Φ 与 Φ_a 的代数和。Φ_Σ 是逐渐衰减的，最后达到稳态的 Φ。Φ_Σ 的最大值与合闸瞬间电压 u 的初相角 θ 有关。当合闸于 $u=0(\theta=0)$ 时，Φ_Σ 的最大值近似为 $2\Phi_m$，铁芯严重饱和，励磁电流剧烈增加，从而产生励磁涌流。

励磁涌流的变化曲线如图 6.8 所示。

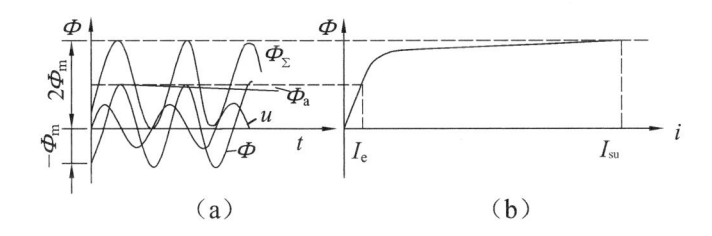

图 6.7 加入电压时变压器铁芯中磁通变化曲线　　图 6.8 变压器一相中励磁涌流变化曲线

励磁涌流有以下特点：

① 含有很大的非周期分量，往往使涌流曲线偏于时间轴的一侧，开始部分几乎完全偏于时间轴的一边；

② 含有大量的高次谐波，而以二次谐波为主；

③ 波形之间出现间断角；

④ 数值相当大，可达 6~8 倍额定电流 I_N；

⑤ 开始部分衰减很快，一般经 0.5~1 s 后其值不超过 $(0.25~0.5)I_N$；对于大容量的变压器，其全部衰减时间可能达几十秒。

励磁涌流的上述特点是针对单相变压器或三相变压器的一相阐述，三相变压器的三相励磁涌流比上述情况复杂。如假设三相变压器铁芯剩余磁通分别为 $\Phi_{rA}=\Phi_r$，$\Phi_{rB}=\Phi_{rC}=-\Phi_r$，饱和磁通为 Φ_S，在 A 相电压过零($\theta=0°$)时空载合闸，则三相暂态磁通和三相励磁涌流波形分别如图 6.9(a)、(b)所示。因为电力系统三相电压相位互差 120°，YNd11 接线三相变压器 YN 侧流入差动保护每相差流回路中的电流为两相电流的差(参看图 6.6)，于是从 YN 侧空载合闸时，流入差动保护每相差流回路中的励磁涌流将是两相励磁涌流的差，如图 6.9(c)所示。所以，三相变压器三相励磁涌流具有以下特点。

① 三相励磁涌流不同,任何时刻空载投入三相变压器,至少两相出现不同程度的励磁涌流。

② 三相差流回路中的励磁涌流波形,一相可能变成对称性波形,其数值比较小,无非周期分量,正向最大值与负向最大值之间的相位相差120°。其余两相仍为偏于时间轴一侧的非对称性波形,依然含有大量的非周期分量。

③ 三相差流回路中的励磁涌流二次谐波含量,有一相或两相比较小,但至少有一相比较大。

④ 三相差流回路中的励磁涌流波形仍然是间断的,但间断角明显减小,对称性励磁涌流波形间断角最小。

这些特点就是后面相关内容涉及的,为了使三相变压器在励磁涌流情况下可靠闭锁差动保护而采用三相或门制动方式的根据。

克服励磁涌流影响的措施:

① 采用具有速饱和变流器或带短路线圈的速饱和变流器的差动继电器构成差动保护。前者原理接线如图 6.10(a)所示。速饱和变流器的铁芯具有极易饱和的特性,它的磁化曲线如图 6.10(b)所示。当一次线圈 W_1 的电流(如 i_1)在时间轴两侧变化时,虽然幅值较小,但它在铁芯中却能产生较大的磁通密度变化 ΔB_1,在二次线圈 W_2 所产生的感应电势也较大。当一次线圈 W_1 的电流(如 i_2)偏于时间轴的一侧时,虽然幅值很大,但它在铁芯中所产生的磁通密度变化 ΔB_2 却很小,在二次线圈 W_2 所产生的感应电势也很小。即速饱和变流器容易传变周期分量,而不易传变非周期分量到二次侧。利用速饱和变流器的这种特性,可以大大减少励磁涌流传变到差动继电器。

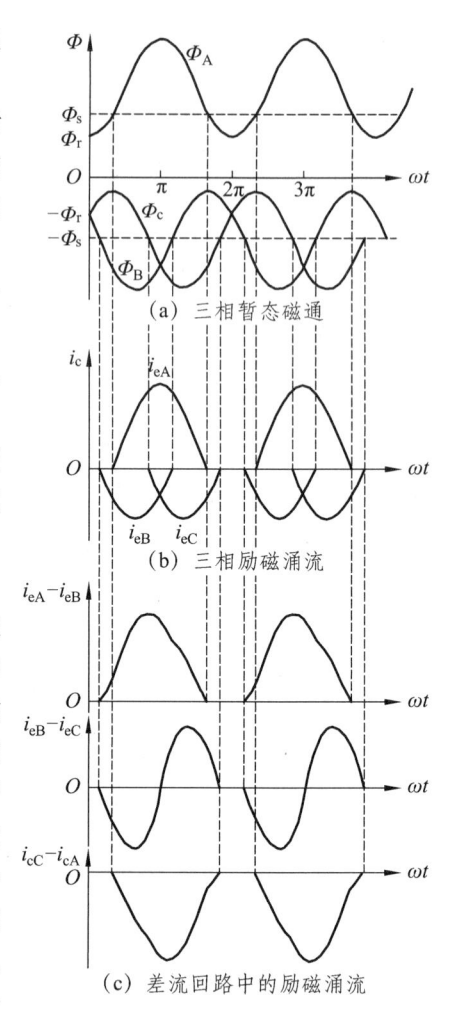

图 6.9 三相变压器励磁涌流特征

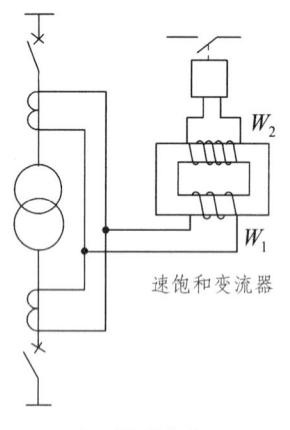

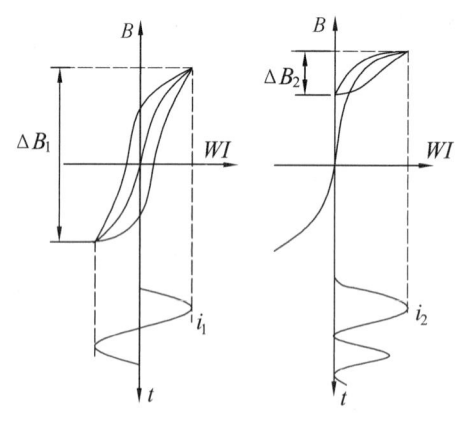

图 6.10 具有速饱和变流器的差动保护原理

② 利用二次谐波制动原理构成差动保护。
③ 利用鉴别波形间断角原理构成差动保护。
②、③两项参见本章第七节。

(2) 实际采用的电流互感器电流比与计算值不同。

工厂生产的电流互感器电流比是标准电流比,但计算的电流比往往与标准电流比不同。选择电流互感器时只能采用接近而大于计算值的标准电流比。这样就很难满足式(6.2)或式(6.3)的要求,从而 $I''_2 \neq I'_2$,产生一部分不平衡电流。

克服其影响的措施:在速饱和变流器一次侧增加平衡线圈(选用适当的匝数),接在电流互感器二次回路电流较小的一侧,使正常运行和保护范围外部短路情况下速饱和变流器铁芯中的总磁势为零,故在速饱和变流器二次线圈没有感应电势和电流,差动继电器也就不会因这一部分不平衡电流而误动作,如图 6.11 所示。设 I''_2 小于 I'_2,差动线圈和平衡线圈的匝数分别为 W_{dif} 和 W_{bal},则

$$I''_2 (W_{dif} + W_{bal}) = I'_2 W_{dif} \quad (6.4)$$

由此得出

$$W_{bal} = W_{dif} \left(\frac{I'_2}{I''_2} - 1 \right) \quad (6.5)$$

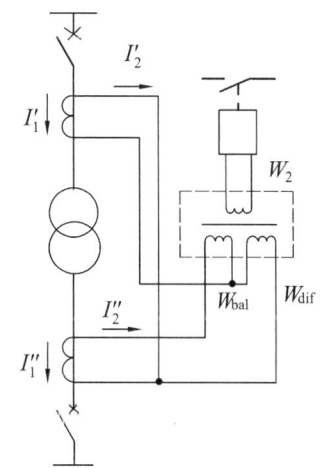

图 6.11 带平衡线圈的速饱和变流器原理

但因平衡线圈和差动线圈都是通过改变分接头来改变匝数的,不能连续调整,实用匝数与计算匝数往往不同,故还会有一点残余的不平衡电流。这在整定计算时应该考虑进去。

(3) 变压器两侧电流互感器型式不同。

变压器两侧电流互感器型式不同,电流互感器的伏安特性、铁芯饱和情况、励磁电流等也不同,由此产生一部分不平衡电流。

克服其影响的措施:按 10% 误差曲线来选择电流互感器,可保证这部分不平衡电流不超过保护范围外部短路电流的 10%。整定计算时,必须考虑进去。

(4) 变压器调压。

变压器调压就是改变分接开关的分接头,从而改变变压器变压比 K,这样式(6.2)或式(6.3)就不能满足,产生一部分不平衡电流。

克服其影响的措施:整定计算时,必须考虑变压器调压引起的相对误差。

从以上的分析可知,在正常和保护范围外部短路的情况下,有不平衡电流流入差动继电器。采取各种措施后,不平衡电流仍不能完全消除。因此,差动保护动作电流的整定计算必须躲过上述各种原因产生的最大不平衡电流。除此以外,还应躲过电流互感器二次回路断线引起的最大差电流。

在稳态情况下,变压器差动保护的最大不平衡电流 $I_{unb \cdot max}$ 可由下式决定:

$$I_{unb \cdot max} = (K_{st} \cdot 10\% + \Delta u + \Delta f) I_{k \cdot max} \quad (A) \quad (6.6)$$

式中 K_{st}——电流互感器的同型系数,同型时 $K_{st}=0.5$,不同型时 $K_{st}=1$;

10%——电流互感器容许最大相对误差;

Δu——由于改变变压器调压抽头所引起的相对误差，等于调压范围的一半，如果调压范围为±5％，则 $\Delta u=0.05$；

Δf——由于差动继电器平衡线圈的实用匝数与计算匝数不同而产生的相对误差，初算时可先取 $\Delta f=0.05$；

$I_{k\cdot max}$——差动保护的保护范围外部最大短路电流(A)。

差动保护的最小灵敏系数等于最小运行方式下保护范围末端短路时，流经差动保护的最小差动电流除以差动保护动作电流整定值，不应小于2。

组成差动保护的主要元件是差动继电器。在我国电气化铁道牵引变电所曾获得广泛采用的是 BCH-2 型和 DCD-2 型差动继电器。

第五节　变压器的电流保护

一、过电流保护

1. 作　用

作为保护变压器负荷侧母线短路引起的变压器过电流，这是主保护。同时作为变压器差动保护和馈电线保护的后备保护：对变压器差动保护来说，是近后备；对馈电线保护来说，是远后备。

2. 要　求

(1) 过电流保护装置的动作电流 I_{ACT}：应能躲开变压器正常运行时的最大负荷电流 $I_{L\cdot max}$。I_{ACT} 可按式(2.1)计算。

(2) 过电流保护的灵敏系数 K_{sen}：按式(2.2)计算；作为主保护时，K_{sen} 用变压器负荷侧母线最小两相短路电流校验，应不小于1.5；作为后备保护时，K_{sen} 用保护区末端最小两相短路电流校验，应不小于1.25。

(3) 过电流保护的时限特性：应按阶梯形原则确定。

3. 欠电压启动的过电流保护

由于过电流保护的动作电流按式(2.1)确定比较大，保护范围末端最小短路电流比较小，所以过电流保护的灵敏系数往往不能满足要求。在这种情况下，就需要采用欠电压启动过电流保护。它的动作电流可按躲过变压器的额定电流整定，其值比较小，灵敏系数能提高，容易满足要求。

欠电压启动过电流保护展开图可参看图6.14。增加欠电压启动元件后，只有当电流增大、电压降低且都达到整定值时，保护装置才能动作于跳闸。

欠电压启动过电流保护的整定原则如下：

(1) 过电流元件：动作电流按式(2.17)确定。灵敏系数 K_{sen} 按式(2.2)计算。

(2) 欠电压元件：动作电压按式(2.18)确定；灵敏系数 K_{sen} 按式(1.2)校验，作为主保护时，应不小于1.5；作为后备保护时，应不小于1.2。

二、过负荷保护

对于变压器过负荷这种不正常运行状态，应装设过负荷保护。

1. 原理接线图

变压器过负荷保护装置原理接线图如图 6.12 所示。

正常时，变压器不过负荷，电流小于整定值，过负荷保护不动作。

当变压器过负荷电流达到整定值时，电流继电器动作，启动时间继电器，经过一定的延时，其延时闭合的常开触点闭合，给出信号，引起值班人员注意，应检查过负荷的原因、记录过负荷电流的数值和持续时间的长短，并监视发展情况。对于牵引变电所值班人员来说，应随后向供电调度询问供电臂的牵引列车对数、重量和车次，并做好记录。

当三相负荷对称时，可仅在一相装设过负荷保护。对于牵引变电所的主变压器，由于各相牵引负荷不相等，所以过负荷保护应装设在重负荷相上。

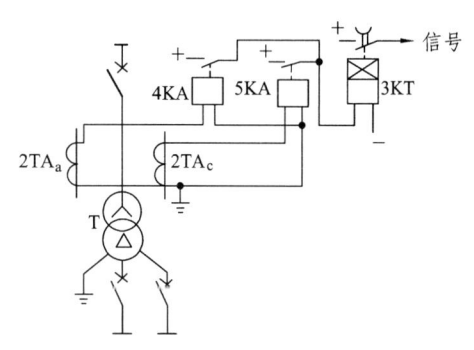

图 6.12　变压器过负荷保护装置原理接线图

2. 动作电流 I_{ACT} 和动作延时 t

动作电流和动作延时应按变压器的过负荷能力整定。
（1）对于一般电力变压器，有

$$I_{ACT}=\frac{K_{REL}I_N}{K_R} \quad (A) \tag{6.7}$$

式中　I_N——变压器一次侧额定电流(A)；
　　　K_{REL}——可靠系数，取 1.05；
　　　K_R——返回系数，取 0.85。

过负荷保护的动作延时一般取 9 s。
（2）对于牵引变压器，有

$$I_{ACT}=K_{OL}I_N \quad (A) \tag{6.8}$$

式中　K_{OL}——牵引变压器过负荷系数。

由于牵引负荷的特点，过负荷电流持续时间很短，通常为 0.5～2 min，所以，如果采用普通变压器作为牵引变压器，K_{OL} 一般可取 1.3～1.5，动作延时 t 取 9 s。专用牵引变压器的过负荷保护可以按制造厂满足的过负荷能力整定，K_{OL} 可以取得大一些。例如，某电气化铁路区段的牵引变压器，由于制造厂能够满足招标条件的要求，允许过负荷达 $200\%I_N$ 运行 8 min，所以过负荷保护动作电流按 $200\%I_N$ 整定，过负荷持续 1 min 发信号，持续 8 min 跳闸。微机保护中已普遍选用 IEC255-3 反时限特性的三种过负荷电流曲线中的标准反时限特性，参见式(12.24)。

三、接地保护

1. 原　理

变压器接地保护原理图如图 6.13 所示。

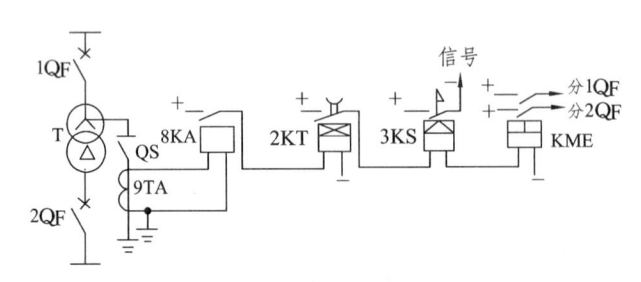

图 6.13　变压器接地保护原理图

牵引变电所一次侧具有接地中性点的主变压器的接地保护采用零序电流保护，其零序电流继电器线圈一般是由接在变压器中性点接地线的电流互感器二次侧供电。

正常情况下，变压器中性点接地线的电流等于零，或小于零序电流保护的整定值，零序电流保护不动作。

当变压器中性点接地线的电流达到零序电流保护的整定值时，零序电流继电器动作，启动时间继电器，经过整定的动作时限后，时间继电器的延时常开触点闭合，一方面给出动作信号，另一方面使变压器两侧的断路器跳闸。

2. 作　用

(1) 用来保护被保护变压器具有接地中性点侧的线圈及其引出线的接地短路。
(2) 作为外部(相应的母线和线路)接地短路的后备保护。

对于牵引变电所的主变压器来说，由于已经装设了瓦斯、差动等快速动作的保护，当变压器线圈及其引出线发生接地短路时已能保证快速切除，所以接地保护主要是用来保护外部接地短路引起的变压器过电流的。因此动作时间应与母线和线路保护相配合，一般取 3.5 s。

3. 整定计算

牵引变电所主变压器接地保护的动作电流 I_{ACT} 可以根据以下改进的经验公式确定：

$$I_{ACT}=\frac{K_{REL} I_N}{K_r} \cdot 35\% \quad (A) \tag{6.9}$$

式中　K_{REL}——可靠系数，取 1.2；

　　　K_r——电流继电器的返回系数，取 0.85；

　　　I_N——变压器具有接地中性点侧的额定电流(A)。

也有按 $I_{ACT}=0.5 I_N$、动作时限取 1 s 整定的。

四、整定计算举例

例 6.1 已知某牵引变电所主变压器为一般电力变压器，三相 YNd11 联结，额定容量 15 000 kV·A，额定电压 110 kV/27.5 kV；27.5 kV 侧最小两相短路电流 795 A，归算到 110 kV 侧为 229 A，27.5 kV 母线最低工作电压 24 kV；长供电臂牵引网阻抗 14.36 Ω，末端最小和最大短路电流分别为 744 A 和 932 A；27.5 kV 侧电压互感器电压比为 27 500/100，主变压器 110 kV 侧、27.5 kV 侧和中性点电流互感器电流比分别为 200/5、600/5 和 100/5；试对主变压器欠电压启动过电流保护、过负荷保护和接地保护进行整定计算。

解 整定计算如表 6.1 所示（对于微机保护，欠电压启动过电流保护动作时限可缩短）。

表 6.1 三相主变压器部分保护整定计算表

欠电压启动过电流保护	电流继电器动作电流 $I_{act}=\dfrac{K_{rel}I_N}{K_r n_i}$ (A) ($K_{rel}=1.2$，$K_r=0.85$)	110 kV 侧	2.8
		27.5 kV 侧①	3.2
	灵敏系数 $K_{sen}=\dfrac{I_{k·min}^{(?)}}{I_{act}n_i}$	110 kV 侧	2.04
		27.5 kV 侧②	1.94
	欠电压继电器动作电压 $U_{act}=\dfrac{U_{min}}{K_{rel}K_r n_u}$ (V) ($K_{rel}=1.2$，$K_r=1.2$)	110 kV 侧	
		27.5 kV 侧	61
	灵敏系数 $K_{sen}=\dfrac{U_{act}n_u}{U_{k·max}}$③	110 kV 侧	
		27.5 kV 侧	1.25
	动作时限(s)	110 kV 侧	1.2
		27.5 kV 侧	0.9
过负荷保护	动作电流 $I_{act}=\dfrac{1.5I_N}{n_i}$ (A)		3
	动作时限（s）		9
接地保护	动作电流 $I_{act}=\dfrac{0.35K_{rel}I_N}{K_r n_i}$ (A) ($K_{rel}=1.2$，$K_r=0.85$)		1.95
	动作时限（s）		3.5

注：① 这里计算时，I_N 为 27.5 kV 侧重负荷相线圈电流达到额定值时电流互感器一次侧电流，其值为 $\dfrac{15\ 000}{3\times 27.5}\div\dfrac{2}{3}=273$（A）；
② 这里用长供电臂末端最小短路电流校验灵敏系数；
③ 这里 $U_{k·max}$ 为长供电臂末端短路时的最大剩余电压，其值为 $932\times 14.36=13\ 384$（V）。

例 6.2 已知动力变压器为三相 Dd0 联结，额定容量 1 000 kV·A，额定电压

27.5 kV/10 kV；27.5 kV 母线最小两相短路电流 1439 A，10 kV 母线最大三相和最小两相短路电流归算到 27.5 kV 侧分别为 281 A 和 229 A；27.5 kV 侧电流互感器电流比 50/5；试对动力变压器电流速断保护、过电流保护进行整定计算。

解 整定计算如表 6.2 所示。

表 6.2 动力变压器保护整定计算表

电流速断保护	动作电流 $I_{act}=\dfrac{K_{rel}I_{k \cdot max}^{(3)}}{n_i}$ (A) ($K_{rel}=1.2$)	33.7
	灵敏系数 $K_{sen}=\dfrac{I_{k \cdot min}^{(2)}}{n_i I_{act}}$	4.26
过电流保护	动作电流 $I_{act}=\dfrac{K_{rel} \cdot 2I_N}{K_r n_i}$ (A) ($K_{rel}=1.2$，$K_r=0.85$)	5.9
	灵敏系数 $K_{sen}=\dfrac{I_{k \cdot min}^{(2)}}{n_i I_{act}}$	3.86
	动作时限（s）	0.7

第六节 牵引变电所变压器保护举例

一、三相主变压器保护

三相主变压器保护的展开图如图 6.14 所示。其中左上部为变电所的简化主接线图，进线为"双 T"接线，主变压器 2 台，每台容量为 15 000 kVA，电压为 110(1±2×2.5%)kV/27.5 kV，联结方式为 YNd11，主变高压侧中性点直接接地。以 1T 保护为例。

1. 保护的种类、组成和动作情况

（1）三相差动保护：由 1TA、2TA、8TA、BE、1KD、2KD、3KD、1KS、1XB 组成。主变 Y 形侧三相的电流互感器每相两个二次线圈串联后接成△形，主变△形侧的电流互感器接成等效 Y 形，这是为了保证主变 Y 形侧、△形侧电流互感器二次回路的电流 I_2' 与 I_2'' 同相位。差动继电器动作后，其常开触点闭合，直接瞬时接通保护出口继电器 1KME 和 2KME。1KME 动作后使主变 110 kV 侧断路器跳闸，2KME 动作后使主变 27.5 kV 侧断路器跳闸，将故障切除。1KME 和 2KME 受电动作的同时，1KS 受电动作，发出相应的信号。

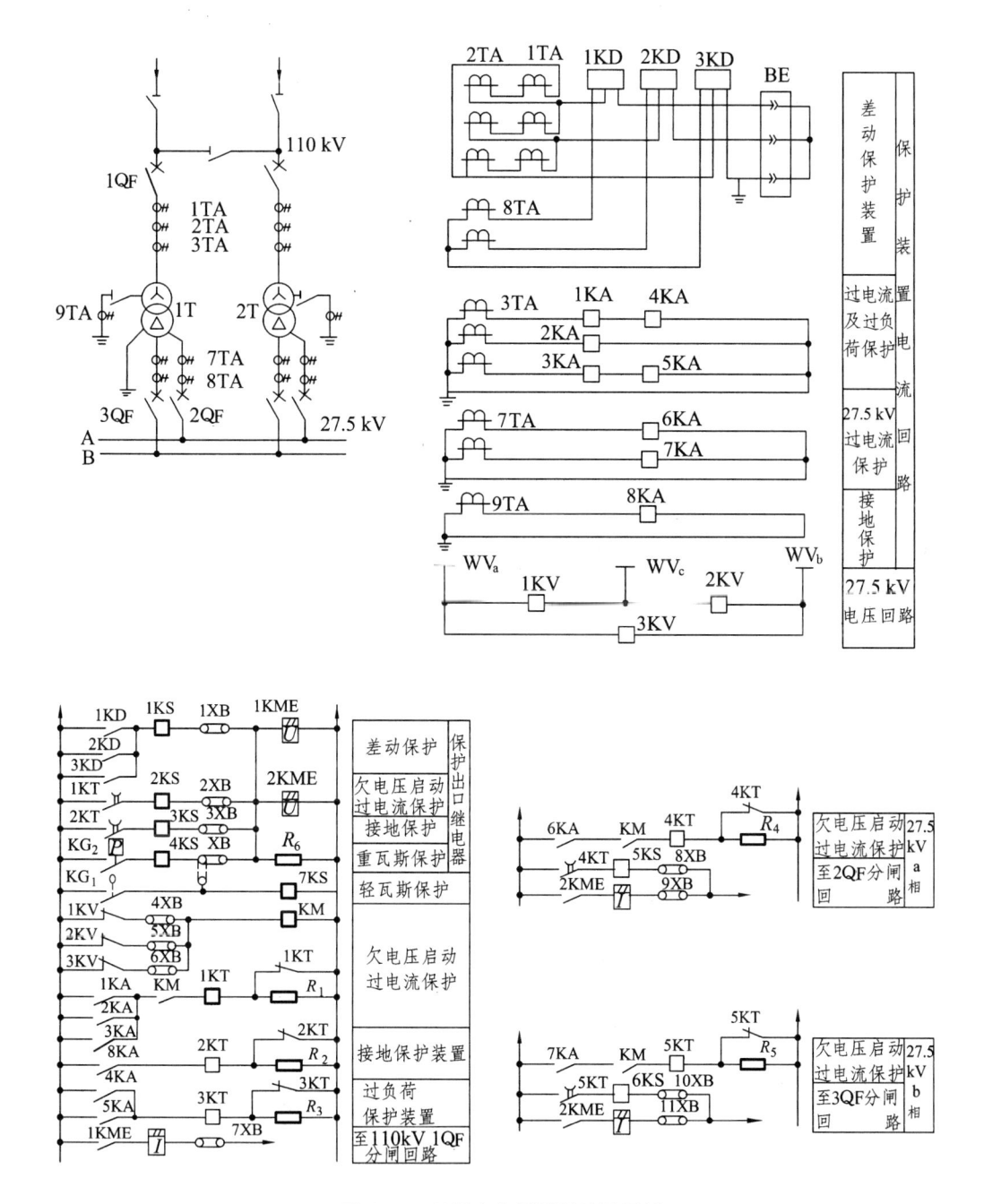

图 6.14 三相主变压器保护展开图

（2）欠电压启动 a 相和 b 相过电流保护：由 7TA、6KA、7KA、1KV、2KV、3KV、KM、4KT、5KT、5KS、6KS、4XB、5XB、6XB、8XB、10XB 等组成，7TA、TV 都装在 27.5 kV 侧。

当 a 相或 b 相 27.5 kV 母线短路时，6KA 或 7KA 动作，同时 1KV 或 2KV 动作，KM 动作，4KT 或 5KT 线圈受电，经过整定的动作延时，4KT 或 5KT 延时常开触点闭合，直接接通 27.5 kV 侧 a 相或 b 相断路器的跳闸回路而跳闸,将短路故障切除;同时 5KS 或 6KS 动作,发出信号。当 27.5 kV 侧 a 相与 b 相母线之间短路或 a、b、c 三相短路时,欠电压启动 a 相和 b 相过电流保护同时动作,使 a 相和 b 相断路器同时跳闸,将短路故障切除。这是主保护。

当接触网短路时,馈线保护与变压器欠压启动过电流保护可能同时启动,但由于馈线保护的动作延时比主变压器欠压启动过电流保护的动作延时小一个时限级差 Δt,所以馈线保护先动作,使馈线断路器跳闸,将短路故障切除。这时,主变压器欠压启动过电流保护因动作时限未到而返回。如果馈线保护因某种原因拒动,那么主变压器欠压启动过电流保护动作,将短路故障切除。前面说过,主变压器欠压启动过电流保护作为相应馈线保护的远后备保护,就是这个意思。

在主变 27.5 kV 侧 a 相和 b 相分开装设欠压启动过电流保护的优点在于:当任一相母线短路时,仅仅是短路相的保护动作,断路器跳闸;而正常相仍可照常供电,保证机车正常运行。这样就缩小了故障停电范围。

(3) 欠电压启动三相过电流保护:由 3TA、1KA、2KA、3KA、1KT、2KS、2XB、1KV、2KV、3KV、KM、4XB、5XB、6XB 等组成。1KV、2KV、3KV、KM、4XB、5XB、6XB 是与欠压启动 a 相和 b 相过电流保护共用的。3TA 装在主变 110 kV 侧。作为主变差动保护的近后备保护和 27.5 kV 侧欠压启动 a 相和 b 相过电流保护的远后备保护。因此,它的动作时限必须比主变 27.5 kV 侧欠压启动 a 相和 b 相过电流保护的动作时限大一个时限级差 Δt。

当保护范围内短路时,如果主变差动保护、27.5 kV 侧欠压启动 a 相和 b 相过电流保护都没有动作,那么 1KA~3KA 动作,同时 1KV 或 2KV 或 3KV 或 1KV~3KV 动作,KM 动作;1KT 线圈受电动作,经过整定的动作时限后,1KT 延时常开触点闭合,1KME、2KME 线圈受电动作,使主变 110 kV 侧和 27.5 kV 侧的断路器都跳闸,将短路故障切除;同时 2KS 动作发信号。

(4) 接地保护(零序电流保护):由 9TA、8KA、2KT、3KS、3XB 等组成。9TA 装在主变 110 kV 侧中性点接地的导线上。

当主变压器 110 kV 侧(YN 侧)线圈、110 kV 侧引出线上发生接地短路时,或者当 110 kV 母线、110 kV 输电线路发生接地短路时,如果其他相应的保护没有动作,那么接地保护的 8KA 动作,2KT 线圈受电动作,经过整定的动作延时,2KT 延时常开触点闭合,1KME、2KME 线圈受电动作,主变 110 kV 侧和 27.5 kV 侧的断路器都跳闸,将接地短路故障切除;同时 3KS 动作发信号。

(5) 过负荷保护:由 4KA、5KA、3KT 等组成。与欠电压启动三相过电流保护 1KA~3KA 共用 3TA。

当主变压器过负荷时,4KA 或 5KA 动作,3KT 线圈受电动作,经过整定的动作延时,3KT 延时常开触点(图中未画出)闭合,发出"主变过负荷"预告信号。

(6) 瓦斯保护。

① 轻瓦斯保护:由瓦斯继电器轻瓦斯触点、7KS 等组成。当主变压器内部发生轻微故障时,轻瓦斯触点闭合,7KS 受电动作,发出"主变轻瓦斯保护动作"预告信号。

② 重瓦斯保护：由瓦斯继电器重瓦斯触点、4KS、切换片 XB 等组成。当主变压器内部发生严重故障时，重瓦斯触点闭合，直接使 1KME、2KME 线圈受电动作，主变 110 kV 侧和 27.5 kV 侧的断路器都跳闸，将故障变压器切除；同时，4KS 受电动作，发出"主变重瓦斯保护动作"信号。

2. 补充说明的几个问题

(1) 每相的 1TA、2TA 为什么串联使用？这样可以使电流互感器二次回路能够承担的负载电阻增大，或者在电流互感器二次回路承担同样负载电阻的情况下提高其工作准确性。

(2) 什么是保持线圈？其作用是什么？当主变差动保护、欠压启动三相过电流保护、接地保护、重瓦斯保护中任一种动作时，瞬时或延时接通 1KME、2KME 的电压线圈而动作，一方面 1KME、2KME 电流线圈受电自保持。另一方面使主变 110 kV 侧和 27.5 kV 侧的断路器跳闸，将短路故障切除。在这里，电压线圈叫作启动线圈，电流线圈叫作自保持线圈。由于 KME 自保持线圈的作用，当保护动作后，一旦启动保护出口继电器，那么相应的断路器一定能跳闸，提高了可靠性。

(3) KME 电压线圈并联电阻 R_6 的作用是什么？其作用是保证通过 KME 跳闸的各种保护的信号继电器动作可靠。1KS、2KS、3KS、4KS 都是电流型信号继电器。规程规定，在保护装置动作时流过电流型信号继电器线圈的电流应大于 1.5 倍额定电流，才能保证其可靠动作。由于 KME 电压线圈电阻很大，并联电阻 R_6 后，才能满足这个要求（等效电阻减小，流过电流型信号继电器线圈的电流增大）。对于只有一个 KME 的情况，并联电阻的作用显得更为重要。

(4) 1KT、2KT、3KT、4KT、5KT 都有附加电阻 R_1、R_2、R_3、R_4、R_5，它们的接法和作用原理，在第一章第五节时间继电器那部分已经叙述了。那就是，在时间继电器动作前，附加电阻被常闭触点旁路，时间继电器能够动作；在时间继电器动作后，常闭触点断开，附加电阻串入时间继电器线圈回路，使线圈电流减小，保证线圈的热稳定性。附加电阻的数值，一方面要满足保证线圈热稳定性的要求，另一方面要使线圈上的分压大于时间继电器的返回电压，保证不因附加电阻串入后使时间继电器返回。

(5) 为什么要设置 3KV？当 a、b 两相 27.5 kV 母线之间短路时，$U_{ac}=U_{bc}=\frac{\sqrt{3}}{2}\times100=86.6$ V，$U_{ab}=0$ V，1KV 和 2KV 均不动作，只有 3KV 动作。如果没有 3KV，主变压器高、低压侧的欠电压启动过电流保护都不能动作。

(6)《铁路电力牵引供电设计规范》规定，对于中性点直接接地电力网中电力变压器外部接地短路引起的电力变压器过电流与中性点过电压，电力变压器应装设相应的保护装置；又规定，高压侧为单电源、低压侧无电源的降压变压器不宜装设专门的零序保护。牵引变电所的主变压器多属于后者，所以一般不装设零序过电压保护；即使已装设的零序电流保护也一般不投入运行（因为牵引变电所的主变压器中性点一般不接地运行）。

二、动力变压器保护

一般来说，牵引变电所动力变压器的容量为 1000 kVA 左右，电压为 27.5(1±5%) kV/10 kV 或

27.5(1±5%) kV/6 kV，联结方式为Dd0。图6.15为某牵引变电所动力变压器保护展开图。

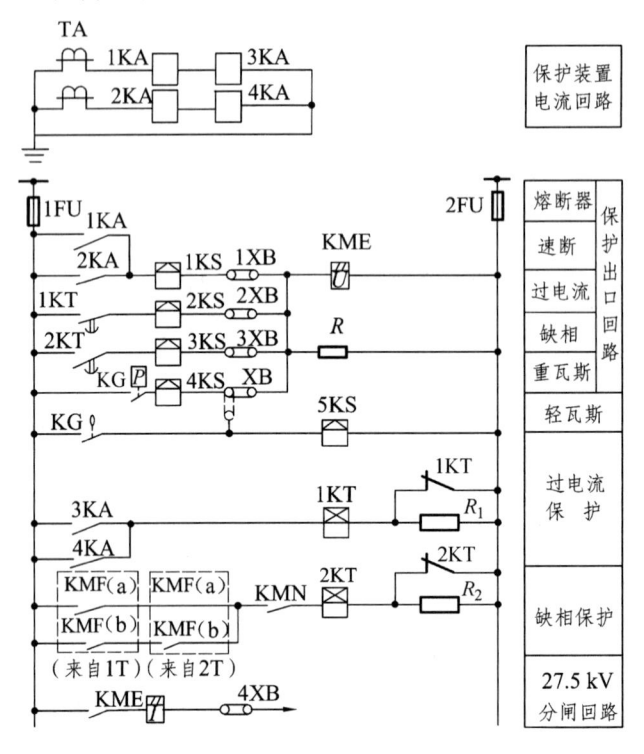

图6.15 动力变压器保护展开图

保护的种类、组成和动作情况介绍如下。

1. 电流速断保护

电流速断保护作为动力变压器的主保护，由TA、1KA、2KA、1KS、1XB等组成，TA、1KA、2KA为两相Y形接线。当1KA或2KA动作时，直接瞬时启动KME，使断路器跳闸。1KS发出相应的信号。

2. 过电流保护

由TA、3KA、4KA、1KT、2KS、2XB等组成，TA是与电流速断保护共用的，3KA、4KA分别与1KA、2KA线圈串联，所以也是两相星形接线。对于电流速断保护不能保护到的范围，过电流保护作为主保护；并作为电流速断保护的近后备保护。当3KA或4KA动作时，启动1KT，经过整定的动作延时，启动KME，使断路器跳闸。2KS发出相应的信号。

3. 缺相运行保护

缺相运行保护是在变电所主变压器低压侧断路器采用分相跳闸，以及单相Vv联结变电所的情况下，为防止动力变压器原边缺相运行而设的。由1T、2T主变低压侧断路器的KMF常开触点和动力变压器本身原边断路器的KMN常开触点，以及2KT、3KS、3XB等组成，如图6.16所示。

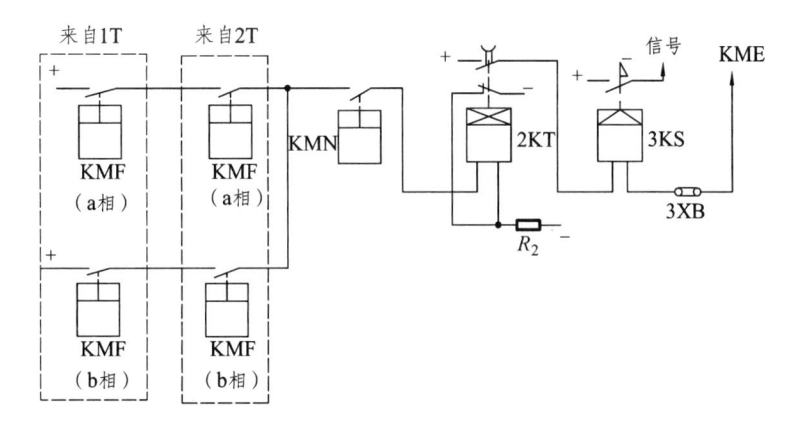

图 6.16　动力变压器缺相保护

当主变低压侧 a 相或 b 相断路器跳闸后,主变低压侧相应的断路器的 KMF 受电动作,其常开触点闭合,通过动力变压器正常运行时处于闭合状态的断路器的 KMN 常开触点启动 2KT,经过整定的动作延时后启动 KME,使断路器跳闸,切除动力变压器,防止缺相运行。3KS 同时受电动作,发出相应的信号。

4. 瓦斯保护

与主变压器瓦斯保护相似,轻瓦斯动作发信号,重瓦斯动作使断路器跳闸。

第七节　利用二次谐波制动、鉴别波形间断角和具有比率制动特性的差动保护

前已述及,变压器的励磁涌流含有较大成分的二次谐波分量,而变压器的短路电流基本上是正弦波,二次谐波分量很小。因而可利用二次谐波制动原理构成差动保护。又由于变压器的励磁涌流波形有很大的间断角(一般大于 80°),而变压器的短路电流波形间断角较小(一般小于 60°),因而也可利用鉴别波形间断角的原理构成差动保护。并且,为了防止保护范围外部短路时因不平衡电流过大而引起差动保护误动作,一般都利用穿越短路电流在差动保护装置内部产生制动作用(比率制动特性)而躲过不平衡电流。

一、利用二次谐波制动的差动保护

利用二次谐波制动的差动保护原理接线如图 6.17 所示。电抗变压器 TX_1 中流过的是电流互感器二次回路的环流,TX_2、TX_3 中流过的是差动电流,加于执行电路输入端的电压 U_{in} 为

$$U_{in}=U_{dif}-U_{brk1}-U_{brk2} \tag{6.10}$$

式中　U_{dif}——差动电压,与差动电流成正比;

　　　U_{brk1}——比率制动电压,与保护范围外部短路电流成正比;

　　　U_{brk2}——二次谐波制动电压。

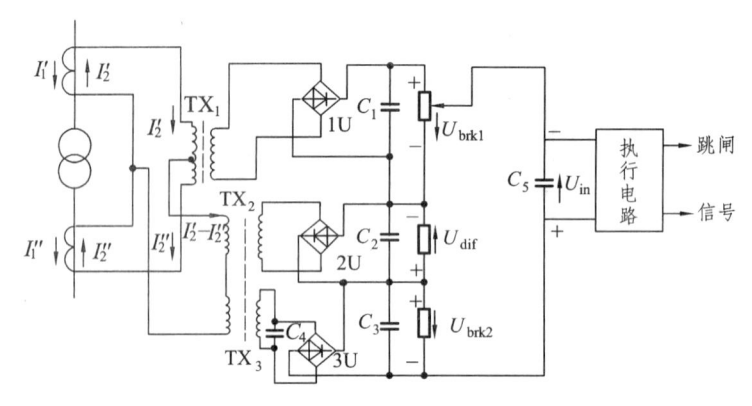

图 6.17 利用二次谐波制动的差动保护原理接线

图中 $C_1 \sim C_3$ 是滤波电容；C_4 的作用是构成二次谐波谐振电路，以提高加于 3U 的二次谐波电压的幅值。

正常运行和保护范围外部故障时，U_{brk1} 很大，U_{dif} 很小，故 U_{in} 很小，继电器不动作。

在励磁涌流作用下，只是 I_2' 有电流，TX_1（一半）和 TX_2、TX_3 中流过同样电流，但由于电流中含有很大的二次谐波分量，故 U_{brk2} 很大，U_{in} 很小，继电器不动作。

保护范围内部故障时，因电流中二次谐波分量很小，故 U_{brk2} 很小。若为双侧电源，则 TX_2、TX_3 中电流很大，U_{dif} 很大；TX_1 中磁势很小，U_{brk1} 也很小，故保护动作。若为单侧电源，则 TX_1（一半）与 TX_2、TX_3 流过同样电流，U_{brk1} 较小，U_{dif} 很大，所以保护仍能动作。

二、鉴别波形间断角的差动保护

变压器的励磁涌流因偏于时间轴的一边，经电抗变压器和整流之后，波形中有很大的间断角，如图 6.18(a) 所示，在持续 360°以上的时间中总有一个大于 80°以上的间断角 α。而变压器保护范围内部故障时，电流是正弦波，所以经电抗变压器和整流之后，波形中的间断角很小，如图 6.18(b) 所示。因此可利用鉴别波形间断角的原理构成差动保护，其原理接线如图 6.19 所示。图中 U_{dif} 为正比于差动电流的电压，U_{brk} 为正比于 I_2' 或 I_2'' 的比率制动电压。比率制动电压的作用是为了防止保护范围外部故障时保护误动作。因此记忆延时电路的输入电压 U_{in} 为差动与比率制动电压之差，即

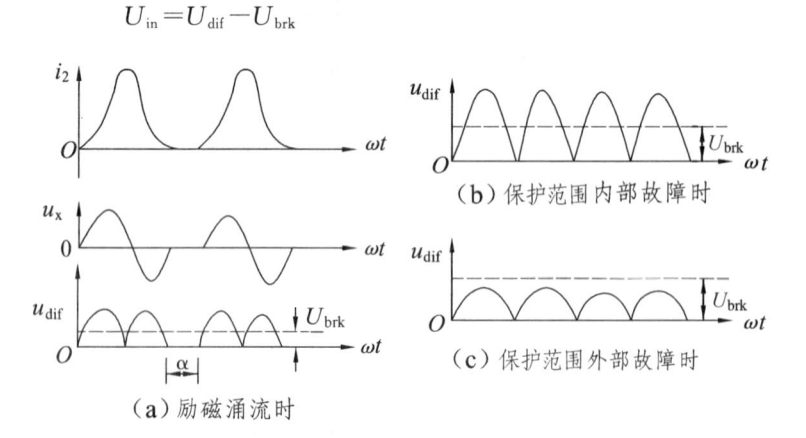

$$U_{in} = U_{dif} - U_{brk} \tag{6.11}$$

图 6.18 三种情况下的电压关系
（a）励磁涌流时
（b）保护范围内部故障时
（c）保护范围外部故障时

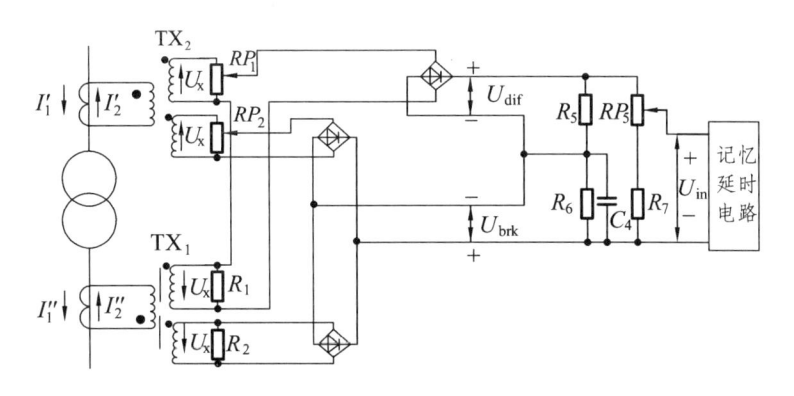

图 6.19 鉴别波形间断角的差动保护原理接线

在保护范围外部故障和正常运行情况下，$U_{brk}>U_{dif}$、$U_{in}<0$，故保护不动作。

记忆延时电路主要包括一个记忆约 4 ms(70°)时间的电路和一个延时 20~30 ms(360°~540°)接通出口继电器的电路。当发生励磁涌流时，因为 360°持续时间内总有一个大于 80°的间断角，间断时间超过记忆时间，如图 6.20 所示，记忆电路输出持续时间小于 360°，因而延时 20~30 ms 的电路不可能接通出口继电器。

当保护范围内部故障时，因间断角小于 70°，所以记忆电路输出还没结束时，下一个输入脉冲 U_{in} 又来了，因而记忆电路的输出被展宽为一个持续电压，如图 6.21 所示。持续电压使延时电路能够接通出口继电器。

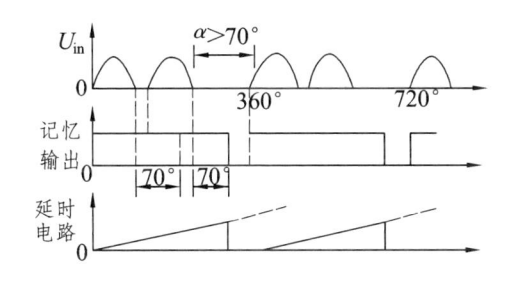

图 6.20 励磁涌流时

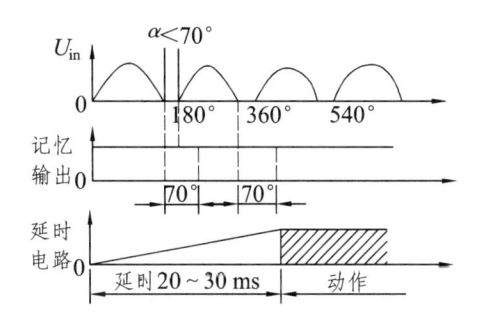

图 6.21 保护范围内部故障时

三、具有比率制动特性的差动保护

1. 具有比率制动特性的差动保护的基本原理

变压器在正常负荷状态下，差动保护的差回路不平衡电流很小；但在保护范围外部短路时，会出现很大的不平衡电流。当不平衡电流超过差动保护的动作电流时，就会使差动保护误动。为了防止差动保护在保护范围外部短路时误动，在差动保护中引入比率制动特性。它的基本原理是通过引入制动电流 I_{brk}，使差动保护的差动电流动作值 I_{act} 随制动电流 I_{brk} 的增大按一定的比率增大，使制动电流在保护范围外部短路、不平衡电流较大时有较大的制动作用，而在保护范围内部短路时制动作用最小。

2. 比率制动特性和具有比率制动特性的差动保护的整定计算原则

(1) 两折线比率制动特性。

变压器差动保护中,差动元件的比率制动特性最基本的是采用两折线比率制动特性,如图 6.22 所示。图中,纵轴表示差动电流 I_{dif},横轴表示制动电流 I_{brk},两折线比率制动特性由水平线段 AB、斜线段 BC 组成。折线 ABC 表示差动保护的动作电流整定值,其上方为动作区,下方为制动区。水平线段 AB 与斜线段 BC 的交点通常称为拐点。在变压器差动保护的保护范围外部短路,当短路电流较小时,不平衡电流也很小,可以不要制动作用。因此,制动特性的起始部分是一段水平线。水平线的动作电流定值称为最小动作电流 $I_{act \cdot min}$。一进

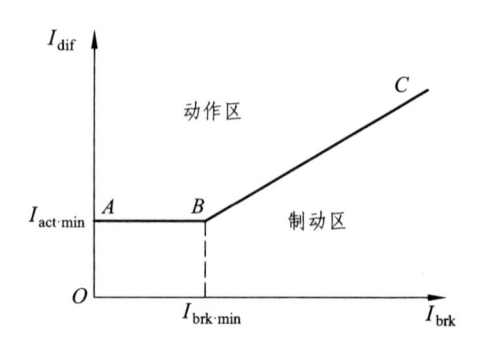

图 6.22 两折线比率制动特性

入斜线段,就具有制动作用,所以斜线段又称制动段。开始具有制动作用的最小制动电流称为拐点电流 $I_{brk \cdot min}$。差动保护的动作判据为

$$\left. \begin{array}{ll} I_{dif} \geqslant I_{act \cdot min} & (I_{brk} \leqslant I_{brk \cdot min}) \\ I_{dif} \geqslant I_{act \cdot min} + m(I_{brk} - I_{brk \cdot min}) & (I_{brk} > I_{brk \cdot min}) \end{array} \right\} \tag{6.12}$$

式中,$m = \dfrac{I_{act} - I_{act \cdot min}}{I_{brk} - I_{brk \cdot min}}$,为制动段的斜率。定义比率制动特性曲线的制动系数 $K_{brk} = \dfrac{I_{act}}{I_{brk}}$。为防止差动保护在保护范围外部短路时误动,必须保证比率制动特性各点的制动系数 K_{brk} 值均满足可靠性和选择性的要求;与此同时,为保证差动保护在保护范围内部短路时的灵敏性,制动系数 K_{brk} 值又不宜过大。

(2) 制动电流的取值。

变压器具有比率制动特性的差动保护制动电流的取值方法有多种,比较灵活,关键是应在灵敏性和可靠性之间做一个最合适的选择。对于双绕组变压器,具有比率制动特性的差动保护制动电流一般有以下几种取值方法:

① 制动电流为高、低压侧电流互感器二次电流 $\dot{I}_1$、$\dot{I}_2$ 相量差的一半,即

$$I_{brk} = |\dot{I}_1 - \dot{I}_2|/2 \tag{6.13}$$

② 制动电流为高、低压侧电流互感器二次电流 $\dot{I}_1$、$\dot{I}_2$ 幅值和的一半,即

$$I_{brk} = (|\dot{I}_1| + |\dot{I}_2|)/2 \tag{6.14}$$

③ 制动电流为高、低压侧电流互感器二次电流 $\dot{I}_1$、$\dot{I}_2$ 幅值的最大者,即

$$I_{brk} = \max\{|\dot{I}_1|, |\dot{I}_2|\} \tag{6.15}$$

(3) 具有两折线比率制动特性的差动保护的整定计算原则。

具有两折线比率制动特性的变压器差动元件的三要素是最小动作电流 $I_{act \cdot min}$、最小制动电流(拐点电流)$I_{brk \cdot min}$ 和制动段的斜率 m。制动段的斜率可以近似地称为比率制动系数

K_{brk}；如前所述，制动系数是动作电流与制动电流之比。一般情况下，在特性曲线上各点是变化的，而斜率是不变的。差动元件的整定计算就是确定三要素的值。

① 最小动作电流 $I_{act.min}$ 的整定。最小动作电流 $I_{act.min}$ 按躲过变压器额定负载下的最大不平衡电流整定，该最大不平衡电流产生的原因包括变压器高、低压侧电流互感器的电流比误差和变压器带负荷调压、变压器的励磁电流、通道传输及调整产生的误差，即

$$I_{act.min} = K_{rel}(K_1 + \Delta U + K_3 + K_4)I_N \tag{6.16}$$

式中 K_{rel}——可靠系数，取 $1.5 \sim 2$；

K_1——电流互感器电流比误差，取 0.03×2；

ΔU——由变压器带负荷调压引起的相对误差，取电压调整范围的一半；

K_3——变压器的励磁电流引起的误差，取 0.05；

K_4——由于通道传输及调整产生的误差，取 $0.05 \times 2 = 0.1$；

I_N——变压器的额定电流（计算侧电流互感器二次值）。

如果变压器调压范围为 $\pm 5\%$，则 ΔU 取 0.05。将以上各值代入式（6.16），可得 $I_{act.min} = (0.39 \sim 0.52)I_N$，通常取 $I_{act.min} = (0.4 \sim 0.5)I_N$。运行经验表明，当变压器高、低压侧流入差动保护装置的电流值相差不大（为同一数量级）时，可取 $0.4I_N$；当该电流值相差很大时，可取 $0.5I_N$。

② 最小制动电流（拐点电流）$I_{brk.min}$ 的整定。为躲过变压器差动保护的保护范围外部短路暂态过程对变压器差动保护的影响，应使制动作用提早产生，所以 $I_{brk.min}$ 取 $(0.8 \sim 1.0)I_N$。

③ 比率制动系数 K_{brk} 的整定。比率制动系数 K_{brk} 按躲过变压器出口最大三相短路时产生的最大不平衡电流整定，即

$$K_{brk} = \frac{I_{unb.max} - I_{act.min}}{I_{brk.max} - I_{brk.min}} \tag{6.17}$$

式中 $I_{unb.max}$——变压器差动保护的保护范围外部短路时最大不平衡电流，可由下式求得

$$I_{unb.max} = (K_1 + \Delta U + K_3 + K_4 + K_5)I_{k.max} \tag{6.18}$$

其中 K_1——电流互感器电流比误差，取 0.1；

K_5——变压器高、低压侧电流互感器暂态特性不一致的影响系数，取 0.1；

$I_{k.max}$——变压器出口最大三相短路时的短路电流（计算侧电流互感器二次值）；

$I_{brk.max}$——对应的最大制动电流（计算侧电流互感器二次值）。

$I_{brk.max}$ 的选取因差动保护制动电流的取值方法不同而不同，在实际工程计算时应根据差动保护制动电流的取值方法而定。

K_{brk} 通常为 $0.4 \sim 1.0$，根据运行经验取 $K_{brk} = 0.5$ 较为合适。

（4）三折线比率制动特性。

三折线比率制动特性如图 6.23 所示，它由水平线段 AB、两个制动段 BC 和 CD 组成，有两个拐点电流 I_{brk1} 和 I_{brk2}。动作判据为

$$\left. \begin{array}{l} I_{dif} \geqslant I_{act.min} \quad (I_{brk} \leqslant I_{brk1}) \\ I_{dif} \geqslant I_{act.min} + K_{brk1}(I_{brk} - I_{brk1}) \quad (I_{brk1} < I_{brk} \leqslant I_{brk2}) \\ I_{dif} \geqslant I_{act.min} + K_{brk1}(I_{brk2} - I_{brk1}) + K_{brk2}(I_{brk} - I_{brk2}) \quad (I_{brk} > I_{brk2}) \end{array} \right\} \tag{6.19}$$

式中　K_{brk1}、K_{brk2}——分别为两个制动段 BC、CD 的制动系数。

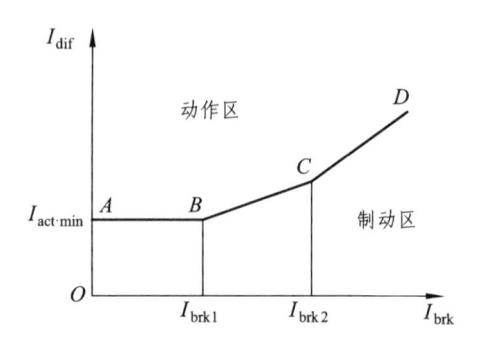

图 6.23　三折线比率制动特性

具有三折线比率制动特性的差动保护的整定原则通常是：$I_{act.min}$ 整定同前；I_{brk1} 整定为 $0.5I_N$ 或 $(0.3\sim0.75)I_N$ 可调，I_{brk2} 整定为 $3I_N$ 或 $(0.5\sim3)I_N$ 可调；K_{brk1} 整定为 $0.3\sim0.5$，K_{brk2} 整定为 $0.5\sim0.7$。这种具有三折线比率制动特性的差动保护更容易满足灵敏度的要求。

3. 具有比率制动特性的差动保护的构成

模拟型具有比率制动特性的差动保护的构成参看本节第一、第二部分和文献[2]、[4]中的 BCD—23 型差动保护装置，数字型（微机型）具有比率制动特性的差动保护的构成参看第十二章第二节。具有比率制动特性的差动保护可以简称为比率差动保护。

第八节　变压器的过励磁保护

学习本节的目的，是为了有益于理解《高速铁路设计规范》中，关于"高压侧电压为 330 kV 及以上的变压器，应装设过励磁保护，保护应具有定时限或反时限特性，并与被保护变压器的过励磁特性相配合"的规定。

一、变压器的过励磁及其原因与危害

由电机学可知，变压器线圈的电磁感应电动势为

$$E = 4.44fWSB \cdot 10^{-8}$$

式中　E——主磁通感应的电动势，V；
　　　f——电力系统频率，Hz；
　　　W——线圈匝数；
　　　S——铁芯截面面积，m^2；
　　　B——磁通密度（磁感应强度），T。

当不计线圈漏阻抗电压降时，可认为 $E \approx U$，U 为变压器线圈的电压，V；于是，磁通密度 B 可写成

$$B = \frac{10^8}{4.44WS} \cdot \frac{U}{f} = K\frac{U}{f} \tag{6.20}$$

对于给定的变压器，K 为一常数，$K=\dfrac{10^8}{4.44WS}$。

式(6.20)表明，当电力系统的电压升高或频率降低时，都会引起铁芯中磁通密度增大。变压器的过励磁就是指铁芯磁通密度过大的一种运行状况。

运行经验表明，多种原因都会引起电力系统的电压升高或频率降低：如发电机一变压器组并入电力系统过程中，运行人员误操作使发电机电压过高；切机过程中灭磁开关拒动；机组跳闸后自动调节励磁装置失灵；正常运行中突然甩负荷，使电压迅速上升，而频率由于汽轮机调速系统的惯性上升缓慢等，都会导致铁芯中磁通密度增大，励磁电流增加，特别是在铁芯饱和之后，励磁电流会急剧增大，造成变压器过励磁。尤其对于超高压大容量电力变压器，其铁芯都采用冷轧硅钢片叠成，为了节省材料并减轻重量，其额定磁通密度 B_N（1.7～1.8 T）与饱和磁通密度 B_S（1.9～2.0 T）相差不多，容易发生过励磁。

变压器过励磁，会使铁芯损耗增加，铁芯温度升高；同时还会使漏磁通增多，使靠近铁芯的线圈导线、油箱壁和其他金属构件产生涡流损耗，发热并引起高温，严重时会造成局部变形和损伤周围的绝缘结构；使变压器运行寿命缩短。因此，对于超高压大容量电力变压器，为了防御其因过励磁而损坏，应当配置过励磁保护。

二、变压器过励磁倍数、特性曲线和保护原理

变压器过励磁状况可用过励磁倍数 n 来表示：

$$n=\frac{B}{B_N}=\frac{U}{f}\cdot\frac{f_N}{U_N} \tag{6.21}$$

式中 B、B_N——变压器铁芯磁通密度的实际值和额定值；

U、U_N——变压器线圈的实际电压和额定电压；

f、f_N——电力系统的实际频率和额定频率。

由于各种变压器采用的绝缘材料和制造工艺不完全相同，所以允许的过励磁倍数与时间的关系曲线（简称过励磁特性曲线）有差异，图 6.24 表示了变压器制造厂提供的变压器允许过励磁特性曲线，该图纵坐标为过励磁倍数 n，横坐标为过励磁允许持续时间 t（后同）。可以看出，过励磁倍数 n 越大，过励磁允许持续时间 t 越短；反之，n 越小则 t 越长。即过励磁特性曲线呈反时限特性。

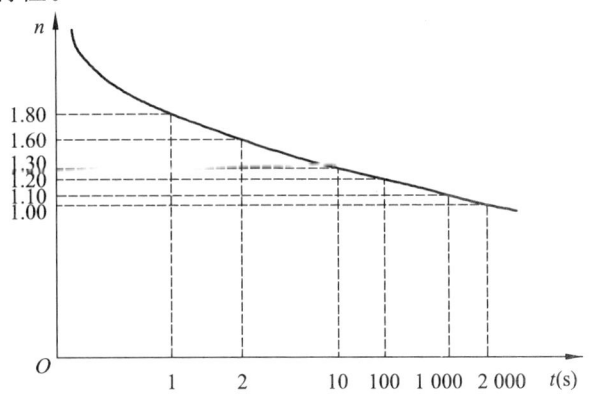

图 6.24 变压器允许过励磁特性曲线

为了实现变压器过励磁保护，应测量 U/f 值，测量原理框图如图 6.25 所示。该图中 T 为中间变压器，它的一次侧电压就是变压器高压侧母线电压互感器二次侧电压 U_2，中间变压器二次侧接电阻 R 和电容 C 串联的电路。

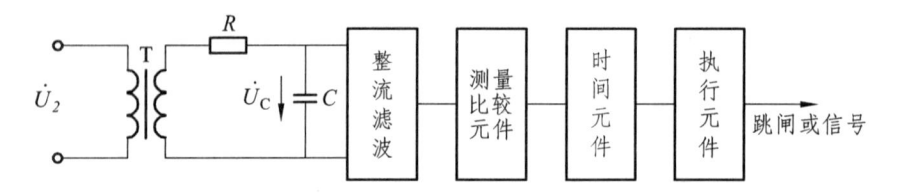

图 6.25　变压器过励磁保护原理框图

根据电工原理中电阻和电容串联的正弦交流电路理论，经过推导可获得电容 C 上的电压如下

$$U_C = \frac{U}{n_{TV} n_T \sqrt{(2\pi f RC)^2 + 1}} \tag{6.22}$$

式中　U——变压器高压侧母线电压，即加在变压器高压侧线圈的电压；

n_{TV}——变压器高压侧母线电压互感器 TV 电压比；

n_T——中间变压器 T 变压比。

选择电路参数时，令 $2\pi f RC \gg 1$，则 1 可忽略不计，于是式(6.22)可改写成

$$U_C = \frac{U}{n_{TV} n_T 2\pi f RC} \cdot \frac{U_N}{U_N} \cdot \frac{f_N}{f_N} = \frac{U_N}{n_{TV} n_T 2\pi f_N RC} \cdot \frac{U}{f} \cdot \frac{f_N}{U_N} = K'n \tag{6.23}$$

式中　K'——系数，$K' = \frac{U_N}{n_{TV} n_T 2\pi f_N RC}$，V。

式(6.23)表明，U_C 的大小可反映变压器的过励磁状况。

变压器过励磁保护原理框图见图 6.25。当 U_C 的整流值大于整定电压 U_{set} 时，测量比较元件有输出电压，经时限元件延时，使执行元件动作，发出过励磁信号或作用于跳闸。过励磁保护可以是定时限特性的，通常分为两段：第Ⅰ段，动作于信号或减励磁；第Ⅱ段，动作于跳闸。当然，变压器过励磁保护采用反时限特性，更符合过励磁的实际情况。

另外，变压器过励磁会导致差动保护不平衡电流增大，而可能误动作。鉴于变压器在过励磁情况下，励磁电流含有较大的五次谐波，所以对于有可能发生过励磁的超高压大容量变压器，其二次谐波闭锁的具有比率制动特性的差动保护，还应增设五次谐波闭锁，以防止在变压器过励磁情况下的误动作。

三、变压器过励磁保护整定计算原则

变压器过励磁保护根据《大型发电机变压器继电保护整定计算导则》(DL/T 684—2012)和变压器制造厂提供的变压器允许过励磁特性曲线整定。

1. 变压器定时限过励磁保护

如上所述，定时限过励磁保护设置两段：第一段为报警段，第二段为跳闸段，建议只使

用报警段。整定计算方法以图 6.24 为例，图中变压器允许过励磁特性曲线由变压器制造厂提供。

第一段报警段，动作时间可根据变压器允许过励磁特性曲线适当整定。例如，设 $n=1.1$，从曲线上查得对应的允许时间约为 1 000 s，动作时间可整定为 200 s，考虑从发信号报警到允许时间还有 800 s，使运行人员有足够时间尽可能处理变压器的过励磁。报警段的动作时间不宜太短，以防止在变压器短时过励磁情况下不必要的发信号。

第二段跳闸段，可整定 $n=1.15\sim1.35$。例如，取 $n=1.3$，从曲线上查得允许的过励磁时间约为 10 s，动作时间可整定为 8 s，即为保障变压器的安全，取动作时间适当小于实际允许的时间。

2. 变压器反时限过励磁保护

变压器反时限过励磁保护的动作特性曲线，应与变压器允许过励磁特性曲线相配合，整定图例如图 6.26 所示。图中，1 为制造厂提供的变压器允许过励磁特性曲线，2 为变压器反时限过励磁保护整定动作特性曲线。

变压器微机后备保护中的反时限过励磁保护，一般采用分段线性化的方法实现。整定时需要输入 (n_1, t_1)、(n_2, t_2)、(n_3, t_3)、…、(n_m, t_m) 等若干组整定定值来模拟反时限特性曲线，一般取 $m \leqslant 10$。整定时可以从制造厂提供的变压器允许过励磁特性曲线图中提取相应数量的点，将其对应的 (n, t) 作为整定定值。取点的原则为：曲线斜率较大处，取点宜稀疏；曲线斜率较小处，取点宜密集。（注意该曲线斜率＜0。）

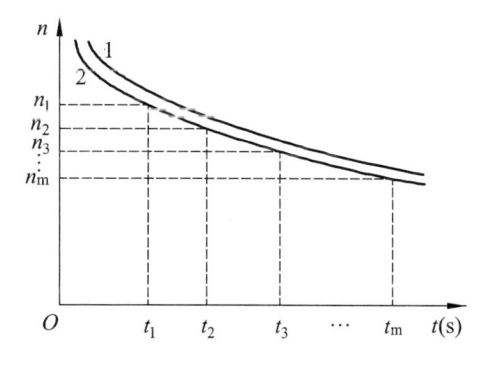

图 6.26 变压器反时限过励磁保护整定图例

反时限过励磁保护定值整定过程中，宜考虑一定的裕度，可以从动作时间或动作倍数考虑裕度（两者只取其一）。从动作时间考虑时，可以取整定时间为允许过励磁特性曲线时间的 60%～80%；从动作倍数考虑时，可以取整定倍数为允许过励磁特性曲线倍数除以 1.05，最小整定倍数应能躲过电源进线正常运行的最高电压。

※ ※

本章上述各节所阐释的保护，只有瓦斯保护（轻瓦斯动作于报警，重瓦斯动作于跳闸）是非电量保护，其余各种保护都是电量保护。非电量保护除了瓦斯保护以外，还有：温度Ⅰ段信号，整定值为 60 ℃，动作于报警；温度Ⅱ段保护，整定值为 85 ℃，动作于跳闸；油位过低信号，动作于报警；油位过高信号，动作于报警；压力释放保护，动作于跳闸。整定值未写明者，由变压器制造厂确定。

第七章　交流牵引网保护

牵引网结构复杂，工作条件恶劣，因而发生短路故障的概率较高。短路点电弧可能使接触网导线烧坏。电弧电流越大，持续时间越长，发热量就越多，接触网导线被烧坏的可能性也就越大。而接触网又无备用。为了减小短路造成的破坏程度和损失，要求一旦发生短路应尽快将其切除。因此，加强保护装置就显得特别重要。

第一节　交流牵引负荷与交流牵引网短路参数的特点

为了阐述牵引网合理的保护方式，首先分析交流牵引负荷与交流牵引网短路参数的特点。

一、交流牵引负荷的特点

(1) 牵引负荷是移动的，负荷电流变化剧烈，最大负荷电流很大。牵引网的供电对象是牵引列车在铁路上奔驰的交流电力机车，其位置不断移动，负荷电流变化范围很大。当一个供电臂有几列列车运行时，馈线电流可达到 600～800 A。当采用双机牵引或三机牵引时，馈线电流可超过 1 000 A。高速铁路动车组按 16 辆编组行驶时，馈线电流更大。

(2) 在接触网电压下空载投入电力机车变压器、AT 供电方式自耦变压器时将产生励磁涌流。电力机车变压器励磁涌流的幅值可达 500～600 A，涌流曲线呈尖顶波形，而且偏于时间轴的一侧，如图 7.1 所示。所以涌流中含有大量二次谐波。由于涌流不属于故障，所以保护装置不应发生误动作。

(3) 在使用交-直型电力机车的情况下，牵引网负荷功率因数一般为 0.8 左右。电力机车电流的相位角：牵引状态下为 25°～40°，启动时为 55°～60°，再生制动时为 90°～120°。由于各种机车整流电路的不同，电流相位角也有所差异。馈电线负荷的电流相位角与供电臂机车的数量和工作状态有关，是不断变化的，一般为 37°左右，比普通电力负荷功率因数低。

(4) 在使用交-直型电力机车的情况下，牵引网电流波形是非正弦的，如图 7.2 所示，含有大量的高次谐波。三次谐波含量最高为 20% 左右，晶闸管整流的交-直型电力机车有时高达 30%，所以应考虑高次谐波对牵引网保护的影响。

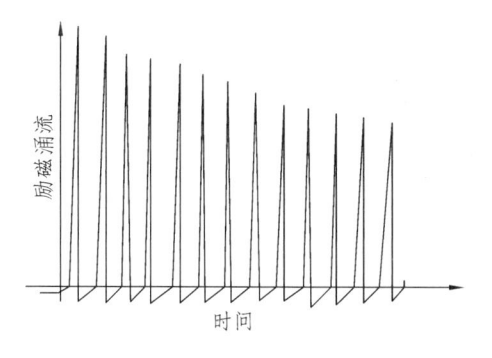

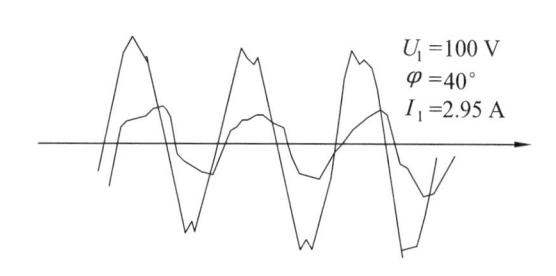

图 7.1 机车变压器空载投入时的励磁涌流曲线

图 7.2 交-直型电力机车牵引电流、电压波形图

二、交流牵引网短路参数的特点

（1）供电臂较长，牵引网单位阻抗大。牵引网采用直接供电方式实行单边供电时，供电臂长度一般为 20～30 km。其单位阻抗，对于 GJ-70＋GLCA-$\frac{100}{215}$型接触悬挂，为 0.54∠65°Ω/km 左右，比一般输电线的单位阻抗大得多；对于铜与铜合金接触悬挂，为 0.44∠71°Ω/km 左右，也比一般输电线的单位阻抗大。

（2）由于牵引网为长距离、大阻抗、重负荷线路，所以远点短路时短路电流的数值与最大负荷电流接近，要求采用高灵敏度的保护装置。而近点短路时，短路电流的数值又相当大，为避免烧坏接触网导线扩大事故范围，要求保护装置快速动作。

（3）短路电流的相位角主要由牵引网的参数决定，一般为 65°或 71°左右，与负荷功率因数角相差较大，这对构成保护装置有利。

（4）短路时由于电力机车退出了工作，所以短路电流曲线基本为正弦波，其三次谐波一般不超过 2%～3%。因此，可以利用三次谐波含量的不同来区分短路故障与正常工作状态。

第二节　交流牵引网的距离保护

由于交流牵引负荷与交流牵引网短路参数的特点，反应电流值变化的电流保护灵敏系数低，所以一般不能作为牵引变电所牵引馈电线的主保护。

采用方向阻抗继电器的距离保护，能反应被保护线路电压、电流及其相位角三个特性参数的变化，灵敏系数较高，一般都用作牵引变电所牵引馈电线的主保护。

采用圆特性的阻抗继电器，因其保护范围由牵引网的最小负荷阻抗所限定，对于运量大、距离长的牵引网，仍满足不了灵敏系数的要求。为了提高距离保护的灵敏度，各国的继电保护工作者都做了很多改进，并取得了比较满意的成果。

图 7.3 中，(a)为椭圆形特性，(b)为凸透镜形特性，(c)、(d)、(e)为复合特性，(f)、(g)、(h)为四边形特性。它们的灵敏系数都比一般圆特性的高。尤其是四边形特性阻抗继电器可得到任意需要的灵敏系数。下面仅介绍用得最多的四边形特性阻抗继电器。

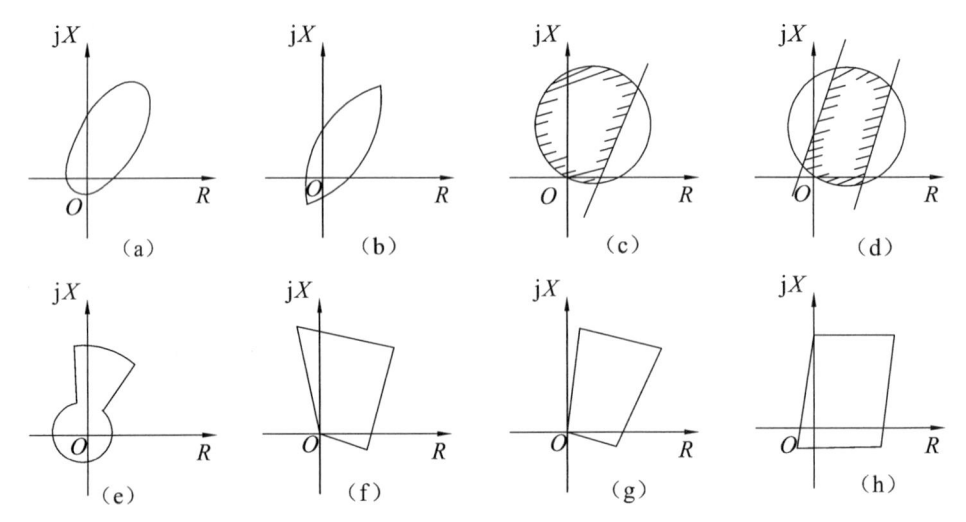

图 7.3　阻抗继电器的特性形状

一、四边形特性方向阻抗继电器

1. 四边形特性方向阻抗继电器的基本原理

如图 7.3(f)、(g)、(h)所示的四边形特性，四条边为其边界线，内部为动作区，外部为非动作区。

四边形一般由两组折线组合而成，如图 7.4 所示。所用折线不同，得到的四边形的形状就不同。

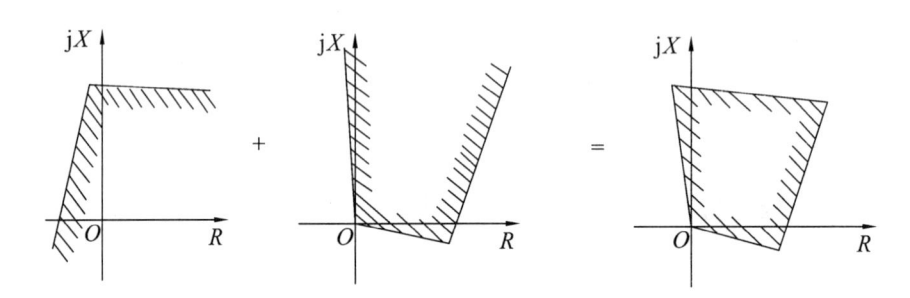

图 7.4　四边形为两组折线之和

(1) 两边折线的构成原理及其实现的原理电路。

① 两边折线的构成。

构成两条边的折线，需要知道折线顶点的坐标和折线的方向，如图 7.5(a)所示。顶点的坐标由复量 Z_3 表示，折线两条边的方向由复量 Z_1 和 Z_2 表示。

② 测量阻抗 Z_K 落在不同范围时，三个复量中两个相邻复量夹角的特征。

当测量阻抗 Z_K 落在动作范围内时，如图 7.5(b)所示，Z_1、Z_2 和 Z_3-Z_K 三个复量中，任意两个相邻复量之间的夹角都小于 $180°$。

当测量阻抗 Z_K 落在动作范围外时，如图 7.5(c)所示，上述三个复量中，总有一对相邻复量之间的夹角大于 180°。

当测量阻抗 Z_K 落在动作边界线上时，上述三个复量中，总有一对相邻复量之间的夹角等于 180°，如图 7.5(d)所示。

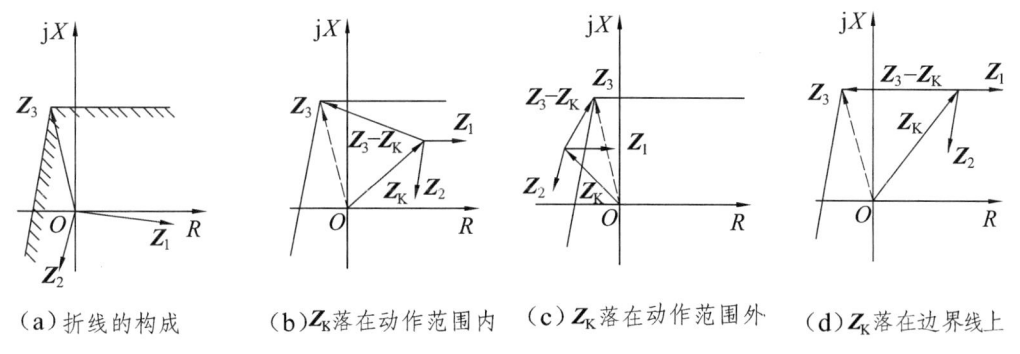

（a）折线的构成　（b）Z_K 落在动作范围内　（c）Z_K 落在动作范围外　（d）Z_K 落在边界线上

图 7.5　两边折线的分析

综上所述，比较上述三个复量中两个相邻复量的夹角，可以区分测量阻抗 Z_K 是否落在动作范围之内。

为了便于在电路上实现，可以将三个阻抗复量都乘以电流 $\dot{I}$，使它们变为三个电压相量，即

$$\left.\begin{array}{l}\dot{U}_1=\dot{I}Z_1\\ \dot{U}_2=\dot{I}Z_2\\ \dot{U}_3=\dot{I}(Z_3-Z_K)=\dot{I}Z_3-\dot{U}_K\end{array}\right\} \quad (7.1)$$

③ 相位差不同特征时的三个电压相量用波形表示的关系（见图 7.6）。

当三个电压相量中任意两个相邻相量间的相位差都小于 180°时，它们对时间轴的电压波形是半波连续的，即在任意时刻都至少有一个电压是正的（或负的），没有间断出现，如图 7.6(a)所示。

反之，当三个电压相量中的任意两个相邻相量间的相位差大于 180°时，电压波形就会出现间断，即某一时间间隔内，三个电压相量都不为正（或负），如图 7.6(b)所示。此时电压波形半波连续的时间小于 20 ms。

④ 两边折线实现的原理电路。

为了对上述三个电压相量进行相位比较，需设计一个多相量相位比较电路。要求：如果其中任意两个相邻电压相量之间的夹角都小于 180°，就动作；只要有一个夹角大于 180°，就不动作。

图 7.7 所示的多相量相位比较电路能满足上述要求，即当出现大于 20 ms 的连续波时（相当于 Z_K 落在动作区内），电路有输出，继电器动作；当出现连续时间小于 20 ms 的断续波时（相当于 Z_K 落在动作区外），电路没有输出，继电器不能动作。

这个电路较简单，主要由两部分组成：一部分为半导体二极管 $VD_1 \sim VD_3$ 组成的半波"负或门"，当三个输入的电压相量中有任何一个或者多个为负电位时，其输出端 a 点就有负电位输出；另一部分为半导体三极管 VT_1、VT_2 和电容 C 等组成的充电式 20 ms 延时电路。

充电式 20 ms 延时电路的工作过程如下：

无输入时，VT_1 导通，电容 C 不充电，稳压二极管 VS 不反向击穿，VT_2 截止，U_{out} 为正电位，继电器不动作。

（a）

（b）

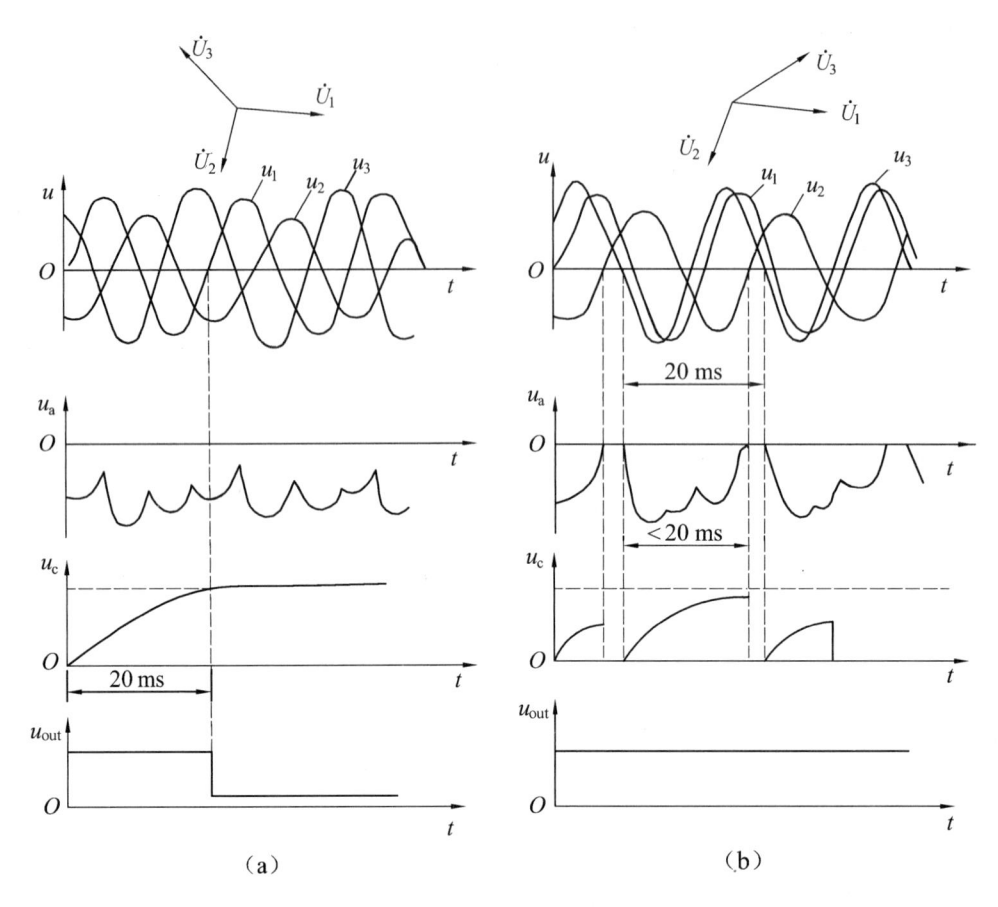

图 7.6　三个电压相量间相位角与波形的关系

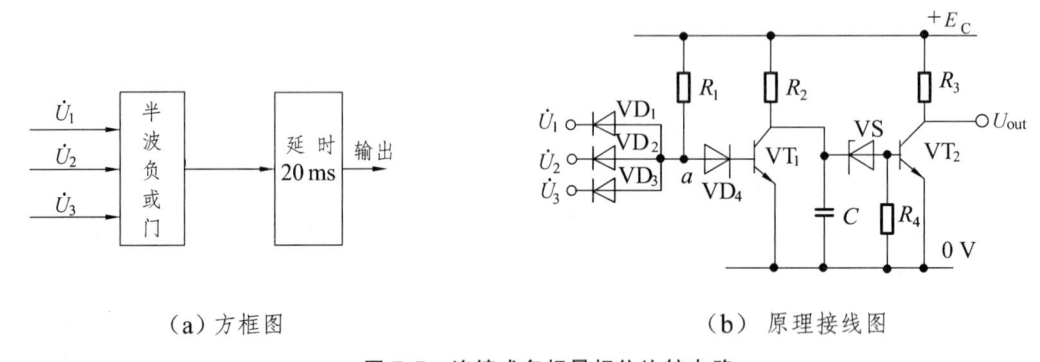

（a）方框图

（b）原理接线图

图 7.7　连续式多相量相位比较电路

输入连续波时，如图 7.6(a) 所示，在任何时刻三个电压相量中至少有一个电压相量为负，因此 a 点的电位 U_a 一直连续为负。这时 VD_4 截止，VT_1 截止，$+E_C$ 通过 R_2 向电容 C 充电。充到 20 ms 时，U_c 数值达到稳压二极管 VS 的反向击穿电压，使 VS 击穿工作，VT_2 导通，$U_{out} \approx 0$，继电器动作。

输入断续波时，如图 7.6(b) 所示，由于负半波的持续时间小于 20 ms，所以电容 C 充不到使 VS 击穿的电压，负半波就间断，VT_1 又导通，电容 C 放电。当断续的负半波再次出现时，重复上述过程。这样电容 C 总是不能充到使 VS 击穿的电压，VT_2 不能导通，$U_{out} =$

$+E_{\mathrm{C}}$，继电器不动作。

（2）三边折线的构成原理。

① 三边折线的构成：构成三条边的折线，需要知道折线两个顶点的坐标和折线三条边的方向。如图 7.8 所示，设折线的一个顶点为坐标原点 O；另一个顶点的坐标用复量 Z_4 表示，复量 Z_4 也是折线的一条边。折线的其余两条边的方向分别用复量 Z_5 和 Z_6 表示，如图 7.8(a)所示。

② 测量阻抗 Z_K 落在不同范围时，四个复量中两个相邻复量夹角的特征。

当测量阻抗 Z_K 落在动作区内时，如图 7.8(b)所示，(Z_4-Z_K)、Z_5、Z_6 和 $-Z_K$ 四个复量中，任意两个相邻复量之间的夹角都小于 180°。

当测量阻抗 Z_K 落在动作区外时，如图 7.8(c)所示，上述四个复量中，总有一对相邻复量之间的夹角大于 180°。

当测量阻抗 Z_K 落在动作边界线上时，如图 7.8(d)所示，上述四个复量中，总有一对相邻复量之间的夹角等于 180°。

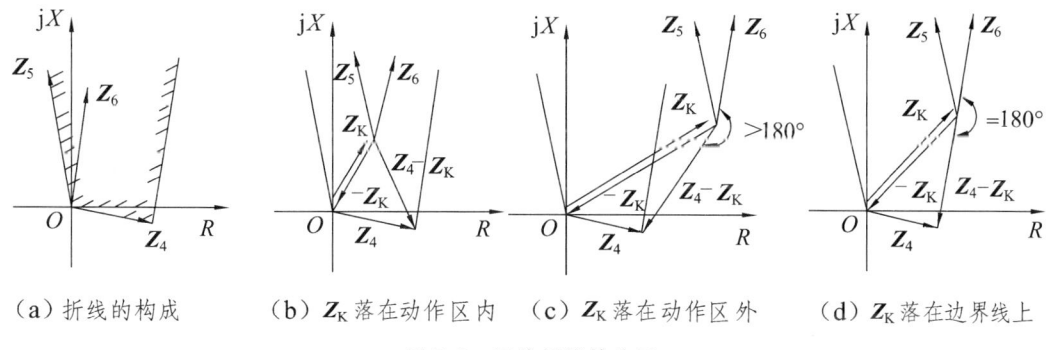

（a）折线的构成　（b）Z_K 落在动作区内　（c）Z_K 落在动作区外　（d）Z_K 落在边界线上

图 7.8　三边折线的分析

同理，为了便于在电路上实现，可将四个阻抗复量都乘以电流 $\dot{I}$，使它们变为四个电压相量，即

$$\left.\begin{array}{l}\dot{U}_4=\dot{I}(Z_4-Z_K)=\dot{I}Z_4-\dot{U}_K \\ \dot{U}_5=\dot{I}Z_5 \\ \dot{U}_6=\dot{I}Z_6 \\ \dot{U}_7=\dot{I}(-Z_K)=-\dot{U}_K\end{array}\right\} \quad (7.2)$$

利用多相量相位比较电路比较这四个电压相量间的相位差，即可实现三边折线的要求，即：如果其中任意两个相邻电压相量之间的夹角都小于 180°，继电器就动作；只要有一个大于 180°，继电器就不动作。

（3）上述两组折线组成"与门"，即测量阻抗 Z_K 必须同时落在两组折线的动作区内，电路才有输出，继电器动作。其原理框图如图 7.9 所示。

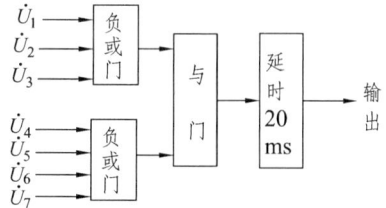

图 7.9　四边形特性阻抗继电器原理框图

用以上类似方法，只要改变所用各电压的参

数，就可以组成如图 7.3 所示的各种四边形特性阻抗继电器。

我国电气化铁路牵引馈电线保护中采用的四边形特性阻抗继电器两组电压相量构成举例如下：

$$\left.\begin{aligned}\dot{U}_1 &= \dot{I}Z_1 - K_1\dot{U}_K \\ \dot{U}_2 &= \dot{I}Z_3' \\ \dot{U}_3 &= -K\dot{U}_K\end{aligned}\right\} \tag{7.3}$$

$$\left.\begin{aligned}\dot{U}_1' &= \dot{I}Z_3 - K_2\dot{U}_K \\ \dot{U}_2' &= \dot{I}Z_2 \\ \dot{U}_3' &= \dot{I}Z_1' \\ \dot{U}_4' &= -K\dot{U}_K\end{aligned}\right\} \tag{7.4}$$

式中 K，K_1，K_2——电压变换器 UV 的不同变换系数。

式(7.3)的三个相量构成如图 7.10 所示的折线特性；式(7.4)的四个相量构成如图 7.11 所示的折线特性。两组折线特性组合成如图 7.12 所示的四边形特性。

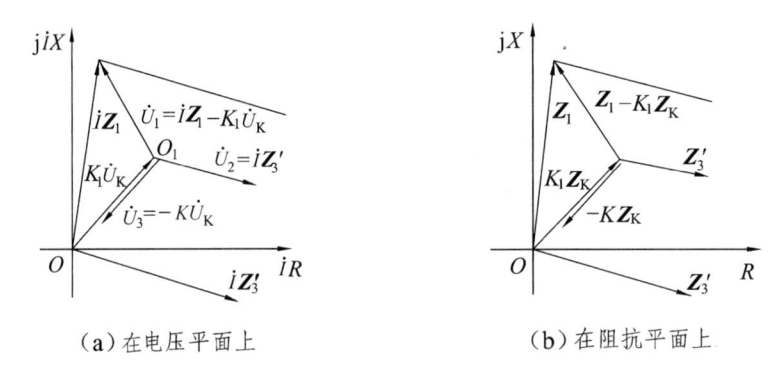

（a）在电压平面上　　（b）在阻抗平面上

图 7.10　式(7.3)构成的折线特性

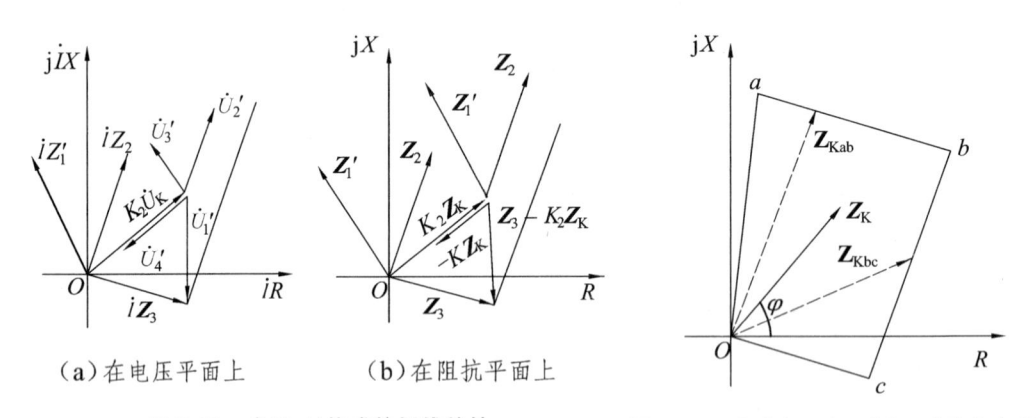

（a）在电压平面上　　（b）在阻抗平面上

图 7.11　式(7.4)构成的折线特性

图 7.12　由式(7.3)、式(7.4)的七个相量构成的四边形特性

图 7.12 所示的四边形特性阻抗继电器原理框图与图 7.9 相似，不须赘述。实用中，图 7.12 所示四边形特性 ab 边的整定阻抗 Z_{Kab}，按被保护线路保护范围的最大线路阻抗整定，故称为线路整定阻抗；bc 边的整定阻抗 Z_{Kbc}，按被保护线路的最小负荷阻抗整定，故称为负荷整定阻抗。$\angle ROc$ 为 $-15°$，$\angle aOR$ 为 $80°\sim85°$；bc 与 OR 的夹角为线路阻抗角。

2. 四边形特性方向阻抗继电器的主要优缺点

(1) 与圆特性阻抗继电器相比，四边形特性方向阻抗继电器有如下优点：

① 具有更高的灵敏度和更强的躲负荷能力。其根本原因在于四边形特性的 ab 边和 bc 边是分别整定的。bc 边由最小负荷阻抗确定。ab 边仅由线路阻抗确定，不受负荷阻抗的制约，完全可以根据线路保护对灵敏系数的要求确定 ab 边的整定阻抗。

如图 7.13，把圆特性全阻抗继电器、圆特性方向阻抗继电器、四边形特性方向阻抗继电器的动作阻抗进行比较，可以看出，在躲过被保护线路的相同的最小负荷阻抗 $Z_{L \cdot min}$ 的情况下，在短路时四边形特性阻抗继电器灵敏度最高；图 7.14 显示，在短路情况下三种特性的阻抗继电器灵敏度相同时，四边形特性阻抗继电器躲开负荷的能力最强。

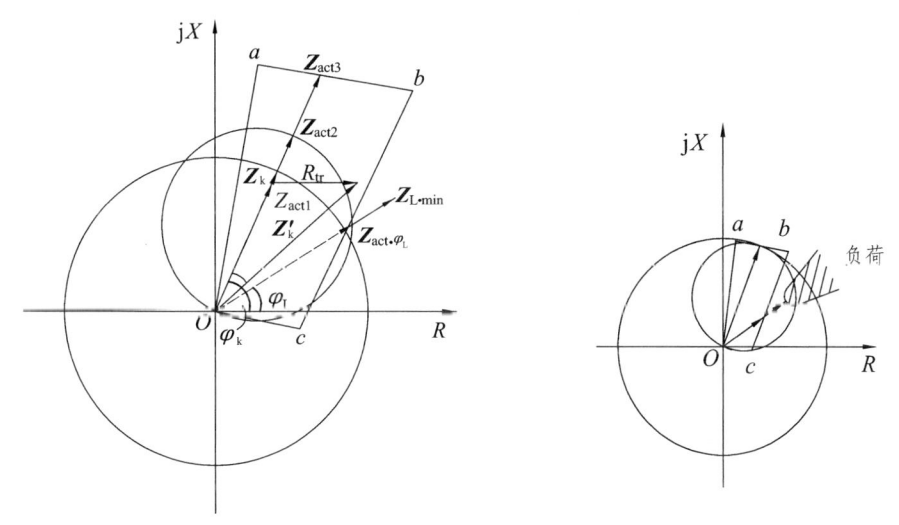

图 7.13 灵敏度及反应过渡电阻能力比较

图 7.14 躲负荷能力比较

② 反应过渡电阻的能力也较强。如图 7.13 所示，短路阻抗为 Z_k，如果没有过渡电阻，那么三种特性的阻抗继电器都能动作。如果在短路点有过渡电阻 R_{tr}，其合成阻抗为 Z'_k。这时，只有四边形特性阻抗继电器能够动作，而其余两种都因 Z'_k 落在动作区外而拒动。

③ 不会因电压互感器二次侧断线而误动作，可省去断线闭锁装置。例如，三相 YNd11 联结和 Vv 联结牵引变电所牵引侧的电压互感器组一般采用 Vv 接线，c 相接地（不装设熔断器），二次侧负载接成三角形（见图 7.15）。

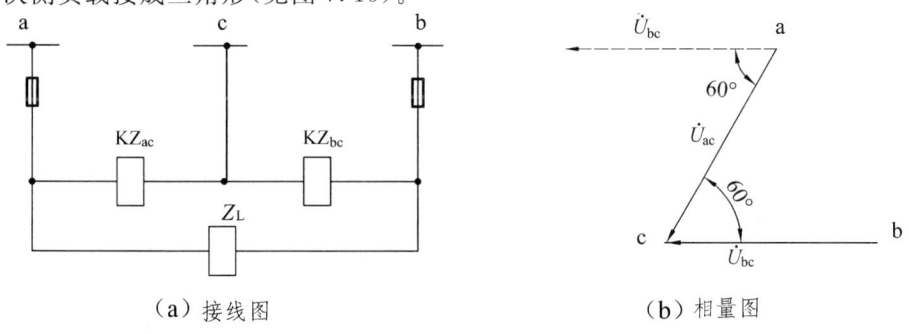

（a）接线图

（b）相量图

图 7.15 TV 二次回路断线时 KZ 的电压变化说明图

• 当 TV 二次回路 a 相和 b 相同时断线时，$\dot{U}_K=0$，于是加到比相电路的两组负"或门"的电压相量式(7.3)、式(7.4)将分别变为

$$\begin{cases}\dot{U}_1=\dot{I}\mathbf{Z}_1\\ \dot{U}_2=\dot{I}\mathbf{Z}_3'\\ \dot{U}_3=0\end{cases} \qquad \begin{cases}\dot{U}_1'=\dot{I}\mathbf{Z}_3\\ \dot{U}_2'=\dot{I}\mathbf{Z}_2\\ \dot{U}_3'=\dot{I}\mathbf{Z}_1'\\ \dot{U}_4'=0\end{cases}$$

由图 7.10(a)和图 7.11(a)可以看出，当 $\dot{U}_K=0$ 时，两组电压相量中都有一对相邻相量的夹角大于 180°的情况，所以四边形特性阻抗继电器不会误动作。

• 当 a 相断线时，该相继电器 KZ$_{ac}$ 的电压由原来的 $\dot{U}_{ac}$ 变为 $K_{b1}'\dot{U}_{bc}$（K_{b1}'为分压系数），比原来滞后 60°，测量阻抗 Z_K 的幅角由 37°变为 37°−60°=−23°，Z_K 落在动作区外部（第Ⅳ象限 Oc 以下），所以四边形特性方向阻抗继电器不会误动作。

• 当 b 相断线时，该相继电器 KZ$_{bc}$ 的电压由原来的 $\dot{U}_{bc}$ 变为 $K_{b1}''\dot{U}_{ac}$（K_{b1}''为分压系数），比原来超前 60°，测量阻抗 Z_K 的幅角由 37°变为 37°+60°=97°，Z_K 也落在动作区外部（第Ⅱ象限），所以四边形特性方向阻抗继电器不会误动作。

④ 当被保护线路上只有变压器励磁涌流时，四边形特性方向阻抗继电器不会误动作。如图 7.16 所示。

注意：当被保护线路上励磁涌流和负荷电流同时存在而且比较大时，四边形特性阻抗继电器仍可能误动作。因此，应采取抵制励磁涌流的措施。

(2) 与圆特性阻抗继电器相比，四边形特性方向阻抗继电器有如下缺点：

① 比较复杂，用的相量较多，较难掌握，调试比较困难。

② 易受高次谐波干扰而出现误动或拒动，因此，用在牵引网时，必须采取措施将高次谐波滤掉。

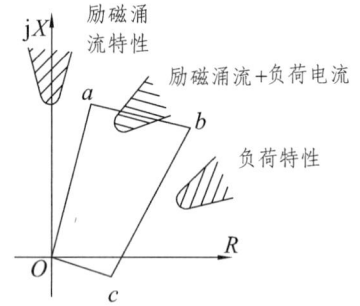

图 7.16 励磁涌流对四边形特性方向阻抗继电器的影响

二、偏移平行四边形特性阻抗继电器

偏移平行四边形特性同样可由两组折线构成，如图 7.17 所示。图中(a)、(b)所示两组折线分别由下列两组电压构成。

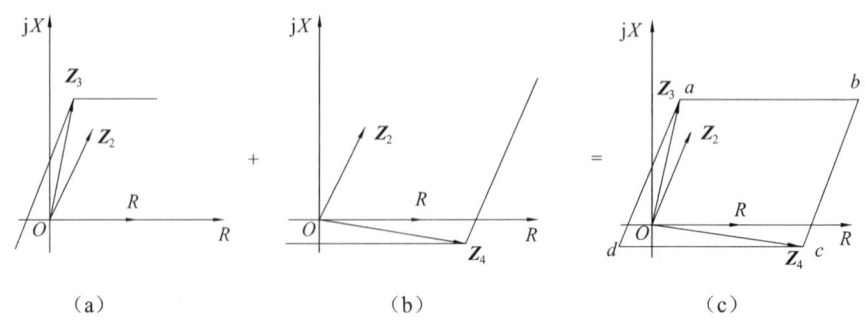

图 7.17 偏移平行四边形特性的构成

$$\left.\begin{aligned}\dot{U}_1 &= \dot{I}R \\ \dot{U}_2 &= -\dot{I}\mathbf{Z}_2 \\ \dot{U}_3 &= \dot{I}\mathbf{Z}_3 - K_1\dot{U}_K\end{aligned}\right\} \quad (7.5)$$

$$\left.\begin{aligned}\dot{U}_4 &= -\dot{I}R = -\dot{U}_1 \\ \dot{U}_5 &= \dot{I}\mathbf{Z}_2 = -\dot{U}_2 \\ \dot{U}_6 &= \dot{I}\mathbf{Z}_4 - K_2\dot{U}_K\end{aligned}\right\} \quad (7.6)$$

同样，以上每组折线组成一个负"或门"，两组折线组成一个"与门"，即当 $\mathbf{Z}_K$ 同时落入两组折线的动作区内时，电路就有输出，继电器动作。其原理框图与图 7.9 类似。

三、L 形特性阻抗继电器

1. 构 成

L 形特性阻抗继电器由两个平行四边形特性阻抗继电器组合而成，其特性如图 7.18 所示。其中一个具有纵长平行四边形特性，另一个具有横长平行四边形特性。只要测量阻抗落入任何一个四边形之内，继电器就动作。L 形特性阻抗继电器由于增加了横长平形四边形特性，因此，它除了具备四边形特性方向阻抗继电器的优点之外，还增强了反应故障点过渡电阻的能力。

L 形特性阻抗继电器在日本的实际应用，由两个偏移平行四边形特性阻抗继电器 44 组合而成，具有纵长特性的标为 44F，具有横长特性的标为 44FR。

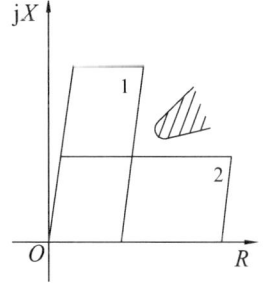

图 7.18　L 形特性阻抗继电器

2. 整 定

(1) 44F 的整定(保护范围参看图 7.35、图 7.36 中 II 段)。

图 7.19 为 44F 的整定方法示意图。特性的 ab 边与横轴 R 平行，bc 边的倾斜角 θ 大致与线路阻抗角相同。

ab 边的位置根据 II 段保护范围的线路电抗值 $X_{li}(\Omega)$ 确定，即 $X_1 = K_{sen}X_{li}(\Omega)$，$K_{sen}$ 为灵敏系数，一般取 1.2。

bc 边的位置由 R'_1 决定。整定时，一般可先假定 $R_1 = 10\,\Omega$ (实际系统的值)，然后校验在负荷情况下继电器会不会误动作。

可能使继电器误动作的最严重情况是：当被保护线路出现最小负荷阻抗时，即负荷电流最大(I_{max}，A)、变电所牵引侧母线电压最低(U_{min}，V)、功率因数($\cos\varphi'$)也最低时，如图 7.19 所示，这时负荷的最小电阻(比最小负荷阻抗的电阻分量更小的电阻)R'_1 由下式求得

$$R'_1 = \frac{U_{min}}{I_{max}}\left(\cos\varphi' - \frac{\sin\varphi'}{\tan\theta}\right) \quad (\Omega) \quad (7.7)$$

按上式求得的 R'_1，如果大于 10 Ω，继电器整定在 $R_1 = 10\,\Omega$ 即可；如果 R'_1 小于 10 Ω，继电器应整定在 $R_1 = \dfrac{R'_1}{K_{REL}}(\Omega)$，其中 K_{REL} 为可靠系数，一般取 1.1。

(2) 44FR 的整定（保护范围参看图 7.35、图 7.36 中 Ⅰ 段）。

图 7.20 所示为 44FR 的整定方法示意图。ab 边的整定值 X_2 应小于 X_2'。X_2' 为重负荷情况下且功率因数（$\cos\varphi$）为最高时的最小负荷电抗，即

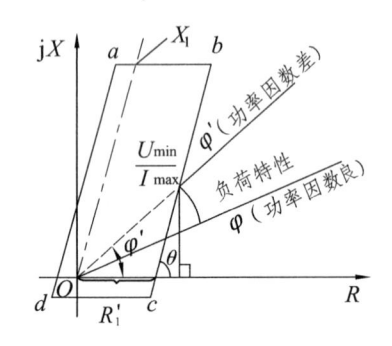

图 7.19　44F 整定方法　　　　图 7.20　44FR 整定方法

$$X_2' = \frac{U_{\min}}{I_{\max}} \sin\varphi \quad (\Omega) \tag{7.8}$$

故

$$X_2 = \frac{X_2'}{K_{REL}} \quad (\Omega) \tag{7.9}$$

式中　K_{REL}——可靠系数，可取 1.1。

然后，根据 Ⅰ 段保护范围的线路电抗值校验其是否满足保护范围的要求。

ab 边也可根据 Ⅰ 段保护范围的要求，确定 X_2 的值。然后校验在上述最小负荷电抗时，继电器是否误动作。

bc 边根据故障点过渡电阻进行整定。在日本一般以故障点过渡电阻为 10 Ω（实际系统值）计算。在双线区段下上行接触网并联供电或越区供电情况下，阻抗继电器测量的故障点过渡电阻最大可能达到实际系统值的 2 倍（参看本章第七节第二部分）。因此 R_2 应按下式计算：

$$R_2 = 10 \times 2 \times K_{REL} \quad (\Omega) \tag{7.10}$$

式中　K_{REL}——可靠系数，可取 1.2。

上述具有横长特性的阻抗继电器 44FR，可借鉴改进，作为牵引网高阻接地距离保护。不过，对于 bc 边的整定，短路故障点过渡电阻的取值，应结合我国电气化铁路的实际情况进一步研究，附录 F 可供参考。

第三节　利用牵引负荷特点构成的保护

一、谐波电流的利用

如前所述，交-直型电力机车负荷电流中含有大量的高次谐波，其中以三次谐波含量为最多，而牵引网短路电流接近于正弦波，因此可利用三次谐波含量区分正常工作与故障状态。另外，机车的励磁涌流从数值上虽然大大超过正常负荷电流，甚至接近故障电流，但它却含有大量二次谐波。因此可利用二次谐波含量区分励磁涌流和故障电流。

根据以上特点，电流（或距离）保护加上三次谐波制动以后，可以相应地降低启动电流的数值（或提高阻抗继电器的整定值），使保护的灵敏系数提高。加上二次谐波制动以后，就可以不考虑变压器励磁涌流对保护装置的影响。否则要在整定值（动作电流或时限）上躲过励磁涌流，这是很不理想的，它将使保护的灵敏系数大大降低或延时过长。

图 7.21 为三次谐波制动保护的原理接线之一，主要由基波滤过器（Z_1）、三次谐波滤过器（Z_3）、整流桥 U_1、U_3 以及有两个线圈 W_1 和 W_3 的继电器所组成。基波经 Z_1、U_1 滤波整流后通入线圈 W_1；三次谐波经 Z_3、U_3 滤波整流后通入线圈 W_3，二者所产生的磁动势方向相反，I_1W_1 使继电器动作，而 I_3W_3 使继电器制动，故使继电器动作的总安匝数为 $I_1W_1-I_3W_3$。适当选择 W_1 和 W_3 的数值，使在正常负荷时，即 I_3 有一定含量时，继电器不能动作。当故障时由于 I_1 增加，I_3 降低，使继电器能够灵敏动作。上述结构形式便于说明三次谐波的作用，但由于继电器为电磁型（或感应型）的，所以消耗功率大，结构复杂，动作速度慢，因此并未得到实际应用。由于静态型继电保护的迅速发展，谐波制动问题也变得现实了。

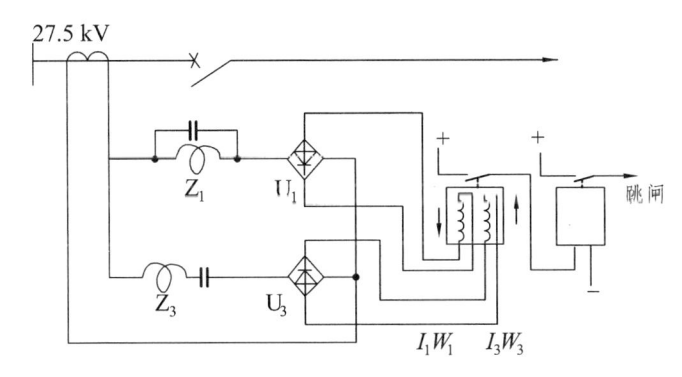

图 7.21 三次谐波制动电流保护原理

日本电气化铁路应用的谐波抑制交流 ΔI 型故障选择器就是利用三次谐波抑制和二次谐波闭锁的。在日本的 44 距离保护上也装有二次谐波制动环节，其简化原理框图示于图 7.22。虚线框内即为制动环节，主要由基波滤过器、二次谐波滤过器及其比较电路组成。当二次谐波含量超过 15%，即产生励磁涌流时，虽然阻抗继电器由于励磁涌流而动作，使"与门"有一个输入，但二次谐波制动环节也已动作，它撤除了"与门"的另一个输入，因此闭锁了"与门"，使其没有输出，这就防止了出现励磁涌流时保护装置的误动作。

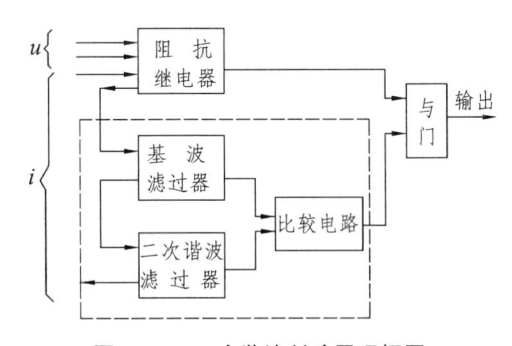

图 7.22 二次谐波制动原理框图

二、按电流增量构成的保护

在正常负荷与故障状态下，短时间内电流的增量是不同的，利用这个差异可以构成馈线保护。正常情况下，由于电力机车电路中大电感的作用，机车电流在短时间内的增量不会很大，尤其是在机车启动时。当牵引网或机车发生短路时，馈线的短路电流将急速增加，其速度将比正常情况高数倍或数十倍。根据这个特点构成的保护称为 ΔI 型保护（或称电流增量保护）。

ΔI 型保护的主要优点是选择能力比普通电流保护强。因为一般电流保护是按躲过最大负荷电流整定的,一个供电分区的最大负荷电流一般能达到一列车最大电流的 2 倍左右。而 ΔI 型保护除了反应稳态最大负荷以外,还同时反应短时间内电流的增量,因此,其电流整定值可适当减至一列车的最大电流。例如,日本东海道新干线一般过电流保护的整定值为 2 000 A 左右,而 ΔI 型保护为 1 000 A,故其保护范围将大大延长。不仅如此,ΔI 型保护还可以在发生高阻接地故障、异相短路故障时可靠动作。

ΔI 型保护的主要缺点是动作时间较长。因为机车变压器或线路上的自耦变压器空载投入时,励磁涌流短时间的增量也是很大的,可能造成 ΔI 型保护误动作,为此,必须增加保护的延时达 0.3 s 以上,所以该型保护的动作时间较长。

图 7.23 为 ΔI 型保护的原理框图。首先将馈线电流 I 经 I/V 变换成电压,并经整流后送到各自的整定环节。其中一个回路经 ΔI 检出的电压若大于基准电压 1 时则有输出。该输出延时 0.3 s 后,再自保持 0.05 s,在此时限内 I 回路的开关闭合。I 整定回路的电压与基准电压 2 比较,如为正值,则有输出,并自保持 0.3 s,在此时限内继电器发出指令使断路器跳闸。

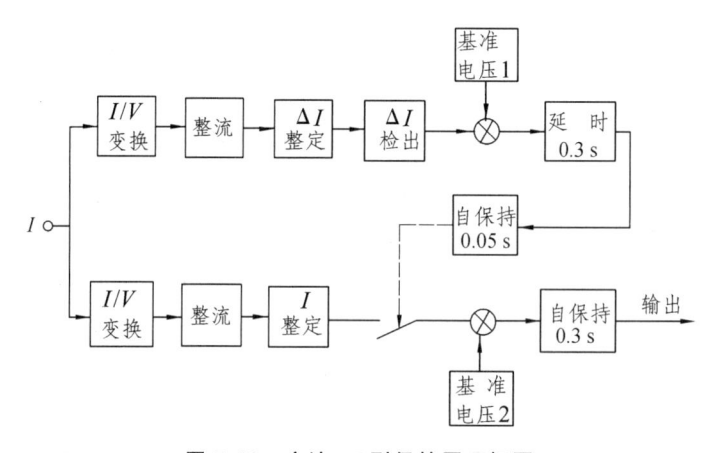

图 7.23 交流 ΔI 型保护原理框图

综上所述,可以看出,ΔI 型保护是以 ΔI 超过某一标准电压,且需维持 0.3 s 以上才能动作的保护装置。

为了改善 ΔI 型保护的性能,可增加谐波制动环节。前已提及,日本研制的"交流谐波抑制 ΔI 型故障选择器"即属于此。图 7.24 为其原理框图。图中 1 为基波滤过器;2 为三次谐波抑制电路;3 为二次谐波闭锁电路;4 为 ΔI 检出电路;其他尚有差动放大器、比较器和出口电路等。该选择器的主要特点是增加了三次谐波抑制和二次谐波闭锁电路。机车通过无电区后负荷电流的增量 ΔI 可能引起保护误动作。为了避免这种误动作,该型选择器采用了三次谐波抑制电路(适用于交—直型电力机车牵引情况),加上该电路后可适当降低启动电流数值,从而扩大保护范围。机车通过无电区后重新受电时,变压器产生的励磁涌流可能引起保护误动作,为此该型选择器采用了二次谐波闭锁电路。一般情况下,当二次谐波分量超过基波的 15% 时,即将保护闭锁。因此,加上该电路后可将保护延时由原来的 0.3 s 减少到 0.1 s 左右。谐波抑制明显地从扩大保护范围、缩短保护延时等方面大大改善 ΔI 型保护的性能。

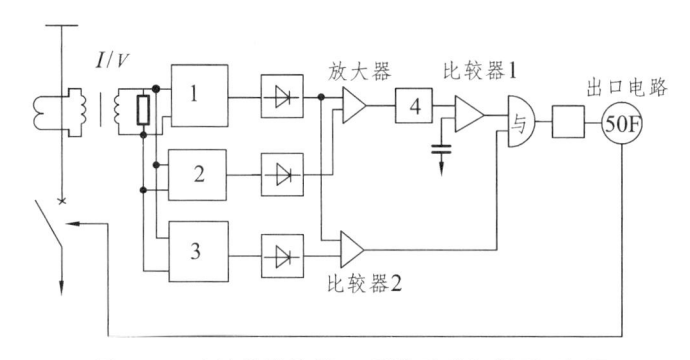

图 7.24 交流谐波抑制 ΔI 型故障选择器原理框图

三、按电流持续时间构成的保护

机车在线路上行驶时，其负荷电流是经常变化的，即在任一电流值下运行的时间都很短。而故障电流只要一产生，就一直持续到故障切除后才完结。因此可以根据电流持续时间的不同鉴别故障。

图 7.25 所示的电流时间曲线表示不同牵引负荷电流持续的时间，所示的折线为反时限电流保护的三段阶梯特性。图中仅绘出了 600 A 以上的重负荷持续的时间。由曲线可知，负荷越重，持续时间越短。例如，600 A 时的持续时间约为 120 s，而 1 300 A 时约为 50 s。

该型保护应由反时限过电流继电器构成，但也可用几个定时限过电流继电器组合而成。如日本采用的是三个定时限电流继电器组合成三段反时限电流保护，如图 7.26 所示。

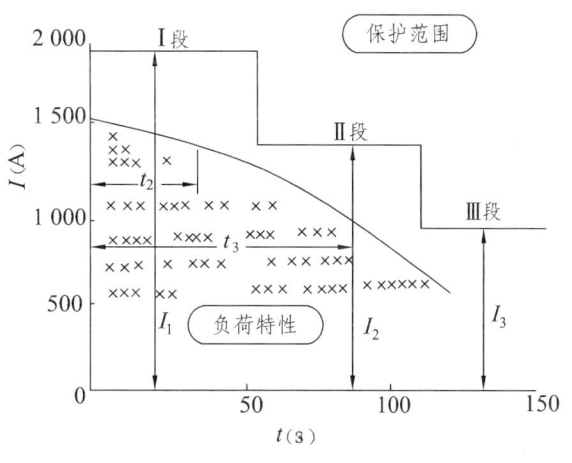

图 7.25 电流时间曲线和反时限电流保护三段阶梯特性

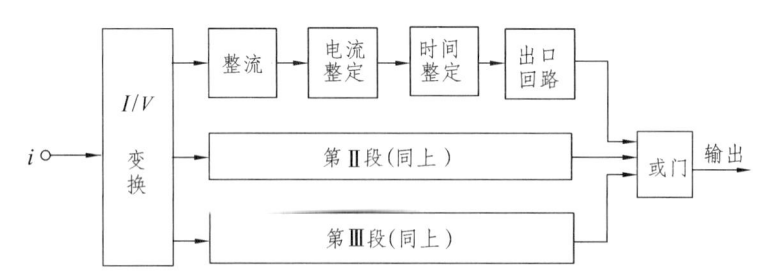

图 7.26 按电流持续时间原理构成的三段反时限电流保护原理框图

根据实际的负荷电流时间曲线对保护进行整定。如第 Ⅰ 段的电流整定值为最大负荷电流加上一定的余量。所以在正常负荷情况下不会误动作，只有在近点短路情况下才能启动，故其动作延时可取得最小。第 Ⅱ 段的整定值为 I_2，其动作延时应大于负荷电流 I_2 的持续时间 t_2，余类推。很明显，这种保护的延时虽长，但却能可靠地检出故障。一般只能作为牵引馈线的后备保护。

第四节　牵引网成套保护装置简介

一、ZKH 型成套保护装置

这是我国 20 世纪 70 年代研制成功的具有四边形特性方向阻抗继电器的、用晶体管电路实现的牵引网成套保护装置。有多种型号，例如：

ZKH-1 型：由电流元件、阻抗元件、一次自动重合闸元件、直流电源与控制信号回路等组成，适用于单线。

ZKH-2 型：在 ZKH-1 型的基础上增加了一套阻抗元件，单、双线都适用。

ZKH-2A 型：又在 ZKH-2 型的基础上增加了故障点测距装置启动回路，单、双线都适用。

ZKH-2A 型成套保护装置由直流电源与控制信号电路、电流元件、两个四边形特性方向阻抗元件、一次自动重合闸元件以及接触网故障测距装置启动电路等部分组成。其保护特性如图 7.27 所示，A 为电流元件保护范围，Z_I 为 I 段阻抗元件保护范围，Z_II 为 II 段阻抗元件保护范围；原理方框图如图 7.28 所示。

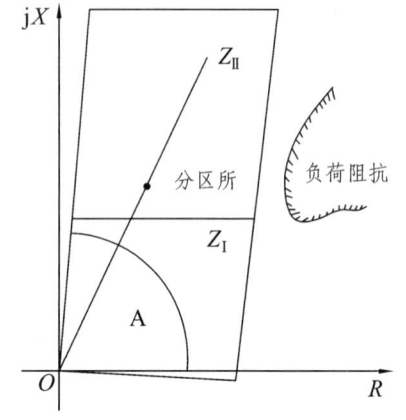

图 7.27　保护特性

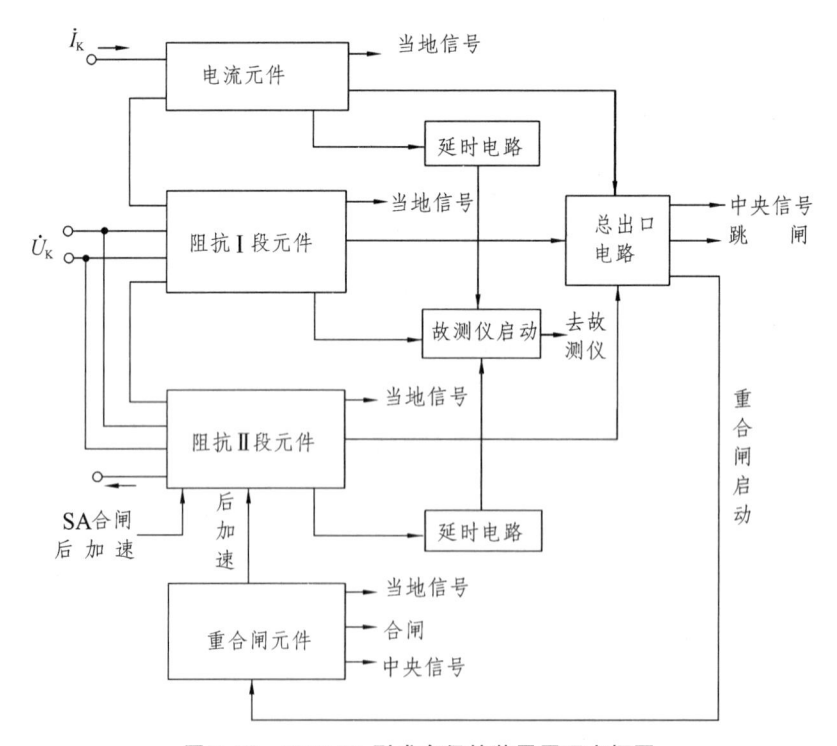

图 7.28　ZKH-2A 型成套保护装置原理方框图

二、ZKH-3型成套保护装置

1. 装置用途

ZKH-3型成套保护装置(以下简称装置)是用集成电路实现的交流电气化铁道牵引网成套保护装置。装置既适用于直接供电方式,也适用于AT供电方式,作为牵引变电所、分区所、开闭所牵引馈线短路故障的主保护和后备保护。

2. 装置综述

本装置为适应电气化铁道牵引网保护的需要,分为A、B、C、D四种类型,均采用功能插件形式,保证了装置功能配置的灵活方便。各功能插件有GNJB-1型交流变换插件,GNZ-1型阻抗元件插件,GNJZ-1型执行元件插件,GNJY-1型记忆阻抗元件插件,GNL-1型电流速断插件,GNBS-1型闭锁元件插件,GNCH-1型重合闸元件插件,GNX-1型信号元件插件和GNNY-1型逆变稳压电源插件。

装置设有距离保护,距离保护为由GNZ-1型阻抗元件插件和GNJZ-1型执行元件插件组成的具有四边形动作特性的方向阻抗继电器,由于四边形特性方向阻抗继电器的线路阻抗和电阻可分别整定,因而具有保护距离长、灵敏度高、躲重负荷、反应过渡电阻能力强等优点。

为了消除距离保护的死区,确保线路近端出口短路时装置可靠动作,本装置设有GNJY-1型记忆阻抗元件插件(具有电压记忆特性)和GNL-1型电流速断插件两个辅助保护。

为了确保距离保护及辅助保护的可靠性,本装置特设了包括小电流启动回路和谐波制动回路在内的GNBS-1型闭锁元件插件,当线路上的电流小于一定值时,或电流中的高次谐波(主要是二次谐波)含量超过一定比例时,将产生闭锁信号,避免各段距离保护及各辅助保护误动作。

本装置的重合闸元件插件是为提高线路供电的可靠性和保证装置的成套性而设置的,其重合闸元件可实现由保护启动的一次自动重合闸,并对Ⅱ、Ⅲ段距离保护发出后加速信号,当重合于永久性故障线路时,使Ⅱ、Ⅲ段距离保护加速动作。

信号回路除在线路故障、装置动作时发出事故信号外,在正常情况下,当元器件损坏时,还将延时发出装置异常信号。

3. 装置类型简述

ZKH-3A型装置是功能配置最全的保护装置,适用于牵引变电所和开闭所馈线,设有三段阻抗、记忆阻抗和电流速断保护以及一次重合闸。其保护特性如图7.29所示。

ZKH-3B型装置适用于分区所,设有上行二段阻抗,下行二段阻抗,电流速断保护和重合闸。其保护特性如图7.30所示。

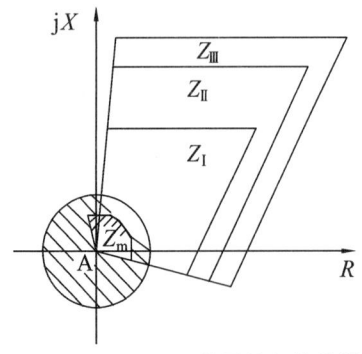

图 7.29 ZKH-3A 装置的保护特性 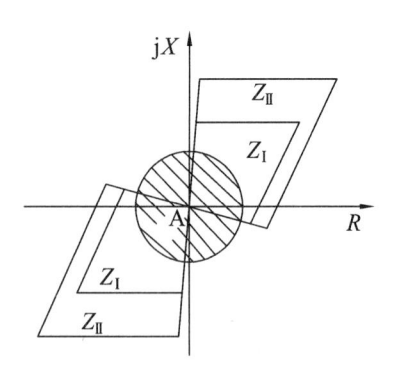　　图 7.30 ZKH-3B 装置的保护特性

ZKH-3C 型装置适用于开闭所进线(两进线)，设有进线侧阻抗Ⅰ段，进线记忆阻抗，馈线侧阻抗Ⅰ段，电流速断保护和重合闸。其保护特性如图 7.31 所示。

ZKH-3D 型装置适用于开闭所进线(单进线)，只设阻抗Ⅰ段和电流速断保护，不设重合闸。其保护特性如图 7.32 所示。

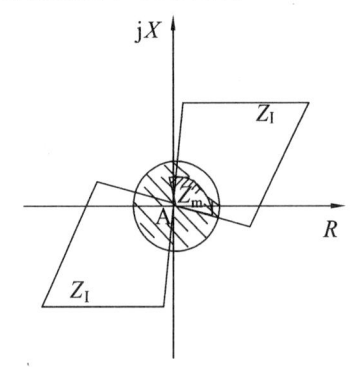

图 7.31 ZKH-3C 装置的保护特性 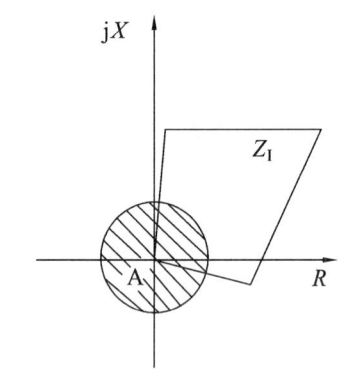　　图 7.32 ZKH-3D 装置的保护特性

三、日本 44 保护装置

44 为日本电气化铁道牵引网成套保护装置，其原理框图如图 7.33 所示。它主要由以下几部分组成：

(1) 四边形特性阻抗继电器部分：其特性形状与整定计算方法已于本章第二节中介绍。电路中设置了滤波电路，目的是滤掉电流、电压中的高次谐波，只取基波进行比较。因高次谐波将使四边形特性发生畸变，而畸变以后的特性有可能到达或接近负荷特性区，造成继电器误动作。

(2) 二次谐波闭锁电路：主要用以防止机车变压器励磁涌流出现时造成保护误动作。当机车变压器空载投入、产生励磁涌流时，二次谐波成分大于基波的 15%，比较电路没有输出。这时，即使阻抗元件有可能动作，但二次谐波闭锁电路将有效地把保护闭锁。发生短路时，二次谐波成分小于基波的 15%，比较电路有输出，不闭锁保护。

(3) 最小动作电流电路：当供电电压因某种原因而瞬间下降时，有可能使阻抗元件误动作。为了避免这种现象，44 保护装置设置了"最小动作电流电路"。这样，只有当馈线电流大于一定数值时，该电路才有输出。

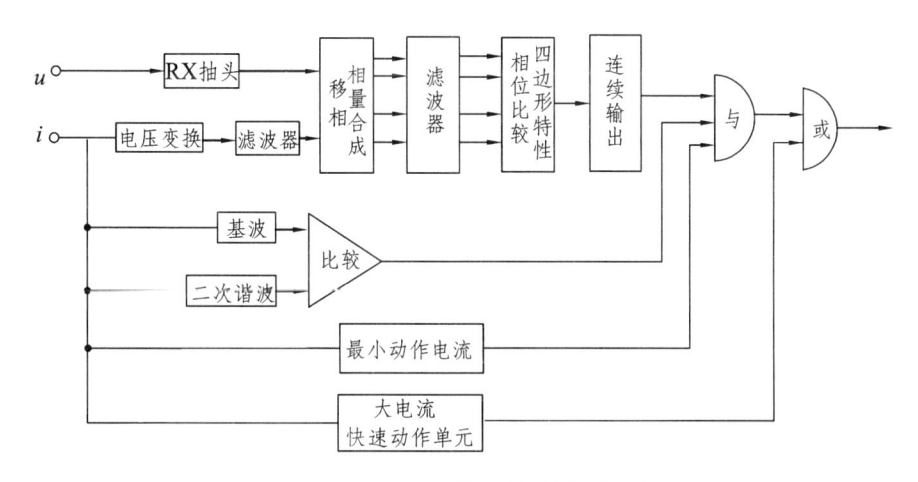

图 7.33　日本 44 保护装置原理框图

（4）大电流快速动作单元：相当于电流速断保护。当被保护线路出现大电流时，它有快速输出。由于牵引变电所近点短路时短路电流很大，其危害也更严重，故要求快速切除。

四边形特性阻抗继电器的输出、二次谐波闭锁电路的输出、最小动作电流电路的输出是"与门"的三个输入。当三个输入都存在时，"与门"才有输出。二次谐波闭锁电路和最小动作电流电路都是用来在阻抗元件误动作时闭锁保护出口的。

大电流快速动作保护和距离保护的输出构成"或门"，其中任一种保护动作都将使断路器跳闸，切除故障。

第五节　直接供电方式牵引网保护配置和整定计算

牵引网保护配置应根据牵引网的具体结构（单边供电、单线、双线、直接供电方式、AT供电方式）、位置（变电所、分区所、AT所、开闭所）、运行方式（正常供电、越区供电、断路器1带2——用一台馈电线断路器为供电臂下、上行两条线路供电）和对继电保护的基本要求（可靠性、选择性、灵敏性、速动性）来确定。本节阐述直接供电方式牵引网保护配置和整定计算。为了缩小篇幅，仅以使用最多、最常见的正常供电运行方式为例来阐述；阐述中以相关技术导则的对应内容为主要依据，后同。

一、单线

1. 保护配置

单线直供牵引网正常供电运行方式示意如图7.34所示，变电所馈电线保护配置：距离Ⅰ段、电流速断、欠压启动过电流、电流增量四种保护与重合闸。

2. 变电所馈电线保护整定计算

(1) 距离保护Ⅰ段

电抗整定值 $X_{setⅠ}$：按保护正常供电时的供电臂线路全长整定，见下式

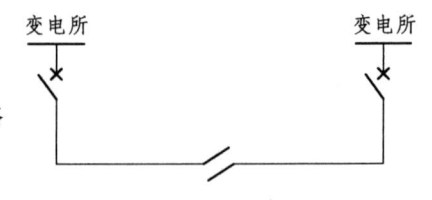

$$X_{setⅠ}=K_{sen}(L_0 x_0 + L_1 x_1)\frac{n_i}{n_u} \quad (7.11)$$

图 7.34 单线直供牵引网正常供电示意

式中　K_{sen}——灵敏系数，取 1.5；
　　　L_0——馈电线长度(km)；
　　　x_0——馈电线单位电抗(Ω/km)；
　　　L_1——被保护线路长度(km)；
　　　x_1——牵引网单位电抗(Ω/km)；
　　　n_i——电流互感器电流比；
　　　n_u——电压互感器电压比。

电阻整定值 $R_{setⅠ}$：按躲过比最小负荷阻抗的电阻分量更小的电阻（以下简称负荷的最小电阻）整定，见下式，参看文献[6]和本书式(7.7)及其说明，后同。

$$R_{setⅠ}=\frac{U_{min}}{K_{rel} I_{1·max}}\left(\cos\varphi_l - \frac{\sin\varphi_l}{\tan\varphi_{li}}\right) \quad (7.12)$$

式中　K_{rel}——可靠系数，取 1.2；
　　　U_{min}——正常供电时变电所牵引侧最低运行电压(V)；
　　　$I_{1·max}$——正常供电时馈电线的最大负荷电流(A)；
　　　φ_l——负荷阻抗(°)；
　　　φ_{li}——线路阻抗角(°)；
　　　n_i——电流互感器电流比；
　　　n_u——电压互感器电压比。

动作时限：一般整定为 0.1 s，以便大于电力机车（动车组）保护动作时限（0.06～0.08 s），后同。

(2) 电流速断保护

动作电流整定值 I_{set}：按躲过最大负荷电流和末端最大短路电流整定，见下式

$$I_{set}=\frac{K_{rel}\max(I_{1·max}, I_{k·max})}{n_i} \quad (7.13)$$

式中　K_{rel}——可靠系数，取 1.2；
　　　$I_{1·max}$——正常供电时馈电线最大负荷电流(A)；
　　　$I_{k·max}$——供电臂末端最大短路电流(A)；
　　　n_i——电流互感器电流比；

灵敏系数 K_{sen}：按保护安装处最小短路电流校验，见下式

$$K_{setⅡ}=\frac{I_{k·min}}{n_i I_{set}}>1 \quad (7.14)$$

式中　$I_{k·min}$——保护安装处最小短路电路(A)；

n_i——电流互感器电流比；

I_{set}——动作电流整定值(A)。

动作时限：一般整定为 0.1 s。

(3) 欠压启动过电流保护

动作电流整定值 I_{set}：按躲过馈电线最大负荷电流并保证末端短路有足够灵敏度整定，见下式

$$I_{set} = \min\left(K_{rel}I_{l \cdot max}, \frac{1}{K_{sen}}I_{k \cdot min}\right)\frac{1}{n_i} \qquad (7.15)$$

式中 K_{rel}——可靠系数，取 1.2；

$I_{l \cdot max}$——正常供电时馈电线最大负荷电流(A)；

K_{sen}——灵敏系数，一般取 1.2；

$I_{k \cdot min}$——供电臂末端最小短路电流(A)；

n_i——电流互感器电流比。

动作电压整定值 U_{set}：按躲过正常供电时变电所牵引侧最低运行电压整定，见下式

$$U_{set} = \frac{U_{min}}{K_{rel}n_u} \qquad (7.16)$$

式中 U_{min}——正常供电时变电所牵引侧最低运行电压(V)；

K_{rel}——可靠系数，取 1.2；

n_u——电压互感器电压比。

动作时限：与距离保护Ⅰ段动作时限相同。

(4) 电流增量保护

动作电流整定值 ΔI_{set}：按躲过线路负荷电流一个工频周期内最大增量整定，一般按单列电力机车或动车组额定电流估算，见下式

$$\Delta I_{set} = \frac{K_{rel}I_{n \cdot max}}{n_i} \qquad (7.17)$$

式中 K_{rel}——可靠系数，一般取 1.0；

$I_{n \cdot max}$——线路运行的最大功率电力机车或动车组的额定电流(A)；

n_i——电流互感器电流比。

动作时限：一般与距离保护Ⅰ段动作时限相同。

(5) 重合闸

动作时限：一般整定为 2 s。

复归时限：一般整定为 20 s。

二、双线

1. 保护配置

双线直供牵引网正常供电运行方式示意如图 7.35 所示，一般情况下，隔离开关 QS_1、QS_2 断开，断路器 QF_3、QF_4 闭合，下、上行线路在分区所并联。变电所馈电线保护配置：

距离Ⅰ段、距离Ⅱ段、电流速断、欠压启动过电流、电流增量五种保护与重合闸。分区所保护配置：正反向距离Ⅰ段、过电流、电流增量三种保护与检双侧有压重合闸。

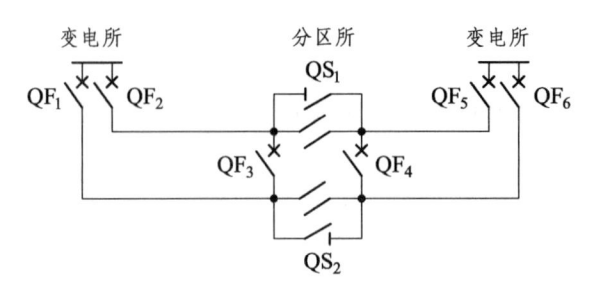

图 7.35 双线直供牵引网正常供电示意

2．整定计算

（1）变电所馈电线保护

① 距离保护Ⅰ段

电抗整定值 $X_{set\,I}$：按保护范围不超过分区所断路器整定，见下式

$$X_{set\,I} = K_{rel}(L_0 x_0 + L_1 x_1)\frac{n_i}{n_u} \tag{7.18}$$

式中 K_{rel}——可靠系数，取 0.85；

L_0——馈电线长度(km)；

x_0——馈电线单位电抗(Ω/km)；

L_1——供电臂一行线路长度(km)；

x_1——牵引网单位电抗(Ω/km)；

n_i——电流互感器电流比；

n_u——电压互感器电压比。

电阻整定值 $R_{set\,I}$：按躲过负荷的最小电阻整定，见下式

$$R_{set\,I} = \frac{U_{min}}{K_{rel} I_{l\cdot max}}\left(\cos\varphi_l - \frac{\sin\varphi_l}{\tan\varphi_{li}}\right)\frac{n_i}{n_u} \tag{7.19}$$

式中 K_{rel}——可靠系数，取 1.2；

U_{min}——正常供电时变电所牵引侧最低运行电压(V)；

$I_{l\cdot max}$——正常供电时馈电线的最大负荷电流(A)；

φ_l——负荷阻抗角(°)；

φ_{li}——线路阻抗角(°)；

n_i——电流互感器电流比；

n_u——电压互感器电压比。

动作时限：一般整定为 0.1 s。

② 距离保护Ⅱ段

电抗整定值 $X_{set\,II}$：按保护范围通过分区所断路器迂回到另一行线路首端整定，见下式

$$X_{set\,II} = 2K_{sen}(L_0 x_0 + L_1 x_1)\frac{n_i}{n_u} \tag{7.20}$$

式中 K_{sen}——灵敏系数，取 1.2；
L_0——馈电线长度(km)；
x_0——馈电线单位电抗(Ω/km)；
L_1——供电臂一行线路长度(km)；
x_1——牵引网单位电抗(Ω/km)；
n_i——电流互感器电流比；
n_u——电压互感器电压比。

电阻整定值 $R_{set\,II}$：与距离保护Ⅰ段电阻整定值 $R_{set\,I}$ 相同。

动作时限：与分区所距离保护Ⅰ段动作时限配合，整定为分区所距离保护Ⅰ段动作时限增加 Δt。

距离保护Ⅰ段、Ⅱ段的保护范围见图7.36(图中未绘出馈电线长度，以便简明)。

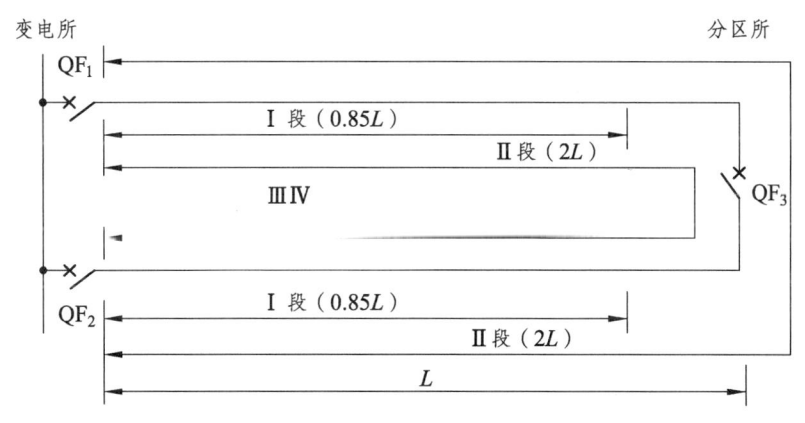

图7.36 距离保护Ⅰ段、Ⅱ段的保护范围

③ 电流速断保护

动作电流整定值 I_{set}：按躲过最大负荷电流和末端最大短路电流整定，见下式

$$I_{set} = \frac{K_{rel}\max(I_{l\cdot max},\ I_{k\cdot max})}{n_i} \tag{7.21}$$

式中 K_{rel}——可靠系数，取 1.2；
$I_{l\cdot max}$——正常供电时馈电线最大负荷电流(A)；
$I_{k\cdot max}$——末端最大短路电流，考虑到迂回供电，按单线供电臂末端短路计算最大短路电流(A)；
n_i——电流互感器电流比。

灵敏系数 K_{sen}：按保护安装处最小短路电流校验，见下式

$$K_{sen} = \frac{I_{k\cdot min}}{n_i I_{set}} > 1 \tag{7.22}$$

式中 $I_{k\cdot min}$——保护安装处的最小短路电流(A)；
I_{set}——动作电流整定值(A)；
n_i——电流互感器电流比。

动作时限：一般整定为 0.1 s。

④ 欠压启动过电流保护

动作电流整定值 I_{set}：按躲过馈电线最大负荷电流并保证供电臂末端短路有足够灵敏度整定，见下式

$$I_{set} = \min\left(K_{rel} I_{l \cdot max}, \frac{1}{K_{sen}} I_{k \cdot min}\right) \frac{1}{n_i} \quad (7.23)$$

式中　K_{rel}——可靠系数，取 1.2；
　　　$I_{l \cdot max}$——正常供电时馈电线最大负荷电流（A）；
　　　K_{sen}——灵敏系数，一般取 1.5；
　　　$I_{k \cdot max}$——分区所短路时流过变电所馈电线的最小短路电流（A）；
　　　n_i——电流互感器电流比。

动作电压整定值 U_{set}：按躲过最低运行电压整定，见下式

$$U_{set} = \frac{U_{min}}{K_{rel} n_u} \quad (7.24)$$

式中　U_{min}——正常供电时变电所牵引侧最低运行电压（V）；
　　　K_{rel}——可靠系数，取 1.2；
　　　n_u——电压互感器电压比。

动作时限：与距离保护Ⅱ段动作时限相同。

⑤ 电流增量保护

动作电流整定值 ΔI_{set}：按躲过线路负荷电流一个工频周期内最大增量整定，一般按单列电力机车或动车组额定电流估算，见下式

$$\Delta I_{set} = \frac{K_{rel} I_{n \cdot max}}{n_i} \quad (7.25)$$

式中　K_{rel}——可靠系数，一般取 1.0；
　　　$I_{n \cdot max}$——线路运行的最大功率电力机车或动车组的额定电流（A）；
　　　n_i——电流互感器电流比。

动作时限：与距离保护Ⅱ段动作时限相同。

⑥ 重合闸

动作时限：一般整定为 2 s。
复归时限：一般整定为 20 s。

（2）分区所馈电线保护

① 正反向距离保护Ⅰ段

电抗整定值 $X_{set\,I}$：按保护下、上行供电臂线路全长整定，见下式

$$X_{set\,I} = K_{sen}(L_0 x_0 + L_1 x_1)\frac{n_i}{n_u} \quad (7.26)$$

式中　K_{sen}——灵敏系数，取 1.5；
　　　L_0——馈电线长度（km）；
　　　x_0——馈电线单位电抗（Ω/km）；
　　　L_1——供电臂线路长度（km）；
　　　x_1——牵引网单位电抗（Ω/km）；

n_i——电流互感器电流比；

n_u——电压互感器电压比。

电阻整定值 $R_{set\,I}$：按躲过负荷的最小电阻整定，见下式

$$R_{set\,I}=\frac{U_{\min}}{K_{rel}I_{l\cdot\max}}\left(\cos\varphi_l-\frac{\sin\varphi_l}{\tan\varphi_{li}}\right)\frac{n_i}{n_u} \tag{7.27}$$

式中 K_{rel}——可靠系数，取 1.2；

$U_{\min}$——正常供电时分区所最低运行电压(V)；

$I_{l\cdot\max}$——正常供电时流经分区所断路器的最大负荷电流(A)；

φ_l——负荷阻抗角(°)；

φ_{li}——线路阻抗角(°)；

n_i——电流互感器电流比；

n_u——电压互感器电压比。

动作时限：一般整定为 0.1 s。

② 过电流保护

动作电流整定值 I_{set}：按躲过流经分区所断路器的最大负荷电流并保证末端短路有足够灵敏度整定，见下式

$$I_{set}=\min\left(K_{rel}I_{l\cdot\max},\ \frac{1}{K_{sen}}I_{k\cdot\min}\right)\frac{1}{n_i} \tag{7.28}$$

式中 K_{rel}——可靠系数，取 1.2；

K_{sen}——灵敏系数，一般取 1.2；

$I_{l\cdot\max}$——正常供电时流经分区所断路器的最大负荷电流(A)；

$I_{k\cdot\min}$——正常供电情况下保护范围末端短路时流经分区所断路器的最小短路电流（A）；

n_i——电流互感器电流比。

动作时限：与距离保护Ⅰ段动作时限相同。

③ 电流增量保护

动作电流整定值 ΔI_{set}：按躲过线路负荷电流一个工频周期内的最大增量整定，一般按电力机车或动车组额定电流估算，见下式

$$\Delta I_{set}=\frac{K_{rel}I_{n\cdot\max}}{n_i} \tag{7.29}$$

式中 K_{rel}——可靠系数，一般取 0.5；

$I_{n\cdot\max}$——线路运行的最大功率电力机车或动车组的额定电流(A)；

n_i——电流互感器电流比。

动作时限：与正反向距离保护Ⅰ段动作时限相同。

④ 检双侧有压重合闸

动作电压：一般整定为 70 V。

动作时限：一般整定为 4 s。

复归时限：一般整定为 20 s。

第六节 AT 供电系统牵引网保护配置和整定计算

一、AT 供电回路阻抗参数的特点

下面主要根据日本的相关资料并且联系我国 AT 供电方式电气化铁路的实际做出阐述，参看文献[1]和文献[6]。

1. AT 供电回路阻抗的表示方法

AT 供电回路短路阻抗值可用 55 kV 系统阻抗 Z_{55} 或 27.5 kV 系统阻抗 $Z_{27.5}$ 表示。55 kV 系统阻抗 Z_{55}，就是从 AT 供电回路的接触线 T 和正馈线 F 端测量得到的阻抗。27.5 kV 系统阻抗 $Z_{27.5}$，就是从 AT 供电回路的接触线 T 和轨道 R 端测量得到的阻抗。如图 7.37 所示。两者的换算是根据 AT 的匝数比来决定的。因为 AT 的匝数比 $\dfrac{W_{TF}}{W_{TR}}=\dfrac{2}{1}$，而对应的阻抗比等于匝数比的二次方，所以 $Z_{55}:Z_{27.5}=4:1$，即

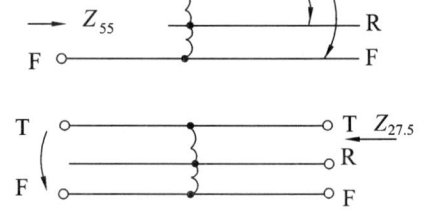

$$Z_{27.5}=\frac{1}{4}Z_{55} \tag{7.30}$$

图 7.37　55 kV、27.5 kV 系统阻抗示意

2. AT 正常接入时的供电回路阻抗特性

AT 供电回路是复杂网络，因此其参数特性也相当复杂。这里只介绍与继电保护有关的阻抗参数的特点。

(1) 单线 AT 供电回路阻抗特性。

如图 7.38 所示。① 接触线(T)和正馈线(F)短路时，其短路阻抗与到短路点的距离成正比，其特性为一条直线。

② 接触线(T)和轨道(R)短路时，其阻抗特性为一条曲线。在 AT_1 处，T-R 的短路阻抗相当于 AT_1 的漏抗(55 kV 侧约为 j1.8 Ω)。在牵引变电所附近的 T-R 的短路阻抗，其上升率几乎是 T-F 短路阻抗的 4 倍(实际上为 3 倍左右)。在 AT_2 处，T-R 的短路阻抗相当于 T-F 短路阻抗加上 AT_2 的漏抗(55 kV 侧约为 j1.8 Ω)。AT_3 处和 AT_2 处相似。所以，T-R 短路阻抗曲线是以(a)、(b)、(c)为凹点向上拱起的特性。

上述阻抗特性图为什么具有这样的形式，从文献[17]阐述的 AT 供电方式牵引网阻抗的计算公式可以得到解释。在两台 AT 中间曲线的变形，是由于保护线 PW 分流形成的。

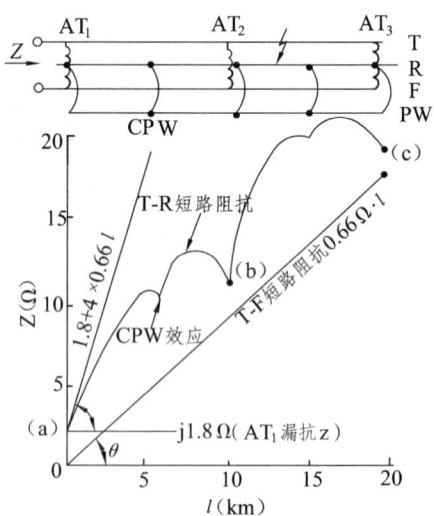

图 7.38　单线 AT 供电回路阻抗特性

③ T-PW、F-PW 的短路阻抗特性大致上和 T-R 的短路阻抗特性相同。但由于所使用的导线不同，它们的数值有所差别。一般 F-PW 的短路阻抗最大。

(2) 双线 AT 供电回路阻抗特性

下面以日本东北新干线的小山综合试验线 AT 供电回路参数实测结果为例，介绍双线 AT 供电回路阻抗特性。如图 7.39 所示，SS 为变电所，SSP 为开闭所，ATP 为自耦变压器所或临时自动切换分区所，为了简明，电路图中未绘保护线 PW。

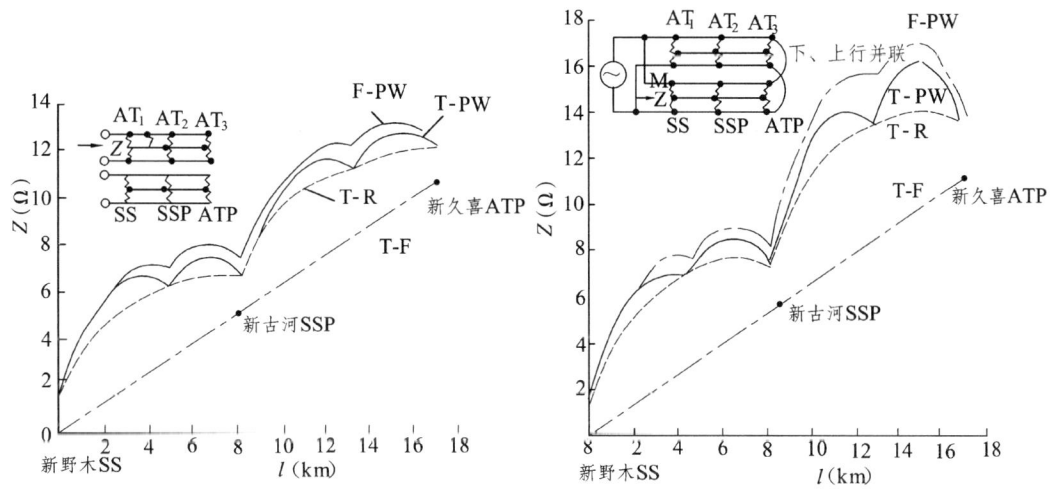

(a) 分开供电(下、上行线不并联)时的 $Z=f(l)$

(b) 新久喜 ATP 下、上行线并联时 从上行线测量的 $Z=f(l)$

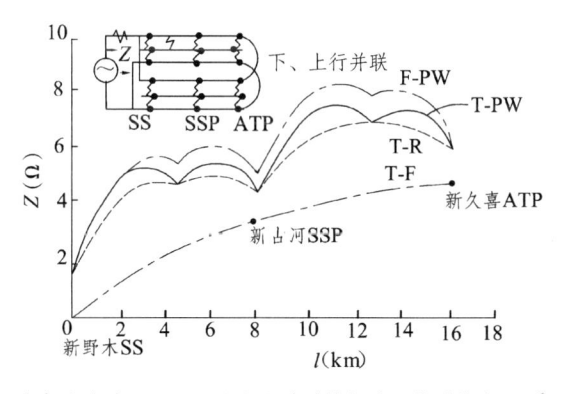

(c) 新久喜 ATP 下、上行线并联供电时 一体测量的 $Z=f(l)$

图 7.39 双线 AT 供电回路阻抗特性 $Z=f(l)$

图 7.39(a)、(b)中各条阻抗特性曲线的形状与图 7.38 大致对应相似，但 T-R 短路阻抗特性在两台相邻 AT 中间的 CPW 效应不明显。

图(c)中，T-F 短路阻抗特性变成了抛物线，特别是在它末端的阻抗，和下、上行线不并联的情况相比，几乎减小了一半。

3. AT 解列时的供电回路阻抗特性

AT 如果没有固定备用，当它发生故障时，作为应急处理的措施，就是将发生故障的

AT撤出运行。AT需检修时也要暂时撤出运行。在这种情况下，供电回路的阻抗将发生很大的变化，如图7.40所示（以双线下、上行线不并联时为例）。

当AT_1解列时，对于靠近变电所的负荷，由于要由AT_2供电，所以阻抗增大；当负荷向AT_2接近时，阻抗逐渐减小。当然，变电所牵引变压器二次侧绕组有中点接轨道、地，不设自耦变压器者，例如单相联结（参见图12.14）和V_x联结（参见图12.12），则不存在AT_1解列的情况。

当AT_3解列时，由于AT_2以远相当于接触线和轨道、地的直接供电方式，故其阻抗大幅度增加，到供电回路末端其阻抗值约为AT_3正常接入时的3～4倍。

当AT_1、AT_3正常接入，而AT_2解列时，相当于加大了AT之间的距离，其阻抗特性与两台AT间的特性形状基本上相同。

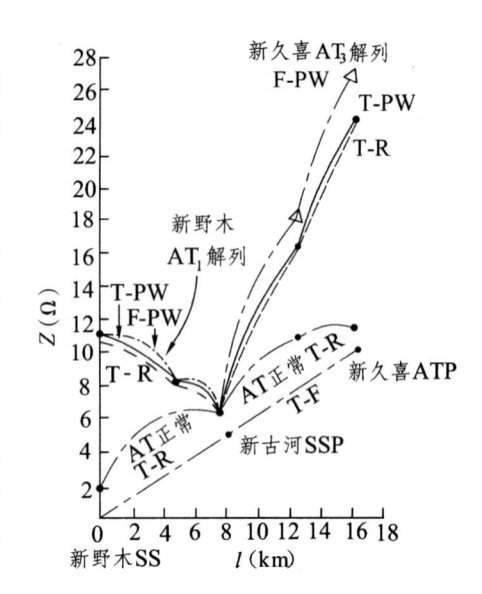

图7.40 分开供电、AT_1和AT_3解列时的阻抗特性

AT如果有固定备用，则不会发生AT解列时的情况。

4. AT供电回路阻抗值在继电保护中的应用

(1) 在整定距离保护时，由于必须将保护范围内的线路阻抗全部包括进去，所以应取最大的短路阻抗值，即应取F-PW的短路阻抗值。而且要注意，下、上行线并联时的AT供电回路阻抗值比不并联时的AT供电回路阻抗值约大13%，见图7.39(a)、(b)。

当末端的AT_3解列时，因牵引网阻抗大幅度增加，所以原先整定的阻抗继电器将无法动作，应将阻抗继电器的整定值加大后再送电。

(2) 在计算最大短路电流时，应取最小的短路阻抗值，即在$27.5\ kV$系统中，应取靠近变电所的AT_1处的T-R短路阻抗；在$55\ kV$系统中，应取AT_1处的T-F短路阻抗。前者，也就是AT_1的漏抗$j1.8\ \Omega$，而后者为零。因此，在变电所附近AT_1处的短路电流很大。

二、AT接入牵引网的方式及其对AT供电系统牵引网保护的要求

(1) AT经隔离开关接到接触线T和正馈线F上，如图7.41(a)所示。要求相应的变电所馈电线保护能足够灵敏地反应牵引网上所有点（包括AT内部）的故障。缺点：对AT内部故障点的测定非常困难。优点：简单、经济。

(2) AT通过断路器接到T和F上，如图7.41(b)所示。可以采用专用的AT保护装置，作用于AT断路器跳闸。优点：可以降低对相应的变电所馈电线保护灵敏度的要求。缺点：增加了AT所断路器和有关设备的投资和运行维护工作。

(3) AT经电动隔离开关接到T和F上，如图7.41(c)所示。优点：同图7.44(b)，但是，必须把AT内部故障信息传递给相应变电所馈电线保护，使其相应断路器跳闸。在无电间隙，

电动隔离开关断开，切除故障点，然后相应变电所馈电线断路器自动重合闸。

（4）与 AT 绕组并联接入短接开关，如图 7.41(d)所示。当 AT 故障时，AT 的保护动作，短接开关闭合，将 AT 绕组旁路，阻止了故障的进一步扩大。同时造成了 T 和 F 之间的短路，使相应变电所馈电线保护动作，断路器跳闸。在无电间隙，电动隔离开关切除故障点，然后相应变电所馈电线断路器自动重合闸。

（5）为了保证各种供电状态下短接开关的保护作用，可在 AT 的每半个绕组两端并联一台短接开关，如图 7.41(e)所示。

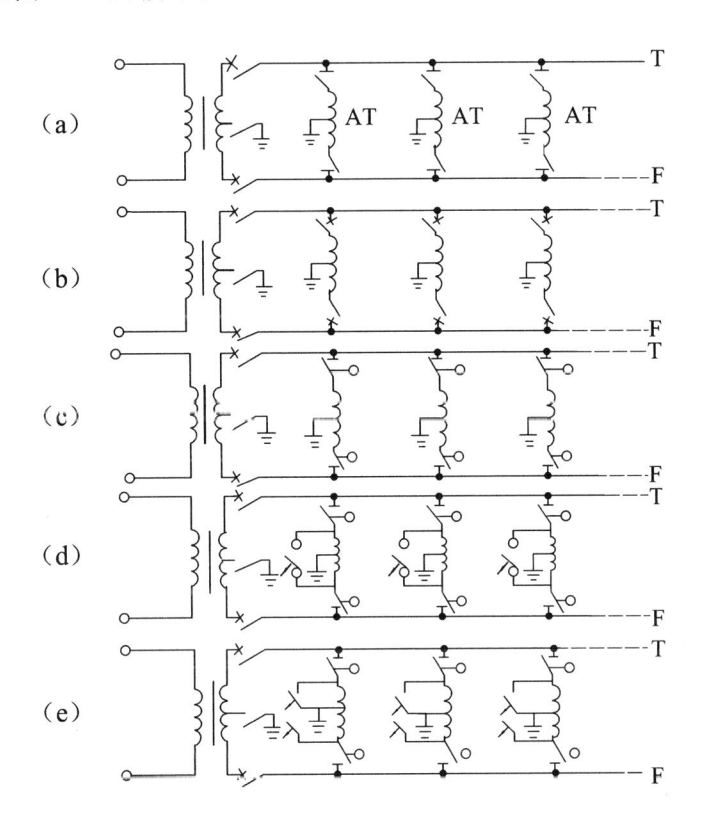

图 7.41　AT 接入牵引网的各种方式

我国的 AT 供电方式电气化铁路，从其发展历史来看，AT 接入牵引网的方式，图 7.41(a)、(b)、(c)、(d)都有采用的；不过随着科学技术的发展和铁路建设的需要，已经普遍采用图 7.41(b)，AT 通过断路器接到 T 和 F 上。

三、2×25 kV 全并联 AT 供电系统牵引网保护配置和整定计算

2×25 kV 是指变电所牵引变压器二次侧绕组中点接地、不设置自耦变压器(参看第十二章图 12.12～图 12.14)；全并联是指通过 AT 所、分区所的母线和断路器，将下、上行牵引网并联连接。

1. 保护配置

2×25 kV 全并联 AT 供电系统牵引网正常供电示意如图 7.42 所示。变电所馈电线保护配置：距离Ⅰ段、电流速断、欠压启动过电流、电流增量四种保护与重合闸。AT 所馈电线保护配置：失压保护、检有压重合闸。分区所馈电线保护配置：失压保护、检有压重合闸。

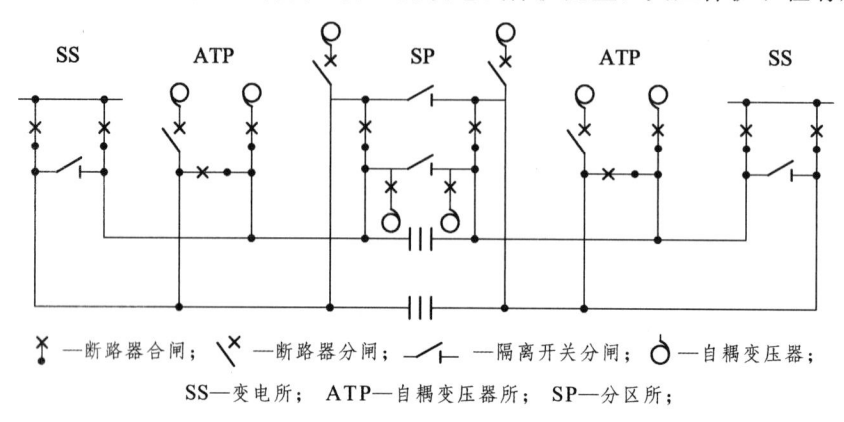

↟—断路器合闸； ✕—断路器分闸； ╱—隔离开关分闸； ⓧ—自耦变压器；
SS—变电所； ATP—自耦变压器所； SP—分区所；

图 7.42　2×25 kV 全并联 AT 供电牵引网正常供电示意

2. 整定计算

(1) 变电所馈电线保护

① 距离保护Ⅰ段

电抗整定值 $X_{\text{set I}}$：按保护范围通过分区所断路器迂回到另一行线路首端整定，见下式

$$X_{\text{set I}} = 2K_{\text{sen}}(L_0 x_{0\cdot\text{F}} + L_1 x_{1\cdot\text{F}})\frac{n_i}{n_u} \tag{7.31}$$

式中　K_{sen}——灵敏系数，取 1.5；

L_0——馈电线长度(km)；

$x_{0\cdot\text{F}}$——F 馈电线单位电抗(Ω/km)；

L_1——供电臂一行线路长度(km)；

$x_{1\cdot\text{F}}$——F 线单位电抗(Ω/km)；

n_i——电流互感器电流比；

n_u——电压互感器电压比。

电阻整定值 $R_{\text{set I}}$：按躲过负荷的最小电阻整定，见下式

$$R_{\text{set I}} = \frac{U_{\min}}{K_{\text{rel}} I_{l\cdot\max}}\left(\cos\varphi_l - \frac{\sin\varphi_l}{\tan\varphi_{li}}\right)\frac{n_i}{n_u} \tag{7.32}$$

式中　K_{rel}——可靠系数，取 1.2；

$U_{\min}$——正常供电时变电所 T 母线最低运行电压(V)；

$I_{l\cdot\max}$——正常供电时 T 馈电线的最大负荷电流(A)；

φ_l——负荷阻抗角(°)；

φ_{li}——线路阻抗角(°)；

n_i——电流互感器电流比；

n_u——电压互感器电压比。

动作时限：一般整定为 0.1 s。

② 电流速断保护

动作电流整定值 I_{set}：按躲过 T 馈电线最大负荷电流和分区所最大短路电流整定，见下式

$$I_{set} = \frac{K_{rel} \max(I_{l \cdot max}, I_{k \cdot max})}{n_i} \quad (7.33)$$

式中 K_{rel}——可靠系数，取 1.2；

$I_{l \cdot max}$——正常供电时 T 馈电线最大负荷电流(A)；

$I_{k \cdot max}$——分区所短路时流经变电所 T 馈电线的最大短路电流(A)；

n_i——电流互感器电流比。

灵敏系数 K_{sen}：按保护安装处最小短路电流校验，见下式

$$K_{sen} = \frac{I_{k \cdot min}}{n_i I_{set}} > 1 \quad (7.34)$$

式中 $I_{k \cdot min}$——变电所馈电线断路器处最小短路电流(A)；

n_i——电流互感器电流比；

I_{set}——动作电流整定值(A)。

动作时限：一般整定为 0.1 s。

③ 欠压启动过电流保护

动作电流整定值 I_{set}：按躲过馈电线最大负荷电流并保证末端短路有足够灵敏度整定，见下式

$$I_{set} = \min\left(K_{rel} I_{l \cdot max}, \frac{1}{K_{sen}} I_{k \cdot min}\right) \frac{1}{n_i} \quad (7.35)$$

式中 K_{rel}——可靠系数，取 1.2；

K_{sen}——灵敏系数，取 1.5；

$I_{l \cdot max}$——正常供电时 T 馈电线的最大负荷电流(A)；

$I_{k \cdot min}$——系统解列为单线直供时分区所短路的最小短路电流(A)；

n_i——电流互感器电流比。

动作电压整定值 U_{set}：按躲过最低运行电压整定，见下式

$$U_{set} = \frac{U_{min}}{K_{rel} n_u} \quad (7.36)$$

式中 U_{min}——正常供电时变电所 T 母线最低运行电压(V)；

K_{rel}——可靠系数，取 1.2；

n_u——电压互感器电压比。

动作时限：与距离保护 I 段动作时限相同。

④ 电流增量保护

动作电流整定值 ΔI_{set}：按躲过线路负荷电流一个工频周期内最大增量整定，一般按单列电力机车或动车组额定电流估算，见下式

$$\Delta I_{\text{set}} = \frac{K_{\text{rel}} I_{\text{n·max}}}{n_i} \tag{7.37}$$

式中 K_{rel}——可靠系数，一般取 1.0；

$I_{\text{n·max}}$——线路运行的最大功率电力机车或动车组的额定电流(A)；

n_i——电流互感器电流比。

动作时限：与距离保护Ⅰ段动作时限相同。

⑤ 重合闸

动作时限：一般整定为 2 s。

复归时限：一般整定为 20 s。

(2) AT 所馈电线保护

① 失压保护

动作电压：整定为 50 V。

动作时限：整定为 1 s。

② 检有压重合闸

当采用单台并联断路器模式，应同时检测下、上行双侧电压。

动作电压：一般整定为 70 V。

动作时限：整定为 3 s。

复归时限：一般整定为 20 s。

(3) 分区所馈电线保护

① 失压保护

动作电压：整定为 50 V。

动作时限：整定为 1 s。

② 检有压重合闸

当采用单台并联断路器模式，应同时检测下、上行双侧电压。

动作电压：一般整定为 70 V。

动作时限：整定为 4 s。

复归时限：一般整定为 20 s。

四、上述保护的继电动作原理

为了便于初学者理解和掌握，将上述保护的继电动作原理阐述如下，参看图 7.42 与上述保护配置和整定计算。所谓继电，是指电路或功能的更替与延续。

当保护范围内部发生短路时，变电所下、上行馈电线距离Ⅰ段、电流速断(如果灵敏度满足，后同)、欠压启动过电流、电流增量四种保护(以下简称四种保护)都启动，达到 0.1 s 同时引发：① 相关的牵引网非测量电抗型(例如吸上电流比型或新型原理型)故障测距功能启动，检测故障点距离；② 变电所下、上行馈电线断路器跳闸，短路故障被切除，下、上行线路失压；AT 所馈电线失压保护、分区所馈电线失压保护都启动，达到 1 s，对应的断路器都跳闸，系统解列成双线直供分开状态；③ 变电所下、上行馈电线重合闸都启动，达到 2 s，对应的断路器都重合闸。

如果短路故障是瞬时性的，变电所下、上行馈电线断路器重合闸成功，下、上行线路恢复正常电压：① AT 所馈电线检有压重合闸启动，达到 3 s，对应的断路器重合闸成功；② 分区所馈电线检有压重合闸启动，达到 4 s，对应的断路器重合闸成功，供电臂恢复 2×25 kV 全并联 AT 供电。

如果短路故障是持续性的，变电所只有正常行馈电线断路器重合闸成功，该行线路解列成单线直供线路恢复供电。变电所短路故障行（也已解列成单线直供线路）馈电线四种保护都启动，达到 0.1 s 同时引发：① 该行馈电线牵引网测量电抗型故障测距功能启动，检测短路故障点距离；② 该行馈电线断路器跳闸，短路故障被切除，该行线路失压，该行馈电线重合闸复归时限 20 s 未达到而不动作，即该行馈电线重合闸失败，该行线路停电。AT 所馈电线、分区所馈电线检有压重合闸，因采用单台并联断路器模式，同时检测下、上行双侧电压，短路故障行线路失压而不动作，对应的断路器不重合闸，AT 所、分区所的自耦变压器都停止运行。

第七节　第五节和第六节的深入阐述

一、关于馈电线的电抗

馈电线的电抗 $X=L_0 x_0$，其中，L_0 为馈电线长度（km），x_0 为馈电线单位电抗（Ω/km），从前是被忽略不计的，现在距离保护整定计算中要求计算进去。如果缺乏技术资料，可按以下办法解决：

① $L_0<0.5$ km，X 可忽略不计；

② 0.5 km$\leqslant L_0<1.0$ km，X 可大约估计；

③ $L_0\geqslant 1.0$ km，X 可实际测量。

也可以根据文献［17］第三章式（3.10）计算，将计算结果和实测值比较分析，以积累经验。

二、双线牵引网与距离保护相关的特点

双线牵引网与距离保护相关的特点，主要表现在测量阻抗或测量过渡电阻。

（1）计算短路情况下阻抗元件的测量阻抗时，在直接供电方式下要考虑下、上行两线路之间的互感。并且每公里牵引网的测量阻抗不是常数，而是随着短路点电距离的变化以及离短路点较近的断路器跳闸与否而变化。在 k 点短路时，计算测量阻抗的等效电路如图 7.43 所示（图中忽略馈电线的电抗以便简明）。

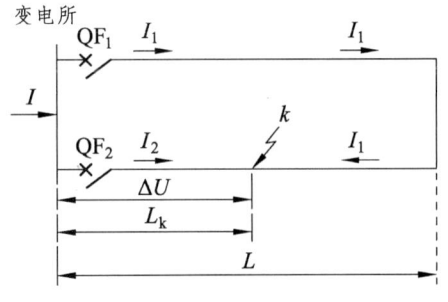

图 7.43　计算测量阻抗的等效电路

当 QF_1 和 QF_2 都未跳闸时，QF_1、QF_2 处的测量阻抗分别为

$$\left.\begin{array}{l}Z_{K,I}=(2L-L_k)z\\ Z_{K,II}=L_k z\end{array}\right\} \tag{7.38}$$

z 为牵引网单位阻抗，由下式求得

$$z=z_I+\alpha z_{I,II} \tag{7.39}$$

式中　z_I——一行线路牵引网单位自阻抗，设两线路牵引网单位自阻抗相等；

　　　$z_{I,II}$——两线路牵引网之间单位互阻抗；

　　　α——与短路点位置有关的系数，由下式求得

$$\alpha=\frac{L_k}{2L-L_k} \tag{7.40}$$

当离短路点 k 较近的 QF_2 跳闸后，QF_1 处的测量阻抗仍按式(7.38)的第一式计算，但牵引网单位阻抗变为

$$\begin{aligned}z'&=z_I-(1-\alpha)z_{I,II}\\ &=z_I-z_{I,II}+\alpha z_{I,II}=z-z_{I,II}\end{aligned} \tag{7.41}$$

可见 $z'<z$，对于同一短路点，当一行馈线断路器跳闸后，另一行馈线保护的灵敏度提高，如果原来未动作，这时可引起相继动作。

以上各式中 z_I，$z_{I,II}$ 由文献[17]阐述的"牵引网阻抗计算方法"求得。

关于式(7.38)~式(7.41)的由来可说明如下。

在图 7.43 中，沿 I_1 回路由变电所牵引侧母线至短路点 k 的电压降为

$$\Delta U=(2L-L_k)z_I I_1+L_k z_{I,II} I_2-2(L-L_k)z_{I,II} I_1 \tag{7.42a}$$

沿 I_2 回路由变电所牵引侧母线至短路点 k 的电压降为

$$\Delta U=L_k z_I I_2+L_k z_{I,II} I_1 \tag{7.42b}$$

并且

$$I_1+I_2=I \tag{7.42c}$$

由式(7.42a)~式(7.42c)可得

$$\left.\begin{array}{l}I_1=\dfrac{L_k}{2L}I\\ I_2=\dfrac{2L-L_k}{2L}I\end{array}\right\} \tag{7.42d}$$

从而

$$I_1=\frac{L_k}{2L-L_k}I_2=\alpha I_2 \tag{7.42e}$$

式中，$\alpha=\dfrac{L_k}{2L-L_k}$，这就是式(7.40)。

将式(7.42b)中的 I_2 用式(7.42e)的另一种形式 $I_2=\dfrac{2L-L_k}{L_k}I_1$ 代替,得

$$Z_{K,I}=\frac{\Delta U}{I_1}=(2L-L_k)z_I+L_k z_{I,II}=(2L-L_k)\left(z_I+\frac{L_k}{2L-L_k}z_{I,II}\right)$$
$$=(2L-L_k)z \tag{7.42f}$$

式中,$z=z_I+\dfrac{L_k}{2L-L_k}z_{I,II}=z_I+\alpha z_{I,II}$,这就是式(7.39)。

将式(7.42b)中的 I_1 用式(7.42e)代入,得

$$Z_{K,II}=\frac{\Delta U}{I_2}=L_k z_I+\frac{L_k L_k}{2L-L_k}z_{I,II}=L_k\left(z_I+\frac{L_k}{2L-L_k}z_{I,II}\right)$$
$$=L_k z \tag{7.42g}$$

由式(7.42f)和式(7.42g)可以看出,将 z 乘上由 $QF_1(QF_2)$ 沿 $I_1(I_2)$ 回路至短路点 k 的线路长度,便得 $QF_1(QF_2)$ 处的测量阻抗,即

$$\left.\begin{array}{l}Z_{K,I}=(2L-L_k)z\\ Z_{K,II}=L_k z\end{array}\right\},\ \text{这就是式(7.38)}。$$

当离短路点 k 较近的一台馈线断路器 QF_2 跳闸后,I 全部通过另一台馈线断路器 QF_1 和分区所断路器 QF_3 迂回流到短路点 k(参见图7.35),此时

$$\Delta U=(2L-L_k)z_I I-2(L-L_k)z_{I,II} I$$

因而,QF_1 处的测量阻抗为

$$Z'_{K,I}=\frac{\Delta U}{I}=(2L-L_k)z_I-2(L-L_k)z_{I,II}$$
$$=(2L-L_k)\left(z_I-\frac{2L-2L_k}{2L-L_k}z_{I,II}\right)$$
$$=(2L-L_k)z'$$

式中,$z'=z_I-\dfrac{2L-2L_k}{2L-L_k}z_{I,II}=z_I-(1-\alpha)z_{I,II}=z_I-z_{I,II}+\alpha z_{I,II}=z-z_{I,II}$,这就是式(7.41)。

(2) 当分区所后面短路时,所测量的过渡电阻 R_{tr} 增大1倍。这可用图7.44所示的等效电路来说明。

此时,沿 I_1 回路的测量阻抗为

$$Z_{K,I,tr}=\frac{U}{I_1}=\frac{\left(\dfrac{Z_{K,I}\cdot Z_{K,II}}{Z_{K,I}+Z_{K,II}}+R_{tr}\right)I}{\dfrac{Z_{K,II}}{Z_{K,I}+Z_{K,II}}I}$$
$$=Z_{K,I}+\frac{Z_{K,I}+Z_{K,II}}{Z_{K,II}}R_{tr} \tag{7.43}$$

同理,沿 I_2 回路的测量阻抗为

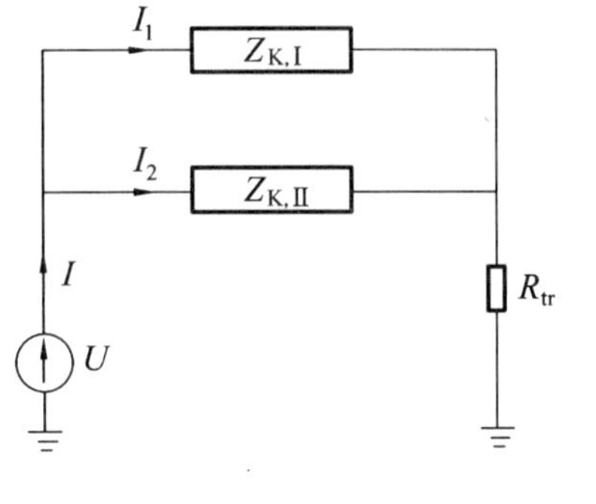

图 7.44 分区所后面短路时的等效电路

$$Z_{K,II,tr} = Z_{K,II} + \frac{Z_{K,I} + Z_{K,II}}{Z_{K,I}} R_{tr} \tag{7.44}$$

可见 R_{tr} 前面乘了一个大于 1 的系数。当 $Z_{K,I} = Z_{K,II}$ 时，测量阻抗中的过渡电阻为实际值的 2 倍。

（3）在越区供电方式下，例如图 7.35 中 QF_1、QF_2、QF_3、QS_1、QS_2 闭合，QF_4、QF_5、QF_6 断开，计算分区所以远短路时的测量阻抗，也应按上述同样的原理，将分区所至短路点的阻抗乘以分支系数

$$\left. \begin{array}{l} K_{bra} = \dfrac{Z_{K,I} + Z_{K,II}}{Z_{K,II}} \quad (沿 I 线路) \\ 或 \ K_{bra} = \dfrac{Z_{K,I} + Z_{K,II}}{Z_{K,I}} \quad (沿 II 线路) \end{array} \right\} \tag{7.45}$$

当 $Z_{K,I} = Z_{K,II}$ 时，分支系数 $K_{bra} = 2$。

三、变电所馈电线电流速断保护灵敏度校验问题

鉴于变电所馈电线电流速断保护灵敏度，有的技术文献按保护安装处最大短路电流校验；本书本章第五节和第六节却按保护安装处最小短路电流校验，这就有必要说明后者的理由。其理由是：根据《继电保护和安全自动装置技术规程》的规定与相关的经典教科书（如文献[7]等）的阐述，电力系统继电保护装置的灵敏系数应尽量根据不利运行方式和不利短路故障类型计算。对于反应短路时参数量增加的继电保护装置，最大运行方式用来确定继电保护装置的选择性，即确定继电保护装置的整定值；最小运行方式用来校验继电保护装置的灵敏度。

如果按保护安装处最小短路电流校验灵敏度，灵敏系数不满足要求，可改为按正常运行方式下保护安装处短路电流校验灵敏度，参看《继电保护和安全自动装置技术规程》(GB/T 14285)附录 A 中表 A.1、《铁路电力牵引供电设计规范》(TB 10009，J452)表 4.7.2 与本书附录 B。所谓正常运行方式，就是根据电力系统的正常负荷，确定正常情况下电力系统应投入和撤出的机组、线路和接地中性点，介于最小运行方式和最大运行方式之间。在国家电网供电局（公司）只提供最小运行方式电抗标幺值 X_{*max} 和最大运行方式电抗标幺值 X_{*min} 的情况下，应请其补充提供正常运行方式电抗标幺值 $X_{*正常}$。如果其不提供 $X_{*正常}$，可取 X_{*max} 和 X_{*min} 的平均值作为 $X_{*正常}$。

如果按正常运行方式下保护安装处短路电流校验灵敏度，灵敏系数仍不满足要求，而又想心中有数，可考虑计算电流速断的最小保护范围 L_{min}。以 Vv 联结牵引变压器和单线单边供电牵引网为例，阐述 L_{min} 的计算方法。参看图 2.3，可比照该图中水平虚线与曲线 II 的交点写出如下等式（为了简单，忽略馈电线的电抗）

$$I'_{ACT} = \frac{\sqrt{3} E}{2 X_{s \cdot max} + X_T + x_1 L_{min}} \tag{7.46}$$

从而求得

$$L_{min} = \frac{\sqrt{3} E - I'_{ACT}(2 X_{s \cdot max} + X_T)}{I'_{ACT} x_1}$$

$$= \frac{1}{x_1}\left[\frac{\sqrt{3}E}{I'_{ACT}} - (2X_{s\cdot max} + X_T)\right]$$

$$= \frac{1}{x_1}\left[\frac{\sqrt{3}E}{n_i I_{set}} - (2X_{s\cdot max} + X_T)\right] \quad (km) \tag{7.47}$$

式(7.46)、式(7.47)中

I'_{ACT}——牵引网电流速断保护动作电流（上述提到的交点最小两相短路电流）一次值

$$I'_{ACT} = n_i I_{set} \quad (A) \tag{7.48}$$

其中 n_i——电流互感器电流比；

I_{set}——牵引网电流速断保护整定电流二次值(A)；

E——电力系统等效 Y 形电源电势一次值，$\sqrt{3}E = 27.5$ kV；

X_T——Vv 联结牵引变压器向被保护牵引网供电的这一相电抗有名值(Ω)；

x_1——牵引网单位电抗(Ω/km)；

$X_{s\cdot max}$——电力系统最小运行方式电抗标幺值 $X_{*s\cdot max}$ 折算到 27.5 kV 侧的有名值，折算公式如下：

$$X_{s\cdot max} = X_{*s\cdot max} \cdot \frac{U_d^2}{S_d} \quad (\Omega) \tag{7.49}$$

其中 U_d——基准电压，取 27.5 kV；

S_d——基准容量，取 100 MVA。

一般要求 $L_{min} \geq (0.15 \sim 0.20) L$，其中 L 为被保护线路全长（km）。

实际计算牵引网电流速断的最小保护范围时，应注意：① 牵引变压器联结形式不同，其每相电抗 X_T 计算公式有区别；② 双线牵引网单位电抗 x_1、2×25 kV 全并联 AT 供电牵引网单位电抗 x_1 与单线牵引网单位电抗 x_1 有区别；③ 式（7.46）等号右边最小两相短路电流计算公式也有区别。

四、变电所馈电线欠压启动过电流保护的电压元件灵敏系数

本章第五节和第六节关于变电所馈电线欠压启动过电流保护的电压元件灵敏系数，虽然没有阐述，但是应参照第一章第二节第三部分的式（1.2）和第二章第二节第二部分，并且联系实际情况，加以校验。

第八章 交流牵引网故障测距原理

第一节 线路故障测距的基本概念

一、线路故障测距装置的作用

输电线路是供电系统的一个重要组成部分。当输电线路发生短路故障时，靠人力查找短路故障点，不但要耗费大量工时，面临许多困难，而且要延长故障停电的时间。采用线路故障测距装置，能够有效地解决这个问题。根据线路故障测距装置测定数据的提示查找短路故障点，查找难度大大降低，消耗时间显著缩短，停电损失必然减轻。

二、线路故障测距装置的类型

1. 脉冲探测式故障测距装置

在线路的一端送入一个脉冲电磁波，并以等速度 v 向另一端传播。当线路存在短路故障点时，将产生反射波（因为故障点的波阻抗显著改变）。通过检测反射波的返回时间 t_x，就可以判定短路故障点的距离。原理示意图如图 8.1 所示。

脉冲探测式线路故障测距装置，不受工频参数和运行方式影响，但要求装设阻波器。

2. 冲击波收信式故障测距装置

由线路故障点 k 向 M、N 两侧发射冲击波，在 N 侧收到的冲击波再向 M 侧传送，则 M 侧收到故障点 k 以及由故障点 k 经 N 侧传到 M 侧的两种波。测得这两种波的时间差，即可测得短路故障点距离。原理说明如图 8.2 所示。

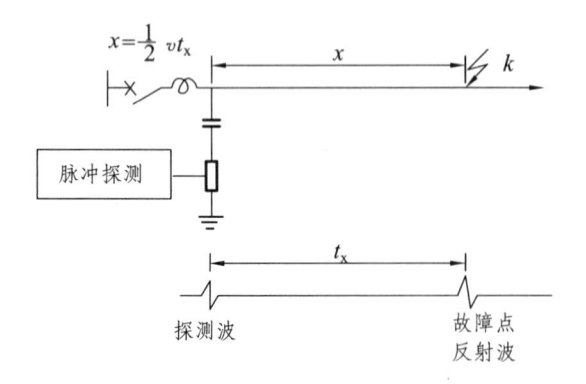

图 8.1 线路故障测距原理说明（一）

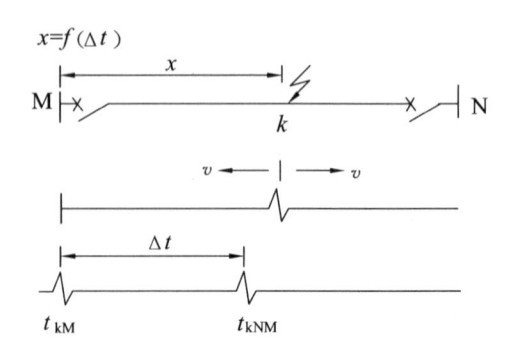

图 8.2 线路故障测距原理说明（二）

3. 测定短路工频电抗式故障测距装置

在线路发生短路故障时,短路阻抗 $Z_k=R_k+jX_k$,其中电阻值 R_k 不可避免地含有故障点过渡电阻的成分,受随机因素影响较大。而电抗值 X_k 基本上不受运行方式、故障电流大小及其他随机因素的影响。因此,以短路电抗值 X_k 表示故障点距离 L_k。原理说明如图 8.3 所示。

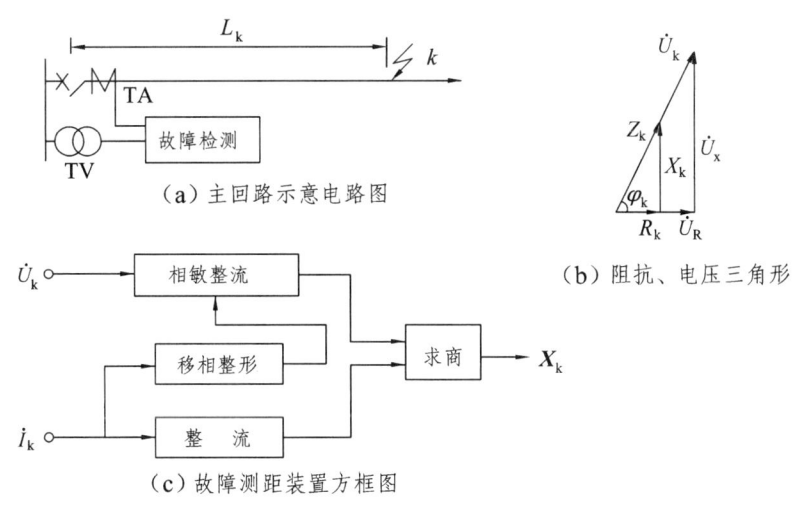

(a) 主回路示意电路图

(b) 阻抗、电压三角形

(c) 故障测距装置方框图

图 8.3 线路故障测距原理说明(三)

当线路发生短路故障时,故障测距装置经电压互感器 TV 送入母线电压 $\dot{U}_k$,经电流互感器 TA 送入短路电流 $\dot{I}_k$,经故障测距装置有关部分变换处理后得到电抗电压降 U_x、电流 I_k,然后求商得短路故障点至母线的线路电抗 $X_k(\Omega)$,短路故障点距离为

$$L_k=\frac{X_k}{x} \quad (km) \tag{8.1}$$

式中　x——线路单位距离电抗值(Ω/km)。

第二节　直接供电方式牵引网故障测距原理

在我国,直接供电方式电气化铁路采用的牵引网故障测距装置,就是测量工频电抗式的。其结构原理方框图如图 8.4 所示(比例放大电路、电源电路等图中未画出)。

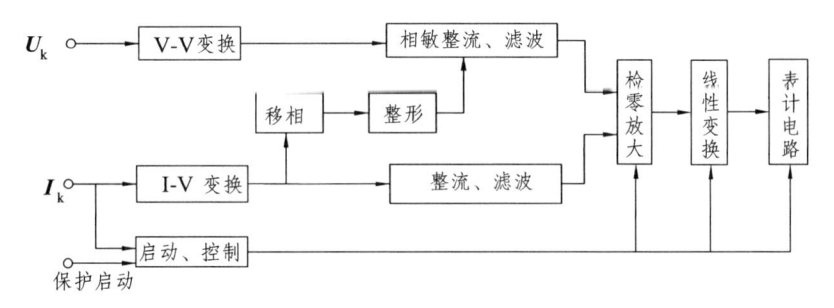

图 8.4 直接供电方式牵引网故障测距装置原理方框图

对于直接供电方式的单线牵引网，认为供电臂内阻抗参数均匀分布，则短路故障点距离 L_k、短路故障点至母线的电抗 X_k 与牵引网单位距离电抗 x 三者的关系就如式(8.1)所示，特性图见图 8.5 直线 1。通常一定结构的牵引网单位距离电抗 x 是一定的，牵引网故障测距装置测得 X_k 以后，即可按式(8.1)求得 L_k。

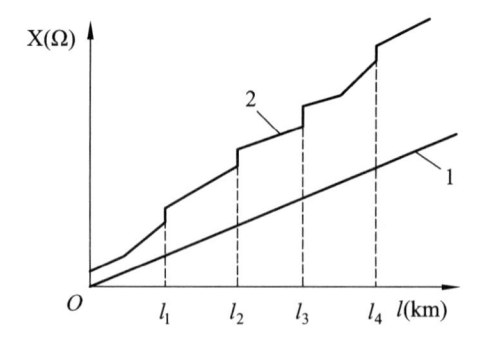

然而，由于接触网结构、线路结构沿线的变化，变电所出口处可能安装抗雷圈、串联电容补偿装置等，使供电臂内牵引网单位长度阻抗不可能均匀分布，且电抗—距离曲线不一定通过原点。因此，在实际构成牵引网故障测距装置时，通常根据实际供电臂情况，将电抗—距离特性按图 8.5 折线 2 所示进行分段线性化处理，以消除用式(8.1)计算存在的误差。

图 8.5 直接供电方式牵引网电抗—距离特性曲线

为了保证在双线单边并联供电情况下牵引网故障测距装置启动的选择性和测量的准确性，牵引网馈线保护Ⅰ段阻抗元件瞬时启动故障测距装置启动继电器 KFS，Ⅱ段阻抗元件必须经过延时 (0.3 ± 0.05)s 再启动 KFS。

如图 8.6 所示，k_1 为 1# 馈线Ⅰ段阻抗元件保护范围内的短路点，k_2 为 1# 馈线Ⅱ段阻抗元件保护范围内的短路点，同时 k_1、k_2 又在 2# 馈线Ⅱ段阻抗元件保护范围内。当 k_1 点短路时，1# 馈线Ⅰ段阻抗元件瞬时启动 KFS；当 k_2 点短路时，1#、2# 馈线Ⅱ段阻抗元件延时 0.3 s 启动 KFS。无论 k_1 点还是 k_2 点短路，分区所断路器 QF₃ 都以小于 0.3 s 的时限跳开，2# 馈线Ⅱ段阻抗元件尚未启动 KFS 即返回。这样就保证了测量故障点的选择性。

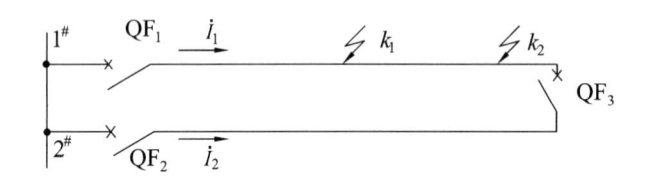

图 8.6 双线单边并联供电示意图

可见，测量工频电抗式的直接供电方式牵引网故障测距装置，不仅适用于单线牵引网，而且可用于双线牵引网。

对于双线单边并联供电的牵引网，还可以按下述原理构成故障测距装置。

仍见图 8.6，考虑下、上行线路 1、2 之间的互感，则可写出在短路故障时对应于 $\dot{I}_1$ 回路和 $\dot{I}_2$ 回路的电压方程如下：

$$\left.\begin{aligned}\dot{U}&=(\dot{I}_1 z_1+\dot{I}_2 z_{12})L_k\\ \dot{U}&=(\dot{I}_2 z_2+\dot{I}_1 z_{12})L_k+\dot{I}_2(z_2-z_{12})(L_2-L_k)+\dot{I}_2(z_1-z_{12})(L_1-L_k)\end{aligned}\right\} \quad (8.2)$$

式中　$\dot{U}$——牵引母线电压(V)；

$\dot{I}_1$、$\dot{I}_2$——线路1、2的电流(A);

z_1、z_2——线路1、2单位长度自阻抗(Ω/km);

z_{12}——线路1、2间单位长度互阻抗(Ω/km);

L_k——短路故障点k至QF_1线路长度(km);

L_1、L_2——供电臂内线路1、2的长度(km)。

如果线路1、2单位长度阻抗相等,且沿线路均匀分布,则由式(8.2)可以得到双线单边并联供电牵引网的故障点测距表达式为

$$L_k = \frac{I_2}{I_1 + I_2}(L_1 + L_2) \quad \text{(km)} \tag{8.3}$$

当线路阻抗参数不均匀时,式(8.2)无法直接求解,在实际构成牵引网故障点测距装置时,通常采用分段线性化折线模型来解决这个问题,即将电抗—距离曲线按线路阻抗参数变化情况分成若干折线段,在每个折线段内电抗X与距离l呈线性关系,再按式(8.2)求解L_k。具体应用时,可参阅文献[3]或文献[18]。

第三节 AT供电系统牵引网故障测距原理

上面介绍的测量工频电抗型牵引网故障测距装置适用于直接供电方式。如果把它应用于AT供电方式,就会出现较大的理论误差。这是因为AT供电系统的牵引网电抗—距离特性为一条弓形曲线,如图8.7所示。如果测量工频电抗值为10Ω,对应可得到19.9 km、21.7 km、23.3 km三个不同的距离点。因此,在AT供电方式下,电抗型牵引网故障测距装置不能尽快发现故障点。于是,日本在20世纪60年代末研制的吸上电流比型AT牵引网故障测距装置得到了广泛应用。

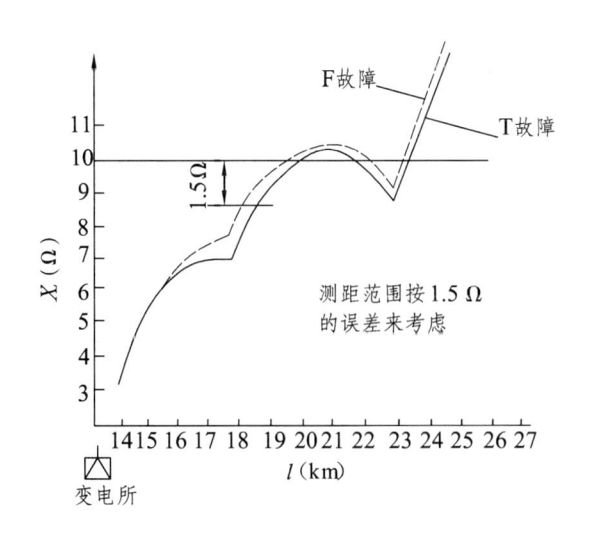

图8.7 AT供电方式牵引网的电抗—距离特性曲线

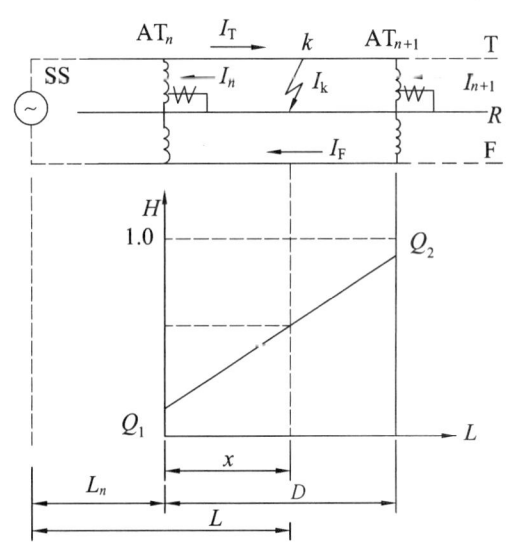

图8.8 AT中点吸上电流情况

一、按故障时 AT 吸上电流比进行测距的基本原理

在单线 AT 供电系统的牵引网中,当 T-R 间发生短路故障时,如图 8.8 所示,故障点 k 邻近的两台 AT 中点吸上电流值与故障点至两台 AT 的距离成比例。设图 8.8 中故障点 k 短路电流 $I_k = I_n + I_{n+1}$,其中 I_n、I_{n+1} 分别为 AT_n 和 AT_{n+1} 的中点吸上电流,AT_n 和 AT_{n+1} 之间距离为 D,牵引变电所(SS)至 AT_n 和故障点 k 的距离分别为 L_n 和 L,则

$$L = L_n + \frac{H - Q_1}{1 - (Q_1 + Q_2)} \cdot D \quad (\text{km}) \tag{8.4}$$

式中 H——理想情况下 AT_n 中点吸上电流占 I_k 的比值,且有

$$H = \frac{I_{n+1}}{I_n + I_{n+1}} \tag{8.5}$$

Q_1、Q_2——与 AT 之间距离大小、钢轨漏导、AT 漏抗、馈线长短、钢轨连接导电情况等因素有关的系数(对双线取值平均为 0.05~0.1)。

AT 供电系统中各供电设施(牵引变电所、开闭所、分区所、AT 所)的 AT 中点都设有吸上电流的数字测量装置,并通过专用通道相互连接成数字传输系统,与牵引变电所微机远动终端接口。当供电臂内故障时,由馈线继电保护启动故障测距系统,并由中继继电装置将启动信号传送到各 AT 数字测量装置,继而各 AT 中点吸上电流的数字信号被依次传送到牵引变电所,并由牵引变电所的微机远动终端将各种数据转发到调度中心。最后调度中心计算机按式(8.4)计算比较,即可求得故障点距离,并打印输出计算结果。

在双线 AT 供电系统中,故障时则可通过比较上、下行线路各 AT 中点吸上电流值的大小,并由馈线继电保护动作的情况,同样可判断、确定故障点的位置。

二、故障测距系统构成框图

单线 AT 供电方式故障测距系统的构成框图如图 8.9 所示。图中各供电设施 AT 中点与钢轨之间设有电流互感器 TA,故障时 AT 中点吸上电流由 TA 二次绕组输入到测量转换装置。各 AT 之间的专用通道为 LL,牵引变电所微机远动终端与调度中心计算机的联系由远动系统通道 YL 承担。

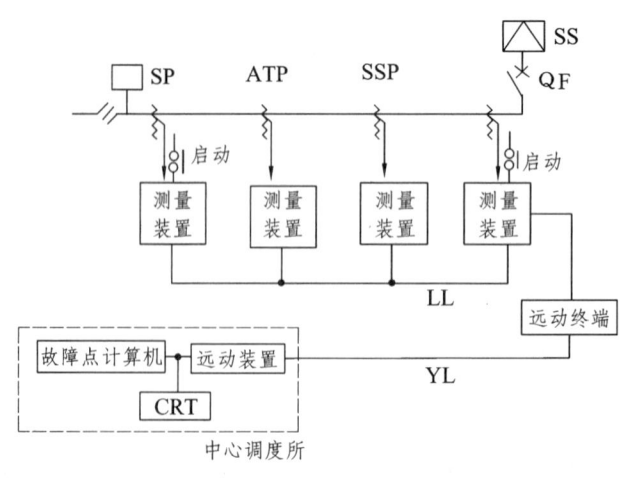

图 8.9 故障测距系统构成框图

故障测距系统各供电设施AT的数据测量及其传输装置,按供电设施本身功能和设施情况而有所不同,主要有下列两种类型。

1. 具有微机远动终端的牵引变电所故障测距装置

牵引变电所故障测距装置由测量装置部分、接收与发送装置部分、中继继电装置等环节组成,并与各传输通道相连接。其构成框图如图8.10(a)所示。各组成部分的主要功能如下:

(1)测量装置部分:测量牵引变电所AT中点吸上电流模拟量数值,并将其转换为数字信号。

(2)接收与发送装置部分:前者接收故障和试验启动信号,同时接收各AT测量装置部分传送的数字信号并以BCD代码存储;后者则按时分制依次将接收装置部分接收到的数字信号,用8位BCD代码直接传送到牵引变电所微机远动终端,经远动系统重新编码后再转发至调度中心。

(3)中继继电装置(多种类型):接收和传送继电保护动作的启动信号,并把测量装置输出的串行码提高码元强度至30~60 V,以便向通道传送测量到的AT中点吸上电流数字信号。

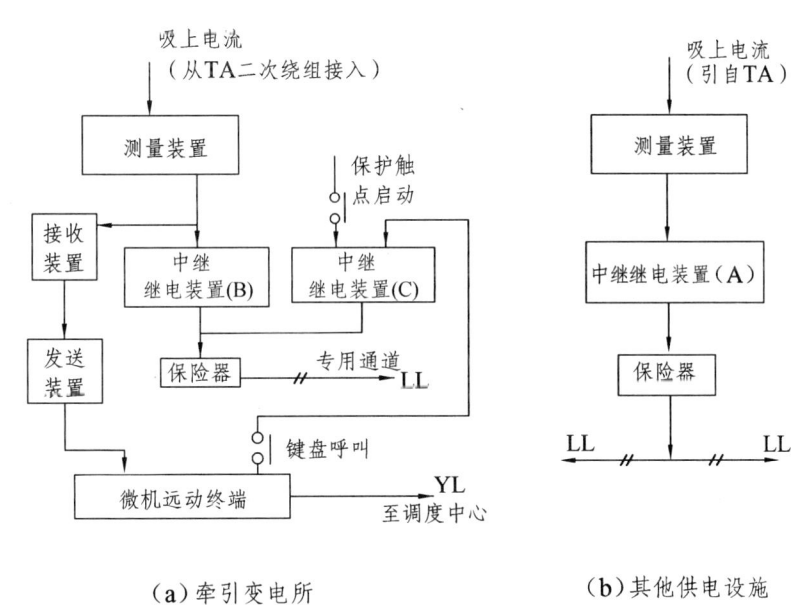

(a)牵引变电所　　　　　　　　(b)其他供电设施

图8.10　变电所与其他供电设施中的故障测距装置

2. 其他供电设施的AT供电方式故障测距装置组成环节

开闭所(SSP)、分区所(SP)和AT所(ATP)等供电设施中的AT供电方式故障测距装置,仅设有测量装置部分和中继继电装置等环节。其构成框图如图8.10(b)所示。各环节的功能与上述相同,但中继继电装置所接收的启动信号是由专用通道从牵引变电所中继继电装置传送而来。

通过式(8.4)和式(8.5)可以看出，由该原理构成的牵引网故障测距装置存在一定的缺点，主要表现就是故障测距靠利用故障点两侧 AT 中点吸上电流计算来实现。为了保证故障点两侧 AT 中点吸上电流的同步采集，必须在每台 AT 处都设置一套数据采集与发送装置，必须敷设专用的传输数据和控制信号通道。这就使该装置不仅一次投资增大，而且原理适应性较差，工作可靠性降低。

三、AT 供电系统牵引网故障测距新型原理

AT 供电系统牵引网正常情况下尽管运行方式很多，若单纯从故障测距角度对诸多运行方式分类，可以归结为三种典型的运行方式，即双线运行方式、单线运行方式和 V 停反行运行方式。下面分别针对这三种运行方式阐述故障测距问题。

1. 双线运行方式

双线单边并联供电的 AT 牵引网及其等效电路分别如图 8.11(a)和(b)所示。

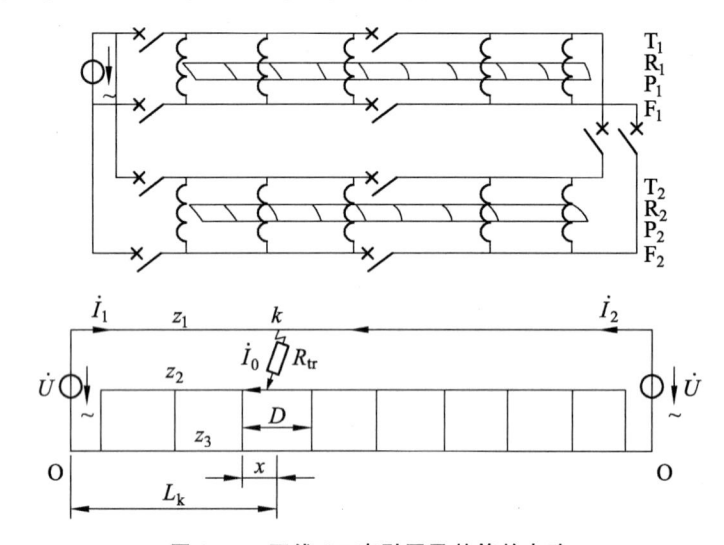

图 8.11 双线 AT 牵引网及其等效电路

根据图 8.11(b)所示的等效电路，可写出

$$\left.\begin{array}{l}\dot{U}=\dot{I}_1 z_1 L_k+\dot{U}_{ko}\\ \dot{U}=\dot{I}_2 z_1 (L_1+L_2-L_k)+\dot{U}_{ko}\end{array}\right\} \tag{8.6}$$

由式(8.6)可得

$$L_k=\frac{I_2}{I_1+I_2}(L_1+L_2) \quad (\text{km}) \tag{8.7}$$

式中 L_k——故障点距离(km)；

L_1、L_2——供电臂内下、上行线路长度(km)；

I_1、I_2——下、上行馈线电流(A)；

z_1——线路单位长度自阻抗（Ω/km）；

$\dot{U}$——牵引母线电压（V）；

$\dot{U}_{ko}$——故障点 k 与电源（下端）o 点之间的电压降（V）。

考虑线路阻抗参数不均匀和下、上行线路间互感等，在式（8.7）基础上增加一个修正项 Δl，变成下式

$$L_k = \frac{I_2}{I_1 + I_2}(L_1 + L_2) + \Delta l \quad (\text{km}) \tag{8.8}$$

式中，修正项 Δl（km）考虑了各种因素对故障测距精度的影响，具体表达式请参阅文献[3]。

2. 单线运行方式

定义吸馈电流比 Q 为故障测距装置安装处 AT 中点吸上电流 $\dot{I}_{Ro}$ 与馈线电流 $\dot{i}$ 之比，即 $Q = \dot{I}_{Ro}/\dot{i}$；定义反向测量阻抗 Z_{m2} 为故障测距装置安装处 T-R 间电压 $\dot{U}_{TR2}$ 与 AT 中点吸上电流 $\dot{I}_{R2}$ 之比，即 $Z_{m2} = \dot{U}_{TR2}/\dot{I}_{R2}$。

单线运行方式 AT 供电系统牵引网吸馈电流比 Q 特性、电抗 X_m 特性和反向测量电抗 X_{m2} 特性如图 8.12 所示。牵引网的五种故障类型可以归纳为 T 型（包括 T-R，T-P 故障）、F 型（包括 F-R，F-P 故障）、T-F 型三种。吸馈电流比 Q 特性为三条分段直线，反向测量电抗 X_{m2} 在一定区段内与故障点距离呈一一对应关系。对图 8.12 所示两个 AT 段（在我国，SS-SSP 间、SSP-SP 间原则上都不超过两个 AT 段）的 AT 牵引网，将其划分为三个区段，Ⅰ区和Ⅱ₁区的故障点测距由首端（SS 端或 SSP 端）的吸馈电流比 Q 特性和电抗 X_m 特性实现；Ⅱ₂区的故障点测距由末端（SSP 端或 SP 端）反向测量电抗 X_{m2} 特性实现。

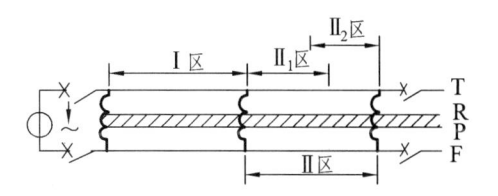

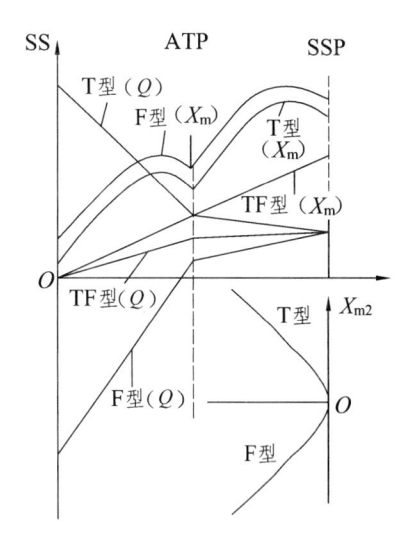

图 8.12　Q-l 和 X-l 特性

3. V 停反行运行方式

V 停反行运行方式实际上是一种特殊的单线运行方式，其故障点测距问题可以归结为图 8.13(a)、(b) 两种情况。

对于图 8.13(a)，吸馈电流比 Q 特性为：T 型故障 $Q = 2e^{j0}$；F 型故障 $Q = 2e^{j180°}$；T-F 型故障 $Q = 0$。因为其电抗 X_m 特性为三条斜率不同的直线，所以可利用吸馈电流比 Q 特性判断故障类型，利用电抗（X_m）法原理实现故障点测距。

对于图 8.13(b)，故障点 k_1 的测距方法与图 8.12 所示单线运行方式 AT 牵引网Ⅰ区的测距方法相同；故障点 k_2 的测距方法，因吸馈电流比 $Q = 0$，先利用 Q 特性与电抗的匹配关

系判断故障属于该运行方式,因其电抗 X_m 特性为三条直线,可利用电抗法实现故障点测距。

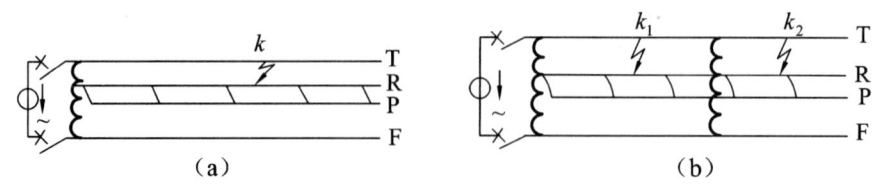

图 8.13　V 停反行运行方式测距模型

综上所述,AT 供电系统牵引网故障测距新型原理,仅需在变电所、开闭所和分区所三处安装牵引网故障测距装置,且三处的故障测距装置工作完全独立,各自仅需利用当地信息就可实现各自承担区段的故障点测距。但精确的故障点测距,因涉及运行方式、故障类型识别和复杂的计算,所以需由微机实现。

第九章　电容补偿装置和母线保护

第一节　并联电容补偿装置保护

并联电容补偿装置可能发生的故障和异常运行状态有接地短路、单台电容器（又称电容器单元）内部故障（如绝缘损坏引起短路）、电容器过电压、电容器组失压、因高次谐波超过允许值导致电容器过热与电抗器过热等。为了预防事故的发生和事故的进一步扩大，须设置足够可靠的、性能良好的保护装置。现将牵引供电系统并联电容补偿装置保护阐述于下。

一、电流速断保护

电流速断保护用于并联电容补偿装置断路器到电容器或电抗器连接线的短路故障和母线的接地短路故障的保护。其整定原则如下：

(1) 不因电力牵引列车产生的高次谐波电流而动作；

(2) 不因并联电容补偿装置投入时产生的合闸涌流而动作。

动作电流 I_{act}：一般按第(2)条原则整定，也就能满足第(1)条原则的要求。计算公式如下：

$$I_{act} = \frac{K_{rel} K_i I_N}{K_r n_i} \quad (A) \tag{9.1}$$

式中　I_N——并联电容补偿装置额定电流(A)；
　　　n_i——电流互感器电流比；
　　　K_i——并联电容补偿装置投入时最大冲击电流倍数；
　　　K_{rel}——可靠系数，取 1.2；
　　　K_r——返回系数，取 0.85。

并联电容补偿装置投入时，最大冲击电流倍数 K_i 可取 3.55，也可按下式确定：

$$K_i = 1 + \sqrt{\frac{X_C}{X'_L}} \tag{9.2}$$

式中　X_C——并联电容补偿装置电容器组的容抗(Ω)；
　　　X'_L——串联电抗器感抗 X_L 与系统(含主变)感抗 X_S 之和，即 $X'_L = X_S + X_L (\Omega)$。

灵敏系数 K_{sen}：按牵引侧母线最小两相短路电流 $I_{k\,min}^{(2)}$ 校验，不应小于 1.5，按下式计算：

$$K_{\text{sen}} = \frac{I_{\text{k}\cdot\min}^{(2)}}{I_{\text{act}} n_i} \qquad (9.3)$$

动作时限：考虑电容器装置投入过渡过程的影响，一般整定为 0.1 s。

二、过电流保护

过电流保护用作上述电流速断的后备保护和并联电容补偿装置内部部分接地故障的保护。其整定原则如下：

（1）动作电流 I_{act}：不小于最大正容差电容器长期允许电流，按下式确定：

$$I_{\text{act}} = \frac{K_{\text{rel}} K_{\text{pe}} I_{\text{N}}}{K_{\text{r}} n_i} \quad (\text{A}) \qquad (9.4)$$

式中　K_{pe}——电容器最大长期允许电流倍数，一般为 1.3；

I_{N}、n_i、K_{rel}、K_{r} 的含义与式（9.1）相同。

（2）用动作延时的方法躲过合闸涌流，动作时限一般为 0.5～1 s。

三、谐波过电流保护

谐波过电流保护用作并联电容补偿装置高次谐波超过允许值的保护。可根据流入并联电容补偿装置高次谐波电流允许值和相应时间进行整定。

有关技术条件规定，电容器在通过额定电流（正弦）的同时允许通过等价三次谐波电流 $I_{3\text{eq}}$ 的数值与时间如下：

$$I_{3\text{eq}} = \sqrt{\sum_{n=2}^{\infty}\left(\frac{n}{3}I_n\right)^2} \leqslant 0.78 I_{\text{N}} \quad (\text{持续})$$

$$I_{3\text{eq}} \leqslant 1.5 I_{\text{N}} \quad (2\ \min)$$

式中　I_n——流入并联电容补偿装置的 n（通常取 n 为 3、5、7）次谐波电流（A）；

I_{N}——并联电容补偿装置的额定电流（A）。

因此，谐波过电流保护动作电流 $I_{n\text{act}}$ 可按下式计算：

$$I_{n\text{act}} = \frac{1.5 I_{\text{N}}}{K_{\text{rel}} n_i} \quad (\text{A}) \qquad (9.5)$$

式中　K_{rel}——可靠系数，取 1.1～1.2；

n_i——电流互感器电流比。

动作时限 $t = 2\ \min$。

当流入并联电容补偿装置的等价三次谐波电流的数值与时间达到上述整定值（$I_{n\text{act}}$，t）时，谐波过电流保护动作，使相应的断路器跳闸。

四、差电流保护

差电流保护（纵向电流差动保护）用作并联电容补偿装置对地短路的主保护。特别是对保护电抗器、末端电容器和它们的引线具有重要的意义。这些设备对地短路时，回路阻抗增大、短路电流减小，而差电流保护对短路电流很小的故障有很高的灵敏度，因此能可靠地、有效地切除故障。

该保护是由并联电容补偿装置首端和末端两电流互感器二次侧差接构成的。采用一般电流继电器作差流继电器，而不采用差动继电器。因后者要求的动作电流较大，对短路电流小的情况不能进行整定。

该保护差流继电器的动作电流 I_{act} 可按下式整定：

$$I_{act} = \frac{\Delta f_{max} K_{st} K_{rel} K_i I_N}{n_i} \quad (A) \tag{9.6}$$

式中 Δf_{max} ——电流互感器最大允许误差，取 0.1；

K_{st} ——考虑电流互感器特性不同的系数，不同型为 1，同型为 0.5；

I_N、n_i、K_{rel}、K_i 的含义与式(9.1)相同。

如果需要进一步减小该保护差流继电器的动作电流，可采用动作延时(一般为 0.2~0.5 s)的方法躲过并联电容补偿装置投入时的合闸涌流。

五、差电压保护

差电压保护用于电容器内部故障和局部(一排或一小组)电容器过电压的保护。电容器内部故障，最严重的是绝缘破坏(短路)。这时，由故障电流发生电弧，导致绝缘油分解、气化，使电容器壳内压力增大。而电容器内部故障所引起的故障电流增加较小，不足以使并联电容补偿装置的过电流保护或电流速断保护动作，从而使电容器内部故障得以继续发展，致使外壳鼓胀破坏，直至喷油、爆炸、起火。因此，必须对电容器内部故障采取有效、可靠的保护措施，在电容器外壳破坏以前，就将故障电容器从电路中切除。

并联电容器组系由许多电容器单元串、并联组成。电容器单元的内部由若干带埋入式熔丝的电容器元件并联构成；一个元件故障，由其熔丝熔断自动切除。为了防止电容器箱壳爆炸，一般每一电容器还装设专用的外部熔断器，其熔丝的额定电流可取电容器单元额定电流的 1.5~2 倍；当某一电容器内部故障及其引线短路时，由其熔丝熔断而被切除。当某一排或一小组电容器中，有的因熔断器熔丝熔断而被切除后，其余电容器将承受超过 K_{OV} 倍额定电压的过电压(K_{OV} 为 1.36 或 1.1，参见本节"六、过电压保护"。下同)。

差电压保护是一种灵敏度高，保护范围大，不受合闸涌流、高次谐波和电压波动影响的保护方式。它既能检出电容器内部故障，限制事故扩大，又可用于局部(一排或一小组)电容器过电压的保护，还可兼作高压并联电容器用放电线圈(简称放电线圈)匝间绝缘击穿的保护。它是利用与两半组串联的电容器各并联一个放电线圈的二次回路差动连接而构成的，放电线圈兼作差电压保护用的电压互感器，原理图见图 9.1 和图 9.2。图中，C 为电容器单元(可简称电容器)，N 为串联电容器单元数，M 为并联电容器单元数，L 为串联电抗器，TDC 为放电线圈，KV 为差电压继电器线圈。正常时，因两半组串联电容器的容抗基本相等，差压继电器线圈的差电压基本为零(安装时应尽量满足这一要求)，差压继电器不动作。当某半组有电容器发生内部故障时，两半组串联电容器的容抗不再相等，差压继电器线圈得到差电压，当差电压达到或大于整定值时，差压继电器动作，并切除并联电容补偿装置。

差压继电器的动作电压 U_{act} 按下式整定：

$$U_{act} = \frac{\Delta U_C}{n_u K_{sen}} \quad (V) \tag{9.7}$$

式中　ΔU_C——有故障半组与无故障半组（串联）电容器的电压差(V)；
　　　n_u——放电线圈一次侧与二次侧电压比；
　　　K_{sen}——灵敏系数，取 1.5。

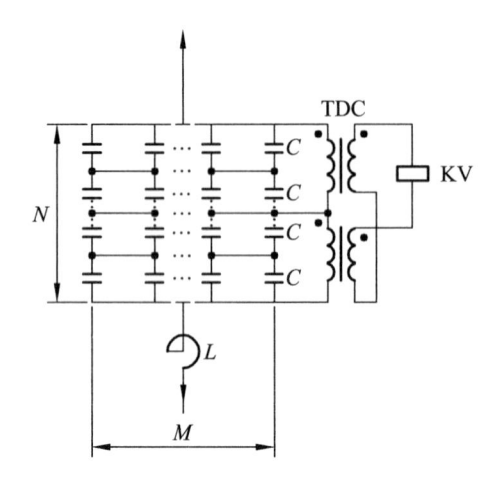

图 9.1　差电压保护原理图（一）
电容器组为 $(N+1)$ 条并联线接线方式

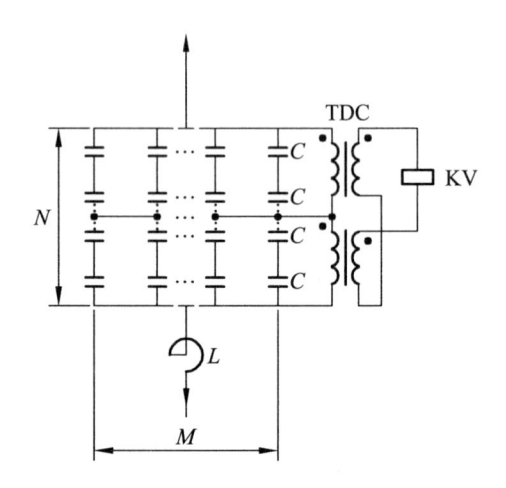

图 9.2　差电压保护原理图（二）
电容器组为 $\left(\frac{N}{2}+1\right)$ 条并联线接线方式

下面阐述有故障半组与无故障半组（串联）电容器的电压差 ΔU_C 的确定方法，以工频交流（基波）为前提。

电容器组中，一台电容器额定容抗以 X_{C0} 表示，串联电抗器感抗以 X_L 表示；正常运行时，电容器组综合容抗为 $X_{C\Sigma} = \frac{N}{M} X_{C0}$，并联电容补偿装置的补偿度（简称补偿度）为 $a = \frac{X_L}{X_{C\Sigma}} = \frac{MX_L}{NX_{C0}}$。牵引侧母线最高工作电压以 U_{max} 表示。有故障半组与无故障半组（串联）电容器的电压差 ΔU_C 的确定方法，按下列四种情形分别阐述。

（1）每一台电容器装有专用熔断器保护，电容器组为 $(N+1)$ 条并联线接线方式（参见图 9.1）。

正常运行时，电容器组中每一排电容器的容抗 $X_{C1} = \frac{X_{C0}}{M}$。若某一排电容器有的因熔断器熔丝熔断而被切除 K 台后，则容抗变为 $X_{C2} = \frac{X_{C0}}{M-K}$；此时，电容器组综合容抗 $X'_{C\Sigma}$ 与并补装置综合电流 I_Σ 分别为

$$X'_{C\Sigma} = X_{C2} + (N-1)X_{C1} = \frac{X_{C0}}{M-K} + (N-1)\frac{X_{C0}}{M} = \frac{N(M-K)+K}{M(M-K)} X_{C0}$$

$$I_\Sigma = \frac{U_{max}}{X'_{C\Sigma} - X_L} = \frac{U_{max}}{\frac{N(M-K)+K}{M(M-K)} X_{C0} - a\frac{N}{M} X_{C0}}$$

$$= \frac{M(M-K)U_{\max}}{[N(M-K)(1-a)+K]X_{C0}}$$

于是，有故障半组与无故障半组（串联）电容器的电压差 ΔU_C 为

$$\Delta U_C = I_\Sigma \left[X_{C2} + \left(\frac{N}{2}-1\right)X_{C1}\right] - I_\Sigma \frac{N}{2}X_{C1} = I_\Sigma(X_{C2}-X_{C1})$$

$$= \frac{M(M-K)U_{\max}}{[N(M-K)(1-a)+K]X_{C0}}\left(\frac{X_{C0}}{M-K}-\frac{X_{C0}}{M}\right)$$

$$= \frac{K}{N(M-K)(1-a)+K}U_{\max} \tag{9.8}$$

差电压保护整定计算时，以 $K=1$（1台电容器）代入式（9.8）计算 ΔU_C；用微机实现的差电压保护能够灵敏可靠地动作（下同）。

当电容器组中某一排的电容器有的因熔断器熔丝熔断而被切除，其余电容器端电压 U_{C2} 超过 K_{OV} 倍电容器额定电压 U_{C0} 时，熔断器已切除的电容器数 K 的计算公式，如式（9.9）所示。

由于 $U_{C2} = I_\Sigma X_{C3} = \dfrac{M(M-K)U_{\max}}{[N(M-K)(1-a)+K]X_{C0}} \cdot \dfrac{X_{C0}}{M-K} = \dfrac{M}{N(M-K)(1-a)+K}U_{\max}$，

根据 $\dfrac{M}{N(M-K)(1-a)+K}U_{\max} \geqslant K_{OV}U_{C0}$，求解 K，则得

$$K \geqslant \frac{M\left[N(1-a)-\dfrac{U_{\max}}{K_{OV}U_{C0}}\right]}{N(1-a)-1} \tag{9.9}$$

上述故障情况下的补偿度 a' 与正常运行情况下的补偿度 a 之差百分值 $\Delta a(\%)$ 为

$$\Delta a(\%) = \frac{a'-a}{a} = \frac{\dfrac{X_L}{X'_{C\Sigma}}-\dfrac{X_L}{X_{C\Sigma}}}{\dfrac{X_L}{X_{C\Sigma}}} = \frac{X_{C\Sigma}-X'_{C\Sigma}}{X'_{C\Sigma}}$$

$$= \frac{\dfrac{N}{M}X_{C0}-\dfrac{N(M-K)+K}{M(M-K)}X_{C0}}{\dfrac{N(M-K)+K}{M(M-K)}X_{C0}} = \frac{-K}{N(M-K)+K} \cdot 100\% \tag{9.10}$$

（2）每一台电容器装有专用熔断器保护，电容器组为 $\left(\dfrac{N}{2}+1\right)$ 条并联线接线方式（参见图 9.2）。

正常运行时，电容器组中每一小组的一条并联支路的电容器（2台串联）的容抗 $X_{C1} = 2X_{C0}$；每一小组（M 条并联支路）电容器的容抗 $X_{C2} = \dfrac{2X_{C0}}{M}$。若某一小组的电容器有的因熔断器熔丝熔断而被切除 K 条并联支路后，则容抗变为 $X_{C3} = \dfrac{2X_{C0}}{M-K}$；此时，电容器组综合容抗 $X'_{C\Sigma}$ 与并补装置综合电流 I_Σ 分别为

$$X'_{C\Sigma} = X_{C3} + \left(\frac{N}{2}-1\right)X_{C2} = \frac{2X_{C0}}{M-K} + \left(\frac{N}{2}+1\right)\frac{2X_{C0}}{M} = \frac{N(M-K)+2K}{M(M-K)}X_{C0}$$

$$I_\Sigma = \frac{U_{\max}}{X'_{C\Sigma} - X_L} = \frac{U_{\max}}{\dfrac{N(M-K)+2K}{M(M-K)}X_{C0} - a\dfrac{N}{M}X_{C0}}$$

$$= \frac{M(M-K)U_{\max}}{[N(M-K)(1-a)+2K]X_{C0}}$$

于是，有故障半组与无故障半组（串联）电容器的电压差 ΔU_C 为

$$\Delta U_C = I_\Sigma\left[X_{C3} + \left(\frac{N}{4}-1\right)X_{C2}\right] - I_\Sigma \frac{N}{4}X_{C2} = I_\Sigma(X_{C3} - X_{C2})$$

$$= \frac{M(M-K)U_{\max}}{[N(M-K)(1-a)+2K]X_{C0}}\left(\frac{2X_{C0}}{M-K} - \frac{2X_{C0}}{M}\right)$$

$$= \frac{2K}{N(M-K)(1-a)+2K}U_{\max} \tag{9.11}$$

差电压保护整定计算时，以 $K=1$（1 条并联支路）代入式（9.11）计算 ΔU_C。

当电容器组中某一小组的电容器有的因熔断器熔丝熔断而被切除 K 条并联支路，其余 $(M-K)$ 条并联支路的电容器端电压 U_{C3} 超过 K_{OV} 倍电容器额定电压 U_{C0} 时，熔断器已切除的并联支路数 K 的计算公式，如式（9.12）所示。由于 $U_{C3} = (I_\Sigma X_{C3})/2 = \left\{\dfrac{M(M-K)U_{\max}}{[N(M-K)(1-a)+2K]X_{C0}} \cdot \dfrac{2X_{C0}}{M-K}\right\}/2 = \dfrac{M}{N(M-K)(1-a)+2K} \cdot U_{\max}$，根据 $\dfrac{M}{N(M-K)(1-a)+2K}U_{\max} \geqslant K_{OV}U_{C0}$，求解 K，则得

$$K \geqslant \frac{M\left[N(1-a) - \dfrac{U_{\max}}{K_{0v}U_{C0}}\right]}{N(1-a)-2} \tag{9.12}$$

上述故障情况下的补偿度 a' 与正常运行情况下的补偿度 a 之差百分值 $\Delta a(\%)$ 为

$$\Delta a(\%) = \frac{a'-a}{a} = \frac{\dfrac{X_L}{X'_{C\Sigma}} - \dfrac{X_L}{X_{C\Sigma}}}{\dfrac{X_L}{X_{C\Sigma}}} = \frac{X_{C\Sigma} - X'_{C\Sigma}}{X'_{C\Sigma}} = \frac{\dfrac{N}{M}X_{C0} - \dfrac{N(M-K)+2K}{M(M-K)}X_{C0}}{\dfrac{N(M-K)+2K}{M(M-K)}X_{C0}}$$

$$= \frac{-2K}{N(M-K)+2K} \cdot 100\% \tag{9.13}$$

（3）电容器组未装设单台专用熔断器保护，采用 $(N+1)$ 条并联线接线方式（参见图9.1）。

正常运行时，电容器组中每一排电容器的容抗 $X_{C1} = \dfrac{X_{C0}}{M}$。若某一排电容器中任意一台内部元件击穿百分数为 β，则该排电容器容抗变为 $X_{C2} = \dfrac{X_{C0}}{(M-1)+(1-\beta)}$；此时，电容器组综合容抗 $X'_{C\Sigma}$ 与并补装置综合电流 I_Σ 分别为

$$X'_{C\Sigma} = X_{C2} + (N-1)X_{C1} = \frac{X_{C0}}{(M-1)+(1-\beta)} + (N-1)\frac{X_{C0}}{M}$$

$$= \frac{M+(N-1)[(M-1)+(1-\beta)]}{M[(M-1)+(1-\beta)]}X_{C0}$$

$$I_\Sigma = \frac{U_{\max}}{X'_{C\Sigma} - X_L} = \frac{U_{\max}}{\dfrac{M+(N-1)[(M-1)+(1-\beta)]}{M[(M-1)+(1-\beta)]}X_{C0} - a\dfrac{N}{M}X_{C0}}$$

$$= \frac{M[(M-1)+(1-\beta)]}{\{M+[(M-1)+(1-\beta)][N(1-a)-1]\}X_{C0}}U_{\max}$$

于是，有故障半组与无故障半组（串联）电容器的电压差 ΔU_C 为

$$\Delta U_C = I_\Sigma \left[X_{C2} + \left(\frac{N}{2}-1\right)X_{C1}\right] - I_\Sigma \frac{N}{2}X_{C1} = I_\Sigma(X_{C2}-X_{C1})$$

$$= \frac{M[(M-1)+(1-\beta)]}{\{M+[(M-1)+(1-\beta)][N(1-a)-1]\}X_{C0}}U_{\max}\left[\frac{X_{C0}}{(M-1)+(1-\beta)} - \frac{X_{C0}}{M}\right]$$

$$= \frac{M-[(M-1)+(1-\beta)]}{M+[(M-1)+(1-\beta)][N(1-a)-1]}U_{\max}$$

$$= \frac{\beta}{N(M-\beta)(1-a)+\beta}U_{\max} \qquad (9.14)$$

其实，将 X_{C2} 化简为 $X_{C2} = \dfrac{X_{C0}}{M-\beta}$，比照式（9.8），以 β 置换 K，就可以直接写出式（9.14）的最后结果；进行上面的推导，是为了得到印证。

差电压保护整定计算时，可取 $\beta=60\%\sim 80\%$，代入式（9.14）计算 ΔU_C。

（4）电容器组未装设单台专用熔断器保护，采用 $\left(\dfrac{N}{2}+1\right)$ 条并联线接线方式（参见图9.2）。

正常运行时，电容器组中每一小组的一条并联支路的电容器（2台串联）的容抗 $X_{C1} = 2X_{C0}$；每一小组（M条并联支路）电容器的容抗 $X_{C2} = \dfrac{2X_{C0}}{M}$。若某一小组的电容器任意一台内部元件击穿百分数为 β，则该故障并联支路电容器的容抗变为 $X'_{C1} = X_{C0} + \dfrac{X_{C0}}{1-\beta} = \dfrac{2-\beta}{1-\beta}X_{C0}$，

该故障小组电容器的容抗 $X_{C3} = \dfrac{X'_{C1} \cdot \dfrac{X_{C1}}{M-1}}{X'_{C1} + \dfrac{X_{C1}}{M-1}} = \dfrac{\dfrac{2-\beta}{1-\beta}X_{C0} \cdot \dfrac{2X_{C0}}{M-1}}{\dfrac{2-\beta}{1-\beta}X_{C0} + \dfrac{2X_{C0}}{M-1}} = \dfrac{2(2-\beta)}{M(2-\beta)-\beta}X_{C0}$；此时，电容器组综合容抗 $X'_{C\Sigma}$ 与并补装置综合电流 I_Σ 分别为

$$X'_{C\Sigma} = X_{C3} + \left(\frac{N}{2}-1\right)X_{C2} = \frac{2(2-\beta)}{M(2-\beta)-\beta}X_{C0} + \left(\frac{N}{2}-1\right)\frac{2X_{C0}}{M}$$

$$= \frac{NM(2-\beta)-\beta(N-2)}{M[M(2-\beta)-\beta]}X_{C0}$$

$$I_\Sigma = \frac{U_{\max}}{X'_{C\Sigma}-X_L} = \frac{U_{\max}}{\dfrac{NM(2-\beta)-\beta(N-2)}{M[M(2-\beta)-\beta]}X_{C0} - a\dfrac{N}{M}X_{C0}}$$

$$= \frac{M[M(2-\beta)-\beta]U_{\max}}{\{N[M(2-\beta)-\beta](1-a)+2\beta\}X_{C0}}$$

于是，有故障半组与无故障半组（串联）电容器的电压差 ΔU_C 为

$$\Delta U_{\text{C}} = I_{\Sigma}\left[X_{\text{C3}} + \left(\frac{N}{4}-1\right)X_{\text{C2}}\right] - I_{\Sigma}\frac{N}{4}X_{\text{C2}} = I_{\Sigma}(X_{\text{C3}} - X_{\text{C2}})$$

$$= \frac{M[M(2-\beta)-\beta]U_{\max}}{\{N[M(2-\beta)-\beta](1-a)+2\beta\}X_{\text{C0}}}\left[\frac{2(2-\beta)}{M(2-\beta)-\beta}X_{\text{C0}} - \frac{2X_{\text{C0}}}{M}\right]$$

$$= \frac{2\beta}{N[M(2-\beta)-\beta](1-a)+2\beta}U_{\max} \tag{9.15}$$

差电压保护整定计算时，可取 $\beta=60\%\sim80\%$ 代入式(9.15)计算 ΔU_{C}。

上述四种情形中，第一种情形属基本内容，其余三种情形都属非基本内容。

鉴于有的技术资料上用式(9.9)求出的 K 值计算 ΔU_{C} 整定差电压保护，这里有必要作些说明。式(9.9)和式(9.12)可用来分析电容器端电压超过 K_{OV} 倍额定电压的可能诱因。但是该两式都不能用于差电压保护整定计算，其理由是：① 如果按式(9.9)或式(9.12)求出的 K 值计算 ΔU_{C} 整定差电压保护，则电容器组中同一排电容器被熔断器切除 K 台以下，或同一小组电容器被熔断器切除 K 条并联支路以下，差电压保护都不动作，也不发出任何告警信号，只能靠现场值班人员认真巡视检查才能发现；② 电容器组中如果有的电容器因熔断器熔丝熔断而被切除，差电压保护又未动作，并补装置仍继续运行，显然属于非正常运行状况，使电容器组综合容抗增大，而串联电抗器感抗仍为原值不变，于是补偿度 a 值减小，参见式(9.10)与式(9.13)，并补装置回路参数可能达到或接近对三次谐波发生谐振(谐振点为 $a=0.111$)，这种情况是必须避免的。

为了躲过两半组(串联)电容器瞬时出现的电压不平衡，差电压保护应有 $0.2\sim0.5$ s 的动作时限。

六、过电压保护

为了当某些原因导致牵引母线电压异常升高时，不致使并联电容器损坏，应装设过电压保护。当牵引母线电压异常升高引起并联电容器承受超过允许长期过电压时，过电压保护动作，并切除并联电容补偿装置。

有关技术标准规定，电气化铁道专用并联电容器允许长期过电压 U_{OVC} 为

$$U_{\text{OVC}} = 1.1U_{1\text{C0}} + 0.78I_{1\text{C0}} \cdot \frac{1}{3}X_{1\text{C0}} = 1.1U_{1\text{C0}} + 0.26U_{1\text{C0}} = 1.36U_{1\text{C0}}$$

式中，$U_{1\text{C0}}$、$I_{1\text{C0}}$ 和 $X_{1\text{C0}}$ 分别为并联电容器的额定基波电压、额定基波电流和额定基波容抗。

通用并联电容器虽然只规定允许长期过电压为 1.1 倍额定电压，但是被选择用于电气化铁道的通用并联电容器，也应满足上式所示的允许长期过电压性能。因此，就要求其额定电压为专用并联电容器额定电压的 $\frac{1.36}{1.1}\approx 1.25$ 倍。

由于电压互感器的一次电压是母线电压，所以应将上述并联电容器允许长期过电压值折算到牵引母线；其折算到牵引母线后的值 U_{OVW} 如下

$$U_{\text{OVW}} = K_{\text{OV}}U_{1\text{C0}}N(1-a)$$

式中　K_{OV}——允许长期过电压倍数，对电气化铁道专用并联电容器，取 1.36；对通用并联电容器，取 1.1；

N——串联电容器单元数；

a——并联电容补偿装置的补偿度，一般取 0.12～0.13。

过电压继电器的动作电压 U_{act} 按下式确定：

$$U_{act}=\frac{U_{OVW}}{K_{rel}n_u}=\frac{K_{OV}U_{1C0}N(1-a)}{K_{rel}n_u} \qquad (9.16)$$

式中　K_{rel}——可靠系数，取 1.1～1.2；

　　　n_u——电压互感器电压比。

典型动作时限：1～5 s。

七、失电压保护

设置失电压保护的目的是：

(1) 防止在无负荷时电容器和主变压器同时投入。因为在这种情况下，将会有很大的合闸涌流通过主变压器和并联电容补偿装置，使并联电容补偿装置过电压、过电流，甚至使主变压器、串联电抗器铁芯严重饱和。这时产生的高次谐波之一可能引起谐振；由于此时没有能抑制谐振的有功负荷，该次谐波将被放大很多倍，给并联电容补偿装置和系统都带来严重后果。

(2) 在主变压器断电时，使并联电容补偿装置也断开电源，且使电容器组通过放电线圈放电。这样可防止当电源电压恢复时，电容器极间的残压大于 36% 或 10% 额定电压，从而避免电源电压和残余电压叠加引起电容器出现大于（甚至远远超过）K_{OV} 倍额定电压的过电压。

失电压保护的欠电压继电器动作电压 U_{act} 按下式确定：

$$U_{act}=\frac{K_{min}U_w}{n_u} \quad (V) \qquad (9.17)$$

式中　U_w——牵引侧母线额定电压(V)；

　　　K_{min}——系统正常运行时可能出现的最低电压系数，一般取 0.5；

　　　n_u——电压互感器电压比。

典型动作时限：0.5～1 s。

八、温度和瓦斯保护

在并联电容补偿装置的串联电抗器为油浸式的情况下，电抗器上装有温度计和瓦斯继电器。当电抗器温度异常升高到温度计整定值时，其触点闭合发出信号。当电抗器内部发生轻微故障时，瓦斯继电器的轻瓦斯触点闭合发出信号；当电抗器内部发生严重故障时，瓦斯继电器的重瓦斯触点闭合使并联电容补偿装置的断路器跳闸。

第二节　串联电容补偿装置保护

串联电容补偿装置保护主要是防御牵引网短路电流引起过电压的保护和电容器内部故障的保护。

一、防御牵引网短路电流引起过电压的保护

串联电容补偿装置的容抗与牵引网的感抗串联,使牵引网短路时回路总阻抗减小。因此,如果不对串联电容补偿装置采取保护措施,那么牵引网短路电流稳态值可能很大。当短路电流流经电容器时,电容器上的电压可能升高到危及极板间绝缘的数值。所以,必须采用适当的保护装置,以便在电容器上将出现危险过电压时能瞬时地把串联电容补偿装置撤出运行。

图 9.3 所示就是这样的保护装置原理电路图,主要由保护间隙 F、旁路断路器 QF、阻尼电阻 R、阻尼电抗器 L、电流互感器 TA,以及电流继电器 KA 等二次回路接线(图中未画全)组成。当牵引网或电力机车短路时,只要电容器组的电压升高到一定值,保护间隙 F 就击穿,给短路电流形成一个旁路回路。如果是电力机车内部短路,机车主断路器跳闸后,牵引变电所馈线断路器可能不动作,保护间隙的电弧将由其他电力机车的负荷电流维持,这将导致保护间隙故障。为避免这种情况,串联电容补偿装置要加装旁路断路器。只要保护间隙回路存在电流,该断路器就合闸。电容器上经常出现过电压会使其寿命缩短,因此,在串联电容补偿装置中,应适当降低保护间隙的整定值,使它不超过电容器组额定电压的 2.5~3 倍。这样,保护间隙应在发生短路的第一个 1/4 周期内动作。此时电容器组被旁路,并被撤出短路回路,这整个过程与牵引网无串联电容补偿装置时发生短路情况几乎没有什么区别,短路电流也受到了限制。旁路断路器是由接于保护间隙回路电流互感器 TA 二次侧的电流继电器 KA 常开触点闭合而合闸的。电流继电器一般可按 300~400 A 整定。为了避免损坏保护间隙,无论其回路电流数值多大,旁路断路器都应能合闸。因此,前苏联有一种做法是在同一回路还另装设一个整定值为 30~40 A(这是维持保护间隙电弧的最小电流)的电流继电器。两个电流继电器的常开触点并联,任一个动作都能使旁路断路器合闸。在短路时,短路电流可达几千安,继电器磁路要饱和。如果仅用后者,将使其触点抖动和动作不干脆。

为了说明阻尼电阻 R 和阻尼电抗器 L 的作用原理,将图 9.3 画成图 9.4,其中 L_1 表示

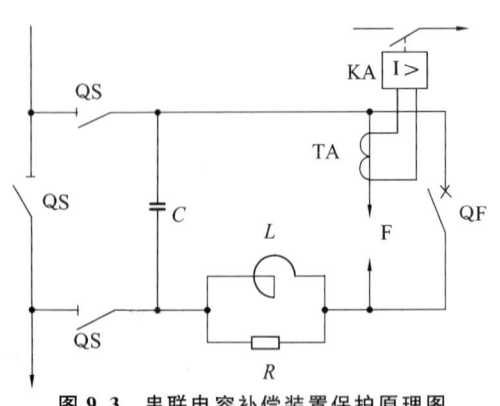

图 9.3 串联电容补偿装置保护原理图 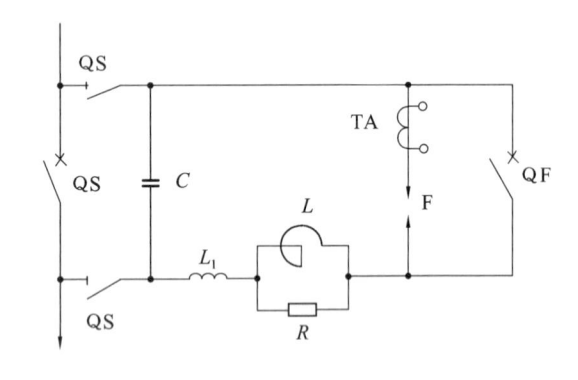　　图 9.4 说明 R 和 L 的作用原理示意图

保护回路中的分布性电感。当保护间隙 F 被击穿或者旁路断路器 QF 合闸时,电容器组 C 放电。在放电回路中总存在分布性电感,其值约为每米导线 1.0~2.5 μH。如果放电回路的总电阻大于临界阻抗值 $2\sqrt{L_1/C}$,则放电过程具有非周期性。如果放电回路的电阻很小,电容器的电介质损失也很小,则回路的总电阻可能小于 $2\sqrt{L_1/C}$,放电过程将是周期性的,放电电流频率可达 1 kHz,其峰值可达数千甚至数万安培,而且放电过程衰减缓慢。这种放电电

流频率高、峰值大、衰减缓慢的放电方式,对电容器 C 的运行寿命是极为不利的。因此,必须另加电阻 R 以达到限流作用,并尽可能将放电过程转变为非周期性的,即使不可能,也应降低放电电流频率。如果只加电阻 R,则其中不仅要通过电容器组 C 的放电电流,而且要通过牵引网的短路电流。由此可知,通过电阻 R 释放出来的能量 I^2R(转换为热损失)是很可观的。减少这个热损失的方法有二:一是减小电阻 R 值,此时热损失的减少与 R 减小值成正比;二是减小通过 R 的短路电流,此时热损失的减少与电流减小值的二次方成正比,效果显著。采用后者是较为合适的。因此,与电阻 R 并联一个电抗器 L,并使工频条件下的感抗 ωL 值远小于电阻 R 值。通常设计成前者约为后者的 1/10,例如 L 为 0.3 mH,R 为 1 Ω。这样,短路电流(基本上为工频)主要是从 L 通过,而电容器组 C 的放电电流是从 R 通过。无论是保护间隙 F 被击穿,还是旁路断路器 QF 合闸,电容器组 C 的放电电流和牵引网的短路电流都需要 R 和 L 并联组成的阻尼装置。因此,R 和 L 装设在 F 和 QF 的共同支路中。

串联电容补偿装置二次回路接线图的主要部分如图 9.5 所示,其中重跳闸回路启动部分虚线框内为对应的牵引馈线断路器合闸位置继电器触点。由图可知,当牵引网或电力机车短路时,由于短路电流引起电容器组 C 电压升高,保护间隙 F 被击穿,电流继电器 KA 动作,旁路断路器 QF 瞬时合闸,电容器组 C 被旁路并被撤出短路回路。当牵引馈线保护动作使断路器跳闸将短路故障切除后重合闸成功时,或因电力机车内部短路由机车主断路器跳闸将故障切除后牵引馈线断路器未跳闸时,旁路断路器 QF 经过整定的延时(约 5 s)重跳闸。如果牵引馈线重合闸失败,将串联电容补偿装置旁路断路器的 SA 转换到对应位置("合后"位)。待牵引馈线恢复正常供电后,用 SA 将旁路断路器分闸。

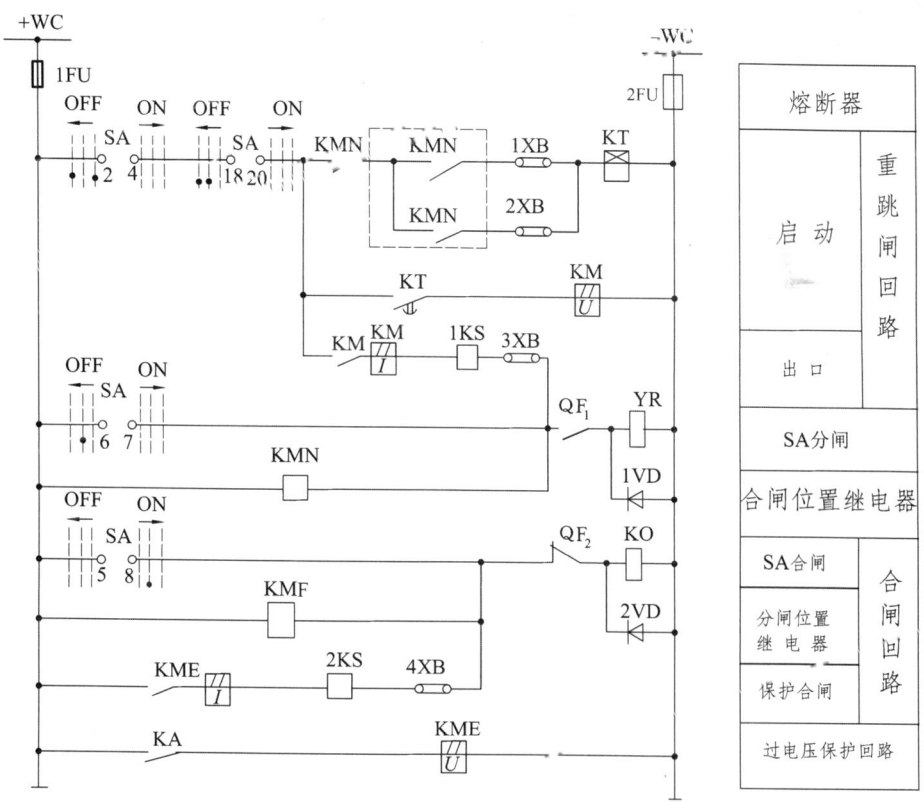

图 9.5 串联电容补偿装置二次回路主要部分

二、电容器内部故障的保护

串联电容补偿装置的电容部分，已由原来的外部构架式电容器组发展为集合式串联电容器。集合式串联电容器主要由电容器单元、内部构架、箱体（外壳）和出线高压瓷套管组成。电容器单元安装在箱体内部的构架上，并根据不同的电压和容量作适当的电气连接，每个总电极的出线端子通过导线从箱盖上的高压瓷套管内引出。电容器单元内每个电容器元件串有一根熔丝，能有效地保证使故障元件断开。箱盖上还装有金属膨胀器和压力释放器起保护作用。金属膨胀器用来补偿箱体内的绝缘油因温度变化而产生的体积变化。压力释放器用于当电容器因内部故障引起箱体内部压力增大到一定压强时，其压力释放阀自动开启，从而避免箱体爆裂。由于集合式串联电容器内部故障的保护方式，已由制造厂确定，所以使用部门无须另设。

第三节 母 线 保 护

发电厂和变电所的母线，是电力系统中最重要的元件之一。当母线发生故障时，所有连接到母线上的元件，如发电机、变压器、线路等，将全部停电，甚至可能破坏并列运行系统的稳定性，扩大系统事故。为了排除和缩小母线故障带来的严重后果，必须设置母线的保护装置。

一、母线保护原理

母线保护一般可以用两种方法实现：一是利用连接到母线上的供电元件的保护来切除母线上的故障，二是设置专门的母线保护装置。

图 9.6 所示为一降压变电所。当高压母线（例如 k_1 点）发生短路时，由高压输电线路电源侧的保护动作，使相应的断路器跳闸，将故障切除。低压母线正常时分段运行，当一段母线上发生故障时，由相应变压器和母线分段断路器的过电流保护动作，使相应的断路器跳闸，如 k_2 点短路时，QF_4 和 QF_6 跳开，用此来切除Ⅰ段母线的电源。这种保护方式的优点是简单经济，并能保证有选择性地切除故障；它的主要缺点是切除故障的时间较长。因此这种保护方式只有在延时切除故障对整个电力系统不致引起严重后果的情况下才能采用。

对于大容量发电厂和电力系统枢纽变电所的母线，为了保证系统并列运行的稳定和有选择性地切除母线故障，避免事故扩大，通常考虑装设专用的母线保护装置。图 9.7 为单母线的母线差动保护原理接线图。图示为一降压变电所，具有两回路进线，两台变压器。

母线差动保护的构成原理和变压器的差动保护相似。为了在正常情况或外部短路时没有电流流过差动继电器，所有与母线连接的元件上应装设同一电流比的电流互感器。电流互感器的一次额定电流应按流过最大负载电流的元件来选择。将所有元件的电流互感器的二次线圈靠母线侧的同极性端子连接在一起，靠外侧的一端也连接在一起，将差动继电器的线圈与所有电流互感器的二次线圈并联。

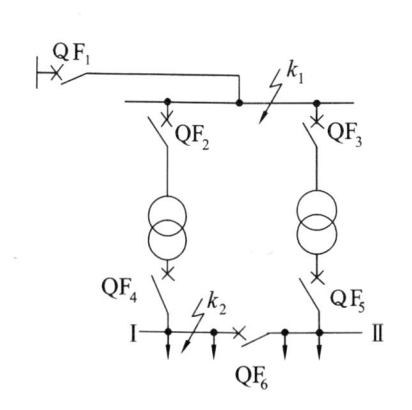

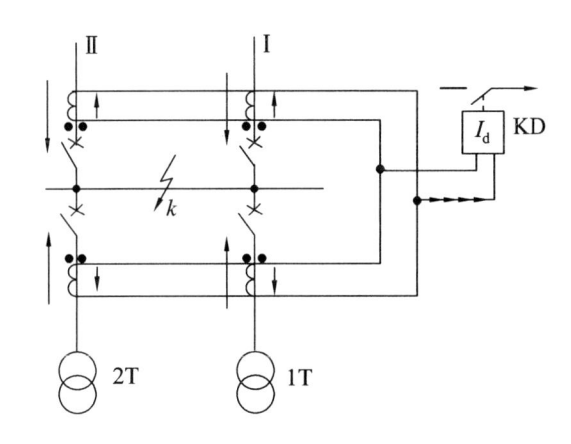

图 9.6 利用供电元件的保护作母线保护的原理　　图 9.7 母线差动保护原理

若规定所有连接在该母线上的一次电流流向母线为正，则流入差动继电器的电流 I_K 为各连接元件二次电流的相量和，即

$$\dot{I}_K = \dot{I}_1 + \dot{I}_2 + \dot{I}_3 + \dot{I}_4 = \sum \dot{I} \tag{9.18}$$

当被保护母线短路时，流入差动继电器的总电流 $\dot{I}_K$ 正比于短路点的总电流 $\dot{I}_k$，即 $I_K = I_k/n_l$；若 $I_K > I_{act}$，则差动继电器动作，通过出口继电器将连接在该段母线上的所有元件的断路器跳开。在外部短路时，根据基尔霍夫电流定律，流入该母线的一次电流等于流出该母线的一次电流，即该母线上所有元件的一次电流相量和等于零，因此差动继电器中只流过不平衡电流。如果差动继电器的动作电流整定得大于最大不平衡电流，则保护装置不动作。

二、母线差动保护的动作电流

母线差动保护的动作电流应根据以下两个条件来选择：

(1) 躲过外部短路时的最大不平衡电流，即

$$I_{ACT} = K_{REL} I_{unb \cdot max} \quad (A) \tag{9.19}$$

式中　K_{REL}——可靠系数，一般取 $K_{REL} = 1.3$；

$I_{unb \cdot max}$——外部短路时的最大不平衡电流，一般取

$$I_{unb \cdot max} = 0.1 I_{k \cdot max} \quad (A) \tag{9.20}$$

其中　0.1——考虑电流互感器的 10% 误差；

$I_{k \cdot max}$——外部短路时的最大短路电流(A)。

(2) 躲过与该母线连接的所有断路器中某一可能流过的最大负荷电流，以防止任一电流互感器二次回路断线时引起保护装置误动作，因而

$$I_{ACT} = K_{REL} I_{L \cdot max} \quad (A) \tag{9.21}$$

式中　K_{REL}——可靠系数，一般取 1.3；

$I_{L \cdot max}$——最大负荷电流(A)。

保护的灵敏系数 $K_{sen} = \dfrac{I_{k \cdot min}}{I_{ACT}}$，$I_{k \cdot min}$ 为最小运行方式下母线的最小短路电流(A)，K_{sen} 的值一般应不低于 2。

第十章 继电保护的设计原则

第一节 继电保护设计的任务和程序

一、继电保护的设计任务

在进行继电保护设计时，首先要收集供电系统的网络结构、接线方式与负荷性质等方面的资料，作为设计的依据，然后在这个基础上进行设计。继电保护设计的任务主要是：

(1) 选定供电系统各设备（进线、变压器、馈电线等）的保护方式和各种保护装置的配合方式。
(2) 进行各种保护装置的整定计算。
(3) 给出保护装置的原理图和施工接线图。
(4) 选择所用继电器、保护装置和辅助装置的型号、规格。
(5) 提出设备订货清单等。

二、设计阶段

在进行电气化区段工程设计时，设计单位一般采用两阶段设计。

第一阶段为初步设计，主要任务是：依据供电系统的供电方式和变电所的接线方式，从继电保护的基本要求（选择性、灵敏性、速动性、可靠性）出发，选定合适的继电保护方案，进行初步的整定计算。

第二阶段为施工设计，根据已鉴定批准的初步设计进行。主要任务是：
(1) 画出继电保护的原理接线图与施工接线图。
(2) 画出保护盘的盘面布置图和端子排接线图。
(3) 选定各盘间以及盘与互感器间连接的控制电缆型号、规格，编制电缆手册等。

三、注意事项

(1) 为有利于运行管理和保护性能的配合，同一电化区段保护形式不宜品种过多。
(2) 在满足基本要求（选择性、灵敏性、速动性、可靠性）的前提下，应选用最简单的保护方式。运行经验证明，保护装置越简单，调整试验、运行维修也越简单，工作可靠性也越高。因而，只有在简单保护满足不了基本要求时，才考虑选用较复杂的保护装置。
(3) 保护的新产品应按国家规定的要求和程序进行鉴定，合格后才允许采用。
(4) 在运行现场，搞技术革新或自己研制的装置，要经有关部门批准后才能投入试运行；试运行期满证明这个装置性能良好，经有关主管部门同意后才能投入正式运行。

第二节　继电保护设计应注意的一些技术问题

一、保护装置的配合

（1）必要性和含义：保护装置的相互配合是保证保护装置动作的选择性、确保供电系统安全运行的重要因素。在各种不同的运行方式下，各设备的保护装置之间在灵敏度和动作时限上应得到配合。

所谓灵敏度配合，就是保护范围的配合。也就是在各种可能出现的运行方式下，某设备的带时限动作的保护装置的保护范围末端，应在下一级相邻设备的要求同它相配合的保护装置的保护范围末端以内。这样，当供电系统任意一点发生故障时，离故障点最近的保护装置灵敏度最高；离故障点越远的保护装置灵敏度越低。

所谓动作时限配合，就是指某设备的保护装置的动作时限，应大于下一级相邻设备的要求同它相配合的保护装置的动作时限。这样，当供电系统任意一点发生故障时，离故障点最近的保护装置动作时限最短；离故障点越远的保护装置动作时限越长。

（2）必须同时满足灵敏度和动作时限的要求。目的还是为了保证保护装置动作的选择性。如果只满足某一方面的要求，都可能引起保护装置非选择性动作。

例如，图 10.1(a)，A 处保护装置的时限特性用虚线表示，B 处保护装置的时限特性用实线表示。A 处保护装置第Ⅲ段的保护范围末端在 B 处保护装置第Ⅱ段的保护范围末端以内，即在灵敏度方面已配合好。但 A 处保护装置第Ⅲ段的动作时限 $t_A^{Ⅲ}$ 等于 B 处保护装置第Ⅱ段的动作时限 $t_B^{Ⅱ}$，即在动作时限方面没有配合好。因此，当 k 点发生短路故障时，A 处第Ⅲ段和 B 处第Ⅱ段的保护装置将同时动作，不符合选择性的要求。

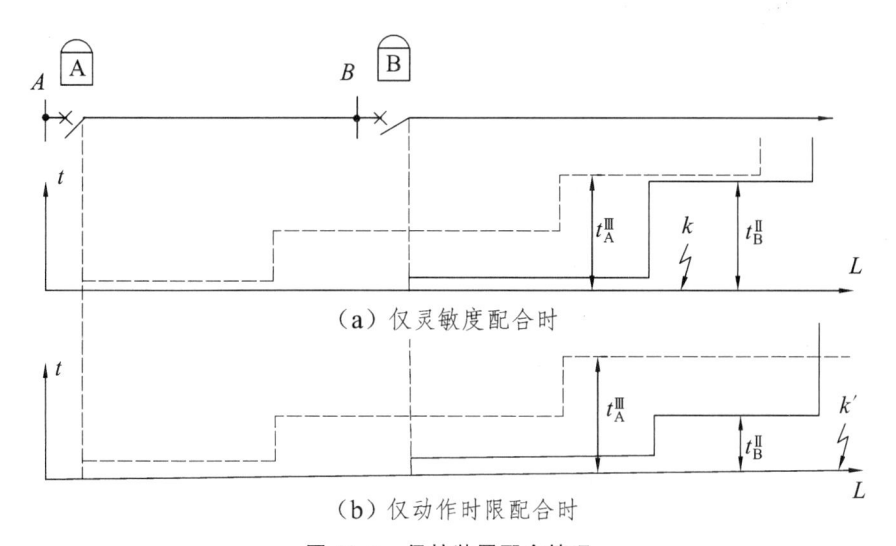

（a）仅灵敏度配合时

（b）仅动作时限配合时

图 10.1　保护装置配合情况

又如，图 10.1(b)，A 处保护装置第Ⅲ段的动作时限 $t_A^{Ⅲ}$ 大于 B 处保护装置第Ⅱ段的动作时限 $t_B^{Ⅱ}$，即在动作时限方面已配合好。但 A 处保护装置第Ⅲ段的保护范围越过了 B 处保护装置第Ⅱ段的保护范围，即在灵敏度方面没有配合好。所以，当 k' 点发生短路故障时，B 处保护装置不动作，反而 A 处保护装置第Ⅲ段动作，造成越级跳闸，也不符合选择性的要求。

(3) 保护装置正确的配合方式：一般情况下，图 10.1 中 A 处保护装置的第Ⅱ段应与 B 处保护装置的第Ⅰ段相配合，A 处保护装置的第Ⅲ段应与 B 处保护装置的第Ⅱ段相配合。但在灵敏度不能满足要求时，可改为 A 处保护装置的第Ⅱ段与 B 处保护装置的第Ⅱ段相配合。保护装置正确的配合方式，可参阅图 2.5（三段电流保护动作时限特性）和图 4.2（三段距离保护动作时限特性）。

二、保护的后备问题

1. 主保护

在被保护设备整个保护范围内发生故障时，能以最短时限动作、有选择性地切除故障部分的保护，称为主保护。如变压器的差动保护、重瓦斯保护，线路的电流保护和距离保护第Ⅰ、Ⅱ段。

2. 后备保护

当本设备的主保护或下一级相邻设备的保护或断路器拒绝动作时，能保证带一定延时切除故障的保护，称为后备保护。如线路的电流保护和距离保护的第Ⅲ段，变压器的过电流保护等。

(1) 近后备保护——在本设备上加设的专门的后备保护。例如，设两套保护，一套拒动时，由另一套动作于跳闸。又如，主变压器一次侧欠电压启动过电流保护作为差动保护的后备保护。

(2) 远后备保护——用上一级相邻设备的保护作为本设备的后备保护。例如，当馈电线的保护拒动时，由主变压器二次侧欠电压启动过电流保护实现后备。

3. 辅助保护

为补充主保护和后备保护的不足而增设的简单保护，称为辅助保护。例如，为了克服方向性距离保护的死区，在牵引网成套保护装置中增设的电流速断保护。

三、继电保护整定计算时对电力系统运行方式的考虑

在确定某些继电保护（如电流速断、差动保护等）的整定值时应按最大运行方式计算，如式(2.3)、式(6.6)、式(6.18)。在校验反应短路时参数量增加的继电保护（如过电流保护）的灵敏系数时应按最小运行方式计算，如式(1.1)。在校验反应短路时参数量降低的继电保护（如欠电压保护）的灵敏系数时应按最大运行方式计算，如式(1.2)。

所谓最大运行方式，就是在选定的短路计算点短路时，系统等效阻抗最小，而通过所研究的设备的短路电流为最大的运行方式。所谓最小运行方式，就是在选定的短路计算点短路时，系统等效阻抗最大，而通过所研究的设备的短路电流为最小的运行方式。

对于不同设备的保护来说，最大和最小运行方式可能有所不同。例如，对于装设两台主变压器的变电所，当计算馈线保护时，两台主变并联运行为最大运行方式，一台主变运行为最小运行方式。在计算一台主变保护时，两台主变并联运行是最小运行方式，一台主变运行是最大运行方式；因为主变压器外部短路时，前者流过一台主变的短路电流是一半，后者流过一台主变的短路电流是全部，而后者大于前者。

因此，在选择运行方式时，应针对具体保护的具体情况进行具体分析，从实际可能用到的运行方式中选择对保护工作最不利的运行方式进行整定和校验，以保证继电保护正确地工作。

四、继电保护和自动装置的配置原则

铁路电力的继电保护和自动装置主要在变、配电所，应装设继电保护的典型回路主要有受电回路、馈出线、自闭或贯通电力线路馈出线、母线分段断路器、电力变压器、静电电容器、所用变压器和调压器等，其继电保护和自动装置的配置原则参见《铁路电力设计规范》（参见附录C）和本书有关章节。

铁路牵引供电系统的继电保护和自动装置主要在牵引变电所、开闭所、分区所和自耦变压器所，应装设继电保护的电力设备和线路，主要有电力变压器（包括牵引变压器、动力变压器、所用变压器和自耦变压器等）、110～220 kV 输电线路、牵引馈电线、开闭所进/出线、并联和串联电容补偿装置、10 kV 馈电线等，其继电保护和自动装置的配置原则参见《铁路电力牵引供电设计规范》《高速铁路设计规范》（参见附录D）和本书有关章节。

五、补充内容——牵引站供电线路的继电保护配置及其纵联保护

铁路牵引变电所进线电源线路，国家标准称其为牵引站供电线路，定义为"从电网引出到牵引变电所，给牵引供电系统供电的 110 kV 及以上输电线路"。它的继电保护和牵引供电系统继电保护的关系直接又紧密，牵引供电系统继电保护专业人员，简要了解一下牵引站供电线路的继电保护配置等是有意义的。现将牵引站供电线路继电保护配置原则摘录，作为附录E。其中，大部分内容的阐述可查阅本书前述相关章节及其他资料；这里仅简要补充输电线路纵联保护，重点介绍其纵联电流差动保护以及相关的光纤通信。

1. 输电线路采用纵联保护的必要性

根据输电线路电流电压保护和距离保护的原理，其测量信息均取自输电线路的一侧，不能实现全线路速动保护。例如距离保护Ⅰ段，最多只能瞬时切除被保护线路全长的80%～85%范围以内的短路，其余部分发生的短路，则要由带动作时限的距离保护Ⅱ段来切除。这在高电压大容量的电力系统中，往往不能满足系统稳定的要求，必须采用纵联保护原理作为输电线路保护，以实现线路全长范围内发生的短路瞬时切除。

2. 输电线路的纵联保护含义及种类

输电线路的纵联保护，就是利用某种通信通道将输电线路两端的保护装置和通信设备纵向连接起来，如图 10.2 所示，各将本端的电气量信息发送到对端，将两端的电气量相比较，以判断短路是发生在本线路范围以内还是发生在本线路范围以外，从而决定是否切断被保护线路。因此，从理论上说，这种纵联保护有绝对的选择性。

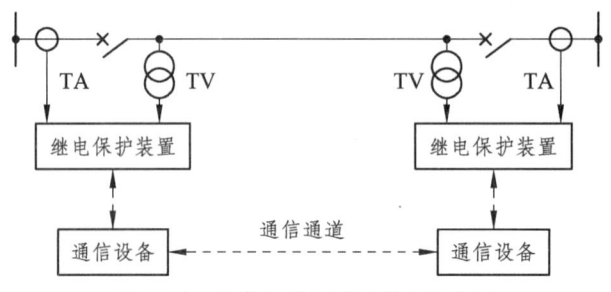

图 10.2 输电线路纵联保护结构框图

输电线路的纵联保护，按照所采用的通信通道类型不同可以分为以下四种。

(1) 采用导引线通道的——导引线纵联保护。

导引线通道需要敷设相应的电缆传送电气量信息，其投资随输电线路长度而增加，当输电线路长度超过 10 km 时就不经济了，同时自身的运行安全性也降低。因此，它只适用于长度不超过 15 km 的输电线路。

(2) 采用电力线载波通道的——载波(高频)纵联保护。

电力线载波通道利用输电线路本身作为通道，在工频电流上叠加载波信号(30~500 kHz)传送两端电气量信息。

(3) 采用微波通道(150 MHz~20 GHz)的——微波纵联保护。

微波通道是一种多路通道，具有很宽的频带，可以传送交流电的波形。采用脉冲编码调制(PCM)方式后，微波通道可以进一步扩大信息传输量，提高抗干扰能力，也更适合数字式保护。微波通道是理想的通道，但是保护采用专门的微波通道及设备是不经济的。

(4) 采用光纤通道的——光纤纵联保护。

光纤通道与微波通道具有相同的优点，也广泛采用脉冲编码调制(PCM)方式。保护使用的光纤通道一般与电力信息系统统一考虑。当被保护线路很短时，可架设专门的光缆通道直接将电信号转化成光信号送到对侧，并将接收的光信号变换为电信号进行比较。由于光纤通道不受电磁干扰，在经济上也可以与导引线通道竞争，因此已成为短线路纵联保护的主要通道形式。

输电线路纵联保护还可以按照保护动作原理分类，如纵联电流差动保护、功率方向比较式纵联保护、电流相位比较式纵联保护和距离纵联保护等。下面仅简要介绍纵联电流差动保护的基本原理。

3. 纵联电流差动保护的基本原理

纵联电流差动保护是最简单的一种用导引线(或称辅助导线)作为通道的纵联保护。它的基本原理是基于比较被保护线路首端和末端的电流相量构成的。下面以短线路为例来说明。

如图 10.3 所示，在被保护线路首末两端装设电流比和特性完全相同的电流互感器，两端的电流互感器一次绕组正极性均接于母线侧，二次绕组同极性端子相连接，差动继电器并联连接在电流互感器的二次端子上，电流互感器电流比为 n_i。

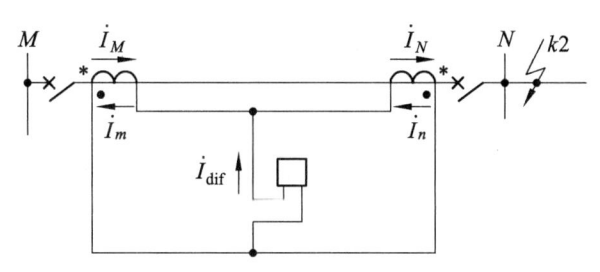

(a) 正常运行和保护范围外部短路

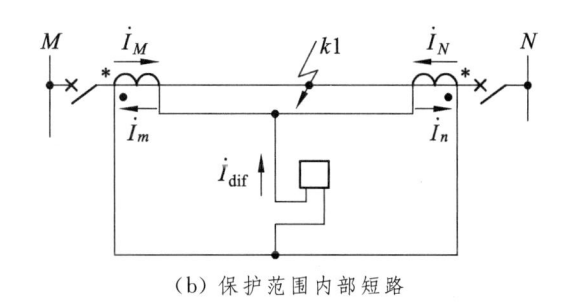

(b) 保护范围内部短路

图 10.3 输电线路纵联电流差动保护工作原理示意

当被保护线路正常运行或保护范围(两端电流互感器之间的线路长度)外部短路时，如图 10.3(a)所示，在理想情况下，流入差动继电器线圈的电流 $\dot{I}_{dif} = \dot{I}_m - \dot{I}_n = (\dot{I}_M - \dot{I}_N)/n_i = 0$，差动继电器不动作。

当保护范围内部短路时，如图 10.3(b)所示，流入差动继电器线圈的电流 $\dot{I}_{dif} = \dot{I}_m + \dot{I}_n = (\dot{I}_M + \dot{I}_N)/n_i = \dot{I}_k/n_i$($\dot{I}_k$ 为流入短路点总的短路电流)，差动继电器动作，使被保护线路两端的断路器跳闸。

纵联电流差动保护由于在保护范围外部短路时不动作，故不需要与相邻元件的保护在动作整定值和动作时限上互相配合，因此它可以实现被保护线路全长瞬时动作切除保护范围内部短路。但是它不能作为相邻元件的后备保护。

在实际情况下，由于两端电流互感器的特性不可能完全相同，主要表现在励磁特性和励磁电流不同，以致在被保护线路正常运行或外部短路时，反应在两端电流互感器二次回路的电流不相等，从而差动继电器线圈中通过不平衡电流。而且不平衡电流随电流互感器一次电流增大和铁芯饱和而剧烈增大。为了保证纵联电流差动保护动作的选择性，动作电流整定值必须躲过最大不平衡电流。

4. 光纤纵联差动保护

在纵联差动保护中，使用光纤通道构成的就称为光纤纵联差动保护。以光纤传输信号的通信称为光纤通信。随着光纤技术的发展和光纤制作成本的降低，光纤通信网已逐步成为电力通信的主干网。光纤通信在电力系统通信中得到越来越多的应用，如连接各高压变电站的电力调度自动化信息系统、利用光纤通信的纵联保护(包括光纤纵联电流差动保护)、配电自动化通信网等都应用光纤通信。

(1) 光纤通信的构成原理

光纤通信的基本原理是将电信号编码后送入光发送器,转换为光信号;光信号在光纤中传输;光接收器将收到的光信号转换为电信号。图10.4所示为单向点对点光纤通信系统的构成示意。它通常由光发送器、光纤、中继器和光接收器构成。光发送器的作用是把电信号转换为光信号,一般由电调制器和光调制器构成。光接收器的作用是把光信号转换为电信号,一般由光探测器和电解调器构成。

图10.4 单向点对点光纤通信系统的构成

电调制器的作用是把信息转换为适合信道传输的信号,多为数字信号。光调制器的作用是把电调制信号转换为适合光纤信道传输的光信号。中继器的作用是把经光纤传输衰减后的信号放大。中继器有光－电－光中继器和全光中继器两种。如需将信息分出和插入,可使用光－电－光中继器;如只要求将光信号放大,可使用光放大器。光探测器的作用是把经光纤传输后的微弱光信号转换为电信号。电解调器的作用是把微弱的电信号放大,恢复成原电信号。

(2) 光纤通信的优缺点

光纤通信的优点如下:

① 通信容量大。一对光纤一般可通过几百到几千话路,而一条细小的光缆又可包含几十根到几百根光纤,所以光纤通信系统的通信容量是很大的。

② 节约大量有色金属材料。光纤由玻璃或硅制成,其来源丰富,供应方便。光纤很细,其直径约为100 μm,1 kg的纯玻璃,对于最细的单模纤维光纤,可拉制光纤几万千米长;对于较粗的多模纤维光纤,也可拉制光纤一百多千米长。而100 km长的1800话路同轴通信电缆就需用铜12 t、铝50 t。由此可见,光纤通信的经济效益也是很可观的。

③ 无感应性能。利用光纤可以构成无电磁感应的、极为可靠的通道。这一点对继电保护尤为重要,在容易受到地电位升高、暂态过程及其他有严重电磁干扰的金属线路地段之间,光纤是一种理想的通信通道。

④ 光纤通信保密性好、敷设方便、不怕雷击、不受外界电磁干扰、抗腐蚀和不怕潮等。

光纤通信的缺点是光缆的抗拉强度不高,须采取加强抗拉的措施,如采用钢线加强芯,或采用高强度非金属加强芯(或外护层)等。

第十一章 微型计算机继电保护的基本原理

第一节 微型计算机继电保护概述

一、微机保护的基本构成原理

微机保护系统是由微机和相应的外围通道、电源等构成的继电保护系统。图11.1所示即为一个典型的微机保护系统原理框图。其中，数据采集单元（即模拟量输入通道，也称输入信号预处理单元）一般由电量变换器、低通滤波器、采样保持器、多路开关和模/数（A/D）变换器等部分构成。该通道的作用是将电力系统的电流、电压等输入量信号经过预处理（由模拟量信号变换为数字量信号）送入微机。开关量输入通道的作用是实时地反映断路器、隔离开关的辅助触点与相关电磁继电器触点的状态，亦即将反映运行方式、运行条件的开关量信号输入微机，以保证微机保护装置正确动作。微机是微机保护系统的核心，它是一个数字计算机单元，其中存储必需的继电保护算法模型与运算程序以及各种基准数据等。在接受输入的数字量信号后，自动地按照规定的程序执行继电保护要求的相应算法，并与相应的基准数据进行比较，以判断电力系统是否发生了故障，然后输出判断结果，决定继电保护是否动作，给出相应的信号。微机还要向运行人员输出一些信息，并与其他设备进行通信。开关量输出通道的作用是实现保护出口，使断路器跳闸。为了使整个微机保护系统正常工作，还需要一个为微机和外围设备不间断供电的电源（图11.1中未画出）。

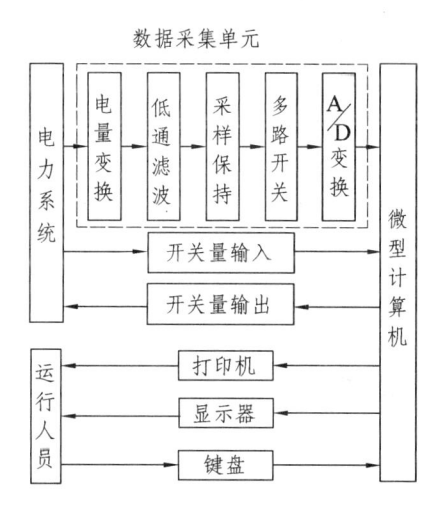

图 11.1 微机保护系统原理框图

在电力系统正常运行的情况下，微机保护系统处于平常工作状态，并通过显示器、键盘和打印机等，建立与运行人员之间的联系，可进行整定值的输入（修改）、日历时钟的调整、打印整定值或显示当前的运行量等。

当电力系统发生短路故障时，故障电流、电压等模拟量信号，由电流互感器和电压互感器送达数据采集单元而变换为数字量信号，输入微机。微机立即中断当前工作，转入执行中断服务程序。微机按规定的保护算法对故障信号进行保护运算，将运算结果与整定值比较，并进行分析判断。同时，反映对应的断路器、隔离开关的辅助触点和相关电磁继电器触点状态的开关量信号,由开关量输入通道送入微机。微机根据判断,一旦确认短路故障存在于保护范围内,则发出事故跳闸命令,由开关量输出通道送达控制部件,驱动断路器跳闸,切除短路故障,并打印、显示故障信息和保护动作情况。

二、微机保护的特点及存在的问题

与传统的机电型或晶体管型继电保护相比,微机保护系统的优越性主要体现在以下几个方面:

(1)功能的灵活性。体现在两方面,其一是保护的动作特性可以很容易改变,以获取所需要的保护性能,这是由微机的可编程特性所决定的。其二是微机保护的多功能特点,这是由于可用微机保护来完成变电所有关的监视、测量和控制功能。因为微机保护仅仅在电力系统故障期间才进行保护的算法运算,并执行保护动作功能,而这部分工作只占微机工作时间的很少一部分(少于10%)。所以,可利用微机保护完成许多附加的工作。

(2)性能参数的稳定性。微机继电保护的动作特性和整定值等是由编好的程序确定并存储起来的,只要能确保程序和数据不丢失,则微机保护的性能参数就不会变化。另外,微机保护配有较完善的服务程序的支持,其检调过程较简单,维护工作量少。

(3)自检能力和可靠性。微机保护可以对其硬件和软件进行连续的自检,以跟踪保护系统内任何部分的故障。一旦保护系统某一部分出现故障,微机保护就会立即发出请求维修的报警信号,并闭锁其跳闸电路,从而保证微机保护系统既不误动也不拒动。微机保护系统还可以设计成容错系统,以保证在各种情况下都能正常工作。因此,微机保护系统虽然比传统保护装置复杂得多,但是比传统保护系统可靠。

(4)经济性。早期的微机保护成本要比同类传统保护装置高出10~20倍。但是,20世纪80年代以后,微机硬件技术的发展已使微机保护的成本迅速降低,而传统保护装置的成本却逐年升高。据估计,在功能相同的前提下,多数微机保护的成本(包括软件的成本)起码可以和传统保护装置的成本相当。在这种情况下,微机保护的竞争能力便大大地增强了。

但是,在微机保护的发展过程中也存在着一些问题,主要体现如下:

(1)从硬件方面看,微机技术在过去几十年的巨大变化表明,微机硬件只有很短的生命期。几乎每隔几年,硬件就会发生很大变化。这对管理和维护由旧的硬件构造起来的微机保护系统很不利。另外,传统继电保护装置通常具有30年左右的寿命期,而微机保护很难达到这一指标。然而若能够实现微机保护硬件模块化、系列化,则这一问题就能得到解决。

(2)从环境影响看,变电所的温度、湿度、脏污、电磁干扰和传导性浪涌干扰等,给微机保护的实施带来了许多问题,如"读""写"出错,或程序出格等。因此,必须采取一些措施来克服环境影响。

尽管如此,作为一门新技术,微机保护仍具有强大的生命力。随着科学技术的进步和研究工作的深入,上述存在的一些问题已经逐步解决,微机保护已得到广泛使用。

第二节 微型计算机继电保护的基本硬件结构

微机保护装置硬件系统基本结构框图如图 11.2 所示，它由数据采集单元、数据处理单元、开关量输入/输出接口、人机对话接口、通信接口和稳压电源等部分组成。

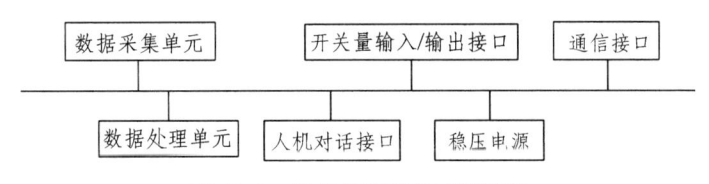

图 11.2 微机保护硬件系统框图

一、数据采集单元

微机保护的一类输入是反映电力系统电量变化的模拟量信号，其中包括各种高次谐波和暂态时的干扰信号。而微机保护功能处理程序是由实时的数字量信号来实现的。因此，必须通过数据采集单元，将取自被保护电气设备的模拟量信号转换为数字量信号输入微机。数据采集单元原理框图如图 11.3 所示，其中，除电压形成电路以外，ALF 为低通滤波器，S/H 为采样保持器，MPX 为多路开关，A/D 为模/数变换器。

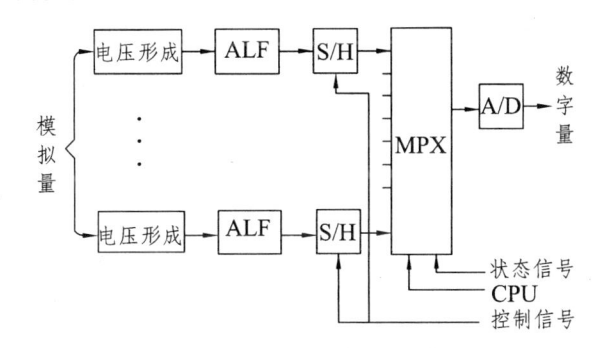

图 11.3 数据采集单元原理框图

1. 电量变换器

电量变换器即电压形成电路，它的作用是将被保护设备的电流互感器 TA 的二次电流和电压互感器 TV 的二次电压，变换成满足模/数(A/D)转换器量程(一般为±10 V)所要求的电压。电流变换有两种方式：一种是采用电流变换器(UA)，其二次侧并联电阻以取得所需电压；另一种是采用电抗变换器(TX)。电压变换常采用电压变换器(UV)。这些变换器都是通过电磁感应将输入一次绕组的电量传变到二次绕组，一次侧和二次侧没有电的联系，即起电气隔离作用。这些变换器的一次与二次绕组之间有屏蔽层，对高频电磁干扰有一定的抑制作用。

2. 低通滤波器

它是为满足采样电路正常工作而设置的。根据采样原理，如果被测信号的频率为 f_0，则采样频率 f_s 必须大于 $2f_0$，否则采样后不能表征原信号(或不能拟合还原为原信号)。因此，一旦确定被测信号频率 f_0 和采样频率 f_s 后，必须用低通滤波器将被测信号内频率高于 $\frac{1}{2}f_s$ 的高频谐波成分滤除，以防止频率混叠现象，保证测量运算的准确度。

微机保护是一个实时系统，数据采集单元以采样频率不断地向 CPU 输入数据，CPU 必须在采样间隔 ΔT 时间内完成对每一组采样值的各种操作和运算，否则 CPU 将跟不上实时节拍而无法工作。微机保护中，采样频率一般采用 600～2 000 Hz。

图 11.4 所示为一典型的二阶低通滤波器。当输入电压 U_{in} 为低频信号时，电容 C_1、C_2 相当于开路。此时，该电路是一个反向输入放大器，其输出电压 $U_{out}=-\frac{R_3}{R_1}U_{in}$。当 U_{in} 为高频信号时，电容 C_1、C_2 相当于短路，其输出电压为零。滤波器的截止角频率 $\omega_0=\frac{1}{\sqrt{R_2R_3C_1C_2}}$，故其通带为 $0\sim\omega_0$，阻带为 $\omega>\omega_0$，滤波器的增益或电压传递函数 $K_0=-R_3/R_1$。

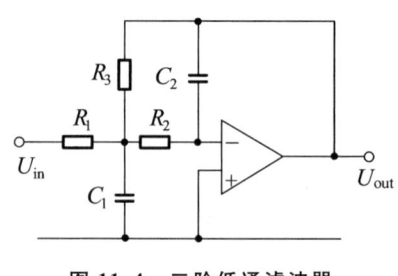

图 11.4 二阶低通滤波器

3. 采样保持器

模拟量输入信号经电量变换器变换和低通滤波器滤波后，仍为连续变化信号。这种信号输入模/数变换器以前，必须使之变换为离散化的信号。这一过程称为采样，由采样器完成。离散化的模拟量信号函数称为离散时间信号序列。

采样过程可用图 11.5 来说明。采样器实际上是由 CPU 和时钟控制的开关，如图 11.5(a) 所示，它每隔 ΔT 时间（即采样间隔，也称采样周期）短时闭合一次，将连续模拟量信号输入回路接通，实现一次采样，其采样值即为与采样频率（$f_s=1/\Delta T$，简称采样率）对应时刻的输入信号幅度瞬时值。设输入连续信号为 $X(t)$，如图 11.5(b) 所示，于是理想情况下脉冲宽度为无限小、周期为 ΔT 的采样单位脉冲序列 $\delta(t)$ 如图 11.5(c) 所示，则采样器连续采样

(a) 采样器示意图　　　　　　　(b) 输入连续信号

(c) 理想采样单位脉冲序列　　　(d) 离散时间信号序列
　　　（周期为 ΔT）

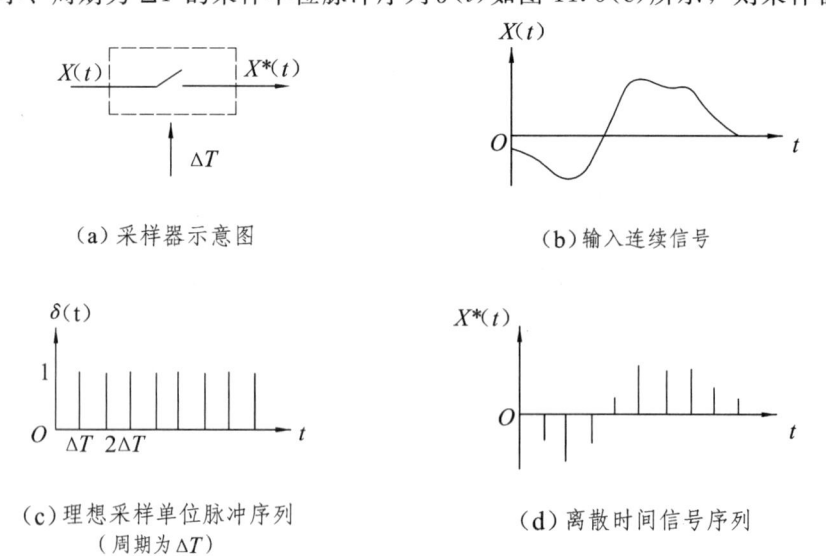

图 11.5 理想采样过程原理

后的输出即得到一组脉冲序列,或称离散时间信号序列 $X^*(t)$,如图 11.5(d)所示。

采样保持器的作用是实现采样和将采样值保持一段时间,以便将离散化采样值送至 A/D 转换器的输入端。采样保持器原理电路如图 11.6 所示,它主要由保持电容 C_h,两个作为电压跟随器的高增益运算放大器 N_1、N_2 以及电子开关 Q 等组成。采样保持器有两种工作状态,即采样状态和保持状态。采样状态期间,逻辑输入高电平,电子开关 Q 接通,输入信号对 C_h 快速充电,同时电压跟随器 N_2 的输出电压 U_{out} 准确地跟随输入电压 U_{in} 的变化。保持状态期间,逻辑输入低电平,电子开关 Q 断开,C_h 对 N_2 放电,因 N_2 的输入阻抗很大,C_h 将保持充电时的电压值,使输出电压 U_{out} 的数值保持一段时间。采样状态与保持状态期间的逻辑输入电平即为由 CPU 控制的采样脉冲。

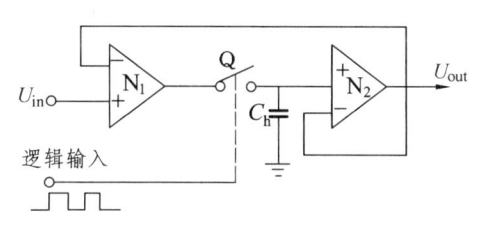

图 11.6 采样保持器原理电路

4. 多路开关

由于 A/D 变换器价格昂贵,一般微机保护都采取多路通道共用一片 A/D 变换器,在每路通道中各用一片采样保持器 S/H 芯片,在同一时刻对各路通道模拟量进行采样并保持下来,然后通过多路开关 MPX 依序将各 S/H 采样保持的模拟量由 A/D 变换器变换为数字量输入 CPU 处理。

多路开关是一种电子型单刀多掷开关,它的作用是将各路通道的 S/H 采样保持的模拟量信号分时地接通于 A/D 变换器的输入端。常用的多路开关有 8 路、16 路等,可以接通单端或双端(即差分)信号。多路开关的接通与断开由外部控制。

5. 模/数(A/D)变换器

A/D 变换器的作用是将 S/H 采样保持的离散化模拟量信号变换为数字化信号,以便于微机进行处理、存储、控制和显示。A/D 变换器按其工作原理可分为逐次逼近型、计数器型和积分型等。

就微机保护而言,选择 A/D 变换器时主要考虑两个指标:一是数字输出的位数,位数越大,分辨率越高,转换得到的数字量舍入误差越小。因为保护在工作时输入信号的动态范围很大,要求有接近 200 倍的精确工作范围。为此,一般要求 A/D 变换器的位数为 12 位或更大,但位数越大价格越高。另一个指标是转换时间(转换速度),由于各路通道共用一片 A/D 变换器,故其转换时间 $\Delta T_{A/D}$ 必须满足 $\Delta T_{A/D} < \Delta T/n +$ 读写时间,其中 ΔT 为采样间隔,n 为通道数。

微机保护一般采用逐次逼近型 A/D 变换器,其主要特点是:转换速度较快,约为 1~100 μs;分辨率较高,可达 18 位;转换时间稳定,不随输入信号的变化而变化。

计数式电压/频率变换器(VFC)是 20 世纪 90 年代以来,在国内、特别是在多 CPU 微机保护中获得广泛应用的一种模/数变换器。它的基本原理是:将输入信号电压 U_{in} 变换为与之成正比的脉冲频率 f,即 $f = kU_{in}$,然后在固定的时间间隔内对该频率 f 的脉冲进行计数,则计算值 N_t 就是变换得到的数字量。实现电压/频率变换功能的实际是电压控制的多谐振荡器(集成的芯片)和循环计数的计数器。利用 VFC 构成的数据采集单元应取消图 11.1 虚线框内所示的低通滤波器、采样保持器和多路开关。这种数据采集单元的主要优点是：VFC 与微机接口很简单；适合于多个 CPU 共用一套 VFC(但每个 CPU 需配一套计数器)；VFC 中由于对输入模拟量进行积分，能抑制干扰影响；易于提高变换精度(高于 12 位 A/D 变换器)；可实现多输入信号的同时采样。

二、数据处理单元

数据处理单元就是微机主系统，它是微机保护装置的核心部分。主要由微处理器、存储器、定时器/计数器和并行口等组成，并通过数据总线、地址总线和控制总线等连成一个系统，实现数据交换和操作控制。数据处理单元的作用：继电保护程序在数据处理单元内运行，完成数字量处理任务，指挥各种外围接口部件运转，从而实现继电保护的原理和功能。现分别简述如下：

1. 微处理器

微机保护装置所采用的微处理器主要有两大类：一类是单片机；另一类是数字信号处理器。

(1) 单片机

单片机是把中央处理器 CPU、存储器、定时器、I/O(DI/DO)接口以及串行口等制作在一块集成芯片中，所构成的一个完整的微型计算机。

CPU 是微机保护系统的中枢，其作用是根据预定的软件，利用其算术和逻辑运算能力，对输入信号进行处理、判断，从而完成保护动作与否的决定。

CPU 最重要的指标是字长和处理器的平均指令速度。微机保护系统通用的 CPU 字长是 8 位和 16 位，20 世纪 80 年代以来，也有采用 32 位的，应根据微机保护系统算法和功能要求来选择字长。8 位 CPU 的运算对象是 8 位的字节，它具有加、减法和逻辑与、或运算功能，而乘、除法运算一般是通过一系列加、减运算和逻辑判断指令来实现的，故其运算速度较慢。16 位 CPU 除了具有上述功能外，一般还具有乘、除法指令，一次乘、除法运算仅需几微秒(μs)，比 8 位 CPU 运算速度快得多，指令系统也较完善，从而可大大提高处理能力。此外，字长还对采样数据的舍入误差和微机保护的精确度产生影响。例如，为了满足微机距离保护系统阻抗算法结果应保持在百分之几的误差范围内的要求，一般必须采用 16 位 CPU。32 位 CPU 具有高性能、高可靠性和品质优异的特点，明显超越 8 位 CPU 和 16 位 CPU。

CPU 需用的平均指令时间可根据保护算法的计算量、数据管理系统的复杂程度、逻辑程序的数量以及所选择的采样频率 f_s 等来确定。平均指令时间越短，则 CPU 的运算速度越快，越有利于保护功能的实现。

由于微机保护系统是在线的过程控制系统，每收集一组新的采样数据都要与过去存放的数据按保护程序进行计算和判断，并在一个采样间隔 ΔT 内完成保护功能的算法。以常用的 600 Hz 采样频率为例，其采样间隔为 1.667 ms。在此期间，执行距离保护的程序有上千条机器语言指令，再加上其他功能的要求，因此必须采用 1 μs 或更小平均指令时间的 CPU。此外，CPU 的寻址方式(即从操作指令中取得数据的方法)和中断能力，都对软件设计有较大影响，也是确定 CPU 性能的重要指标。

一般，原理复杂、动作速度快的微机保护应选择比较高档的 CPU。随着大规模集成电路制造技术的不断发展，已有许多品种的 CPU 可供选择。20 世纪 80 年代初期开发的微机保护多采用单片 CPU，如 Intel8086，MC6809 等。将这种 CPU 和存储器、时钟发生器等支持芯片装在一块印制电路板上就构成了单板机。20 世纪 80 年代中期以后，出现了将 CPU、存储器、定时器以及 I/O 接口等集成在一块芯片上的单片机。微机保护作为一种专用的装置采用单片机是适宜的，因为它具有一系列优点：较高的抗电磁干扰能力和高可靠性；编程简便、整体运算速度提高；体积微型化、价格低廉；允许温度范围宽(−40～85℃)；有支持多机通信的串行接口，以便构成多 CPU 保护装置等。

(2) 数字信号处理器

数字信号处理器 DSP(Digital Signal Processor)，是进行数字信号处理的专用芯片，是微电子学、数字信号处理技术、计算技术综合的新器件。由于它的特殊设计，可以把数字信号处理中的一些理论和算法予以实时实现，并逐步进入控制器领域，因而在计算机应用领域得到广泛使用。

除了单 CPU 微机保护装置和多 CPU 微机保护装置以外，还有采用 DSP 的微机保护装置和采用单片机加 DSP 的微机保护装置。

2. 存储器

EPROM 为紫外线可擦除的可编程只读存储器，FLASH 为闪速存储器，用以存储长期使用的监控、继电保护功能程序和自检程序等。EEPROM 为电可擦除的可编程只读存储器，用以存放继电保护整定值，使用十分方便，且不受装置停电的影响，写入后即使装置停电也不会丢失数据。RAM 为随机存取存储器，用以存放采集数据、中间运算结果、判定结果和标志，可随时写入和读出。NVRAM 为非易失性随机存储器，用以存放采样数据、故障报文。SRAM 为静态存储器，用以存放计算过程中的中间结果、各种报告。

3. 定时器

定时器为保护装置的各种事件记录提供时间基准。例如，为延时动作的保护提供精确计时，还用来提供定时采样触发信号、形成中断控制等。它具有独立的振荡器和专用的充电电池，所以装置停电时，定时器仍能运行。很多 CPU 已将定时器集成在其内部。

三、开关量输入/输出接口

断路器和隔离开关、继电器的触点、按钮和转换开关等，都具有合、分两种工作状态，可以用二进制数字的"0""1"表示。因此，它们的工作状态的输入和控制命令的输出，都可以表示为数字量的输入和输出。开关量输入/输出接口，由若干并行接口、光耦合器和中间继电器等组成，其作用是完成各种保护的外部触点输入、保护出口跳闸和信号报警等功能。

1. 开关量输入电路

开关量输入(Digital Input，DI)，简称开入，主要用于识别运行方式、运行条件等，以便控制程序的流程。

对微机保护装置的开关量输入，即触点状态(接通或断开)的输入可以分成以下两大类。

一类是装在保护装置面板上的触点。这类触点主要是指用于人机对话的键盘以及部分切换装置工作方式用的转换开关等。对于装在装置面板上的触点，可直接接至微机的并行接口，如图11.7(a)所示。只要在初始化时规定图中可编程并行接口的PA0为输入方式，微机就可以通过软件查询读到外部触点S的状态。当S闭合时，PA0=0；S断开时，PA0=1。

另一类是从装置外部经过端子排引入装置的触点。一种典型的外部DI接口电路如图11.7(b)所示(仅绘出一种)，它使用光耦合器件实现电气隔离。当外部继电器触点闭合时，电流经限流电阻R_1流过发光半导体二极管使其发光，光敏半导体三极管受光照射而导通，其输出端呈现低电平"0"；反之，当外部继电器触点断开时，无电流流过发光半导体二极管，光敏半导体三极管无光照射而截止，其输出端呈现高电平"1"。该"0""1"状态可作为数字量由CPU直接读入，也可控制中断控制器向CPU发出中断请求。利用光耦合器的性能与特点，既传递了开关的状态信息，又实现了两侧电气的隔离，大大削弱了干扰的影响，保证微机电路的安全工作。

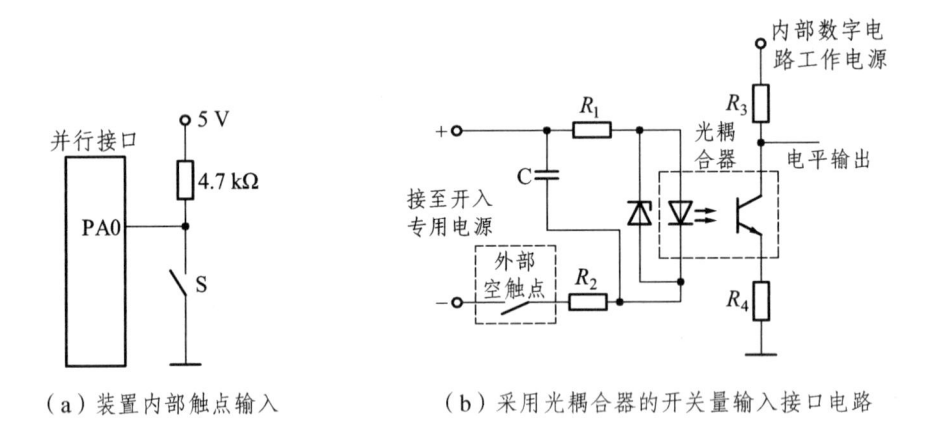

（a）装置内部触点输入　　　　（b）采用光耦合器的开关量输入接口电路

图11.7　开关量输入电路

2. 开关量输出电路

开关量输出(Digital Output，DO)，简称开出，主要包括保护的跳闸出口、本地和中央信号以及通信接口、打印机接口等。

对于通信接口、打印机接口等装置内部数字信号，可以采取图 11.8(a)所示的接法。由于不是直接控制跳、合闸，实时性和重要性的要求并不是很高，所以可用一个输出逻辑信号控制输出数字信号。这里光耦合器的作用是，既实现两侧电气的隔离，提高抗干扰能力，又可以实现不同逻辑电平的转换。

对于保护的跳闸出口、本地和中央信号等，微机保护装置通过数字量输出的"0"或"1"状态来控制执行回路(如告警信号或跳闸回路)继电器触点的"通"或"断"。DO 接口的作用是为正确地发出开关量操作命令提供输出通道，并在微机保护装置内外部之间实现电气隔离，以保证内部电子电路的安全和减少外部干扰。一种典型的使用光耦合器件的 DO 接口电路如图 11.8(b)所示(仅绘出一路)。由软件使并行接口输出"0"，发光半导体二极管导通，光敏半导体三极管导通，出口继电器 KCO 励磁，提供一副空触点输出。

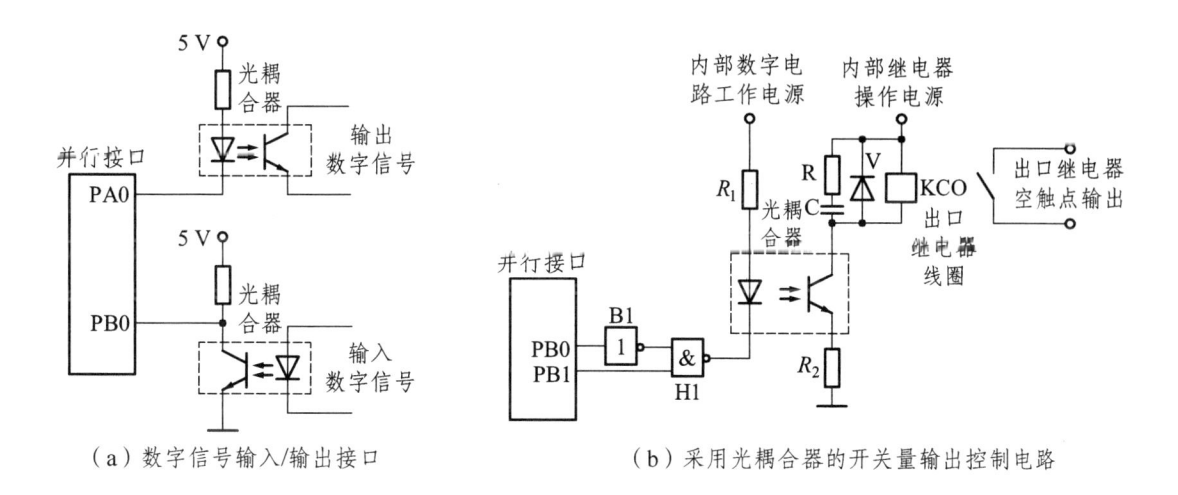

（a）数字信号输入/输出接口　　　　（b）采用光耦合器的开关量输出控制电路

图 11.8　开关量输出电路

图 11.8(b)中，PB0 和 PB1 来自微机中同一个并行接口。PB0 经过非门 B1 跟与非门 H1 相连，而 PB1 则直接与 H1 相连。这样可防止在直流电源电压变动时造成出口继电器 KCO 误动作。

继电器线圈两端并联的半导体二极管称为续流半导体二极管。它在 CPU 输出由"0"变为"1"、光敏半导体三极管突然由"导通"变为"截止"时，为继电器线圈释放储存的能量提供电流通路，这样一方面加快继电器的返回，另一方面避免电流突变产生较高的反向电压而引起相关元器件的损坏和产生强烈的干扰信号。

一个需要强调的问题是，在重要的开关量输出电路(如跳闸电路)中，必须对跳闸出口继电器的电源电路采取控制措施，同时对光耦合器导通电路采取异或逻辑控制，如图 11.9 所示。这样做主要是为了防止下列情况导致微机保护装置发生误动作：(1)强烈干扰甚至元件损坏，在输出电路出现不正常状态改变时；(2)微机保护装置上电(合上电源)或工作电源不正常通断，在输出电路出现不正常状态时。该图中，必须保护的启动元件首先动作，使继电器 KCO1 触点闭合，保护跳闸继电器 KCO2 和 KCO3 才会接通控制电源。当保护选择元器件动作后，对应的输出光耦合器导通，跳闸出口继电器才能动作。

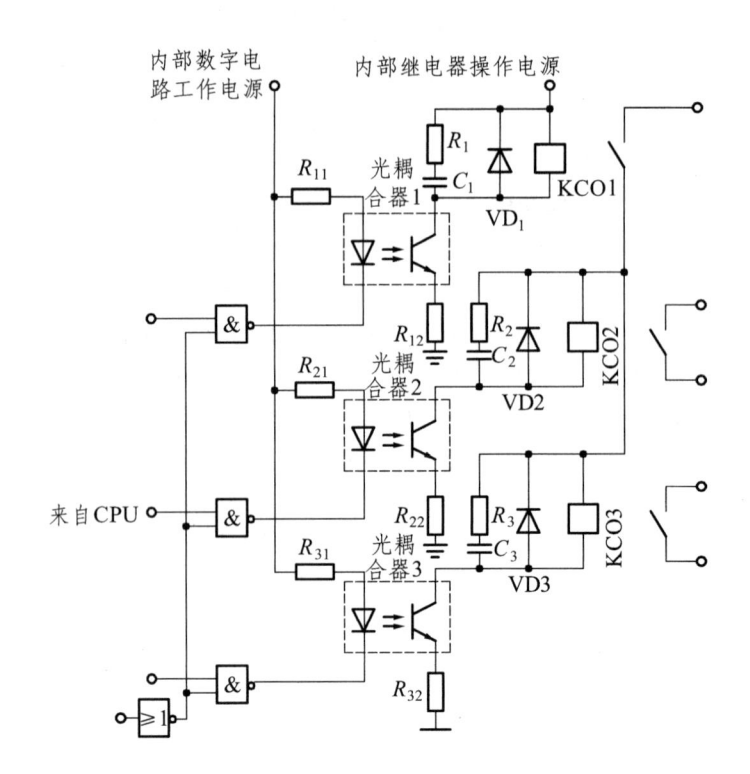

图 11.9　具有电源控制和异或逻辑控制的跳闸出口继电器输出电路

四、人机对话接口

人机对话接口简称人机接口，又称人机交互系统，包括以下部分。

1. 键盘、显示器和调试通信接口

它们都有标准的接口电路，主要构成本地的人机对话接口。其作用是建立起微机保护装置与使用人员之间的信息联系，以便对微机保护装置进行人工操作、得到反馈信息和进行现场调试。对微机保护装置的操作主要包括修改和显示整定值，输入操作命令等。反馈信息主要包括被保护的电气设备是否发生故障、何种性质的故障、保护装置是否已发生动作，以及保护装置自身是否运行正常等。对微机保护装置进行现场调试时，可将调试通信接口与通用微型计算机（如笔记本电脑）相连接，实现视窗化和图形化的高级调试功能。

2. 打印机

微机保护中，打印机主要是用来打印整定值、故障报告等，一般采用并行打印机。为了避免打印机招致干扰，通常用光耦合器将微机保护装置与打印机隔离。为了减小干扰影响，也有采用串行打印机的微机保护装置；或不设打印机，只设打印机接口，将相关信息经通信接口传送给变电所综合自动化系统统一打印。

3. 人机交互面板

人机交互面板一般包括：可以由用户自定义画面的液晶屏人机界面；可以由用户自定义的告警信号显示灯 LED；可以由用户自定义用途的 F 功能键；光耦合器隔离的串行接口；就地、远方选择按钮；就地操作键等。

五、通信接口

通信接口包括内部通信接口、外围通信接口和相应的电路，其作用是实现多机通信或联网。

内部通信接口除了前面提到的调试通信接口以外，还包括维护接口、监控系统接口、录波系统接口等。

外围通信接口的作用是提供与微机通信网络以及远程通信网的信息通道，实现与上位机交换信息。例如，在变电所综合自动化系统中，微机保护装置除完成保护功能外，还通过外围通信接口向所内主机传递故障信息、事件记录等。在变电所无人值班的情况下，调度所可通过变电所内主机及外围通信接口对微机保护装置实行远方控制，如修改整定值等。

在微型计算机系统中，CPU 与外部通信的基本方式有两种：并行通信——数据各位同时传送；串行通信——数据按照一位一位的顺序传送。微处理器与外扩存储器之间的数据传送，都是采用并行通信方式。在并行通信中，数据有多少位就需要多少根传输线。串行通信可以分时使用同一根传输线，所以能节省传输线，尤其是当数据很多和远距离数据传送时，这一优点更加突出。串行通信的主要缺点是传送速度比并行通信要慢。基于串行通信的特点，它常用于微机保护装置与其他硬件装置或上位机之间的数据传送。

通信接口一般可采用 RS232 总线、RS485 总线、CAN 网、LONWorks 网、工业以太网和光纤双环网等。CAN（Controller Area Network）即控制器局域网络，Lonworks（Local Operating Networks）即局部操作网络。通信接口满足各种通信规约。

六、稳压电源

稳压电源的作用是供给微处理器、数字电路、A/D 转换芯片和继电器等所需要的电源。采用逆变开关稳压电源或 DC/DC 电源模块。输入电压可选 DC220V 或 DC110V；输出电压分别为＋5 V（用于微机系统主控电源）、±15 V（用于数据采集系统、通信系统）、＋24 V（用于开关量输入/输出电路和继电器逻辑电源）。

第三节　数字滤波与微机保护算法的基本概念

一、数字滤波的基本概念

微机保护的算法是建立在正弦基波电气参量基础上的。所以有必要将输入电流、电压信号中的谐波和非周期分量滤除，并消除正常负荷分量的影响，从而得到只反映故障分量的保护。在微机保护中，为适应保护算法的需要，消除输入信号中谐波和非周期分量的影响，以提高算法的精度，比较普遍的方法是采用数字滤波，或者把数字滤波与保护算法相结合以达到相同的目的。因此，数字滤波器已成为微机保护的重要组成部分。

数字滤波器也是一种计算程序或算法，其功能是将输入信号的数字量序列转换为另一组能滤除某些谐波和直流分量的输出信号数字量序列。这种滤波作用是按一定算法由软件实现的，在微机保护中应用很广泛、方便，不需增加任何硬件。

下面简单介绍 z 变换的概念、数字滤波器的数学表达式和基本特性、常用数字滤波器和数字滤波器的优化组合。

1. z 变换的概念

在连续信号系统中，通常用拉氏变换解微分方程可以简化问题的分析。对于离散信号系统，一般采用 z 变换，使差分方程转换为简单的代数方程，这是分析研究线性离散系统的有效方法。

一个连续函数 $x(t)$，经过采样后，变为离散的脉冲序列，记为 $X^*(t)$。设 $\delta(t-K\Delta T)$ 是用来进行采样的周期为 ΔT 的单位脉冲序列，则可得

$$X^*(t) = \sum_{K=-\infty}^{\infty} x(K\Delta T)\delta(t-K\Delta T) \tag{11.1}$$

式中 $x(K\Delta T)$——离散的采样信号序列，K 为任意整数。

将式(11.1)取拉氏变换，记为 $\pounds$，则有

$$X^*(s) = \pounds[X^*(t)] = \sum_{K=-\infty}^{\infty} x(K\Delta T)e^{-K\Delta Ts} \tag{11.2}$$

令 $e^{\Delta Ts}=z$，并将 $X^*(s)$ 记为 $X(z)$，得

$$X(z) = X^*(s) = \sum_{K=-\infty}^{\infty} x(K\Delta T)z^{-K} \tag{11.3}$$

$X(z)$ 称为离散信号 $X^*(t)$ 或 $x(K\Delta T)$ 的 z 变换，其中 z 为复变量，记作 $Z[X^*(t)]$。若序列变量直接用 K 表示为 $x(K)$，则式(11.3)可写成

$$Z[x(K)] = X(z) = \sum_{K=-\infty}^{\infty} x(K)z^{-K} \tag{11.4}$$

式(11.4)是一个幂级数，它是 z 变换的定义式。

同理，z 变换的逆过程称为 z 反变换，记为 z^{-1}，其结果为

$$x(K)=Z^{-1}[X(z)] \tag{11.5}$$

2. 数字滤波器的数学表达式和基本特性

(1) 非递归式与递归式数字滤波器的差分方程表达式。

数字滤波器是将一组输入数字序列通过一定运算变换为另一组输出数字序列，以达到改变数字信号频谱的目的。对于这种离散的数字序列，通常用差分方程式表征。若 $x(n)$、$y(n)$ 分别为数字滤波器输入和输出信号的第 n 个采样值(现时值)，而 $x(n-1)$、$x(n-k)$ 为先行输入的采样值(比现时值早 1 个和 k 个采样时刻)，则非递归式数字滤波器的一般表达式为

$$y(n) = \sum_{i=0}^{N} a_i \cdot x(n-i) \tag{11.6}$$

式中 $a_i (i=0, 1, 2, \cdots, N)$——常系数。

由式(11.6)可知，非递归式数字滤波器的特点是现时输出只与现时输入和先行输入有关。

递归式数字滤波器的现时输出信号 $y(n)$ 中，除了包括式(11.6)等号右侧各项外，还与先行的输出采样值 $y(n-1)$、$y(n-k)$ 等有关，其线性差分方程的一般形式可表示为

$$y(n) = \sum_{i=0}^{N} a_i \cdot x(n-i) - \sum_{i=1}^{M} b_i \cdot y(n-i) \tag{11.7}$$

式中 a_i、b_i——常系数。

根据数字滤波器对冲击响应时间的特性，可分为有限冲激响应滤波器(FIR)和无限冲激响应滤波器(IIR)，一般前者为非递归式，后者为递归式。

(2) 数字滤波器的传递函数。

对式(11.6)和式(11.7)的各项取 z 变换，分别得到非递归式数字滤波器的传递函数为

$$H(z) = \frac{Y(z)}{X(z)} = \sum_{i=0}^{N} a_i \cdot z^{-i} \tag{11.8}$$

递归式数字滤波器的传递函数为

$$H(z) = \frac{Y(z)}{X(z)} = \frac{\sum_{i=0}^{N} a_i \cdot z^{-i}}{1 + \sum_{i=0}^{M} b_i \cdot z^{-i}} \tag{11.9}$$

式(11.8)和式(11.9)表明，数字滤波器的传递函数定义为输出信号 z 变换与输入信号 z 变换之比，它表明离散时间系统输出信号与输入信号之间的关系。

(3) 数字滤波器的频率响应。

若数字滤波器的输入信号为复数正弦波形式，且考虑到所研究的系统是线性系统，由式(11.8)和式(11.9)传递函数关系式，则数字滤波器的输出必然是复数正弦波形式，并与 $H(z)$ 有关。因此，对数字滤波器的传递函数 $H(z)$，令 $z = e^{j\omega \Delta T}$，即得到数字滤波器的频率响应为

$$H(e^{j\omega \Delta T}) = H(z)\Big|_{z=e^{j\omega \Delta T}} = \left| H(e^{j\omega \Delta T}) \right| \angle \phi(\omega \Delta T) \tag{11.10}$$

式中 $\omega = 2\pi f$，f 为输入信号频率；

$\left| H(e^{j\omega \Delta T}) \right|$——幅频特性，为 $H(e^{j\omega \Delta T})$ 的模值；

$\angle \phi(\omega \Delta T)$——相频特性，即频率响应的相位角。

幅频特性是数字滤波器的重要特性。对幅频特性的要求是阻带衰减大，过渡带应下降陡，通带不应太窄，以使故障状态下系统频率发生波动时有足够的增益。

3. 常用数字滤波器

在微机继电保护中广泛使用的简单数字滤波器，是一类用加减运算构成的线性滤波单

元。它们的基本形式如下：

(1) 差分(减法)滤波器。

差分滤波器输出信号的差分方程为

$$y_D(n)=x(n)-x(n-K) \tag{11.11}$$

式中，$x(n)$、$y_D(n)$ 分别为滤波器在采样时刻 n(或 $n\Delta T$)的输入和输出；$x(n-K)$ 是在 n 时刻以前 K 个采样间隔时的输入($K \geqslant 1$)。由于 $y_D(n)$ 与先行输出无关，故式(11.11)属于非递归式数字滤波器，其原理图如图 11.10 所示。

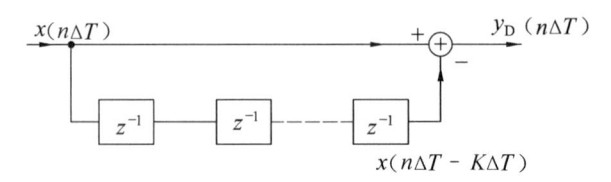

图 11.10 差分滤波器原理图

(2) 加法滤波器。

加法滤波器的差分方程为

$$y_A(n)=x(n)+x(n-K) \tag{11.12}$$

式(11.12)的原理图与图 11.10 类似，只需将相加器⊕中延时环节的"－"号改为"＋"号，表示加法运算。

(3) 积分滤波器。

积分滤波器实际是进行连加运算，其差分方程为

$$y_1(n)=x(n)+x(n-1)+x(n-2)+\cdots+x(n-K) \tag{11.13}$$

式(11.13)的原理图如图 11.11 所示。

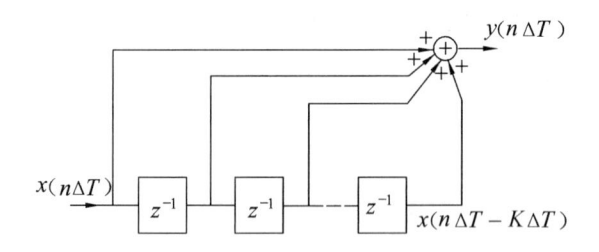

图 11.11 积分滤波器原理图

(4) 加、减滤波器。

加、减滤波器就是进行加、减交替运算的一种滤波器，其差分方程为

$$y(n)=x(n)-x(n-1)+x(n-2)-\cdots+(-1)^K x(n-K) \tag{11.14}$$

对上述各种形式的数字滤波器的差分方程式分别进行 z 变换，即可得相应的传递函数 $H(z)$。对相应的传递函数 $H(z)$，令 $z=\mathrm{e}^{\mathrm{j}\omega\Delta T}$，即可得到相应的数字滤波器的频率响应

$H(\mathrm{e}^{j\omega\Delta T})$，由此得到幅频特性和相频特性。这里从略。

4. 数字滤波器的优化组合

上述常用数字滤波器的性能和滤除谐波次数的范围是很有限的，单独使用往往不能满足需要。因此，可把不同特性的数字滤波器进行优化组合，以达到预期的滤波效果。一般可分为串联（级联）组合和并联组合两种情况。

串联（级联）组合，即不同种类的数字滤波器的串联应用，将前一个滤波器的输出作为后一个滤波器的输入。

并联组合，即不同种类的数字滤波器的并联运用，它们有共同的输入，而输出为各并联滤波器的输出之和。

二、微机保护算法的基本概念

微机保护算法的实质，就是实现某种保护功能的数学模型。按该数学模型编制微机应用程序，对输入的实时离散数字信号量进行数学运算，从而获得保护动作的判据。或者简单地说，微机保护的算法就是从采样值中得到反应系统状态的特征量的方法。算法的输出是继电保护动作的依据。因此，微机保护算法对保护的动作特性及精度等起着决定性的作用。

现有的微机保护算法种类很多，按其所反映的输入量情况或反映继电器动作情况分类，基本上可分成按正弦函数输入量的算法、微分方程算法、按实际波形的复杂数学模型算法、继电器动作方程直接算法等几类。若按完成全部数学运算所需数据窗（即所需采样点数目与采样周期 ΔT 的乘积）的长短分类，则可分为长数据窗算法（工频一周期及以上）和短数据窗算法两大类。现将几种主要的有代表性的实用算法的概念加以简介。其间，侧重介绍半周积分算法、全周傅里叶算法和半周傅里叶算法的原理。

1. 按正弦函数输入量的算法

这类算法中假设被采样的电流、电压信号都是理想的正弦函数（未考虑非周期分量与谐波分量）。因而，可利用正弦函数的各种特性，从若干个离散化采样值中计算出电流、电压的幅值、相位角和测量阻抗等。

(1) 导数算法。

它是利用正弦函数的导数是余弦函数这一特点，用以方便地计算各种电气量值。

(2) 正弦曲线拟合法（采样值积算法）。

它是利用采样值的乘积来计算电流、电压幅值和其他电气参数，可用 2~3 个采样值以推算正弦曲线波形，故称为曲线拟合。一般分为两采样值积算法和三采样值积算法两种。

(3) 半周积分算法。

设输入电流、电压信号均为理想正弦波，不含直流和谐波分量，当这些正弦波信号被采样后，若要从采样的离散值中计算其幅值、相位和阻抗等参数，可采用半周积分算法，其原理为

$$S = \int_0^{T/2} U_\mathrm{m}\sin(\omega t)\,\mathrm{d}t = \left.\frac{-U_\mathrm{m}}{\omega}\cos(\omega t)\right|_0^{\pi/\omega} = \frac{2}{\omega}U_\mathrm{m} = \frac{T}{\pi}U_\mathrm{m} \tag{11.15}$$

即正弦量的半周绝对值积分与幅值 U_m 成正比，故半周积分算法可用下述采样离散值求和（即矩形近似积分法）表示：

$$S = \sum_{i=1}^{K} | u_i | = K(\alpha)U_m \tag{11.16}$$

式中　S——半周内 K 个采样值的总和（取绝对值，即半周期面积）；

　　　u_i——第 i 个采样值，且 $u_i = U_m \sin[\alpha + \omega(i-1)\Delta T]$；

　　　K——半周内的采样数（采样间隔为 ΔT）；

　　　α——首先采样值的初相角；

　　　$K(\alpha)$——比值，且 $K(\alpha) = \sum_{i=1}^{K} | \sin[\alpha + \omega(i-1)\Delta T] |$。

从式(11.16)可知，经半周采样 K 点后即可求出幅值 U_m，用同样方法也可得到电流幅值 I_m（对输入电流量的半周期采样），从而可计算阻抗值 $Z = U_m/I_m$ 以及电流、电压的有效值等参数。

该算法由于用采样值求和代替半周积分，所以也带来一定误差，此误差随 α 值而变化。这种算法具有一定滤波作用，这是因为在任意半周积分（求和）过程中，谐波中的部分正负半周相抵消而被削弱了。但它对直流暂态分量无抑制作用。该算法响应时间为 10 ms，在过电流、电压等保护中应用较多。

2. 正交样品函数算法

对连续函数 $f(t)$ 和 $g(t)$，如能满足

$$\int_a^b f(t) \cdot g(t) \mathrm{d}t = \begin{cases} 0 & \text{当 } f(t) \neq g(t) \\ C(C > 1) & \text{当 } f(t) = g(t) \end{cases} \tag{11.17}$$

则它们在 (a, b) 区间是正交的。由此可知正弦、余弦等周期函数都是正交函数，可以很方便地提取某一频率的各种分量，进而求得各种参数。

(1) 全周傅里叶算法。

若输入电流、电压连续信号为 $x(t)$，它们是周期性信号，其中含有直流分量、基波分量和各次谐波分量，其傅氏级数表达式为

$$x(t) = \sum_{n=0}^{m} [A_{cn}\cos(n\omega t) + A_{sn}\sin(n\omega t)] \tag{11.18}$$

式中　n——谐波的次数，$n = 0, 1, \cdots, m$；

　　　ω——基波角频率；

　　　A_{cn}, A_{sn}——第 n 次谐波的余弦和正弦分量的幅值。

由 $\cos(n\omega t)$，$\sin(n\omega t)$（$n = 0, 1, 2, \cdots$）组成的正交函数组作样品函数，分别用正交函数集 $\{1, \cos(\omega t), \sin(\omega t), \cos(2\omega t), \sin(2\omega t), \cdots\}$ 中的每项与 $x(t)$ 作相关运算。例如，需得到基波分量电流，则用 $\sin(\omega t)$ 和 $\cos(\omega t)$ 分别与 $x(t)$ 相乘，从任一时刻 t_0 积分一周期 T，注意到正交函数式(11.17)的特性，即可消去直流分量和各次谐波，得到

$$\left.\begin{array}{l}A_{s1}=\dfrac{2}{T}\displaystyle\int_{t_0}^{t_0+T}x(t)\cdot\sin(\omega t)\mathrm{d}t\\ A_{c1}=\dfrac{2}{T}\displaystyle\int_{t_0}^{t_0+T}x(t)\cdot\cos(\omega t)\mathrm{d}t\end{array}\right\}\tag{11.19}$$

对任意 n 次谐波分量的正弦、余弦幅值，则表达为

$$\left.\begin{array}{l}A_{sn}=\dfrac{2}{T}\displaystyle\int_{t_0}^{t_0+T}x(t)\cdot\sin(n\omega t)\mathrm{d}t\\ A_{cn}=\dfrac{2}{T}\displaystyle\int_{t_0}^{t_0+T}x(t)\cdot\cos(n\omega t)\mathrm{d}t\end{array}\right\}\tag{11.20}$$

若对输入电流、电压信号每工频周期采样 K 次，用矩形法数值积分（适于离散值计算）代替式（11.19）、式（11.20）中的连续函数积分，则得幅值 A_{sn}、A_{cn} 的通式（$n=1,2,3,\cdots$）为

$$\left.\begin{array}{l}A_{sn}=\dfrac{2}{K}\displaystyle\sum_{i=1}^{K}x_i\sin\dfrac{2in\pi}{K}\\ A_{cn}=\dfrac{2}{K}\displaystyle\sum_{i=1}^{K}x_i\cos\dfrac{2in\pi}{K}\end{array}\right\}\tag{11.21}$$

式（11.21）中 i、x_i 分别为第 i 次采样及其输入信号 $x(t)$ 的采样值。上式中 A_{sn}、A_{cn} 为一周期 T 中 $x(t)$ 采样值 n 次谐波正弦、余弦分量的加权平均值，因 $2\pi/K=\Delta T$，故 K 点中每隔 ΔT 连续采样一次并累加求和，再取平均值（用 K 点相除并乘 2）即得。A_{sn}、A_{cn} 按不同连续信号 u、i 和所需某次谐波分量，可分别用采样值 u_i、i_i 和谐波次数 n 代入式（11.21）中。例如，计算基波电压、基波电流的正弦、余弦分量幅值 U_{s1}、U_{c1} 和 I_{s1}、I_{c1}（取 $n=1$），则复数形式的电压、电流和测量阻抗 Z 分别为

$$\left.\begin{array}{l}\dot{U}_1=U_{c1}-\mathrm{j}U_{s1},\ \dot{I}_1=I_{c1}-\mathrm{j}I_{s1}\\ Z=R+\mathrm{j}X=\dfrac{\dot{U}_1}{\dot{I}_1}=\dfrac{(U_{c1}I_{c1}+U_{s1}I_{s1})+\mathrm{j}(U_{c1}I_{s1}-U_{s1}I_{c1})}{(I_{c1}^2+I_{s1}^2)}\end{array}\right\}\tag{11.22}$$

傅里叶算法本身具有滤波作用，能抑制稳恒直流和消除各种谐波，但故障时衰减直流分量（$i_0\cdot U\mathrm{e}^{-t/\tau}$）的存在，将对按式（11.21）计算的基波和谐波分量幅值计算结果造成一定误差。为此，一般应采用数字式差分滤波或有限冲激响应滤波器来消除这种误差的影响。全周傅里叶算法的数据窗为一周期，即必须取得故障后 K 个采样值（2π）的数据，计算结果才准确，故算法响应时间稍大于 20 ms，属于长数据窗类算法。

(2) 半周傅里叶算法。

为了缩短全周傅里叶算法的响应时间，提出了基于半周期数据窗的半周傅里叶算法。其原理与全周傅里叶算法完全相同，但只取半工频周期采样 $K/2$ 次的值进行运算。由式（11.20）和式（11.21），可得正弦、余弦分量 n 次谐波分量幅值分别为

$$\left.\begin{array}{l}A_{sn}=\dfrac{4}{K}\displaystyle\sum_{i=1}^{K/2}x_i\sin\dfrac{2in\pi}{K}\\ A_{cn}=\dfrac{4}{K}\displaystyle\sum_{i=1}^{K/2}x_i\cos\dfrac{2in\pi}{K}\end{array}\right\}\tag{11.23}$$

据此可求得基波和各次谐波的电流、电压幅值和测量阻抗等参数。由傅氏变换得到的幅频特性可知,半周傅里叶算法对非周期分量和偶次谐波的抑制作用较差,应有其他数字滤波器与它配合使用。该算法响应时间稍大于 10 ms,可在快速保护或快速判断中采用。

3. 微分方程算法

这种算法把被保护线路模拟成 R、L 串联电路,在故障条件下可写出下列微分方程

$$u(t) = Ri(t) + L\frac{\mathrm{d}i(t)}{\mathrm{d}t} \tag{11.24}$$

式中 $u(t)$,$i(t)$——故障线路测量到的电压和电流瞬时值;

R、L——故障点到保护安装处的总电阻、总电感。

采样不同时刻的 u、i,再按式(11.24)计算,即可得到未知量 R、L 值。由于涉及电流导数 $\mathrm{d}i(t)/\mathrm{d}t$ 的实时计算,故需通过近似方法或数值计算法来解决,通常采用差分法和积分法求解式(11.24)。

差分法是取电流相邻两采样点的采样值 $i(t)$、$i(t+\Delta T)$ 的差值 Δi,当 ΔT 很小(以 μs 计)时,近似地看成 $\mathrm{d}i(t)/\mathrm{d}t \approx \Delta i/\Delta T$,只要连续取 3 点的电流、电压采样值,即可完成全部计算,求解所需的 R 和 L 值。积分法则是对式(11.24)在两个不同的时间区间(例如 $t-\Delta T \sim t$,$t \sim t+\Delta T$) 对 $\int u\mathrm{d}t$,$\int i\mathrm{d}t$ 分别进行积分。

微分方程算法的优点是:不需要用滤波器滤去非周期分量,因为输入信号中的非周期分量是符合该算法所依据的微分方程的;不受电网频率变化的影响;响应速度快,响应时间为几微秒,属于短数据窗算法。所以,它在输电线路(包括牵引网)的距离保护中应用较普遍。

4. 最小二乘方曲线拟合算法

它是用给定的典型函数 $f(t)$ 来逼近输入信号曲线 $y(t)$,利用最小二乘方误差二次方为最小值的原理,即 $W = \sum_{j=1}^{N}[f(t_j)-y(t_j)]^2$ 来衡量 $f(t)$ 与 $y(t)$ 的接近程度,从而确定使 W 为最小值时的 $f(t)$ 函数。这种算法可消除微机保护算法中的随机误差,它的输入信号属于随机模型。它的主要优点是,可自由选择数据窗大小,并与采样频率 f_s 配合,以降低输入噪声影响;可任意选择信号模型,甚至保留某种谐波而作为数字滤波;算法中考虑了衰减直流分量,使计算的精度较高。它的缺点是计算量大、乘法计算多,响应时间较长(大于 20 ms)。

5. 继电器动作方程直接算法

对方向阻抗继电器的构成,还提出了与继电器动作方程相对应的直接用采样值表示的算法。它避开了求电流、电压的幅值和相位,而将阻抗继电器动作方程中的相位比较或幅值比较转换为采样值运算的直接比较。这种算法只适用于正弦输入信号,其本身无滤波作用,故使用有一定局限性。

6. 数字式对称分量滤序器算法

在继电保护技术中广泛采用各种类型的对称分量滤序器。在微机保护中,可以方便地利

用对称分量原理，对不同时刻的采样瞬时值进行处理，以获取所需要的对称分量。

微机保护算法的选择和应用，按保护装置的重要程度和实际需要，一般应满足响应速度和精度两方面的要求，并应减少实时计算工作量。在使用交—直型电力机车牵引情况下，牵引网保护由于受谐波的影响较大，故多采用带差分滤波的全周傅里叶算法，或采用微分方程算法；主变压器差动保护由于对响应速度要求较高，故多采用半周傅里叶算法；主变压器等的过电流、电压保护，一般多采用半周积分算法。

第四节　微机保护装置的基本软件程序

微机保护装置的基本软件程序，由主程序和中断服务程序构成。下面阐述一个简单而典型的结构，即软件程序由主程序和一个采样中断服务程序构成：前者执行对整个系统的监控和实时性要求相对较低的各项辅助功能；后者按采样周期定时中断前者，周期性地执行实时性要求较高的保护和辅助功能。

一、微机保护装置软件的主程序

微机保护装置软件的主程序如图 11.12 所示。由图可见，主程序可看作由上电复位程序和主循环程序两部分组成。

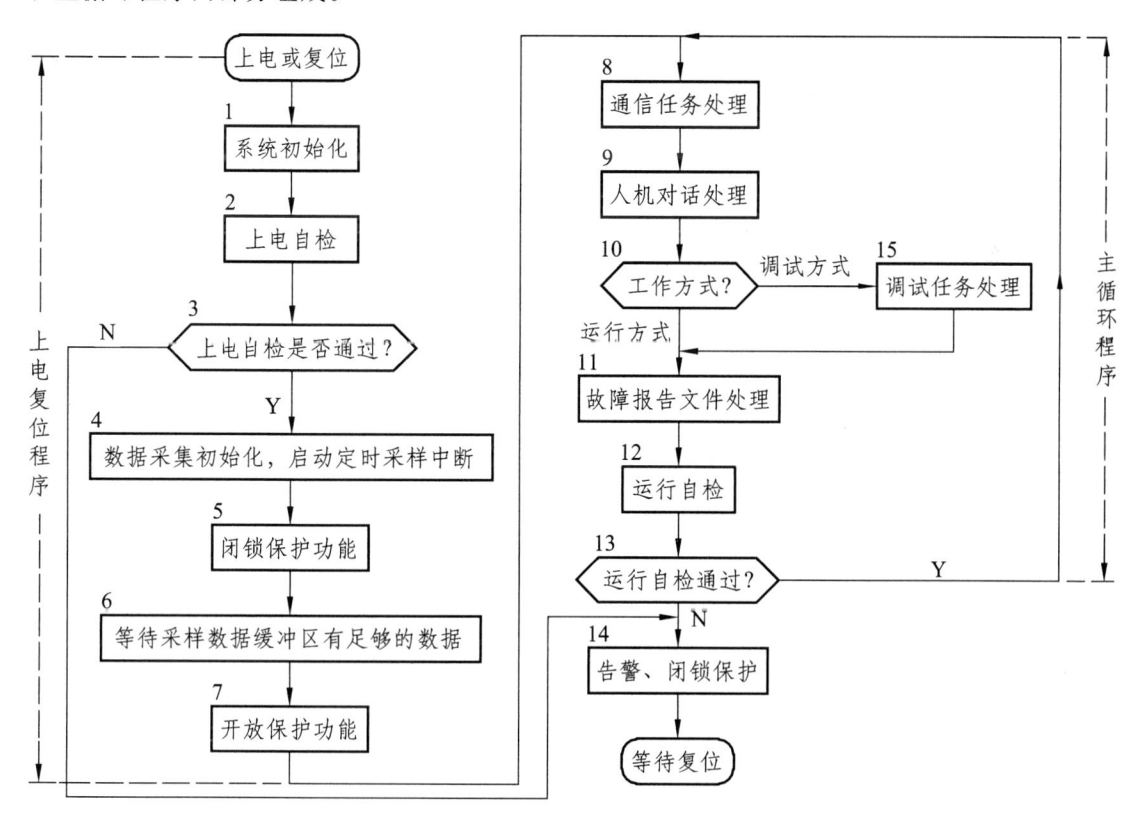

图 11.12　微机保护装置软件的主程序

微机保护装置在合上电源(简称上电)或硬件复位(简称复位)后,进入第1框,执行系统初始化。初始化的作用是使整个硬件系统处于正常工作状态。系统初始化又可分为低级初始化和高级初始化:低级初始化任务通常包括与各存储器相应的可用地址空间的设定、输入或输出口的定义、定时器功能的设定、中断控制器的设定以及安全机制等其他功能的设定;高级初始化是指与保护装置各项功能直接有关的初始化,如地址空间的分配、各数据缓冲区的定义、各个控制标志的初设、整定值的换算与加载、各输入输出口的置位或复归等等。

然后,程序进入第2框,执行上电后的全面自检。

自检是微机保护装置软件对自身硬软件系统工作状态正确性和主要元器件完好性进行自动检查的简称。通过自检可以迅速地发现保护装置缺陷,发出告警信号并闭锁保护出口,等待技术人员排除故障,从而使微机保护装置工作的可靠性、安全性得到根本性的改善。自检是微机保护装置的一种特有的、非常重要的智能化安全技术,自检功能主要包括程序的自检、定值的自检、输入通道的自检、输出回路的自检、通信系统的自检、工作电源的自检、数据存储器(如 RAM)的自检、程序存储器(如 EPROM)的自检以及其他关键元器件的自检等。

自检在程序中分为上电自检和运行自检。上电自检是在保护装置上电或复位过程(保护功能程序运行之前)进行的一次性自检,此时有时间进行比较全面的自检,以保证开始执行保护功能程序时装置处于完好的工作状态。而运行自检是在保护装置运行过程中进行的自检,以便及时发现运行中出现的装置故障。由于保护程序在运行中的大部分时间必须分配给保护功能以及其他辅助功能,因此通常在运行自检中需对自检任务进行简化,同时采用分类处理的措施:对于某些必须快速报警、处理量较小以及必须一次性完成的自检任务应置于中断服务程序中;而对于其他较次要且处理量又较大的自检任务,则置于主程序中,并且采用分时处理的方法。

上电自检完成后,在第3框判别自检是否通过:若自检不能通过将转至第14框,发出告警信号,并闭锁保护,然后等待人工复位;若上电自检通过,则进入第4框,保护功能程序开始运行。

第4框执行数据采集初始化和启动定时采样中断。其主要作用是对循环保存采样数据的存储区(称为采样数据缓冲区)进行地址分配,设置标志当前最新数据的动态地址指针,然后按规定的采样周期对控制循环采样的中断定时器赋初值,并令其启动,开放采样中断。从此定时器开始每隔一个采样周期循环产生一次采样中断请求,由采样中断服务程序响应中断,周而复始地运转。

由于保护功能的实现需要足够的数据(可理解为保护算法需要一定时宽的数据窗),因而不能马上进入保护功能的处理,因此在第5框暂时闭锁保护功能(实质上是通过设置闭锁保护的控制字,通知采样中断服务程序暂时不要执行启动元件、故障处理程序等相关功能)。第6框的作用则是等待一段时间使采样数据缓冲区获得足够的数据供计算使用。在具备足够的采样数据之后,进入第7框重新开放保护功能,此后主程序进入主循环。

主循环在微机保护正常运行过程中是一个无终循环,只有在复位操作和自检判定出错时才会中止。在主循环过程中,每逢中断到来,当前任务被暂时中止,CPU响应中断并转而执行中断服务;CPU完成中断服务任务后又返回主循环,继续刚才被中断的任务。主循环利用中断服务的剩余时间来完成各种非严格定时的任务,譬如通信任务处理、人机对话处理、调试任务处理、故障报告处理以及运行自检等。在主循环中需要逐一执行的各项任务往往都要求得到及时的服务，一个任务不能因执行时间过长而影响其他任务的执行，更不能出现内部死循环。为避免这种情况，主循环中任何一个任务当不满足上述要求时，需要作分时处理；在各任务间还需要处理好优先权问题。

在主循环中，第 8 框执行通信任务处理。此处并不是指对装置外部或装置内部其他部分进行信息发送和接收操作，而是为信息发送和接收进行数据准备：如根据保护程序其他部分的数据发送请求而收集相关数据，按通信规约进行通信信息整理和分类，并将其置于数据发送缓冲区；又如对数据接收缓冲区的数据进行整理、分类和任务解释，并将其按任务类别交给相应的任务处理程序。至于通信的发送和接收数据的操作，需要满足严格的通信速率要求，并且应保证发送数据的及时性和接收数据的完整性（不丢失数据），即要求很强的实时性。因此通信的发送和接收操作一般需要根据硬件系统的设计，或者置于中断服务程序中，或者置于专用的通信硬件模块中。

第 9 框执行人机对话处理。关于人机对话处理，不同的硬件配置模式对应不同的处理方式。若采用具备独立 CPU 的专用上层管理插件，则通常上层管理插件与保护功能插件采用通信交换信息，并由上层管理插件的 CPU 负责人机对话部件的控制，此处保护功能插件通过通信与管理插件 CPU 交换数据，那么第 9 框只需完成第 8 框交付的信息处理任务；若没有配置具备独立 CPU 的专用上层管理插件，此时需要由保护功能插件的 CPU 对人机对话部件进行管理，此时第 9 框程序应执行如扫描键盘和控制按钮、在显示器上显示数据等任务，同时对各种操作命令进行解释和分类，并按任务类别交给相应的任务处理程序执行。

第 10 框判别微机保护系统当前工作方式，即处于调试方式还是运行方式：若是调试方式，则在第 15 框先执行由第 8 框或第 9 框下达的调试功能任务；若是运行方式，以及在执行完毕调试任务后，进入第 11 框去执行后续任务。

调试功能是指微机保护装置特有的对控制参数进行给定、核对和对自身性能进行辅助测试、调整的功能。继电保护装置新安装或定期检修之后，需要进行项目繁多的调试工作，以保证保护装置的性能指标和状态符合技术要求，如各测量通道的校准、整定值的输入和修改、各项保护特性的测定、出口操作回路的传动检测、通信系统的测试以及保护装置各种辅助功能的调整等。微机保护装置通过智能化调试程序，可以高效可靠地完成调试工作。现代微机保护装置通常还预留了调试通信接口，通过它与通用电脑接口，可实现视窗化、选单（俗称菜单）化和图形化的高级调试、管理和分析功能。调试功能虽然重要，但在处理某些调试任务过程中可能会影响保护运行安全，这些调试功能只能在微机保护装置退出运行后才能执行。为此微机保护装置设计了两种基本工作方式：运行方式和调试方式，通过开关或键盘操作来进行工作方式的切换。

第 11 框为故障报告文件处理程序。电力（供电）系统发生故障或者微机保护装置自身发生故障，微机保护装置在完成处理任务之后，可自动生成、保存并通过通信网络向变电所微机监控系统提交故障报告。故障报告对于系统事故的追忆和分析，以及对于保护装置自身动作正确性的评估有非常重要的作用。这也是微机保护的优势之一。故障报告中的原始数据是在故障处理过程中由故障处理程序模块（见下文）等临时保存的，而故障报告的信息综合、文件生成和转储则由故障报告文件处理程序来完成。

最后在第 12 框和第 13 框执行运行自检功能。若自检判定保护装置出错，则告警、并闭锁保护，然后等待人工复位；若自检通过则继续执行主循环程序。

至此完成了一次主循环的过程，返回到第 8 框，然后周而复始。

二、微机保护装置软件的采样中断服务程序

微机保护装置的软件系统根据具体设计的不同，可能存在多个中断源，因而相应地有多个不同的中断服务程序，但其中必不可少的是采样中断服务程序。为简化说明，以下考虑一种较为简单的情形，即只有一个定时采样中断源，从而只有一个采样中断服务程序的情形。

采样中断服务程序如图 11.13 所示。由图可见，采样中断服务程序并不只是进行周期性的数据采集（即采样和 A/D 变换），通常还需完成通信数据收发、运行自检、调试、启动检测和故障处理等任务。由于中断服务程序是由采样定时器周期性激活的，习惯上仍称为采样中断服务程序。

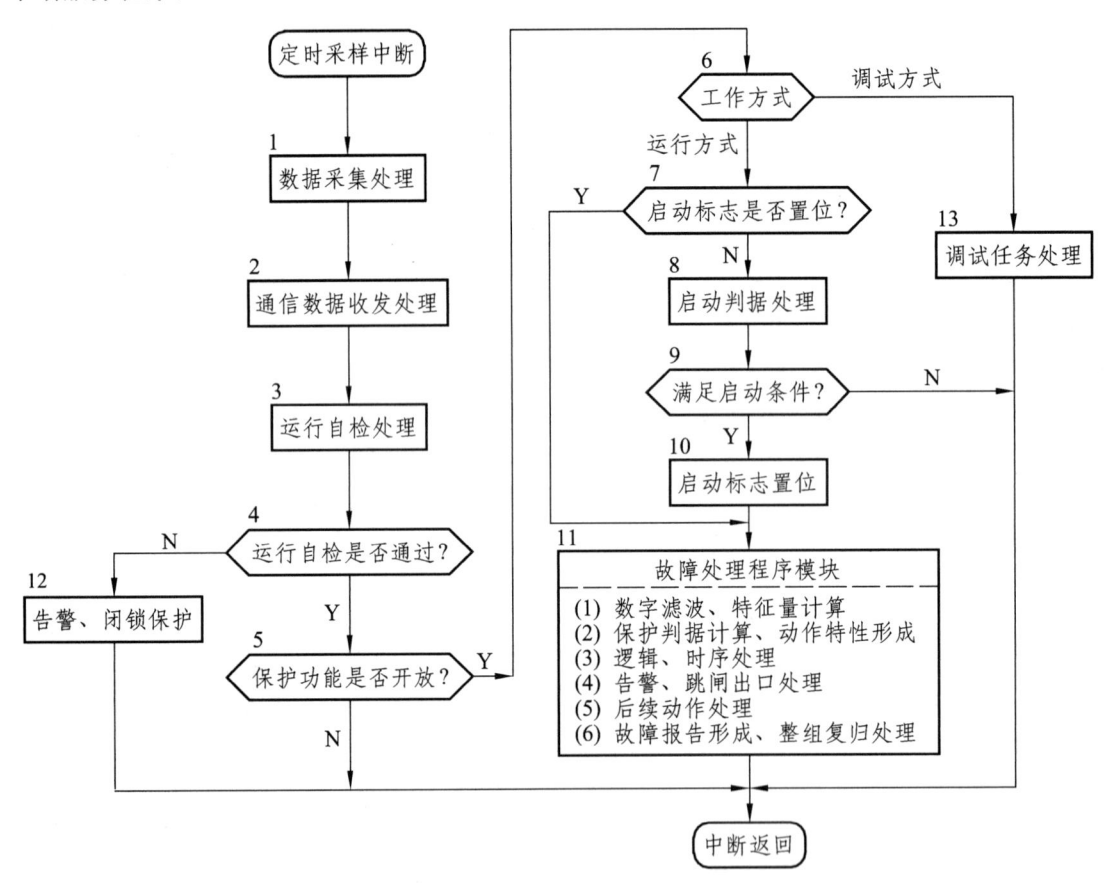

图 11.13 采样中断服务程序

第 1 框执行数据采集处理，主要完成各通道模拟信号的采样和 A/D 变换，并将采集的数据按各通道和时间的先后顺序存入采样数据缓冲区，并标定指向最新采样数据的地址指针。数据采集还包括对各路开关输入信号、脉冲信号、频率测量信号等的采集工作。

第 2 框主要完成通信所要求的直接接收和发送数据的任务（参看主循环说明），对于规定在中断服务中应做出响应的通信处理任务也必须迅速加以执行。采样中断的速率必须足够

高，在满足采样率规定指标的同时，必要时还应兼顾与通信速率相匹配，满足不迟滞发送数据和不丢失接收数据的要求。

第3框完成那些必须在中断服务中完成的运行自检任务，并在第4框进行判断：若运行自检没有通过将转向第12框进行装置故障告警、闭锁保护等处理，并置相关标志，然后直接从中断返回，等候人工处理；若自检通过则可以进入第5框执行后续任务。中断服务中完成的运行自检任务是指输入输出回路的自检、工作电源的自检等，它们往往需要当前数据且会立即影响保护后续功能的正确性(如输入通道和电源状态)；或者不允许被中断打断(如输出回路)，否则会引起不可预料的结果，甚至造成保护误动作，因此必须由中断服务程序完成。

第5框判断保护功能是否开放，其作用完全是为了与主程序中第5~7框任务相配合，即在保护装置上电或系统复位之后需等待一段时间使采样数据缓冲区获得足够的数据供保护功能计算使用。若保护功能尚未开放，则从中断返回，继续等待；若保护功能已开放，则进入第6框开始执行保护处理功能。

第6框判别当前保护装置的基本工作方式(通常来自于人机对话部件的请求)，根据当前工作方式执行不同的程序：若为调试方式，则在第13框完成由调试功能规定必须在中断服务中执行的处理任务后即可从中断返回；若为运行方式，则直接进入第7框。不少调试功能是需要中断服务程序配合或者在中断中完成的，譬如利用外加信号源对各模拟输入通道的标度(幅值、相位准确性和各通道一致性等)进行调试时需要中断采样数据和相关计算结果给予配合。

第7框判别启动标志是否置位，若已置位则说明在此次中断之前启动元件已经检测到了可能的系统事故扰动(第11框故障处理程序已被启动并在运行)，当前暂时无须再计算启动判据和进行启动判定，于是跳过第8~10框直接进入第11框执行故障处理程序。若启动标志未被置位则进入第8框，进行启动判据处理，并在第9框对是否满足启动条件作出判断。若判断为满足启动条件，则标定故障发生时刻，在第10框对启动标志置位，为下一次响应采样中断后第7框的判别做好准备，接着也进入第11框执行故障处理程序；若不满足启动条件，表明当前没有系统事故扰动，便可从中断返回。

这里第8框执行的就是启动元件的功能。微机保护中通常采用启动元件来灵敏、快速地探测系统故障扰动，待判定系统存在故障扰动之后才进入故障处理程序模块，最终对是否区内故障作出判断和处理。

第11框为故障处理程序模块，它是完成保护功能、形成保护动作特性的核心部分。见图11.13，第11框说明中不说具体保护内容，扼要列举了故障处理程序模块的基本功能和处理步骤，主要包括：(1)数字滤波、特征量计算；(2)保护判据计算、动作特性形成；(3)逻辑、时序处理；(4)告警、跳闸出口处理；(5)后续动作处理，如重合闸、启动断路器失灵保护等；(6)故障报告形成、整组复归处理。下一章将结合具体保护进一步表示故障处理程序模块。

由于相对于正常运行时间而言故障处理时间很短，因此，在故障处理的时候，只保留采样中断服务程序中的数据采集与保存、通信数据收发、运行自检等必须按严格定时完成的和必须及时响应的任务外，其他中断服务任务(譬如启动元件)和主循环中的大部分任务将会自动地暂时中止，留待故障处理完毕后再恢复正常执行，这就要求编制相关的程序模块来适应这一要求。

完成第 11 框任务后执行中断返回，便结束了此次采样中断服务，CPU 从中断返回至被打断的主循环程序执行，并等待下一次采样中断的到来，周而复始。

第五节　提高微机保护可靠性的措施

对微机保护来说，其可靠性通常是指在受到严重干扰情况下，不误动，不拒动，并能不间断地运行，达到技术条件规定的指标。为此，必须在设计、制造、施工和运行维护诸多方面采取有效措施，使微机保护增强抗干扰能力，提高可靠性。提高微机保护可靠性的措施涉及的具体内容较多，本节重点选择其抗电磁干扰、利用软件和硬件抑制干扰等内容，阐述提高微机保护可靠性的措施。

一、抗电磁干扰的措施

1. 电磁干扰的来源和类型

电磁干扰是指除了输入的有用信号以外，所有可能对微机保护装置正常工作造成不利影响的无用电磁信号。电磁干扰有的来自外部环境，有的来自装置内部。外部干扰最常见和严重的是高压系统或直流回路操作、线路雷电感应和短路故障等引起的浪涌干扰。内部干扰主要有杂散电感和电容结合引起的不同信号感应，长线路传输造成的波反射，多点接地造成的电位差等。

电磁干扰的类型主要有共模干扰和差模干扰两种。共模干扰即微机保护装置所有电路或电路的某一点与地（或机壳）之间形成的干扰（电位），如图 11.14 中 V_T 所示，它是微机保护装置工作异常的重要原因。差模干扰即串联于有用信号路径两导线之间的干扰电压，如图 11.14 中 V_S 所示。图 11.14 中，C 为耦合电容。

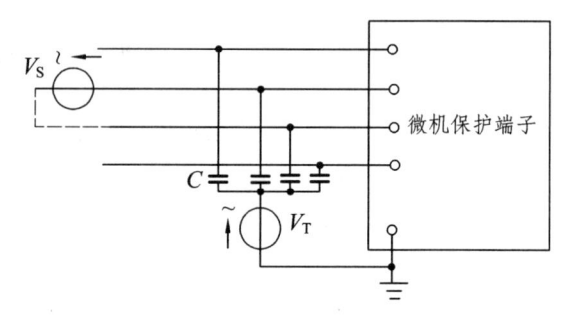

图 11.14　共模干扰与差模干扰示意图

2. 电磁干扰的危害

电磁干扰对微机保护的危害主要有以下几方面：

（1）计算或逻辑关系错误。强干扰可能引起存储在 RAM 中的数据发生改变，或在读、写某数据时，因数据线或地址线受干扰而使数据或地址错误，从而导致计算出错或逻辑紊乱，乃至微机保护误动或拒动。

（2）程序运行出轨。即由于干扰造成误码，使 CPU 不能正确执行指令，最终导致程序运行的正常顺序被破坏而出现卡死现象，不利情况下微机保护将拒动。

(3) 元器件和芯片损坏。即由于严重干扰使元器件和芯片损坏，引起微机保护短时停止工作。

3. 抗电磁干扰的措施

电磁干扰的形成必须具备干扰源、耦合通道和接收电路三个部分，因此可针对性地采用相应的措施来防止和抑制干扰。

(1) 滤波电容。在输入电路接线端子外侧与地之间并联滤波电容($0.47~\mu F$)，为浪涌电压和高频振荡提供低阻抗入地通道，可抑制共模干扰和差模干扰。对数据采集单元中的低通滤波器，调整运算放大器零点可消除差模干扰。

(2) 屏蔽与隔离。为了抑制电磁耦合及静电感应（通过分布电容）耦合形成的干扰，主要采取屏蔽与隔离措施。例如，用铁质材料做成机箱，以实现对电场和磁场的屏蔽；模拟量电流、电压输入回路利用电量变换器隔离，并在一、二次侧绕组间加装屏蔽层接至机箱，以防止外部浪涌电压干扰；对开关量（或其他触点信号）输入，采用光电隔离措施；高压导体和电缆与二次接线控制电缆平行接近长度较长时，须将二次接线控制电缆用金属管屏蔽，并将金属管接地，以防止差模干扰等。

(3) 合理配线和布置插件。为了防止装置内部大电流输入通道和电源线等对弱电回路产生干扰影响，应将微机保护的核心部分如CPU、存储器、A/D变换器和有关地址译码电路集中在一两个插件上，并在布置上远离干扰源。

(4) 正确合理的接地。这是抑制干扰的主要方法。微机保护装置的接地包括两类：一类是金属机箱和各种电量变换器屏蔽层，须与大地连接，接地电阻应小于 $10~\Omega$；另一类是装置内部的数字地（或称逻辑地，即数字器件的零电位点）和模拟地（即采样保持器和A/D变换器等模拟部件的零电位点），通常应使数字地和模拟地仅有一点相连，且两者都与内部直流电源零电位连接，内部零电位点应全部悬空，即不与机箱连接，以便有效地抑制共模干扰。

(5) 直流电源抗干扰措施。通常，微机保护装置的直流电源是采用逆变开关稳压电源或DC/DC电源模块。它先把直流电压逆变为交流电压，再把交流电压降压整流，变换为微机保护装置所需要的直流电压。它经过多级变压器隔离，把变电所强电系统的直流电源与微机保护装置弱电系统的直流电源完全隔开。因而，它具有很强的抗干扰能力，可以大大地消除来自因断路器跳合闸等缘故所产生的强干扰。

(6) 数字电路干扰的抑制。数字电路的快速开闭，伴随着电流的急剧变化，加之存在电感，所以会产生高频干扰电压。因此，在设计印制电路板时，在靠近集成块的地方须装设高频去耦电容，每块印制电路板上的电源引线两端也应装设 $10\sim1~000~\mu F$ 的去耦电容。

采取上述各项抗电磁干扰措施的目的是尽量减小外部干扰影响，同时这也是微机保护抗干扰能力的重要技术要求。

二、微机保护系统软件和硬件抑制干扰的措施

一旦干扰窜入了微机保护系统，则必须用软件和硬件技术，采取以下针对性措施，防止干扰可能导致保护误动和拒动。

1. 利用软件和硬件技术自动辨识和处理受干扰的采样数据

采样数据若受干扰而出错会导致保护功能失效。此时可通过软件和硬件技术，自动辨识并剔除错误数据。例如，对任一瞬时 t 的 a、b、c 三相电流（电压）采样值 $x_a(t)$、$x_b(t)$、$x_c(t)$，可增加一个硬件冗余通道引入零序量 $x_0(t)$，考虑通道各种误差 ε 后，则第 K 次采样值有如下关系：

$$|x_a(K)+x_b(K)+x_c(K)-3x_0(K)|<\varepsilon \tag{11.25}$$

若式（11.25）不能满足，则判定是错误数据，自动剔除。

2. 功能执行过程中自校核

自校核是指微机保护在各种功能执行过程中，由软件安排对重要的数据、命令（如跳闸命令）和保护动作值反复进行校验，以确保免受干扰影响。例如，实时阻抗动作值计算一般采用三取二方式，即三次计算中有两次达到整定值，则判断为正确，再输出跳闸命令。

3. 应用自检程序结合硬件电路进行自检

这项措施可对核心部件 CPU、A/D、EPROM、EEPROM、RAM 和译码电路，以及外围出口电路、出口继电器等部件的故障进行检测并报警。例如，利用定时（逻辑）电路与 CPU 并口连接，正常时按一定周期由 CPU 清零，使定时器随之清零；一旦 CPU 出现故障，则定时器无法清零，它即发告警信号，显示 CPU 故障。上述式（11.25）也可用来检查 A/D 变换器是否有故障。

4. 应用外部硬件定时电路解决程序运行出轨

如果程序运行出轨而导致 CPU 进入死循环或卡死，则应用外部硬件定时电路使 CPU 重新复位启动，即可恢复正常工作，如 WTD（Watch dog）监控复位电路就是具有这种功能的实例。

除了上述各种措施以外，通过对元器件的高、低温试验和筛选以解决气象和温度变化对装置的影响，出口电磁继电器采用干簧继电器以抗御震动影响等，也都是提高微机保护可靠性的有效措施。

※ ※

通过本章各节的阐述可做出简明概括。微机保护装置是指基于可编程数字电子电路技术和实时数字信号处理技术实现的电力（供电）系统继电保护装置，主要由硬件和软件两部分构成。硬件指对电气量进行处理的模拟和数字电子电路；硬件系统基本结构由数据采集单元、数据处理单元、开关量输入电路、开关量输出电路、人机对话接口部件、通信接口部件和稳压电源等组成；硬件提供软件运行的平台，并且提供微机保护装置与外围系统的电气联系。软件指计算机程序；基本软件程序由主程序和中断服务程序构成；软件按照保护原理和功能的要求对硬件进行控制，井然有序地完成数据采集、数字运算（包括数字滤波与保护算法）和逻辑判断、动作指令执行、外部信息交换等各项操作。硬件和软件必须适当配合才能实现继电保护原理和功能，二者缺一不可。甚至从某种角度来说，软件才真正代表了微机保护装置的内涵和特点。为同一套硬件配上不同的软件，就能构成不同特性的或者不同功能的微机保护装置。换句话说，不同特性的或者不同功能的微机保护装置的硬件相同或基本相同，其不同的特性或不同的功能是利用不同的软件实现的。为了确保微机保护装置正常工作，还要采取诸多提高微机保护可靠性的措施。不过，实际应用的微机保护装置涉及的科技知识比本章各节阐述的基本原理，内容要丰富和复杂得多，要亲自参与微机保护装置的研制开发技术工作才能掌握。

第十二章　微机保护系统在电气化铁道的应用

现结合已广泛采用的用微机实现的主变压器主保护装置、主变压器后备保护装置、牵引网保护测控装置、并联电容补偿保护测控装置和动力变压器保护测控装置，介绍微机保护系统在电气化铁道的应用情况。为了避免重复，首先将它们的结构和硬件、装置的共同功能和装置的共同特点等相同（或相近）的内容放在一起叙述；然后分别叙述它们各自的装置功能、不同特点和保护原理等。再后叙述用微机实现的主变压器测控装置。最后说明牵引变电所综合自动化系统的基本概念。本章主要是参考几家研制单位相关装置说明书编写的。

第一节　牵引供电设施各微机保护系统的相同（或相近）内容

上述各种微机保护（或保护测控）装置（以下简称装置），都是用高性能微处理机实现的成套装置。在研制过程中，执行相关国际、国家和行业标准，融合多年理论研究成果，吸取既有同类装置成功经验，采纳用户实际需要，融入新的设计思想。既可一种装置单独供货使用，又可多种装置组成牵引供电设施综合自动化系统。

一、结构和硬件

装置硬件采用整体面板和模块插件式结构，安装于插件组合式机箱内，插拔机构采用杠杆原理，具有方便省力、锁紧可靠等特点。机箱安装采用嵌入式安装方式，接线采用箱后接线方式，插件间连线采用印制板连接方式。

主变压器主保护装置、主变压器后备保护装置都是由交流变换插件(J1)、保护插件(J2)、信号插件(J3，J4)、出口插件(J5，J6，J7，分别对应主变压器的高压侧断路器和低压侧α相、β相断路器)、接口插件(J8)和电源插件(J9)组成。装置的硬件结构如图12.1所示。

牵引网保护测控装置、并联电容补偿保护测控装置和动力变压器保护测控装置都是由交流变换插件(J1)、保护插件(J2)、信号插件(J3)、出口插件(J4)、接口插件(J5)和电源插件(J6)组成。装置的硬件结构如图12.2所示。牵引网保护和故障测距可综合运用一套硬件系统。

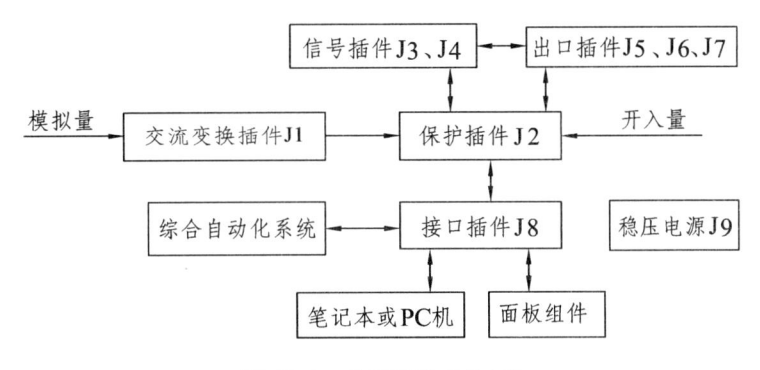

图 12.1 装置硬件结构(1)

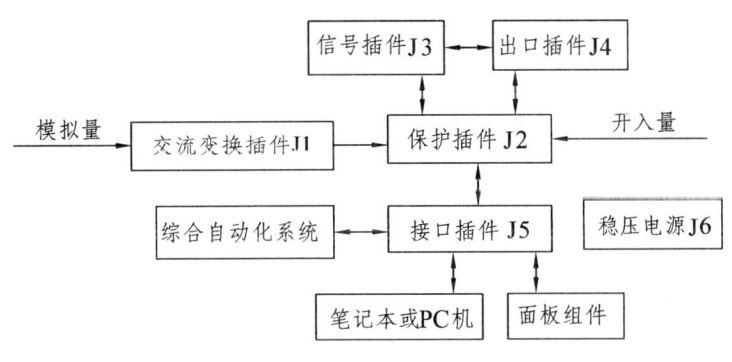

图 12.2 装置硬件结构(2)

1. 交流变换插件

交流变换插件采用电压、电流变换器，将电压、电流互感器二次侧的交流信号转换成 $-10\sim10\text{ V}$ 的弱电信号，供 A/D 转换器采样。其中，电流变换器的饱和电流不小于 20 倍的额定电流。

2. 保护插件

保护插件是实现保护功能的核心，主要完成模拟数据采集、数据处理、逻辑判断、整定值存储、开关量输入/输出(简称开入量、开出量)、通信等功能。本插件提供 16 个模拟信号输入通道。每个通道经二级阻容式低通滤波器输出到高速多通道的 A/D 转换器件，其原理框图如图 12.3 所示。

图中，FLASH 存储器为快闪存储器(也称为快速擦写存储器)，它对数据读写和存储的特点与并行 EEPROM 类似，但存储容量更大，可靠性更高。在微机保护测控装置中，它不仅可以用来存储程序和整定值，还可以存储需要保存的故障报告、事件报告、自检报告以及故障录波与负荷录波波形等。SRAM 存储器为静态 RAM 存储器，它的作用和一般的 RAM 相同，也是用以存储采集数据、计算过程的中间结果、判定结果和标志等，但可靠性等性能优于一般的 RAM。

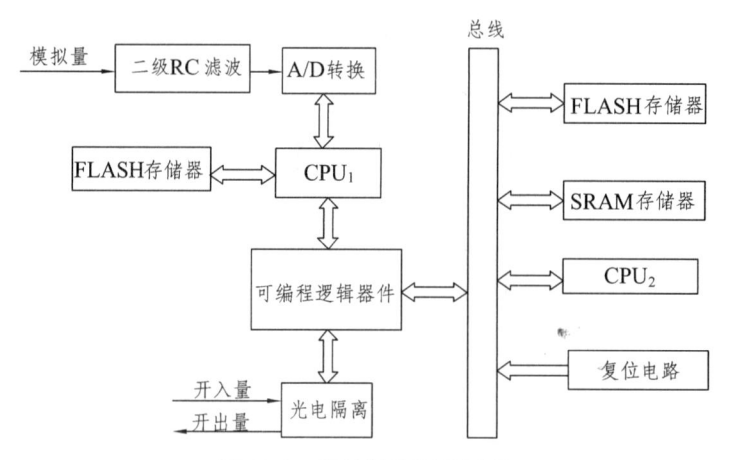

图 12.3 保护插件原理框图

3. 信号插件

该插件由若干个信号继电器组成，能输出告警信号和各种保护元件动作信号，供当地、中央信号、检测和远动使用。

4. 出口插件

该插件提供完整的断路器操作回路控制功能，如跳闸功能、合闸功能、防止跳跃功能等，并提供相应的触点信号，供当地、中央信号、远动和检测使用。

5. 接口插件和面板组件

接口插件通过串口与保护插件通信，实现装置内部数据交换；通过通信卡与监控机通信，实现保护装置的远方功能。接口插件与保护插件，采用查询方式通信。

接口插件和面板组件由 32 位 CPU、存储器、实时时钟等芯片组成。接口插件通过串口与试验仿真工具软件连接，实现试验仿真功能。原理框图如图 12.4 所示。

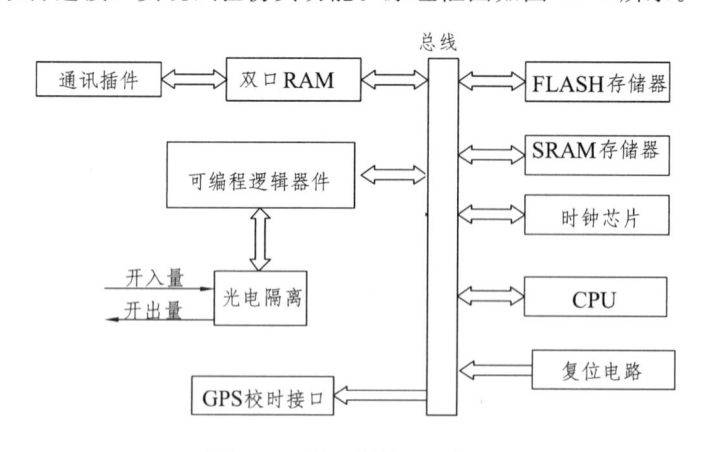

图 12.4 接口插件原理框图

在面板下部有 4 个指示灯，反映装置的当前运行状态，其意义分别如下所述：

运行灯：当装置正常运行时，该灯有规律地闪烁，表示装置正常运行。

通信灯：当装置通过通信卡与监控机通信时，该灯闪烁。
跳闸灯：当保护跳闸后，该灯亮；当装置复归后，该灯灭。
告警灯：当装置自检出现故障时，该灯亮，表示装置自检出错。

6．稳压电源

采用逆变开关电源，输入电压可选 DC220 V 或 DC110 V，输出电压分别为＋5 V（微机系统用），±15 V（数据采集系统用，也可用于通信系统），＋24 V（开关量输入/输出电路、继电器逻辑电源用）和＋12 V（通信网络用），具有输出失电告警功能。

二、装置的共同功能

装置的测量功能中召测部分以下叙述基本上是共同的。

自检报告：包括硬件自检（RAM、A/D、出口驱动等），软件自检（整定值校验、程序校验），通信自检。变压器微机保护装置还包括中间继电器误动、拒动。

事件报告：包括保护由于扰动启动但未出口的信息，装置"上电"复位信息，整定值修改。

故障报告：包括故障时间、故障类型、哪种保护元件动作、故障时的电气量（如电流、电压）等。

通信功能：通信接口采用插卡方式，具有多种网络结构可供选择，支持采用光纤冗余自愈双环网结构，可以满足不同类型的变电所对通信网络的需求；一个标准的 RS232 串口，用于通过便携机进行日常维护；一个标准的 RS485 GPS 校时接口。

三、装置的共同特点

装置特点中的下述内容基本上都是共同的：

32 位多 CPU 并行处理的系统结构；品质优异的 32 位 CPU 硬件平台，支撑完善的保护（或保护、测量与控制）功能；基于 ADSP（参阅文献[18]）技术的高精度数据采集系统；多层印制电路板布线技术和 SMT 表面贴装工艺，抗干扰能力强；对调度端、试验仿真工具软件完全透明化设计，便于实现远程诊断（动力变压器微机保护测控装置除外）；具有故障录波、负荷录波和网络通信等自动化功能；高采样率的故障录波，牵引网微机保护测控装置还有高精度的故障测距，便于故障查找和保护动作行为分析；高采样率的负荷录波，便于分析负荷状况；完善的事件记录，便于分析保护动作行为和装置的工作情况；传动试验，便于检查二次回路接线的正确性；系列中各装置相同功能的插件具有互换性；控制回路断线定位到每个对象，便于维修与维护；装置通信接口采用插卡方式，具有多种网络结构可供选择，支持采用光纤冗余自愈双环网结构，可以满足不同类型的变电所对通信网络的需求；支持 IEC60870-5-103 等通信规约；可存储 4～7 套保护整定值，40 次故障报告和故障录波；自动调整模入通道的增益和校正电压、电流互感器的相位差，提高测量精度；高标准的电磁兼容性能，可直接下放到开关设备；整定值可通过调度端，试验仿真工具软件在线整定；完善的自检功能，指示装置的工作状态；采用大屏幕彩色液晶（可选）显示，全汉化选单，操作方便；具有与 GPS 的一定格式的校时功能。

四、保护定值和说明

装置中关于保护定值和说明的以下叙述是共同的：

整定时，未使用的保护功能应设为退出；使用的保护功能设为投入，并对相应的动作值和时限进行整定。整定值包括用户整定参数和系统整定参数两部分(各装置不同，分别参阅各装置说明书)。

五、动作信息和说明

装置中关于动作信息和说明的以下叙述基本上是共同的：

在运行中当保护动作或报警时，信息上传至人机接口和当地监控系统，故障报告中的动作信息主要包括：故障类型，故障发生的时刻，故障发生时的电压、电流(牵引网保护测控装置还包括阻抗值和阻抗角)，故障发生前后电压、电流的波形和谐波分析数据。具体格式分别详见对应的《试验工具软件说明书》。

六、断路器失灵保护

牵引网、并联电容补偿和动力变压器微机保护测控装置设有断路器失灵保护。

当装置发出遥控合闸(牵引网微机保护测控装置还包括重合闸)命令后，若断路器在整定时间(断路器合闸动作时间)内未动作，则给出断路器失灵信号。

当装置发出跳闸命令(保护跳闸或遥控跳闸)后，若断路器在 0.5 s(保护跳闸)或整定断路器跳闸动作时间(遥控跳闸)内未动作，则给出断路器失灵信号，保护跳闸失灵时给出断路器失灵的事件报告。

当上述装置保护动作于跳闸而断路器失灵时，主变压器微机后备保护装置及其断路器作为远后备而动作跳闸，将故障电流切除。

第二节 主变压器微机主保护装置

主变压器微机主保护装置(以下简称装置)适用于电气化铁道牵引变电所单相联结、Vv 联结、YNd11 联结、平衡联结[包括阻抗匹配系数 $\lambda=1\sim(\sqrt{3}+1)$ 的所有情形]、Scott 联结、Vx联结以及 YNd11d1 联结等主变压器。

一、装置功能

1. 主要设计思想

(1) 主保护与后备保护分别由独立装置完成，提高工作可靠性。

(2) 软件设计适用于国内采用的任何联结的主变压器。

(3) 二次谐波闭锁的比率制动差动保护采用三折线比率制动特性，与采用两折线比率制动特性相比较，具有更高的灵敏度。

(4) 主变压器高压侧电流互感器的接线方式，可以是 Y 联结或△联结。

2. 保护功能

包括差动速断保护、二次谐波闭锁的比率差动保护、高压侧失压保护和高压侧电压互感器二次回路断线检测。

二次谐波闭锁的比率制动差动保护，还有五次谐波闭锁，用于高压侧电压为 330 kV 及以上的主变压器，在过励磁情况下，防止该差动保护误动作。

3. 召测功能

（1）实时电量：包括主变压器高压侧三相相间电压（幅值、相位）、高压侧三相相电流（幅值、相位）、低压侧非接地相相电流（幅值、相位）、反应在高压侧三相的差动电流（幅值）和制动电流（幅值）。

（2）故障录波量：包括主变压器高压侧三相相间电压、高压侧三相相电流、低压侧非接地相相电流。

4. 控制功能

包括装置复归。

5. 遥信功能

包括"当地"/"遥控"方式开关位置信号，保护动作（差动速断保护动作、比率差动保护动作、失压保护动作）信号，进线侧电压互感器二次回路断线信号，失压保护投入/退出信号，装置不良告警。

二、保护原理

1. 差动保护作用原理补充说明

差动保护的保护范围外部短路时的最大不平衡电流［参见式(6.6)］与此时的穿越电流有关，穿越电流越大，该不平衡电流也越大。具有比率制动特性的差动保护正是根据这个特点，在该保护中引入能够反应穿越电流大小的制动电流，于是差动保护动作电流不再是按躲过保护范围外部短路时的最大不平衡电流整定，而是可以减小差动保护动作电流整定值，因此能够提高差动保护的灵敏度。为了防止主变压器空载投入时产生的励磁涌流引起差动保护误动，具有比率制动特性的差动保护增加二次谐波闭锁判据。（参看第六章第七节）

但是，当保护范围内部发生短路时，暂态短路电流中也可能存在二次谐波。电流互感器铁芯饱和时，二次侧电流波形会发生畸变而产生大量谐波分量，其中包含二次谐波分量。电流互感器一次侧电流越大，铁芯饱和越严重，二次侧电流中谐波分量越大，其中包含的二次谐波分量也越大。如果这些二次谐波含量超过二次谐波制动系数整定值，则二次谐波闭锁的具有比率制动特性的差动保护也将被闭锁，一直等到短路电流衰减到一定程度后差动保护才能动作，这就相对地延长了动作时间，降低了速动性。因此，需要采用不带二次谐波闭锁的差动速断保护，以便在保护范围内部发生严重短路时，缩短动作时间，提高速动性，将短路故障迅速切除。

对于高压侧电压为 330 kV 及以上的主变压器，容易发生过励磁，会导致差动保护不平衡电流增大，而可能误动作。变压器过励磁时，过励磁电流含有较大的五次谐波，所以其二次谐波闭锁的比率制动差动保护还增设了五次谐波闭锁，以防止在变压器过励磁情况下误动作。

2. 差动保护原理方框图

(1) 差动速断保护原理框图。

三相差动速断保护原理框图如图12.5所示。其中，I_{difA}、I_{difB}、I_{difC}分别为主变压器A、B、C相的差动电流，I_{qb}为差动速断保护整定电流。

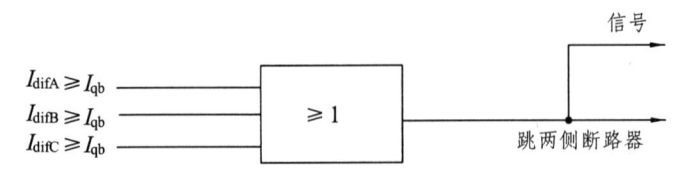

图12.5 差动速断保护原理框图

(2) 二次谐波闭锁的比率差动保护原理框图。

三相具有比率制动特性的差动保护原理框图如图12.6所示。为防止变压器空载投入时产生的励磁涌流引起误动，增加二次谐波闭锁判据。为防止高压侧电压为330 kV及以上的变压器过励磁电流引起误动，增加五次谐波闭锁判据。为防止电流互感器TA二次回路断线引起误动，增加TA二次回路断线(有的技术资料称为差流越限，后同)报警、闭锁判据；闭锁功能可根据具体情况和运行经验，利用控制字KG选择投入运行或不投入运行。图中，I_{difA}、I_{difB}、I_{difC}和I_{dif2A}、I_{dif2B}、I_{dif2C}以及I_{dif5A}、I_{dif5B}、I_{dif5C}分别为主变压器A、B、C相差动电流中的基波电流和二次谐波电流以及五次谐波电流；I_{TAA}、I_{TAB}、I_{TAC}分别为主变压器A、B、C相电流互感器二次回路断线报警、闭锁整定值；I_{1nA}、I_{1nB}、I_{1nC}分别为主变压器A、B、C相高压侧电流互感器二次回路额定电流；K为二次谐波制动系数，按各种励磁涌流情况下的最小二次谐波含量整定，其整定值一般为0.15～0.20；KG为控制字。

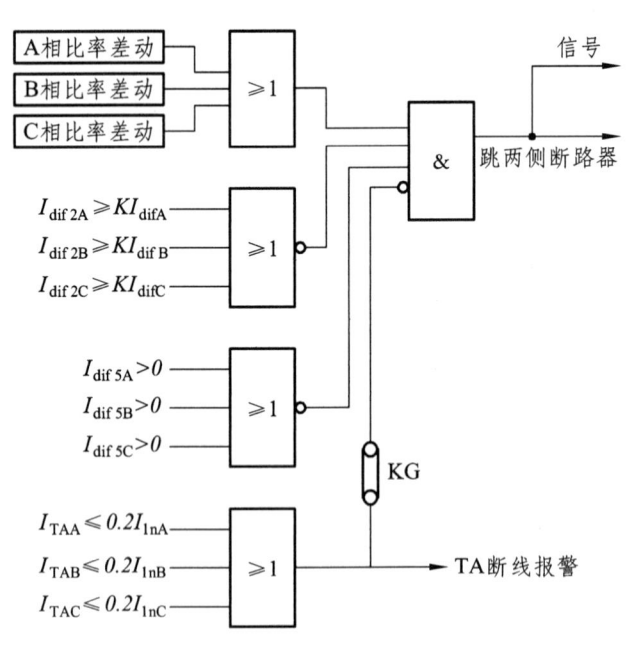

图12.6 二次谐波制动的比率差动保护原理框图

3. 差动保护接线方式和电流互感器二次回路电流平衡关系

（1）差动保护接线方式。

八种联结主变压器的差动保护接线方式，分别如图 12.7～图 12.14 所示。其中，图 12.7～图 12.10 适用于直接供电方式、带回流的直接供电方式，图 12.11～图 12.14 适用于 AT 供电方式。

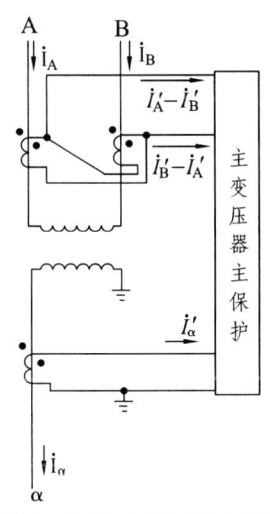

图 12.7 单相联结主变压器差动保护接线（一）

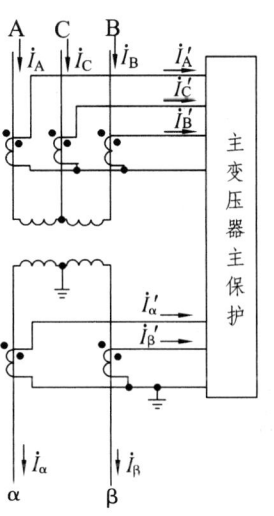

图 12.8 Vv 联结主变压器差动保护接线

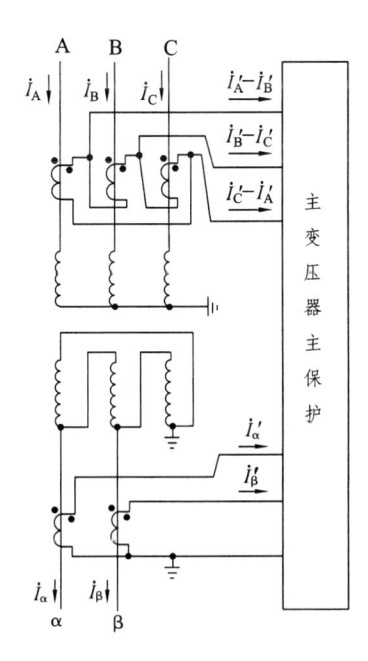

图 12.9 YNd11 联结主变压器差动保护接线

图 12.10 平衡联结主变压器差动保护接线

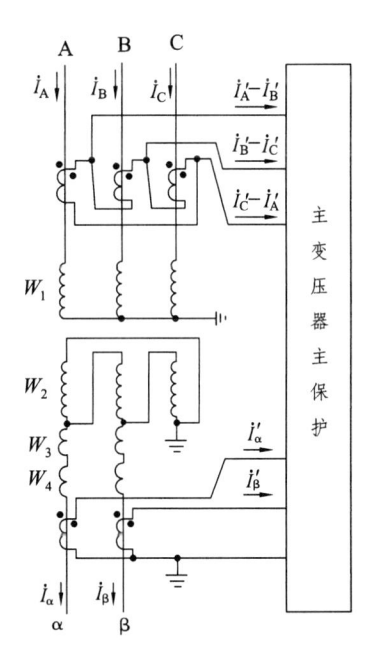

注：YN▽联结阻抗匹配平衡变压器($\lambda=\sqrt{3}+1$)没有图中所示的 W_4 线图。

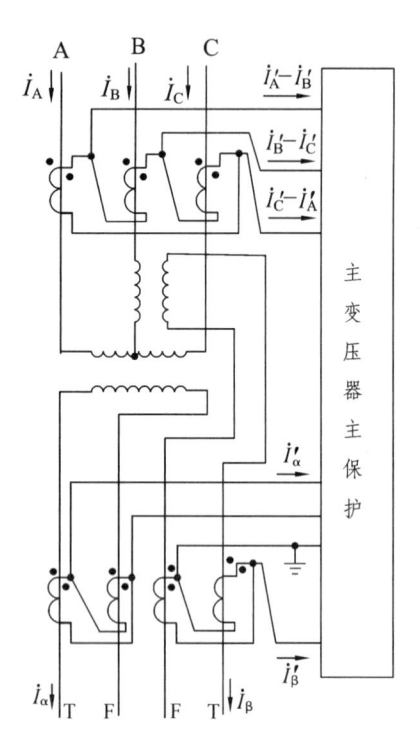

图 12.11 Scott 联结主变压器差动保护接线

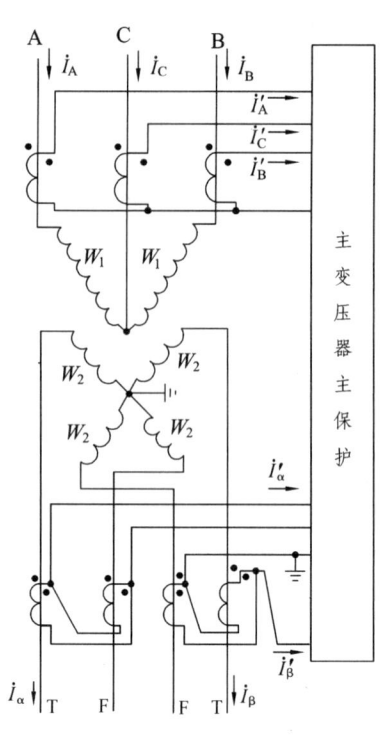

图 12.12 Vx 联结主变压器差动保护接线

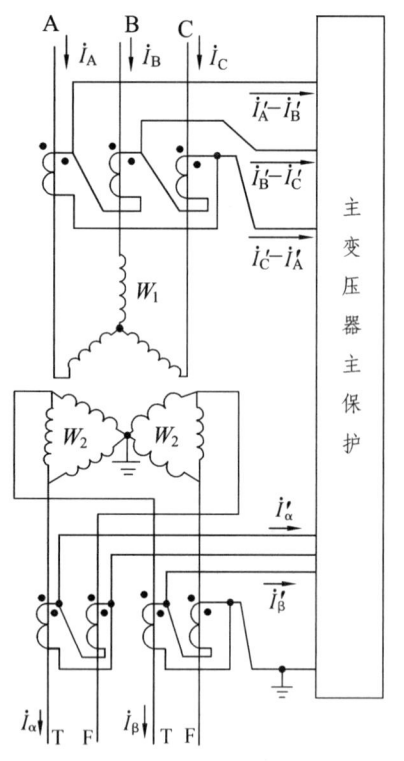

图 12.13 YNd11d1 联结主变压器差动保护接线

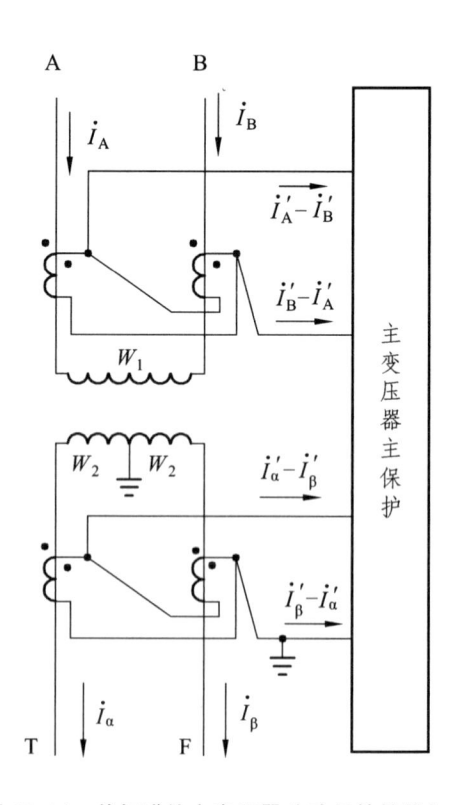

图 12.14 单相联结主变压器差动保护接线（二）

224

(2) 电流互感器二次回路电流平衡关系。

① 单相联结主变压器（一）（见图12.7）。

$$\begin{bmatrix} \dot{I}'_A - \dot{I}'_B \\ \dot{I}'_B - \dot{I}'_A \end{bmatrix} = \frac{1}{K_{bal}} \begin{bmatrix} 1 \\ -1 \end{bmatrix} [\dot{I}'_\alpha] \tag{12.1}$$

式中　K_{bal}——平衡系数，$K_{bal} = \dfrac{K_U n_1}{2 n_2}$；

其中　K_U——主变压器变压比；

n_1、n_2——主变压器高、低压侧的电流互感器电流比。

② Vv联结主变压器（见图12.8）。

$$\begin{bmatrix} \dot{I}'_A \\ \dot{I}'_B \\ \dot{I}'_C \end{bmatrix} = \frac{1}{K_{bal}} \begin{bmatrix} 1 & 0 \\ 0 & 1 \\ -1 & -1 \end{bmatrix} \begin{bmatrix} \dot{I}'_\alpha \\ \dot{I}'_\beta \end{bmatrix} \tag{12.2}$$

式中　$K_{bal} = \dfrac{K_U n_1}{n_2}$

③ YNd11联结主变压器（见图12.9）。

$$\begin{bmatrix} \dot{I}'_A - \dot{I}'_B \\ \dot{I}'_B - \dot{I}'_C \\ \dot{I}'_C - \dot{I}'_A \end{bmatrix} = \frac{1}{K_{bal}} \begin{bmatrix} 1 & 0 \\ 0 & 1 \\ -1 & -1 \end{bmatrix} \begin{bmatrix} \dot{I}'_\alpha \\ \dot{I}'_\beta \end{bmatrix} \tag{12.3}$$

式中　$K_{bal} = \dfrac{K_U n_1}{\sqrt{3}\, n_2}$

④ 平衡联结主变压器（见图12.10）。

包括YN▽联结平衡变压器（$1 < \lambda < \sqrt{3}+1$，λ为阻抗匹配系数）、YN▽联结阻抗匹配平衡变压器（$\lambda = \sqrt{3}+1$）和非阻抗匹配YN▽联结平衡变压器（$\lambda = 1$）。

$$\begin{bmatrix} \dot{I}'_A - \dot{I}'_B \\ \dot{I}'_B - \dot{I}'_C \\ \dot{I}'_C - \dot{I}'_A \end{bmatrix} = \frac{1}{K_{bal}} \begin{bmatrix} 1+\sqrt{3} & 1-\sqrt{3} \\ 1-\sqrt{3} & 1+\sqrt{3} \\ -2 & -2 \end{bmatrix} \begin{bmatrix} \dot{I}'_\alpha \\ \dot{I}'_\beta \end{bmatrix} \tag{12.4}$$

式中　$K_{bal} = \dfrac{\sqrt{2}\, K_U n_1}{n_2}$

⑤ Scott联结主变压器（见图12.11）。

$$\begin{bmatrix} \dot{I}'_A - \dot{I}'_B \\ \dot{I}'_B - \dot{I}'_C \\ \dot{I}'_C - \dot{I}'_A \end{bmatrix} = \frac{1}{K_{bal}} \begin{bmatrix} 1 & -\sqrt{3} \\ 1 & \sqrt{3} \\ -2 & 0 \end{bmatrix} \begin{bmatrix} \dot{I}'_\alpha \\ \dot{I}'_\beta \end{bmatrix} \tag{12.5}$$

式中 $$K_{bal}=\frac{2K_U n_1}{n_2}$$

⑥ Vx 联结主变压器(见图 12.12)。

$$\begin{bmatrix} \dot{I}'_A \\ \dot{I}'_B \\ \dot{I}'_C \end{bmatrix} = \frac{1}{K_{bal}} \begin{bmatrix} 1 & 0 \\ 0 & 1 \\ -1 & -1 \end{bmatrix} \begin{bmatrix} \dot{I}'_\alpha \\ \dot{I}'_\beta \end{bmatrix} \tag{12.6}$$

式中 $$K_{bal}=\frac{2K_U n_1}{n_2}$$

⑦ YNd11d1 联结主变压器(见图 12.13)。

$$\begin{bmatrix} \dot{I}'_A - \dot{I}'_B \\ \dot{I}'_B - \dot{I}'_C \\ \dot{I}'_C - \dot{I}'_A \end{bmatrix} = \frac{1}{K_{bal}} \begin{bmatrix} 1 & 0 \\ 0 & 1 \\ -1 & -1 \end{bmatrix} \begin{bmatrix} \dot{I}'_\alpha \\ \dot{I}'_\beta \end{bmatrix} \tag{12.7}$$

式中 $$K_{bal}=\frac{2K_U n_1}{\sqrt{3}\, n_2}$$

⑧ 单相联结主变压器(二)(见图 12.14)。

$$\begin{bmatrix} \dot{I}'_A - \dot{I}'_B \\ \dot{I}'_B - \dot{I}'_A \end{bmatrix} = \frac{1}{K_{bal}} \begin{bmatrix} 1 \\ -1 \end{bmatrix} \begin{bmatrix} \dot{I}'_\alpha \end{bmatrix} \tag{12.8}$$

式中 $$K_{bal}=\frac{K_U n_1}{2n_2}$$

式(12.1)~式(12.8)是根据各个对应的变压器一、二次电流关系式(参阅文献[17]第一章第二节)与差动保护接线方式图 12.7~图 12.14 标示,经过推导获得的。下面以 YNd11 联结主变压器差动保护电流互感器二次回路电流平衡关系为例,阐明其推导的步骤和方法。K_U、n_1、n_2、K_{bal} 各符号的含义同前。

第一步:写出(或推导出)主变压器高压侧(一次侧)进线输入电流与低压侧(二次侧)供电臂输出电流的关系。根据图 12.9,并参照文献[17],可写出

$$\begin{bmatrix} \dot{I}_A \\ \dot{I}_B \\ \dot{I}_C \end{bmatrix} = \frac{1}{\sqrt{3}\, K_U} \begin{bmatrix} 2 & 1 \\ -1 & 1 \\ -1 & -2 \end{bmatrix} \begin{bmatrix} \dot{I}_\alpha \\ \dot{I}_\beta \end{bmatrix} \tag{a}$$

第二步:求出主变压器高压侧电流互感器二次回路电流。根据图 12.9 和式(a)可得

$$\begin{bmatrix} \dot{I}'_A - \dot{I}'_B \\ \dot{I}'_B - \dot{I}'_C \\ \dot{I}'_C - \dot{I}'_A \end{bmatrix} = \frac{1}{\sqrt{3}\, K_U n_1} \begin{bmatrix} (2\dot{I}_\alpha + \dot{I}_\beta) - (-\dot{I}_\alpha + \dot{I}_\beta) \\ (-\dot{I}_\alpha + \dot{I}_\beta) - (-\dot{I}_\alpha - 2\dot{I}_\beta) \\ (-\dot{I}_\alpha - 2\dot{I}_\beta) - (2\dot{I}_\alpha + \dot{I}_\beta) \end{bmatrix} = \frac{\sqrt{3}}{K_U n_1} \begin{bmatrix} 1 & 0 \\ 0 & 1 \\ -1 & -1 \end{bmatrix} \begin{bmatrix} \dot{I}_\alpha \\ \dot{I}_\beta \end{bmatrix} \tag{b}$$

第三步：求出电流互感器二次回路电流平衡关系。根据分式的基本性质，式(b)第二个等号右边的分式中分子、分母都乘以 n_2，并注意 $\dfrac{\dot{I}_\alpha}{n_2}=\dot{I}'_\alpha$，$\dfrac{\dot{I}_\beta}{n_2}=\dot{I}'_\beta$，获得

$$\begin{bmatrix} \dot{I}'_A - \dot{I}'_B \\ \dot{I}'_B - \dot{I}'_C \\ \dot{I}'_C - \dot{I}'_A \end{bmatrix} = \frac{\sqrt{3}\,n_2}{K_U n_1 n_2} \begin{bmatrix} 1 & 0 \\ 0 & 1 \\ -1 & -1 \end{bmatrix} \begin{bmatrix} \dot{I}_\alpha \\ \dot{I}_\beta \end{bmatrix} = \frac{1}{K_{bal}} \begin{bmatrix} 1 & 0 \\ 0 & 1 \\ -1 & -1 \end{bmatrix} \begin{bmatrix} \dot{I}'_\alpha \\ \dot{I}'_\beta \end{bmatrix} \quad 这就是式(12.3)$$

式中　$K_{bal} = \dfrac{K_U n_1}{\sqrt{3}\,n_2}$

为了节省篇幅，式(12.1)、式(12.2)、式(12.4)～式(12.8)推导过程全都从略。

4. 差动电流 $\dot{I}_{dif}$ 和制动电流 $\dot{I}_{brk}$ 计算

差动电流就是电流平衡关系式等号两边之差绝对值。制动电流通常由主变压器各侧电流互感器二次回路电流综合而成，以简化整定计算和调试，常见的取值方法有多种。以采用较多的平均电流制动为例，制动电流就是电流平衡关系式等号两边之和绝对值的一半。设式(12.1)～式(12.8)各式等号右边的综合量分别为 $\dot{I}'_a$、$\dot{I}'_b$、$\dot{I}'_c$，则差动电流 $\dot{I}_{dif}$ 和制动电流 $\dot{I}_{brk}$ 分别按下式计算。

对于单相联结主变压器：
差动电流为

$$\left.\begin{aligned} \dot{I}_{difA} &= |\dot{I}'_{AB} - \dot{I}'_a| \\ \dot{I}_{difB} &= |\dot{I}'_{BA} - \dot{I}'_b| \end{aligned}\right\} \tag{12.9}$$

制动电流为

$$\left.\begin{aligned} \dot{I}_{brkA} &= 0.5\,|\dot{I}'_{AB} + \dot{I}'_a| \\ \dot{I}_{brkB} &= 0.5\,|\dot{I}'_{BA} + \dot{I}'_b| \end{aligned}\right\} \tag{12.10}$$

式(12.9)和式(12.10)中，$\dot{I}'_{AB} = \dot{I}'_A - \dot{I}'_B$，$\dot{I}'_{BA} = \dot{I}'_B - \dot{I}'_A$。

对于 Vv 联结和 Vx 联结主变压器：
差动电流为

$$\left.\begin{aligned} \dot{I}_{difA} &= |\dot{I}'_A - \dot{I}'_a| \\ \dot{I}_{difB} &= |\dot{I}'_B - \dot{I}'_b| \\ \dot{I}_{difC} &= |\dot{I}'_C - \dot{I}'_c| \end{aligned}\right\} \tag{12.11}$$

制动电流为

$$\left.\begin{array}{l}\dot{I}_{\text{brkA}}=0.5|\dot{I}'_{\text{A}}+\dot{I}'_{\text{a}}|\\ \dot{I}_{\text{brkB}}=0.5|\dot{I}'_{\text{B}}+\dot{I}'_{\text{b}}|\\ \dot{I}_{\text{brkC}}=0.5|\dot{I}'_{\text{C}}+\dot{I}'_{\text{c}}|\end{array}\right\} \quad (12.12)$$

对于YNd11联结、平衡联结、Scott联结和YNd11d1联结主变压器：
差动电流为

$$\left.\begin{array}{l}\dot{I}_{\text{difA}}=|\dot{I}'_{\text{AB}}-\dot{I}'_{\text{a}}|\\ \dot{I}_{\text{difB}}=|\dot{I}'_{\text{BC}}-\dot{I}'_{\text{b}}|\\ \dot{I}_{\text{difC}}=|\dot{I}'_{\text{CA}}-\dot{I}'_{\text{c}}|\end{array}\right\} \quad (12.13)$$

制动电流为

$$\left.\begin{array}{l}\dot{I}_{\text{brkA}}=0.5|\dot{I}'_{\text{AB}}+\dot{I}'_{\text{a}}|\\ \dot{I}_{\text{brkB}}=0.5|\dot{I}'_{\text{BC}}+\dot{I}'_{\text{b}}|\\ \dot{I}_{\text{brkC}}=0.5|\dot{I}'_{\text{CA}}+\dot{I}'_{\text{c}}|\end{array}\right\} \quad (12.14)$$

式(12.13)和式(12.14)中，$\dot{I}'_{\text{AB}}=\dot{I}'_{\text{A}}-\dot{I}'_{\text{B}}$，$\dot{I}'_{\text{BC}}=\dot{I}'_{\text{B}}-\dot{I}'_{\text{C}}$，$\dot{I}'_{\text{CA}}=\dot{I}'_{\text{C}}-\dot{I}'_{\text{A}}$。

5. 差动保护动作判据

（1）差动速断保护。
主变压器三相差动速断保护动作判据为

$$|\dot{I}_{\text{dif}}|\geqslant I_{\text{qb}} \quad (12.15)$$

式中 I_{qb}——差动速断保护整定电流，按躲过最大励磁涌流整定，一般按$7I_{\text{IN}}\sim 10I_{\text{IN}}$计算，其中$I_{\text{IN}}$为主变压器一次侧额定电流。

（2）二次谐波闭锁的比率差动保护。
三相具有比率制动特性的差动保护，比率制动特性曲线如图12.15所示，动作判据为

$$\left.\begin{array}{ll}I_{\text{dif}}\geqslant I_{\text{act}\cdot\text{min}} & (\text{当}I_{\text{brk}}\leqslant I_1\text{时；称为零段})\\ I_{\text{dif}}\geqslant I_{\text{act}\cdot\text{min}}+K_1(I_{\text{brk}}-I_1) & (\text{当}I_1<I_{\text{brk}}\leqslant I_2\text{时；称为Ⅰ段})\\ I_{\text{dif}}\geqslant I_{\text{act}\cdot\text{min}}+K_1(I_2-I_1)+K_2(I_{\text{brk}}-I_2) & (\text{当}I_{\text{brk}}>I_2\text{时；称为Ⅱ段})\end{array}\right\} \quad (12.16)$$

式中 I_{dif}——差动电流，根据具体的主变压器联结和差动保护接线方式分别按式(12.9)、式(12.11)或式(12.13)计算；

I_{brk}——制动电流，根据具体的主变压器联结和差动保护接线方式分别按式(12.10)、式(12.12)或式(12.14)计算；

$I_{\text{act}\cdot\text{min}}$——差动最小动作电流，一般按$0.5I_{\text{IN}}$整定；

I_1、I_2——Ⅰ、Ⅱ段最小制动电流（拐点电流），一般分别按$0.5I_{\text{IN}}$、$3I_{\text{IN}}$整定；

K_1、K_2——Ⅰ、Ⅱ段比率制动系数，一般K_1取$0.3\sim 0.5$，K_2取$0.5\sim 0.7$。

二次谐波闭锁判据为

$$\left.\begin{array}{l}I_{\text{dif2A}} \geqslant KI_{\text{difA}} \\ I_{\text{dif2B}} \geqslant KI_{\text{difB}} \\ I_{\text{dif2C}} \geqslant KI_{\text{difC}}\end{array}\right\} \quad (12.17)$$

五次谐波闭锁判据为

$$\left.\begin{array}{l}I_{\text{dif5A}} > 0 \\ I_{\text{dif5B}} > 0 \\ I_{\text{dif5C}} > 0\end{array}\right\} \quad (12.18)$$

电流互感器二次回路断线报警、闭锁判据为

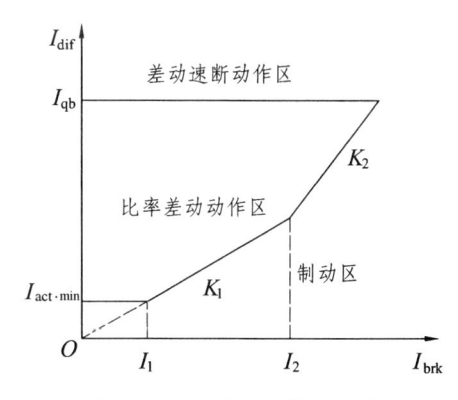

$$\left.\begin{array}{l}I_{\text{TAA}} \leqslant 0.2 I_{1nA} \\ I_{\text{TAB}} \leqslant 0.2 I_{1nB} \\ I_{\text{TAC}} \leqslant 0.2 I_{1nC}\end{array}\right\} \quad (12.19)$$

图 12.15 比率制动特性曲线

式(12.17)、式(12.18)、式(12.19)中，各符号含义参看图 12.6 的说明。

6. 高压侧失压保护

当装置检测到高压侧失压信号时，经过设定的延时发跳闸命令，以适应主变压器微机测控装置实现备用电源进线/备用主变压器自动投入功能的需要。

7. 高压侧电压互感器二次回路断线检测

如果装置设有的高压侧电压互感器二次回路断线监视控制字投入，当 U_{AB}、U_{BC}、U_{CA} 任一相电压低于整定值时，经过设定的延时，发出高压侧电压互感器二次回路断线信号。

三、保护算法和程序原理框图

主变压器微机主保护由于对响应速度要求较高，故多采用半周傅里叶算法。

程序分为主程序和中断服务程序，参见图 11.12 和图 11.13。

微机中的定时器每隔一定时间定期向 CPU 申请中断，CPU 响应中断后立即中断当前操作，进入中断服务程序。中断服务程序主要完成对时间、速度要求严格的各项任务，如数据采集、数据处理、保护运算、计时等。主程序主要完成诸如人机对话、自检、时间调整、键扫描和处理、显示器数据更新等对执行时间要求相对不严的任务。

微机保护的主要功能都在中断服务程序中完成，这样能保证各继电器有正确的动作特性和准确的动作时间；在中断服务程序中，首先将各寄存器的内容推入堆栈，然后进行计时和显示器扫描(图中未画出)；最后进行保护运算。

在微机成套保护中，各继电器都得经采样、滤波、运算、比较后决定是否动作，其动作有先后之分。因此，合理安排各继电器的运算次序可以提高成套保护的综合性能。

上述三段说明对后述各种微机保护都是适用的，因此后面无须赘述。

主变压器微机主保护故障处理程序模块如图 12.16 所示。为防止干扰或内部轻微故障时偶然计算误差等原因使保护复归，设置了一个外部故障复算次数，到达规定的外部故障复算

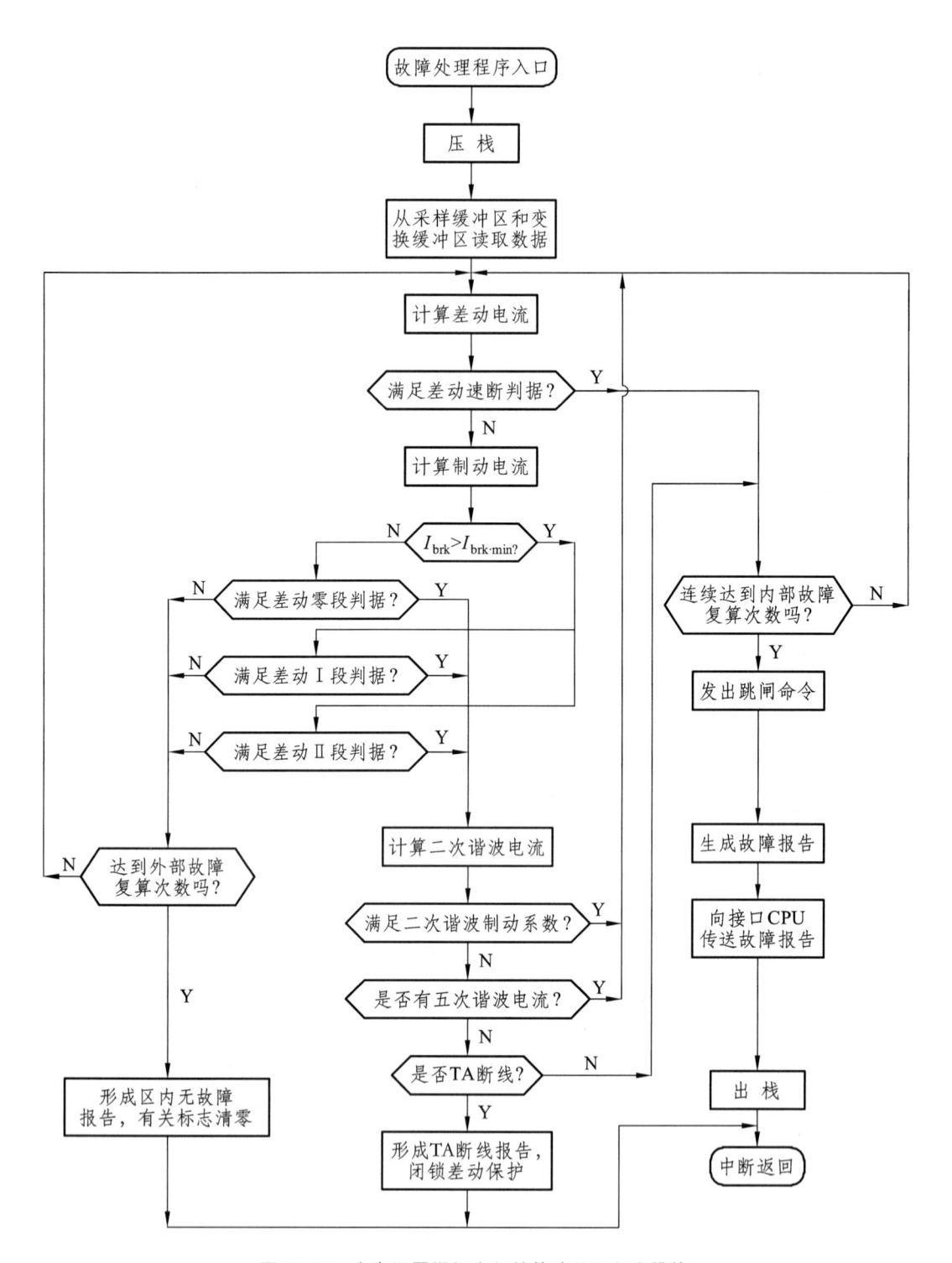

图 12.16　主变压器微机主保护故障处理程序模块

次数后即断定为外部故障。为防止因干扰和偶然计算误差而造成误出口，这里预先给定内部故障复算次数，只有当连续计算内部故障判断次数达到规定次数后才发跳闸命令。为防止电流互感器二次回路断线产生的差电流引起差动保护误动作,设置了TA断线,图中只画出了TA断线时闭锁差动保护。差动速断判据参见式(12.15);差动零段判据、差动Ⅰ段判据、差动Ⅱ段判据参见式(12.16)。

第三节 主变压器微机后备保护装置

主变压器微机后备保护装置(以下简称装置)是和主变压器微机主保护装置配套使用的,适用主变压器范围相同。

一、装置功能

1. 主要设计思想

(1) 主保护与后备保护分别由独立装置完成,以提高工作可靠性。
(2) 软件设计适用于国内采用的任何联结的主变压器。
(3) 非电量保护中的瓦斯保护纳入后备保护装置,保证主变压器内部故障时有独立的双重保护。
(4) 设置主变压器高压侧三相反时限过负荷保护。
(5) 设置主变压器反时限过励磁保护,以适应高压侧电压为 330 kV 及以上的主变压器过励磁状态的需要。

2. 保护功能

包括高压侧三相欠压启动过电流保护,低压侧 α 相、β 相欠压启动过电流保护,零序过电流保护,高压侧三相反时限过负荷保护,高压侧三相反时限过励磁保护,非电量保护,低压侧电压互感器回路断线检测。

3. 召测功能

(1) 实时电量:包括主变压器高压侧三相相电流(幅值)、低压侧非接地相相电流(幅值)和相电压(幅值)、零序电压 $3U_0$(幅值)、中性点零序电流 $3I_0$(幅值)。
(2) 故障录波量:包括的量除了与实时电量相同以外,还包括高压侧三相电压和电源频率。

4. 控制功能

包括装置复归。

5. 遥信功能

包括"当地"/"遥控"方式开关位置信号、主变压器油位降低信号、温度Ⅰ段信号、轻瓦斯信号、重瓦斯信号、温度Ⅱ段信号、压力释放信号、分接联锁信号、控制回路断线信号、低压侧电压互感器回路断线信号、装置不良告警，保护动作[高压侧三相欠压启动过电流保护动作，低压侧α相、β相欠压启动过电流保护一相或两相动作，零序过电流保护动作，反时限过负荷Ⅰ段（告警）保护动作，反时限过负荷Ⅱ段（跳闸）保护动作，反时限过励磁保护动作，非电量保护动作]信号。

二、保护原理

1. 保护原理方框图

（1）高压侧欠压启动过电流保护。

单相联结主变压器高压侧欠压启动过电流保护原理框图如图12.17所示。

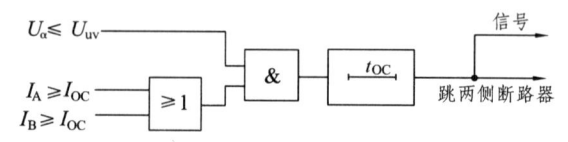

图 12.17　高压侧欠压启动过电流保护原理框图

YNd11联结、Vv联结、Scott联结、平衡联结、Vx联结和YNd11d1联结主变压器高压侧三相欠压启动过电流保护原理框图如图12.18所示。

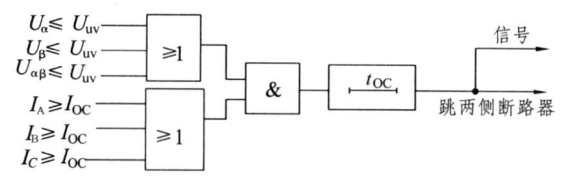

图 12.18　高压侧三相欠压启动过电流保护原理框图

（2）欠压启动的α相过电流保护。其原理框图如图12.19所示。

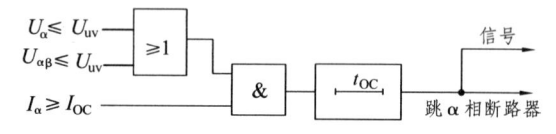

图 12.19　欠压启动的α相过电流保护原理框图

（3）欠压启动的β相过电流保护。其原理框图如图12.20所示。

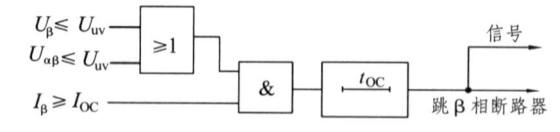

图 12.20　欠压启动的β相过电流保护原理框图

（4）零序过电流保护。其原理框图如图12.21所示。

图 12.21　零序过电流保护原理框图

图 12.17～图 12.21 中的动作时限 $t_{OC}(t_{0OC})$ 都参见表 6.1，该表中的接地保护就是零序过电流保护。其余各量值符号的含义分别参见式(12.20)～式(12.23)。

（5）反时限过负荷保护。其原理框图如图 12.22 所示。

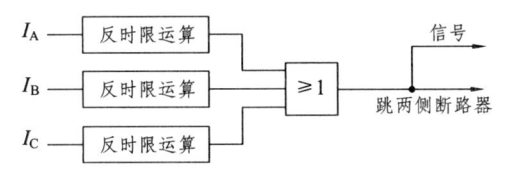

图 12.22　反时限过负荷保护原理框图

（6）反时限过励磁保护。其原理框图如图 12.23 所示。

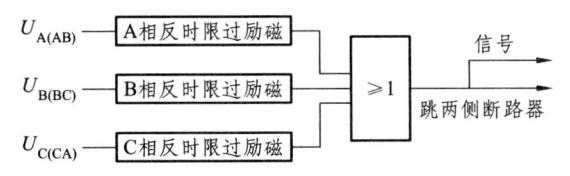

图 12.23　反时限过励磁保护原理框图

2．保护装置典型接线图

保护装置典型接线图如图 12.24 所示。

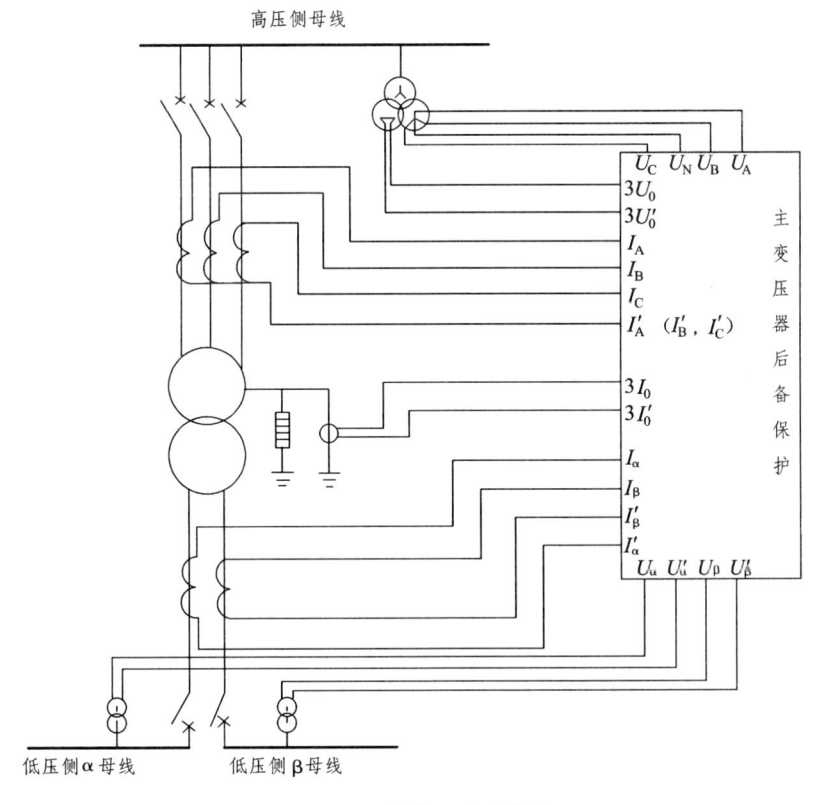

图 12.24　保护装置典型接线图

3. 保护整定原则

(1) 高压侧三相欠压启动过电流保护。

动作判据为

$$\left.\begin{array}{l} U_{\min}(U_\alpha, U_\beta, U_{\alpha\beta}) \leqslant U_{uv} \\ I \geqslant I_{OC} \end{array}\right\} \tag{12.20}$$

式中　$U_{\min}(U_\alpha, U_\beta, U_{\alpha\beta})$——低压侧 α 相，β 相，α、β 相间电压最小值；

　　　U_{uv}——欠电压整定值，参见式(2.18)；

　　　$I(I_A, I_B, I_C)$——高压侧 A 相、B 相、C 相电流；

　　　I_{OC}——高压侧过电流整定值，参见式(2.17)。

(2) 低压侧 α 相欠压启动过电流保护。

动作判据为

$$\left.\begin{array}{l} U_{\min}(U_\alpha, U_{\alpha\beta}) \leqslant U_{uv} \\ I_\alpha \geqslant I_{OC} \end{array}\right\} \tag{12.21}$$

式中　$U_{\min}(U_\alpha, U_{\alpha\beta})$——低压侧 α 相及 α、β 相间电压最小值；

　　　U_{uv}——欠电压整定值，参见式(2.18)；

　　　I_α——低压侧 α 相电流；

　　　I_{OC}——低压侧过电流整定值，参见式(2.17)。

(3) 低压侧 β 相欠压启动过电流保护。

动作判据为

$$\left.\begin{array}{l} U_{\min}(U_\beta, U_{\alpha\beta}) \leqslant U_{uv} \\ I_\beta \geqslant I_{OC} \end{array}\right\} \tag{12.22}$$

式中　$U_{\min}(U_\beta, U_{\alpha\beta})$——低压侧 β 相及 α、β 相间电压最小值；

　　　U_{uv}——欠电压整定值，参见式(2.18)；

　　　I_β——低压侧 β 相电流；

　　　I_{OC}——低压侧过电流整定值，参见式(2.17)。

图 12.18～图 12.20 和式(12.20)～式(12.22)中，引入 $U_{\alpha\beta}$ 的理由参见图 6.14 中设置 3KV 的理由，并结合主变压器的具体联结方式分析。

(4) 零序过电流保护。

动作判据为

$$3I_0 \geqslant I_{0OC} \tag{12.23}$$

式中　I_0——零序电流；

　　　I_{0OC}——零序过电流整定值，参见式(6.9)。

(5) 反时限过负荷保护。

装置中的反时限过负荷保护反应主变压器绕组的平均发热状况，防止变压器过热而受损坏。装置提供符合 IEC255-3 反时限特性的三种过负荷电流曲线：标准反时限特性、非常反时限特性和极端反时限特性。用户可根据实际需要，选择合适的反时限特性曲线。

标准反时限特性

$$t = \frac{0.14}{\left(\frac{I}{I_{\mathrm{OL}}}\right)^{0.02} - 1} \times \frac{T_{\mathrm{OL}}}{10} \quad (12.24)$$

非常反时限特性

$$t = \frac{13.5}{\frac{I}{I_{\mathrm{OL}}} - 1} \times \frac{T_{\mathrm{OL}}}{10} \quad (12.25)$$

极端反时限特性

$$t = \frac{80}{\left(\frac{I}{I_{\mathrm{OL}}}\right)^2 - 1} \times \frac{T_{\mathrm{OL}}}{10} \quad (12.26)$$

式中 t——反时限过负荷保护动作时限；
I——过负荷电流；
I_{OL}——过负荷电流门槛整定值；
T_{OL}——过负荷时间常数整定值。

(6) 反时限过励磁保护。

动作判据为

$$(n, t) \geqslant (n_{\mathrm{oe}}, t_{\mathrm{oe}}) \quad (12.27)$$

式中 n——变压器过励磁倍数实际值，参看式(6.21)；
t——变压器过励磁时间实际值，s；
(n, t)——变压器过励磁倍数和时间一组实际值；
n_{oe}——变压器过励磁倍数整定值；
t_{oe}——变压器过励磁时间整定值，s；
$(n_{\mathrm{oe}}, t_{\mathrm{oe}})$——变压器过励磁倍数和时间一组整定值。

参看第六章第八节第三部分第2项。

(7) 非电量保护。

非电量保护可实现主变压器重瓦斯、轻瓦斯、温度和油位等各种非电量信号的出口跳闸或信号指示功能。

(8) 低压侧电压互感器回路断线。

当α相断路器在合闸位置，而α相母线电压低于整定值时，延时发α相电压互感器回路断线信号。

当β相断路器在合闸位置，而β相母线电压低于整定值时，延时发β相电压互感器回路断线信号。

(9) 过电流辅助元件。

当控制字中"定值放大有效"投入时，检测到α相或β相电压互感器回路断线，则自动将高压侧三相过电流元件的电流整定值放大。当检测到α相(β相)电压互感器回路断线时，则自动将低压侧α相(β相)过电流元件的电流整定值放大。放大倍数由定值决定。

三、保护算法和程序原理框图

主变压器微机后备保护多采用半周积分算法或全周傅里叶算法。

主程序参见图 11.12，采样中断服务程序参见图 11.13；主变压器微机后备保护故障处理程序模块如图 12.25 所示，其中反时限过负荷保护和反时限过励磁保护只画出了动作后发信号。

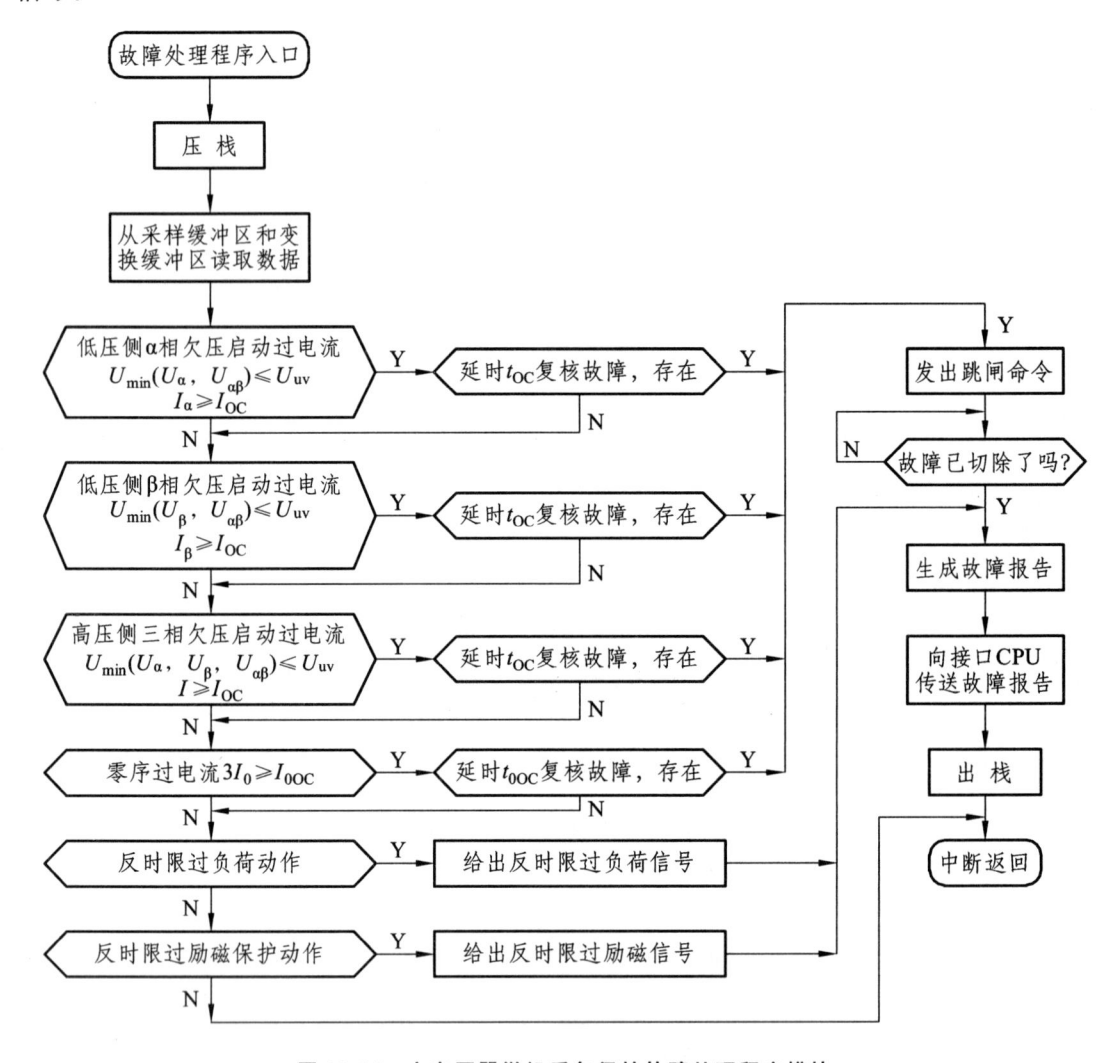

图 12.25　主变压器微机后备保护故障处理程序模块

第四节　牵引网微机保护测控装置

牵引网微机保护测控装置（以下简称装置）适用于电气化铁道直接供电方式、带回流线的直接供电方式和 AT 供电方式的牵引网，实现保护、测量、控制与故障测距功能。

一、装置功能

1. 主要设计思想

（1）采用一套装置负责一个断路器和相关隔离开关的保护、测量与控制的设计模式，增强使用灵活性和工作可靠性。

（2）采用自适应的三段距离保护，提高装置躲过牵引负荷的能力。

（3）采用自适应电流增量保护，保障在发生高阻接地故障、异相短路故障时保护可靠动作。

（4）采用瞬时性与永久性故障识别功能，减少重合于永久性故障对设备的冲击。

2. 保护功能

包括自适应三段距离保护，电流速断保护，过电流保护（欠电压启动过电流保护），自适应电流增量保护，一次自动重合闸，电压互感器回路断线检测以及开闭所使用的记忆电压元件、失压保护元件（用于进线保护）和进线自投元件（用于进线保护）。

3. 测量功能

（1）遥测量：包括母线电压、馈线电流（测量绕组）。

（2）召测量，具体如下：

① 负荷录波量：包括母线电压、馈线电流（测量绕组）。

② 实时电量：包括母线电压、馈线电流（保护绕组）、馈线电流（测量绕组）、负荷功率因数角、故障判别电压、故障判别电流。

③ 故障录波量：包括母线电压、馈线电流（保护绕组）。

④ 故障报告：包括故障时间、故障类型、哪种保护元件动作、故障时的电气量（如电流、电压）等；还包括故障方向（下行或上行）或故障线路、牵引网电抗和故障点距离等。

4. 控制功能

包括馈线断路器、电动隔离开关、故障识别负荷开关的控制，以及重合闸投入/退出、定值区切换、装置复归。

5. 遥信功能

包括"当地"/"遥控"方式开关位置信号，断路器位置信号，断路器手车位置信号，隔离开关位置信号，接地刀闸位置信号，故障识别负荷开关位置信号，重合闸投入/退出信号，故障识别熔断器触点信号，控制回路断线信号，断路器失灵信号，装置不良告警，保护动作信号（自适应距离保护Ⅰ段、自适应距离保护Ⅱ段、自适应距离保护Ⅲ段、电流速断保护、过电流保护、自适应电流增量保护）。

二、保护原理

1. 自适应三段距离保护

阻抗继电器动作特性如图 12.26 所示。图中，φ_1 为躲励磁涌流偏移角，可取 $80°\sim85°$；φ_2 为容性阻抗偏移角，可取 $-15°\sim-20°$；φ_{li} 为线路阻抗角，可取 $65°\sim70°$；R_{set}、X_{set} 分别为整定电阻、整定电抗；一般距离保护可参照第七章第五节、第六节对应内容整定计算；高阻接地距离保护则可参照第七章第二节第三部分 L 形特性阻抗继电器具有横长特性的 44FR 的整定方法整定计算。

(1) 测量阻抗计算。

$$\left. \begin{aligned} R &= \frac{U_s I_s + U_c I_c}{I_s^2 + I_c^2} \\ X &= \frac{U_c I_s - U_s I_c}{I_s^2 + I_c^2} \end{aligned} \right\} \quad (12.28)$$

式中　R、X——测量阻抗的电阻、电抗分量；
　　　U_s、U_c——基波电压正弦、余弦分量；
　　　I_s、I_c——基波电流正弦、余弦分量。

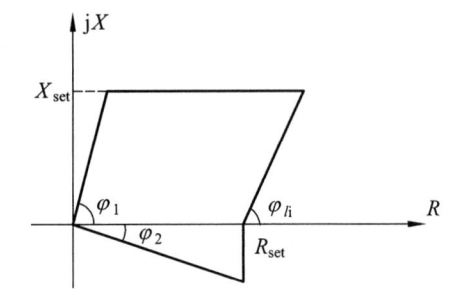

图 12.26　阻抗继电器动作特性

(2) 谐波抑制与闭锁。

① 谐波抑制(为适应使用交—直型电力机车牵引情况)：

$$\left. \begin{aligned} R_h &= (1 + K_h K_{\Sigma h}) R \\ X_h &= (1 + K_h K_{\Sigma h}) X \end{aligned} \right\} \quad (12.29)$$

式中　R_h、X_h——考虑谐波抑制后的电阻和电抗；
　　　K_h——谐波抑制加权系数；
　　　$K_{\Sigma h} = (I_2 + I_3 + I_5)/I_1$，其中 I_1、I_2、I_3、I_5 分别为基波、二次谐波、三次谐波、五次谐波电流分量。

② 谐波闭锁判据：

$$I_2/I_1 \geqslant K_{2brk} \quad (12.30)$$

式中　K_{2brk}——二次谐波制动系数，按电力机车变压器各种励磁涌流情况下的最小二次谐波含量整定，其整定值一般为 $0.15\sim0.20$。

(3) 动作特性实现。

$$\left. \begin{aligned} & [0 \leqslant R_h \leqslant R_{set}] \quad \text{与} \quad [-R_{set}\tan\varphi_2 \leqslant X_h \leqslant 0] \\ \text{或} \quad & [0 \leqslant X_h \leqslant X_{set}] \quad \text{与} \quad [X_{set}\cot\varphi_1 \leqslant R_h \leqslant (X_{set}\cot\varphi_{li} + R_{set})] \end{aligned} \right\} \quad (12.31)$$

(4) 电压互感器回路断线闭锁判据。

$$U \leqslant U_{set} \quad \text{与} \quad 0.04 I_N \leqslant I_1 \leqslant I_{set} \quad (12.32)$$

式中　U、I_1——馈线电压(二次值)、基波电流(二次值)；
　　　U_{set}、I_{set}——电压互感器回路断线整定值；
　　　I_N——电流互感器二次侧额定电流。

(5) 原理框图。

自适应Ⅰ段、Ⅱ段、Ⅲ段距离保护原理框图分别如图12.27(a)、(b)、(c)所示。

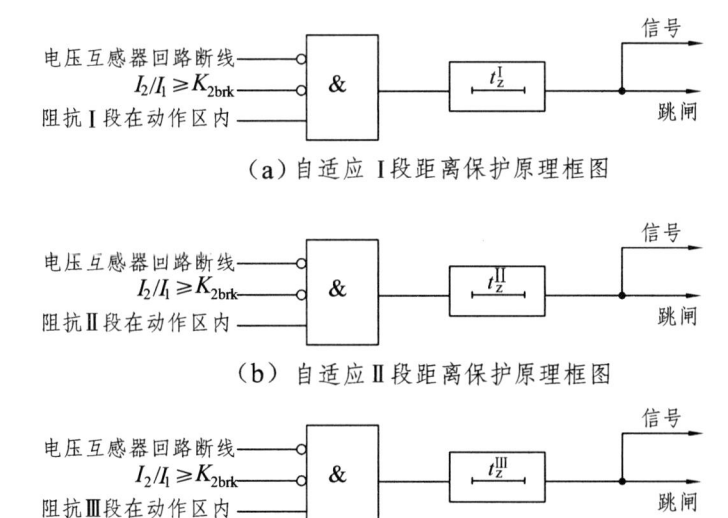

（a）自适应Ⅰ段距离保护原理框图

（b）自适应Ⅱ段距离保护原理框图

（c）自适应Ⅲ段距离保护原理框图

图 12.27 自适应三段距离保护原理框图

2. 电流速断保护

其原理框图如图 12.28 所示，I_1 为馈线电流基波分量；I_{qb} 为电流速断保护整定电流，动作时限为 t_{qb}，参照第七章第五节、第六节对应内容整定计算。

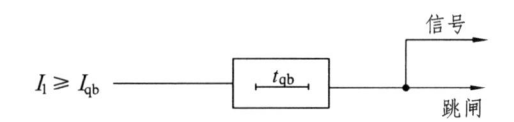

图 12.28 电流速断保护原理框图

3. 过电流保护（欠电压启动过电流保护）

其原理框图如图 12.29 所示，图中，I_{OC} 为过电流保护整定电流，动作时限为 t_{OC}；其余量值符号参见式(12.29)、式(12.30)。参照第七章第五节、第六节对应内容整定计算。

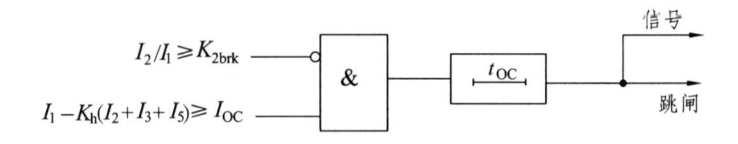

图 12.29 过电流保护原理框图

动作判据为

$$I_1 - K_h(I_2 + I_3 + I_5) \geqslant I_{OC} \tag{12.33}$$

二次谐波闭锁判据为

$$I_2/I_1 \geqslant K_{2\text{brk}} \quad [与式(12.30)相同]$$

装置具有欠电压启动功能。当牵引侧母线电压高于欠电压启动整定电压时,装置闭锁过电流保护。

4. 自适应电流增量保护

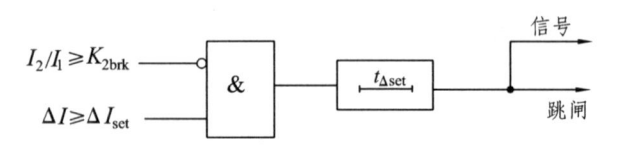

其原理框图如图 12.30 所示。

图 12.30 电流增量保护原理框图

动作判据为

$$\Delta I = I_1 - I_1' - K_h(I_2 + I_3 + I_5 - I_2' - I_3' - I_5') \geqslant \Delta I_{\text{set}} \tag{12.34}$$

二次谐波闭锁判据为

$$I_2/I_1 \geqslant K_{2\text{brk}} \quad [与式(12.30)相同]$$

式中　I_1、I_1'——当前和一周前馈线基波电流;

I_2、I_3、I_5 和 I_2'、I_3'、I_5'——当前和一周前馈线二次、三次、五次谐波电流。

ΔI_{set} 为电流增量保护整定电流,动作时限为 $t_{\Delta\text{set}}$,参照第七章第五节、第六节对应内容整定计算。

5. 一次自动重合闸

一次自动重合闸功能原理框图如图 12.31 所示。其中,t 为充电时间。

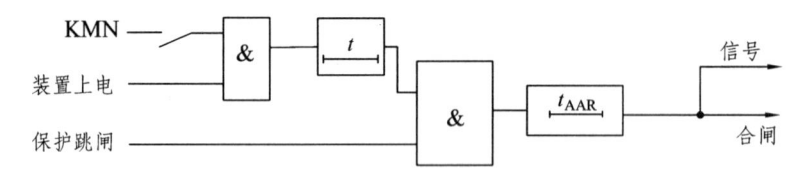

图 12.31 一次重合闸功能原理框图

当牵引网发生大电流短路时,装置具有大电流闭锁重合闸功能。当牵引网短路电流大于 2 倍电流速断保护整定电流时,闭锁自动重合闸。

6. 电压互感器回路断线检测

电压互感器回路断线检测功能原理框图如图 12.32 所示,图中判据已见于式(12.32)。

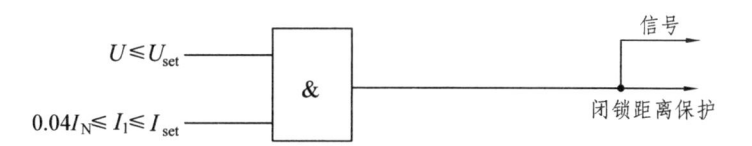

图 12.32　电压互感器回路断线检测功能原理框图

7. 记忆电压元件

当投入记忆电压元件，且记忆电压 $\dot{U}$ 与当前电流 $\dot{I}$ 形成的阻抗 Z 落在动作区内，即满足下式时，阻抗元件动作

$$|\arg Z - 75°| \leqslant 90° \tag{12.35}$$

式中，$Z=\dfrac{\dot{U}}{\dot{I}}$，$\arg Z$ 表示 Z 的幅角，$\arg Z$ 可在 $-15°\sim165°$ 范围内变化，即动作区为 $-15°\leqslant \arg Z\leqslant 165°$。

8. 失压保护元件（用于进线保护）

失压保护元件原理框图如图 12.33 所示。其中，U 为进线电压，I 为进线保护电流，I_N 为电流互感器二次侧额定电流，t_{lv} 为失压保护元件动作时限。

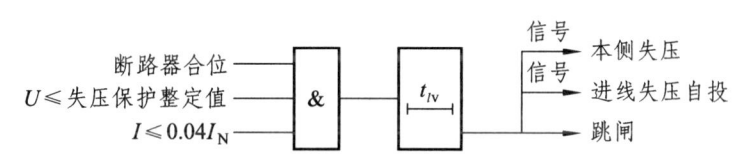

图 12.33　失压保护元件原理框图

9. 进线自投元件（用于进线保护）

进线自投元件原理框图如图 12.34 所示。其中，对侧失压信号为外部开入信号。

图 12.34　进线自投元件原理框图

进线有压判据：

当整定值中的"有压外启动"投入时，进线有压检测外部开入信号。

当整定值中的"有压外启动"退出时：

(1) 如果整定值中的"进线电压互感器在外侧"投入，不合进线隔离开关，检测进线电压大于有压整定值，则判为进线有压；

(2) 如果整定值中的"进线电压互感器在外侧"退出,先合进线隔离开关,再检测进线电压大于有压整定值,则判为进线有压。

10. 定值切换功能

牵引网微机保护测控装置有 7 个定值区,可存储 7 套不同的整定值,定值区切换有手工和自动两种方式。

(1) 手工切换功能。

将当前运行整定值区中的"定值切换方式"整定为"手工方式"时,用户可以通过后台、试验工具软件(或液晶界面)中的定值区切换功能实现定值区的切换。

(2) 自动切换功能。

自动切换功能仅适用于备用断路器,装置根据隔离开关的位置信号自动切换定值区。

三、故障测距原理

参见第八章第一节式(8.1)、第二节直接供电方式牵引网故障测距原理式(8.2)、式(8.3)等和第三节 AT 供电系统牵引网故障测距原理。

四、装置典型接线

牵引网保护测控装置典型接线如图 12.35 所示,其中图 12.35(a)适用于直接供电方式、带回流线的直接供电方式,图 12.35(b)适用于 AT 供电方式。

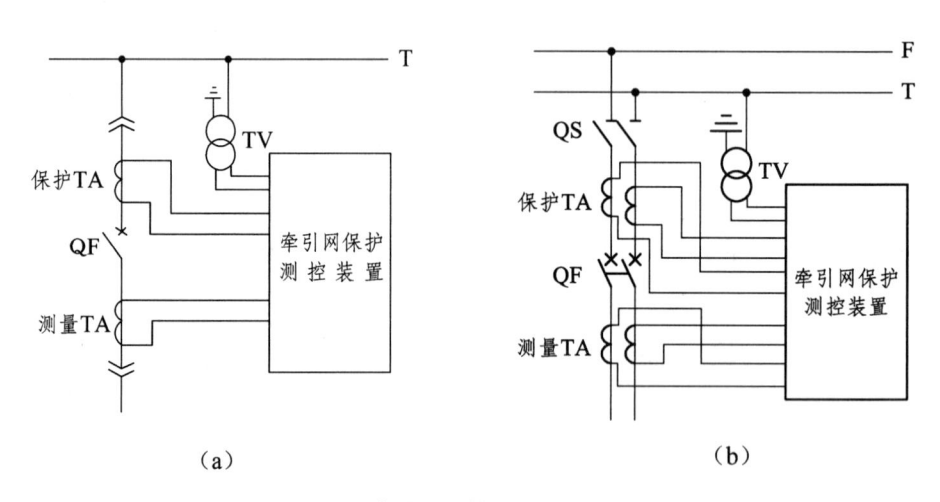

图 12.35 牵引网保护测控装置典型接线

五、保护算法和程序原理框图

在使用交—直型电力机车牵引的情况下,牵引网微机保护由于受谐波的影响较大,故多采用带差分滤波的全周傅里叶算法，或采用微分方程算法。

主程序参见图 11.12，采样中断服务程序参见图 11.13；牵引网微机保护故障处理程序模块如图 12.36 所示（以牵引变电所牵引馈电线装设的保护为例）。

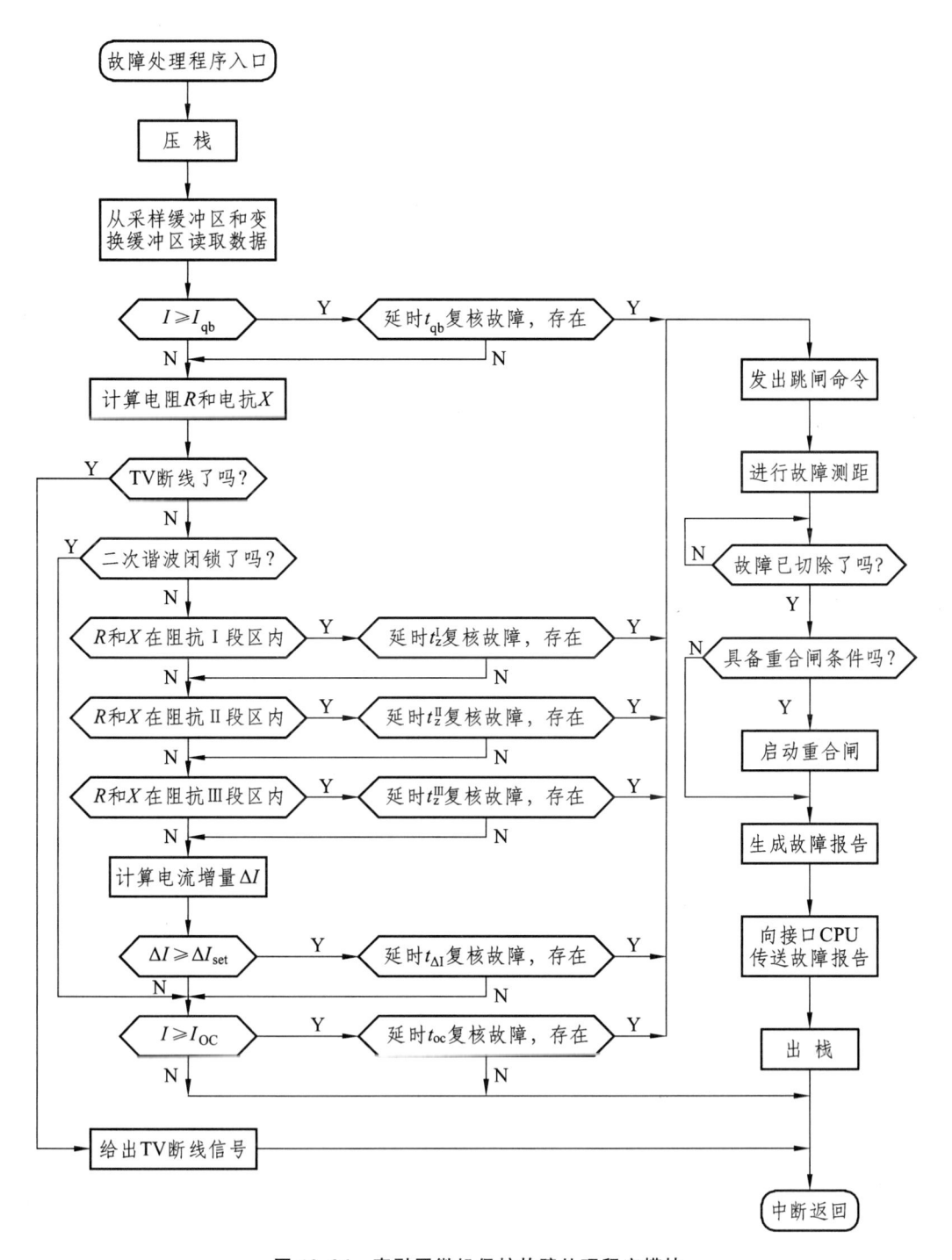

图 12.36 牵引网微机保护故障处理程序模块

第五节　并联电容补偿微机保护测控装置

并联电容补偿微机保护测控装置(以下简称装置)适用于电气化铁道牵引供电系统,既可作为固定投入并联电容补偿的保护、测量与控制装置,也可作为多分支并联电容补偿的保护、测量与控制装置。

一、装置功能

1. 主要设计思想

(1) 采用自适应保护原理,克服多分支并补装置投退对保护灵敏度的影响。

(2) 采用软件自动调零技术,克服抽取差动电压的放电线圈一次侧与二次侧电压比差异对保护动作行为的影响。

2. 保护功能

包括电流速断保护、过电流保护、谐波过电流保护、差电流保护、差电压保护/电压平衡保护(AT)、电抗器保护、过电压保护、失电压保护和非电量保护。

3. 测量功能

(1) 遥测量：包括并联电容补偿支路总电流(测量绕组)。

(2) 召测量,具体如下：

① 负荷录波量：包括母线电压、并联电容补偿支路总电流(测量绕组)。

② 实时电量：包括母线电压、并联电容补偿支路总电流(保护绕组)、并联电容补偿支路总电流(测量绕组)、各支路差电压、各支路差电流。

③ 故障录波量：包括母线电压、并联电容补偿支路总电流(保护绕组)。

4. 控制功能

包括并联电容补偿支路断路器的控制及装置复归。

5. 遥信功能

包括"当地"/"遥控"方式开关位置信号,断路器位置信号,断路器手车位置信号,隔离开关位置信号,控制回路断线信号,断路器失灵信号,装置不良告警,非电量信号(轻瓦斯、电容器过热、动补变压器过热、动补分闸等),保护动作信号[电流速断保护、过电流保护、谐波过电流保护、差电流保护、差电压保护/电压平衡保护(AT)、电抗器保护、过电压保护、失电压保护和非电量保护]。

二、保护原理

1. 固定投入并补装置的保护

设置各种保护的作用和目的参见第九章第一节,那里已提及的此处不赘述。

(1) 电流速断保护。

原理框图见图 12.37，动作判据为 $I_1 \geqslant I_{qb}$。其中，I_1 为并补支路总电流基波分量；I_{qb} 为电流速断保护整定电流，参见式(9.1)；t_{qb} 为电流速断保护动作时限，为 0 s。

$$I_1 \geqslant I_{qb} \longrightarrow \boxed{t_{qb}} \longrightarrow \begin{array}{l}\text{信号}\\\text{跳闸}\end{array}$$

图 12.37　电流速断保护原理框图

(2) 过电流保护。

原理框图见图 12.38，动作判据为 $I_1 \geqslant I_{oc}$。其中，I_1 为并补支路总电流基波分量；I_{oc} 为过电流保护整定电流，参见式(9.4)；t_{oc} 为过电流保护动作时限，一般为 0.5～1 s。

$$I_1 \geqslant I_{oc} \longrightarrow \boxed{t_{oc}} \longrightarrow \begin{array}{l}\text{信号}\\\text{跳闸}\end{array}$$

图 12.38　过电流保护原理框图

(3) 谐波过电流保护。

原理框图见图 12.39，动作判据为 $I_{3eq} \geqslant I_{hoc}$。其中，$I_{3eq}$ 为并补支路等价三次谐波电流，参见第九章第一节第三部分；I_{hoc} 为谐波过电流保护整定电流，参见式(9.5)；t_{hoc} 为谐波过电流保护动作时限，一般为 120 s。

$$I_{3eq} \geqslant I_{hoc} \longrightarrow \boxed{t_{hoc}} \longrightarrow \begin{array}{l}\text{信号}\\\text{跳闸}\end{array}$$

图 12.39　谐波过电流保护原理框图

(4) 差电流保护。

原理框图见图 12.40，动作判据为 $I_{dif} \geqslant I_{act}$。其中，$I_{dif}$ 为并补支路差电流基波分量；I_{act} 为差电流保护整定电流，参见式(9.6)；$t_{\Delta I}$ 为差电流保护动作时限，一般为 0.2～0.5 s。

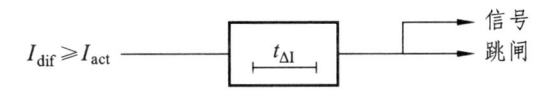

$$I_{dif} \geqslant I_{act} \longrightarrow \boxed{t_{\Delta I}} \longrightarrow \begin{array}{l}\text{信号}\\\text{跳闸}\end{array}$$

图 12.40　差电流保护原理框图

(5) 差电压保护。

原理框图见图 12.41，动作判据为 $U_{dif} \geqslant U_{act}$。其中，$U_{dif}$ 为并补装置两半组（串联）电容器之差电压基波分量，参见式(9.8)、式(9.11)、式(9.14)、式(9.15)和各式的适用情形；U_{act} 为差电压保护整定电压，参见式(9.7)；$t_{\Delta U}$ 为差电压保护动作时限，一般为 0.2～0.5 s。

$$U_{dif} \geqslant U_{act} \longrightarrow \boxed{t_{\Delta U}} \longrightarrow \begin{array}{l}\text{信号}\\\text{跳闸}\end{array}$$

图 12.41　差电压保护原理框图

(6) 过电压保护。

原理框图见图 12.42，动作判据为 $U_w \geqslant U_{ov}$。其中，U_w 为牵引侧母线电压基波分量；U_{ov} 为过电压保护整定电压，参见式(9.16)；t_{ov} 为过电压保护动作时限，一般为 1～5 s。

$$U_\mathrm{w} \geqslant U_\mathrm{ov} \longrightarrow \boxed{t_\mathrm{ov}} \longrightarrow \begin{array}{l}\text{信号}\\ \text{跳闸}\end{array}$$

图 12.42　过电压保护原理框图

(7) 失电压保护。

原理框图见图 12.43，动作判据为 $U_\mathrm{w} \leqslant U_{lv}$。其中，$U_\mathrm{w}$ 为牵引侧母线电压基波分量；U_{lv} 为失电压保护整定电压，参见式(9.17)；t_{lv} 为失电压保护动作时限，一般为 0.5～1 s。失电压保护要检主变压器二次侧断路器合位。

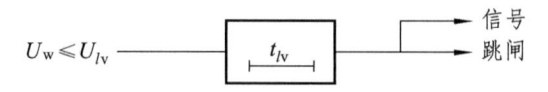

$$U_\mathrm{w} \leqslant U_{lv} \longrightarrow \boxed{t_{lv}} \longrightarrow \begin{array}{l}\text{信号}\\ \text{跳闸}\end{array}$$

图 12.43　失电压保护原理框图

(8) 电抗器保护。

电抗器保护用于电容器组串联电抗器匝间短路保护，原理框图见图 12.44，动作判据为 $\left|\dfrac{U_\mathrm{c}}{U_\mathrm{w}} - \text{定值}_1\right| > \text{定值}_2$。其中，$U_\mathrm{w}$ 为牵引侧母线电压基波分量；U_c 为电容器组电压基波分量；定值$_1$ 为电容器组与电抗器电压模值比定值；定值$_2$ 为大于符号左边两项电压模值比允许偏移率定值；t_L 为电抗器保护动作时限，为 0 s。

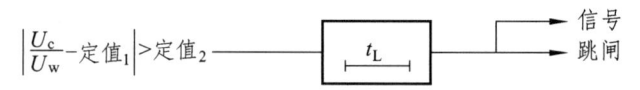

$$\left|\dfrac{U_\mathrm{c}}{U_\mathrm{w}} - \text{定值}_1\right| > \text{定值}_2 \longrightarrow \boxed{t_\mathrm{L}} \longrightarrow \begin{array}{l}\text{信号}\\ \text{跳闸}\end{array}$$

图 12.44　电抗器保护原理框图

(9) 非电量保护。

其中重瓦斯、电抗器过热、压力释放保护动作于跳闸，轻瓦斯、电容器过热、动补变压器过热、动补分闸等动作于信号。

2. 多分支并补装置的保护

一套并补保护测控装置可以实现同一母线上最多 3 个并补分支的保护。在实际运行中，当自适应保护投入时，装置能实时探知各并补分支是处于投入状态还是退出状态，并据此自动调整相应保护元件的整定值，以提高保护动作的灵敏度。

三、装置典型接线

并补保护测控装置典型接线如图 12.45 所示(AT 供电方式除外)。

四、保护算法和程序原理框图

并补微机保护采用带数字差分滤波的半周积分算法和傅里叶算法。

主程序参见图 11.12，采样中断服务程序参见图 11.13；并补微机保护故障处理程序模块如图 12.46 所示。

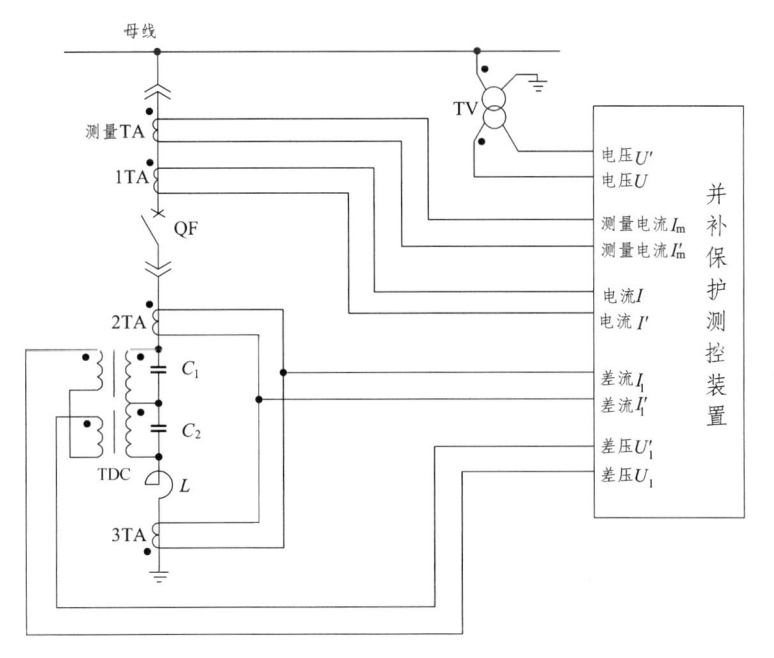

图 12.45　并补保护测控装置典型接线(AT 供电方式除外)

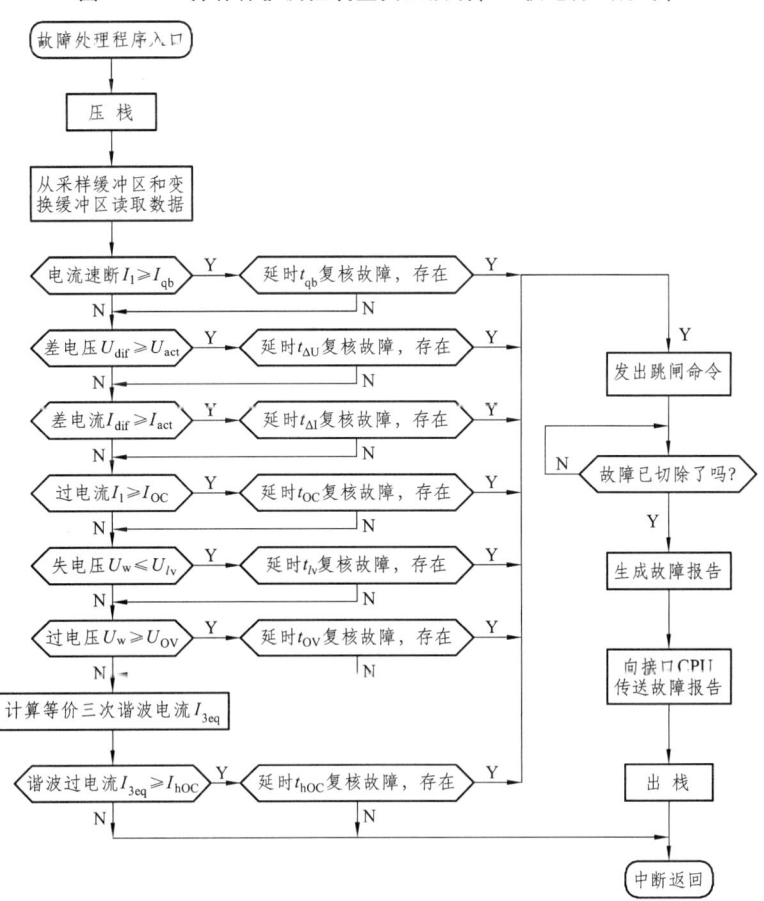

图 12.46　并补微机保护故障处理程序模块

第六节　动力变压器微机保护测控装置

动力变压器微机保护测控装置(以下简称装置)适用于电气化铁道牵引变电所动力变压器的保护、测量与控制。

一、装置功能

1. 保护功能

包括电流速断保护、过电流保护、失电压保护(缺相保护)、反时限过负荷保护与非电量保护。

2. 测量功能

(1) 遥测量：包括高压侧 α 相电流、β 相电流。
(2) 召测量，具体如下：
① 负荷录波量：包括高压侧 α 相母线电压、β 相母线电压、α 相电流(测量绕组)、β 相电流(测量绕组)。
② 实时电量：包括高压侧 α 相母线电压、β 相母线电压、α 相电流(保护绕组)、α 相电流(测量绕组)、β 相电流(保护绕组)、β 相电流(测量绕组)。
③ 故障录波量：包括高压侧 α 相母线电压、β 相母线电压、α 相电流(保护绕组)、β 相电流(保护绕组)。

3. 控制功能

包括高压侧断路器控制、装置复归。

4. 遥信功能

包括"当地"/"遥控"方式开关位置信号，高压侧断路器位置信号，断路器手车位置信号，断路器控制回路断线信号，断路器失灵信号，保护动作信号(电流速断保护动作、过电流保护动作、失压保护动作、反时限过负荷保护动作、重瓦斯保护动作、轻瓦斯保护动作)，装置不良告警。

二、保护原理

1. 保护原理框图

(1) 电流速断保护。
原理框图如图 12.47 所示。
(2) 过电流保护。
原理框图如图 12.48 所示。

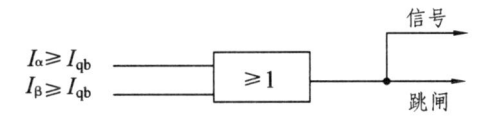

图 12.47 电流速断保护原理框图

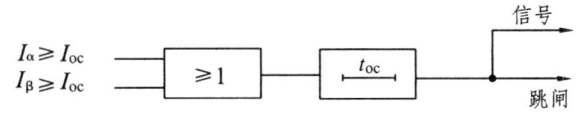

图 12.48 过电流保护原理框图

（3）反时限过负荷保护。

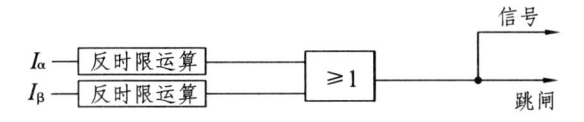

原理框图如图 12.49 所示。

图 12.49 反时限过负荷保护原理框图

（4）失电压保护。

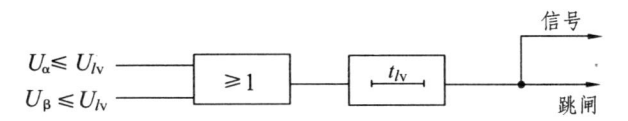

原理框图如图 12.50 所示。

图 12.50 失电压保护原理框图

2．整定原则

（1）电流速断保护。

动作判据为

$$I \geqslant I_{qb} \tag{12.36}$$

式中　I——高压侧 α 相、β 相电流；

　　　I_{qb}——电流速断保护整定电流，参见表 6.2。

（2）过电流保护。

动作判据为

$$I \geqslant I_{oc} \tag{12.37}$$

式中　I——高压侧 α 相、β 相电流；

　　　I_{oc}——过电流保护整定电流，参见表 6.2。

动作时限：0.7 s。

（3）反时限过负荷保护。

装置中的反时限过负荷保护反应变压器绕组的平均发热状况，防止变压器过热而受损坏。装置提供符合 IEC255-3 反时限特性的三种过负荷电流曲线：一般反时限特性、甚反时限特性和极度反时限特性，分别见式(12.24)、式(12.25)和式(12.26)。用户可根据实际需要，选择合适的反时限特性曲线。

（4）失电压保护。

当动力变压器高压侧断路器在合闸位置，α相、β相任何一相电压低于整定值 U_{lv}[参照式(9.17)整定计算]时，失电压保护元件经过时限 t_{lv}（一般为 0.5～1 s）动作出口，使断路器跳闸。

（5）非电量保护。

装置中设有非电量保护，可实现变压器重瓦斯、轻瓦斯等非电量信号的出口跳闸或信号指示功能。

三、装置典型接线

动力变压器保护测控装置典型接线如图 12.51 所示。

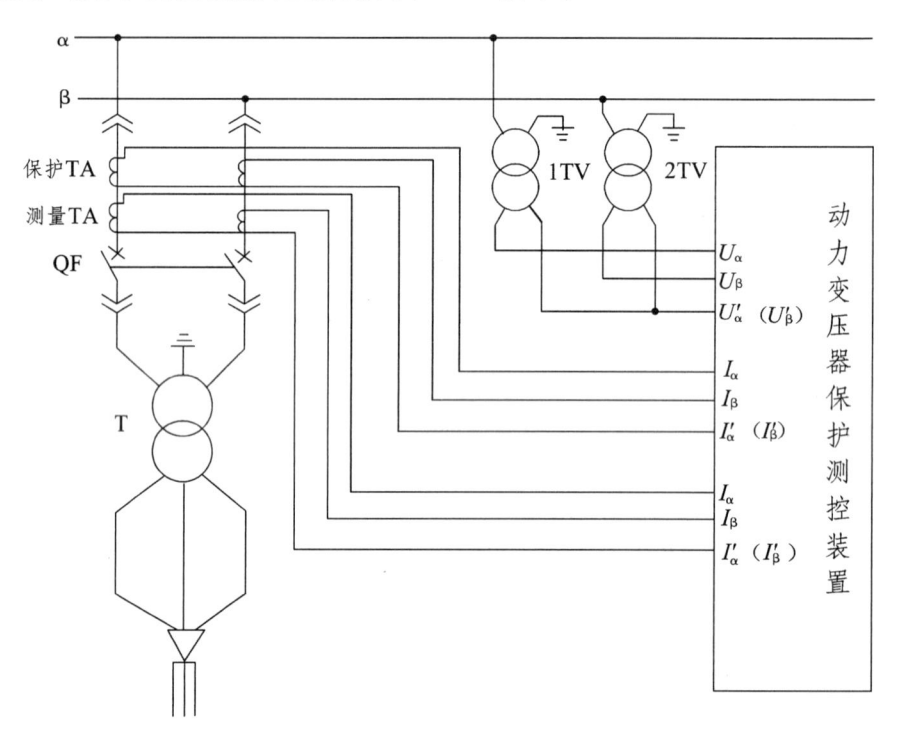

图 12.51 动力变压器保护测控装置典型接线

四、保护算法和程序原理框图

动力变压器微机保护可采用半周积分算法。

主程序参见图 11.12，采样中断服务程序参见图 11.13；动力变压器微机保护故障处理程序模块如图 12.52 所示，其中反时限过负荷保护只画出了动作后发信号。

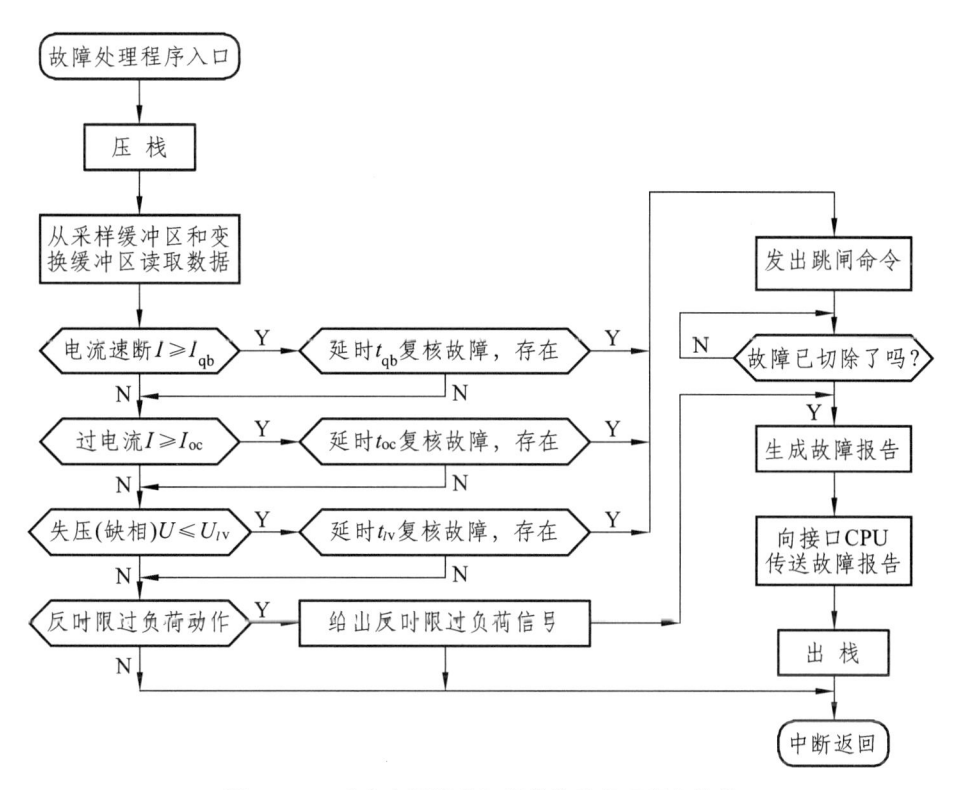

图 12.52 动力变压器微机保护故障处理程序模块

第七节 主变压器微机测控装置

主变压器微机测控装置(以下简称装置)是由高性能微机实现的成套测量与控制装置,适用于电气化铁道牵引变电所主变压器高、低压侧电气量的测量、开关的控制和状态监测,可以实现高压侧有跨条隔离开关和无跨条隔离开关牵引变电所备用电源进线/备用主变压器的自动投入。它与系列中各装置共同的功能和特点参见本章第一节。下面简单介绍本装置的不同功能、结构和硬件以及备用自投功能说明。

一、装置功能

装置以 32 位高性能、高可靠性微处理器 CPU 为硬件核心,通过各种软、硬件优化措施,达到高标准的电磁兼容性,能满足不同运行环境的现场需要。其具体功能简介如下。

1. 测量功能

包括高压侧三相相间电压、三相电流,低压侧 α 相、β 相电压,α 相、β 相电流,地回流,轨回流,主变压器绕组温度,绝缘油温度,有功功率,无功功率,功率因数,有功电能,无功电能,系统频率。

2. 控制功能

包括高、低压侧断路器和电动隔离开关控制功能，备用电源进线/备用主变压器自动投入（以下简称备用自投或自投）功能。

3. 状态量采集

包括相关断路器、隔离开关位置信号，监视断路器、主变压器工作状态的信号，备用自投动作信号，装置工作状态信号。

4. 辅助功能

包括负荷录波、谐波分析、事件报告和自检报告。

二、结构和硬件

装置硬件采用整体面板和模块插件式结构，安装于插件组合式机箱内，插拔机构采用杠杆原理，具有方便省力、锁紧可靠等特点。机箱安装采用嵌入式安装方式，接线采用箱后接线方式，插件间连线采用印制板连线方式。

装置由交流变换插件（J1、J2）、自投插件（J3）、测控插件（J4）、信号插件（J5、J6）、传感器插件（J7）、接口插件（J8）和电源插件（J9）组成，装置的硬件结构如图12.53所示。

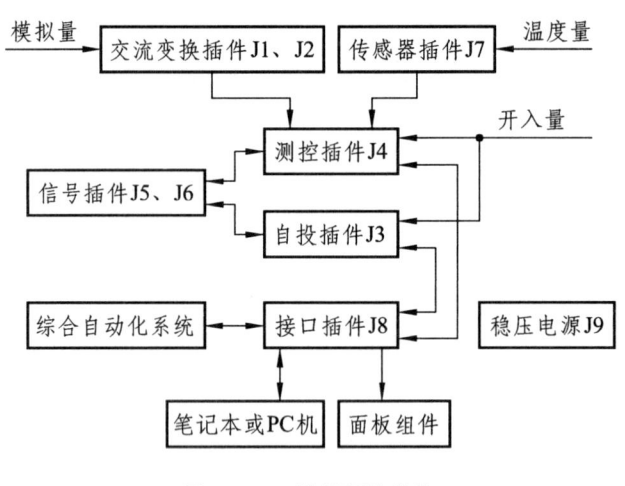

图 12.53　装置硬件结构

1. 交流变换插件

交流变换插件采用电压、电流变换器，将电压、电流互感器二次侧的交流信号转换成 $-10\sim 10\ \text{V}$ 的弱电信号，供 A/D 转换器采样。其中，电流变换器的饱和电流不小于20倍的额定电流。

2. 测控插件

测控插件是实现测控功能的核心，主要完成模拟数据采集、数据处理、逻辑判断、整定值存储、开关量输入/输出和通信等功能。本插件提供16个模拟信号输入通道，经二级阻容式低通滤波器输出到高速多通道的A/D转换器件，其原理框图如图12.54。

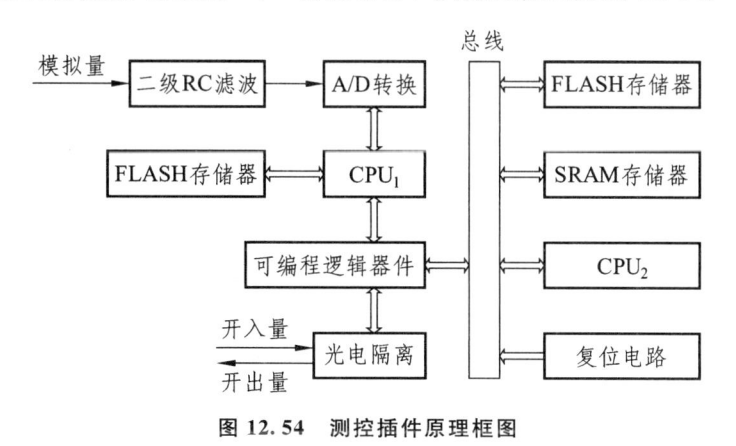

图 12.54 测控插件原理框图

3. 自投插件

该插件由微处理器CPU、可编程逻辑器件、存储器等芯片及其他外围元件组成，其原理框图如图12.55。它完成开关量控制等功能，是实现备用自投功能的核心。

4. 接口插件

接口插件通过串口与测控插件、自投插件通信，实现装置内部数据交换；通过通信卡与监控机通信，实现测控装置的远方功能。接口插件与测控插件、自投插件通信采用查询方式。

接口插件及面板组件由微处理器CPU、可编程逻辑器件、存储器、实时时钟等芯片组成。接口插件通过串口与试验仿真工具软件连接，实现当地试验仿真功能。原理框图见图12.56。面板上有4个指示灯，反映装置的当前运行状态。

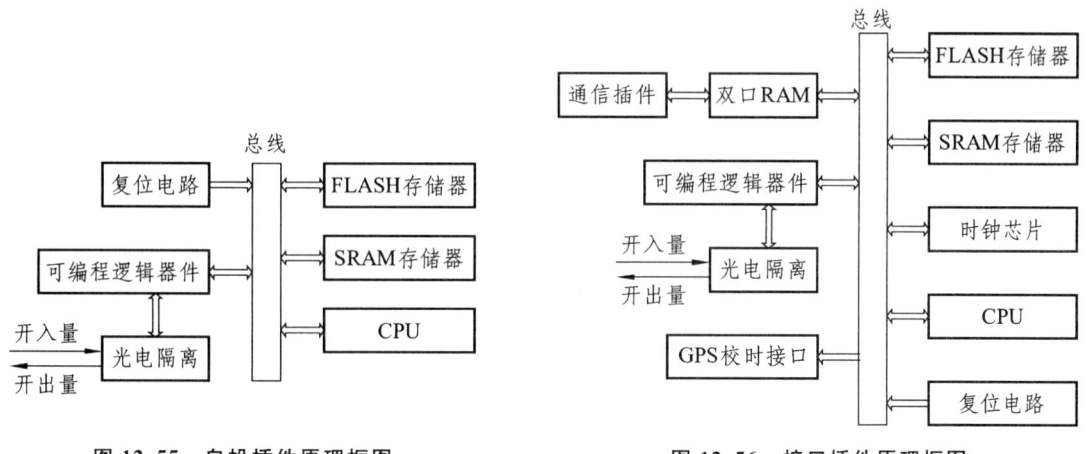

图 12.55 自投插件原理框图

图 12.56 接口插件原理框图

5. 传感器插件

该插件对主变压器的绝缘油温度和绕组温度测温传感器送来的信号进行处理，然后转换成电压信号，送给测控插件，测控插件再把这个电压信号转换成相对应的主变压器的绝缘油温度和绕组温度。当主变压器温度超过主变过热定值时，过热继电器动作，发出主变过热信号。

6. 信号插件

该插件由若干继电器组成，为各断路器、电动隔离开关提供控制功能；输出告警信号、动作信号、信息信号，供当地、中央信号、远动和检测使用。

7. 稳压电源

稳压电源采用逆变开关电源，输入电压可选 DC220 V 或 DC110 V，输出电压分别为+5 V(微机系统用)，±15 V(数据采集系统用，也可用于通信系统)，+24 V(开关量输入/输出电路、继电器逻辑电源用)和+12 V(通信网络用)，具有输出失电告警功能。

三、备用自投功能说明

装置适应的牵引变电所主接线图如图 12.57 所示，装置也可以适应于其他主接线形式。装置能够自动识别当前运行方式、备用自投允许条件、备用电源进线或备用主变压器的工作状态和牵引变电所主接线形式，当电源进线失压或主变压器故障时，实现备用电源进线或备用主变压器的自动投入。

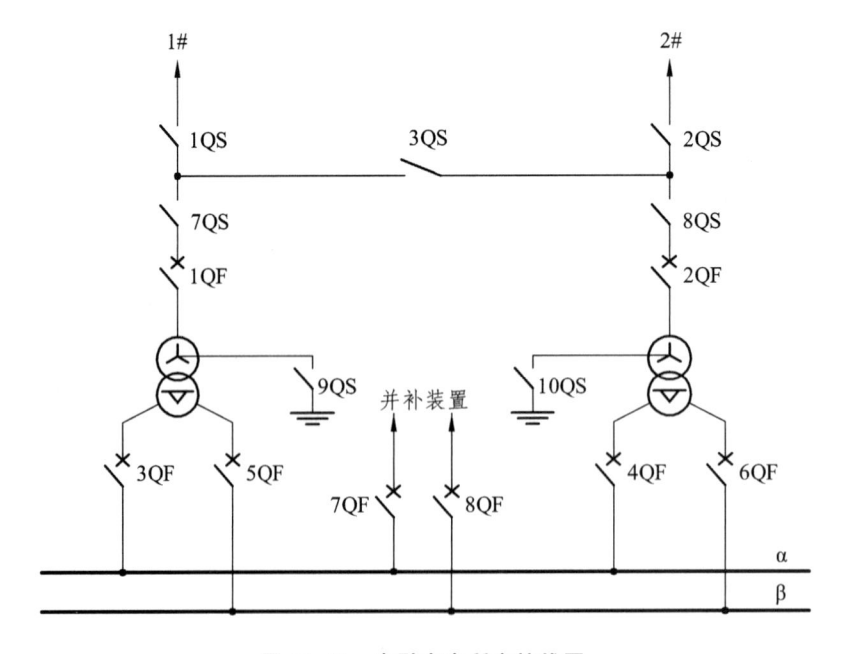

图 12.57 牵引变电所主接线图

1. 进线失压判别

进线失压是根据主变压器高、低压两侧的电压值以及开关位置和不同的运行方式进行判别的。进线失压判别原理框图如图12.58所示。

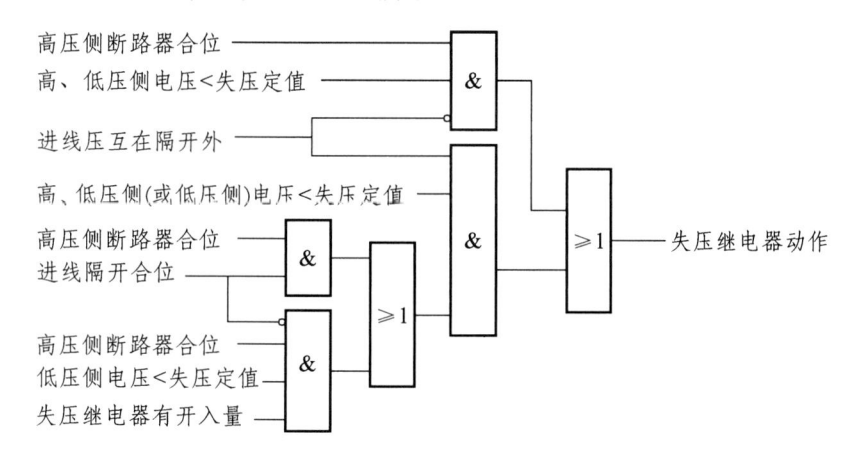

图 12.58　进线失压判别原理框图

（1）如果进线电压互感器在进线隔离开关内侧，高压侧断路器1QF(2QF)在合位，且主变压器高、低压两侧的电压值均小于失压整定值，直接发失压信号。

（2）如果进线电压互感器在进线隔离开关外侧，高压侧断路器1QF(2QF)和进线隔离开关1QS(2QS)在合位，当主变压器高、低压两侧的电压值均小于失压整定值时，直接发失压信号。

（3）如果进线电压互感器在进线隔离开关外侧，高压侧断路器1QF(2QF)在合位，进线隔离开关1QS(2QS)在分位，当装置检测到对侧失压，即失压继电器有开入量，且低压侧的电压值小于失压整定值时，发失压信号。

（4）如果进线电压互感器在进线隔离开关外侧，高压侧断路器1QF(2QF)在分位，进线隔离开关1QS(2QS)在合位，当主变压器高、低压两侧的电压值均小于失压整定值时，失压继电器动作，向对侧测控装置发出失压信号。失压继电器动作原理框图如图12.59所示。

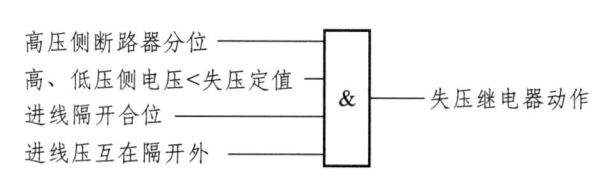

图 12.59　失压继电器动作原理框图

2. 进线有压判别

当进线无抽压装置时，进线有压是指进线三相电压中的任一相电压值大于有压整定值时，即认为有压。在自投过程中，如果进线电压互感器在进线隔离开关内侧，则先合进线隔离开关，再判别进线是否有压；如果进线电压互感器在进线隔离开关外侧，则先判别进线是否有压，只有在进线有压的情况下才合进线隔离开关。

当进线有抽压装置时，只要抽压装置电压大于有压整定值，即认为有压，在自投过程中，先判别进线是否有压，如果无压，则不再合进线隔离开关。

进线有压判别的原理框图如图12.60所示。

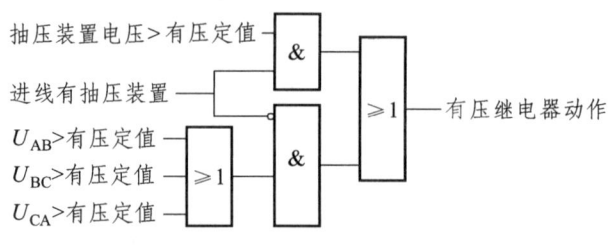

图12.60 进线有压判别原理框图

3. 跨条隔离开关设定

跨条隔离开关可由两套主变测控装置的任一套控制，当跨条隔离开关由某一套测控装置控制时，就在这一套测控装置的定值中，设定跨条隔开为允许控制；而在另一套测控装置的定值中，设定跨条隔开为不允许控制。

4. 系统工作方式识别

装置的备用自投功能由两套主变测控装置协同工作、共同完成。两套主变测控装置分别根据下列条件对牵引变电所当前的工作方式进行识别：若一套装置识别出工作方式一，按工作方式一执行自投逻辑，另一套装置将识别出工作方式四，按工作方式四执行自投逻辑；若一套装置识别出工作方式二，按工作方式二执行自投逻辑，另一套装置将识别出工作方式三，按工作方式三执行自投逻辑。

(1) 工作方式一：本侧进线受电，本侧主变运行，对侧进线、对侧主变备用。
条件：1QS(2QS)、1QF(2QF)闭合，3QS断开。

(2) 工作方式二：本侧进线受电，对侧主变运行，对侧进线、对侧主变备用。
条件：1QS(2QS)、3QS闭合，1QF(2QF)断开。

(3) 工作方式三：对侧进线受电，本侧主变运行，本侧进线、对侧主变备用。
条件：3QS、1QF(2QF)闭合，1QS(2QS)断开。

(4) 工作方式四：对侧进线受电，对侧主变运行，本侧进线、对侧主变备用。
条件：1QS(2QS)、1QF(2QF)、3QS断开。

(5) 工作方式四(热备用)：对侧进线受电，对侧主变运行，本侧进线受电，本侧主变备用。
条件：1QS、2QS闭合，1QF(2QF)、3QS断开。

5. 备用自投工作逻辑

两套装置按牵引变电所的当前工作方式，在检测到进线失压或主变故障后，根据进线自投允许信息、主变自投允许信息和主变冷/热备用信息，通过联络信号协调两套装置的工作，完成备用进线或备用主变的自动投入。在执行备用自投逻辑时，若出现开关不能正常断开/闭合、联络信号故障等情况，将自动中断备用自投逻辑，并给出详细的信息。

（1）工作方式一。

备用自投逻辑框图见图12.61。

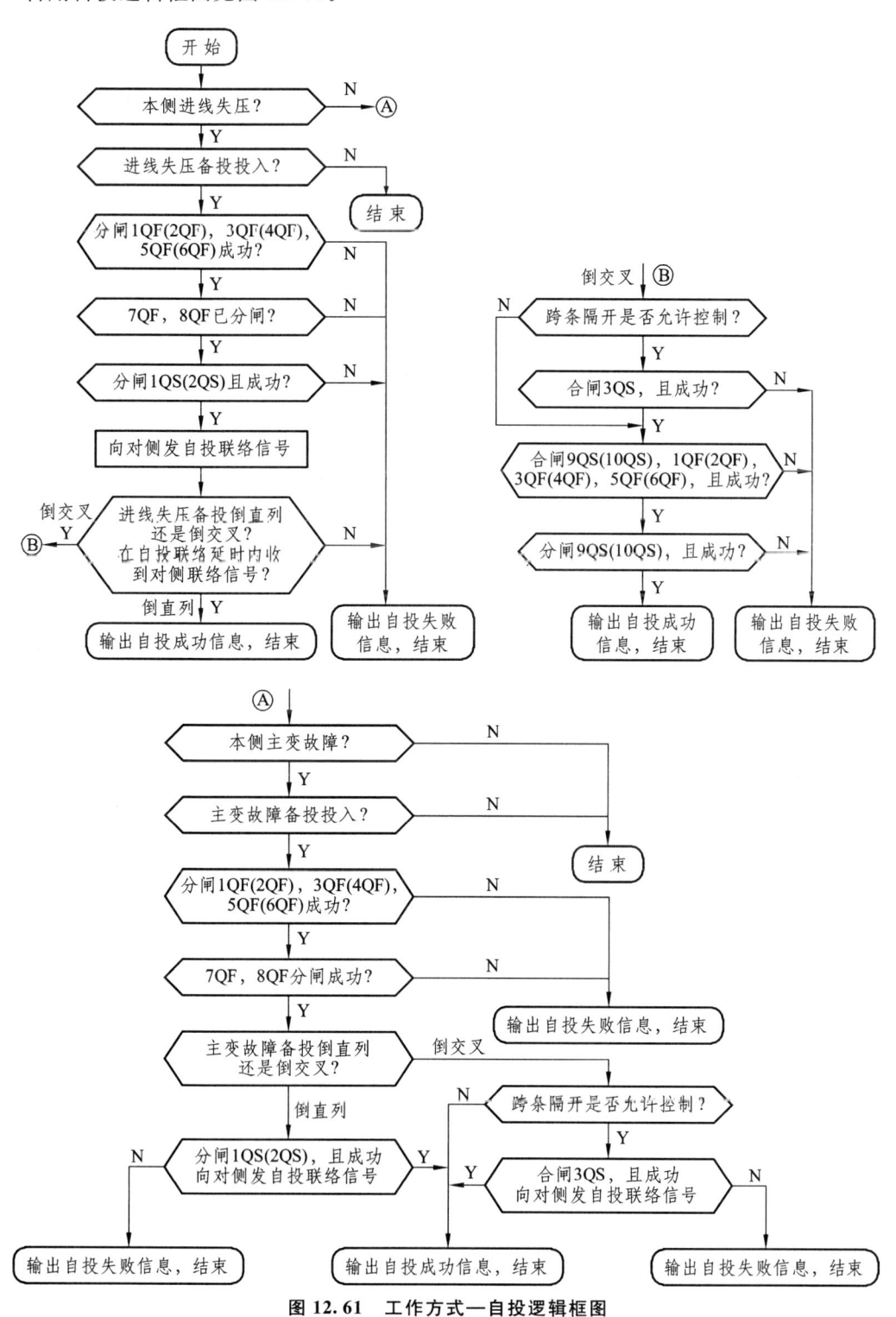

图12.61 工作方式一自投逻辑框图

① 本侧进线失压时，首先判断进线失压备设是否投入，若未投入，结束；若已投入，判断 1QF(2QF)、3QF(4QF)、5QF(6QF)是否由各自的保护分闸，如果没有分闸，则依次分闸 1QF(2QF)、3QF(4QF)、5QF(6QF)，同时确认 7QF、8QF 已经保护分闸，然后使 1QS(2QS)分闸，并向对侧装置发送联络信号，再根据逻辑控制字判断进线失压备投倒直列还是倒交叉：

• 进线失压备投倒直列：在设定的自投联络时间内，等待对侧装置的自投联络信号，若已收到自投联络信号，输出自投成功信息，结束；若未收到自投联络信号，输出自投失败信息，结束。

• 进线失压备投倒交叉：在设定的自投联络时间内，等待对侧装置的自投联络信号，若未收到自投联络信号，输出自投失败信息，结束；若已收到自投联络信号，判断跨条隔开是否允许控制，若允许，合 3QS，然后使 9QS(10QS)、1QF(2QF)、3QF(4QF)、5QF(6QF)依次合闸，再使 9QS(10QS)分闸，输出自投各种信息，结束。

② 本侧主变故障时，首先判断主变故障备投是否投入，若未投入，结束；若已投入，判断 1QF(2QF)、3QF(4QF)、5QF(6QF)是否由各自的保护分闸，如果没有分闸，则依次分闸 1QF(2QF)、3QF(4QF)、5QF(6QF)，同时确认 7QF、8QF 已经保护分闸，然后根据逻辑控制字判断主变故障备投倒直列还是倒交叉：

• 主变故障备投倒直列：分 1QS(2QS)，向对侧装置发自投联络信号，然后在设定的自投联络时间内，等待对侧装置发出的自投联络信号，若未收到自投联络信号，输出自投失败信息，结束；若已收到自投联络信号，输出自投成功信息，结束。

• 主变故障备投倒交叉：判断跨条隔开是否允许控制，若允许，合 3QS，向对侧装置发自投联络信号，然后在设定的自投联络时间内，等待对侧装置发出的自投联络信号，若未收到自投联络信号，输出自投失败信息，结束；若已收到自投联络信号，输出自投成功信息，结束。

(2) 工作方式二。

备用自投逻辑框图见图 12.62。

① 本侧进线失压时，首先判断进线失压备投是否投入，若未投入，结束；若已投入，接收到对侧的联络信号后，判断跨条隔开是否允许控制，若允许，分 3QS，然后使 1QS(2QS)分闸，向对侧装置发送联络信号。延时后，继续判断对侧装置是否发过来联络信号，若未发过来，输出自投失败信息，结束；若已发过来，输出自投成功信息，结束。

② 对侧主变故障时，首先判断主变故障备投是否投入，若未投入，结束；若已投入，接收到对侧的联络信号后，确认本侧主变无故障；判断跨条隔开是否允许控制，若允许，分 3QS，然后依次使 9QS(10QS)、1QF(2QF)、3QF(4QF)、5QF(6QF)合闸，再使 9QS(10QS)分闸，输出自投各种信息，结束。

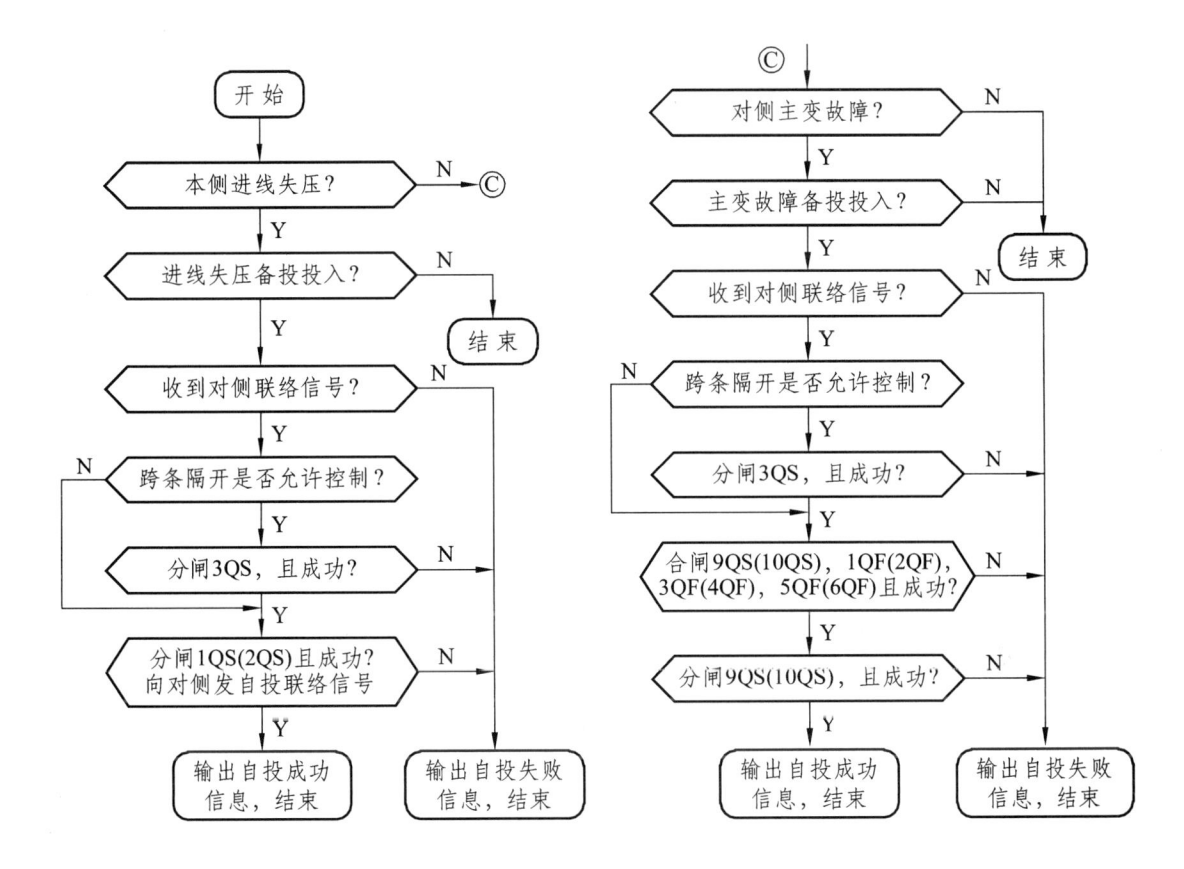

图 12.62　工作方式二自投逻辑框图

（3）工作方式三。

备用自投逻辑框图见图 12.63。

① 对侧进线失压时，首先判断进线失压备投是否投入，若未投入，结束；若已投入，判断 1QF(2QF)、3QF(4QF)、5QF(6QF)是否由各自的保护分闸，如果没有分闸，则依次分闸，同时确认 7QF、8QF 已经保护分闸；判断跨条隔开是否允许控制，若允许，分 3QS，然后向对侧装置发自投联络信号。并等待对侧装置发过来的自投联络信号，接收到对侧装置的自投联络信号后，取消发给对侧装置的自投联络信号，接着合 1QS(2QS)，判断本侧进线是否有压，若无压，输出自投失败信息，结束；若有压，使 9QS(10QS)、1QF(2QF)、3QF(4QF)、5QF(6QF)依次合闸，再使 9QS(10QS)分闸，向对侧装置发联络信号，输出自投各种信息，结束。

② 本侧主变故障时，首先判断主变故障备投是否投入，若未投入，结束；若已投入，判断 1QF(2QF)、3QF(4QF)、5QF(6QF)是否由各自的保护分闸，如果没有分闸，则依次分闸，同时确认 7QF、8QF 已经保护分闸，然后判断跨条隔开是否允许控制，若允许，分 3QS，向对侧装置发送联络信号，输出自投各种信息，结束。

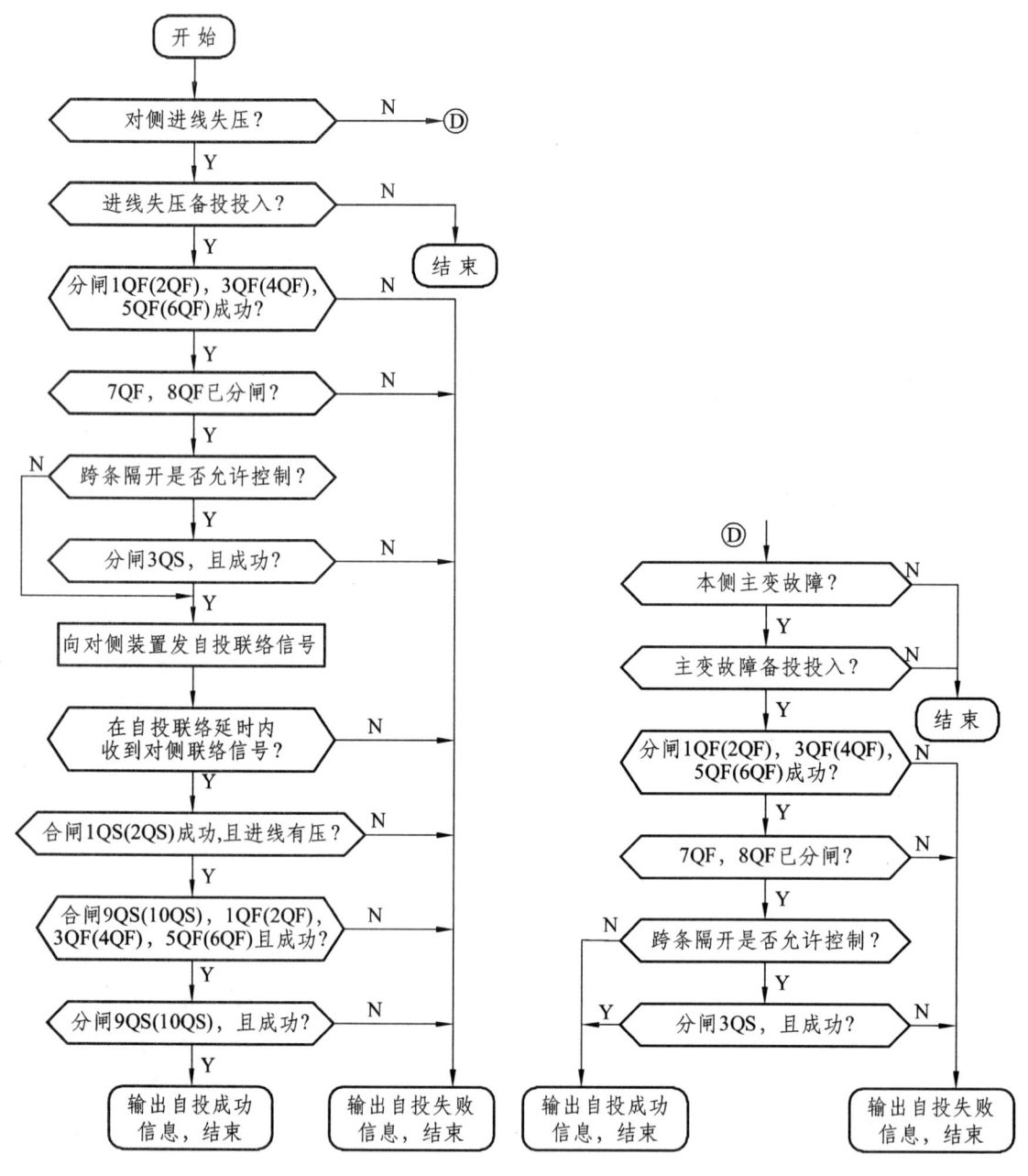

图 12.63 工作方式三自投逻辑框图

（4）工作方式四。

备用自投逻辑框图见图 12.64。

① 对侧进线失压时，首先判断进线失压备投是否投入，若未投入，结束；若已投入，且接收到对侧装置的联络信号，则合 1QS(2QS)（如果进线电动隔离开关处于热备用，则取消合闸操作），然后判断本侧进线是否有压，若无压，输出自投失败信息，结束；若有压，再根据逻辑控制字判断进线失压备投倒直列还是倒交叉：

260

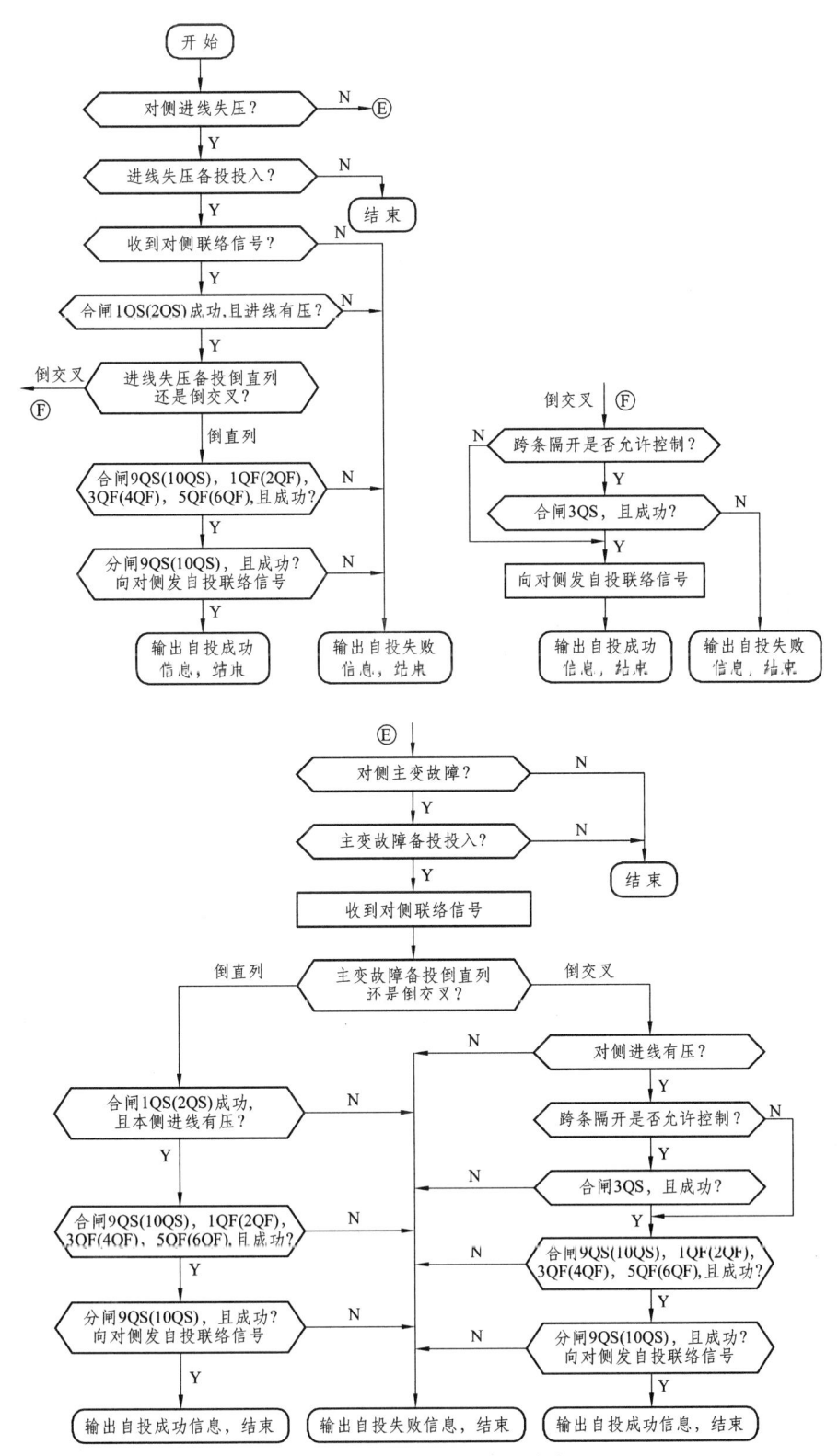

图 12.64 工作方式四自投逻辑框图

261

- 进线失压备投倒直列：确认本侧主变无故障，使 9QS(10QS)、1QF(2QF)、3QF(4QF)、5QF(6QF)依次合闸，再使 9QS(10QS)分闸，向对侧装置发送自投联络信号，输出自投各种信息，结束。
- 进线失压备投倒交叉：判断跨条隔开是否允许控制，若允许，使 3QS 合闸，然后向对侧装置发送自投联络信号，输出自投各种信息，结束。

② 对侧主变故障时，首先判断主变故障备投是否投入，若未投入，结束；若已投入，且收到对侧装置的联络信号，再根据逻辑控制字判断主变故障备投倒直列还是倒交叉：

- 主变故障备投倒直列：合 1QS(2QS)(如果进线电动隔离开关处于热备用，则取消合闸操作)，然后判断本侧进线是否有压，若无压，输出自投失败信息，结束；若有压，确认本侧主变无故障，使 9QS(10QS)、1QF(2QF)、3QF(4QF)、5QF(6QF)顺序合闸，再使 9QS(10QS)分闸，向对侧装置发送自投联络信号，输出自投各种信息，结束。
- 主变故障备投倒交叉：判断对侧进线是否有压，若无压，输出自投失败信息，结束；若有压，确认本侧主变无故障，判断跨条隔开是否允许控制，若允许，合 3QS，然后使 9QS(10QS)、1QF(2QF)、3QF(4QF)、5QF(6QF)顺序合闸，再使 9QS(10QS)分闸，向对侧装置发送自投联络信号，输出自投各种信息，结束。

第八节　牵引变电所综合自动化系统

微机型继电保护、微机故障点测距和微机远动等装置的广泛应用及其优势的显现，促进科技人员提出和研制全微机化的变电所二次部分优化系统，就是将保护、控制、测量、中央信号、通信、管理和远动等功能融于一体，采用分层结构的分布式多微机构成保护监控综合自动化系统。我国新建的电气化铁路和旧线改造的电气化铁路区段，已广泛采用这种综合自动化系统。

一、综合自动化系统结构

牵引变电所安全监控和综合自动化系统的结构如图 12.65 所示，它由保护测控单元、当地监控单元、间隔层通信网络、视频监控单元和通信管理机等组成。

各保护测控单元实现牵引变电所的继电保护、测量和控制功能，可分散安装，也可集中组盘。间隔层网络采用双光纤以太网，也可采用基于现场总线的双环自愈光纤网络。调度中心(调度端)通过通信单元与各保护测控单元通信，实现四遥(遥控、遥测、遥信、遥调)功能。当地监控单元可就地实现调度中心的操作，不考虑双机热备用。视频监控单元与自动灭火系统一起，组成变电所安全监控系统，实现第五遥(遥视)。为保证图像传输的实时性，要求为视频提供单独的 2M 光纤接口。在远动通道故障时，可临时征用视频通道，而视频主机置于"转发"模式，首先保证"四遥"功能。

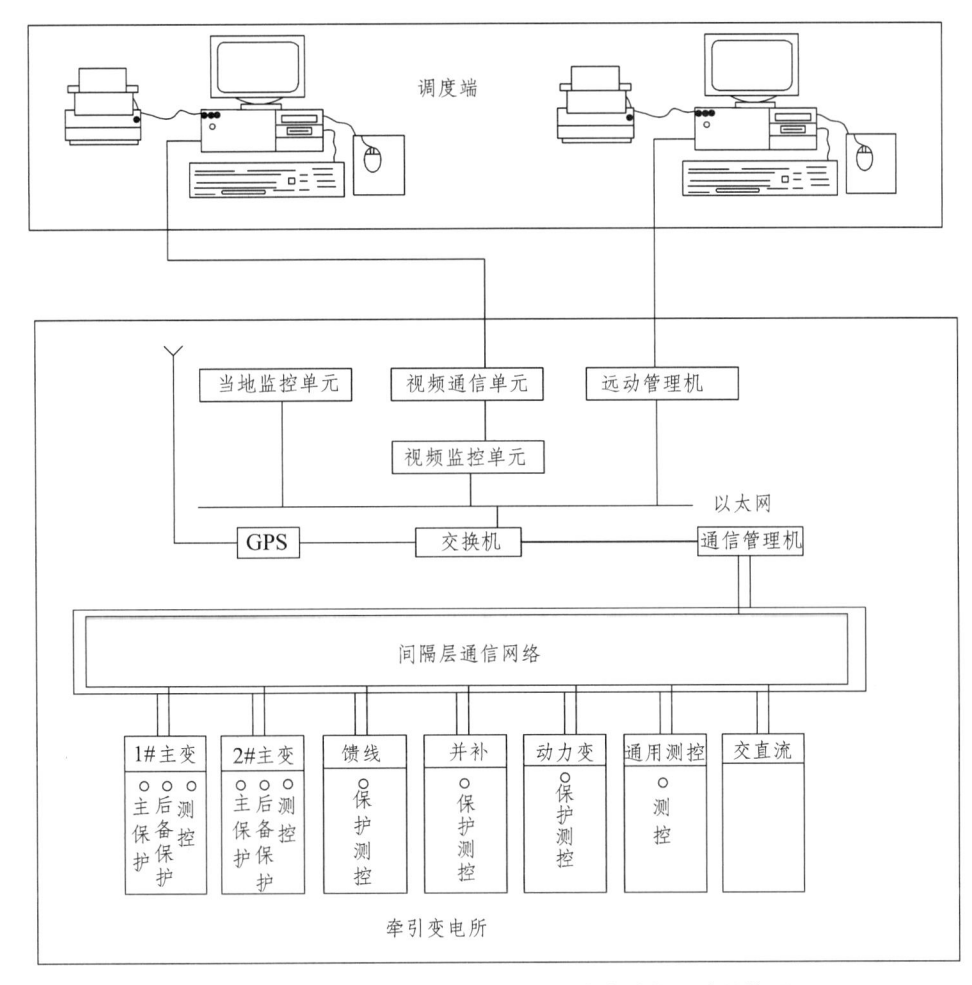

图 12.65　牵引变电所安全监控与综合自动化系统结构图

二、综合自动化系统功能单元简况

1. 当地监控单元

当地监控和通信处理系统由当地监控主机、流水和报表打印机、通信管理机、远动管理机和时间基准（GPS）组成。

当地监控和通信处理系统，负责采集与显示牵引变电所内的保护测控单元的各种保护、测量与控制信息，实现对牵引变电所内的各种开关的分/合控制、信号复归、保护装置的复归与定值整定，并实现相应的报表处理、曲线显示、流水打印等信息处理功能。

当地监控与通信处理系统互相独立。在正常情况下，调度端控制命令不需要通过当地监控单元即可执行，这时可通过当地监控的显示器监视牵引变电所运行情况，查看各种报表和曲线。当远方控制失效时，当地监控单元作为远方控制失效的后备手段在当地进行控制操作。

2. 视频监控单元

视频监控系统由监控中心设备、通道和前端设备三大部分组成。监控中心设备由多媒体中心监控主机、领导分控机等组成。通道主要由通信接口设备(如防雷保安器、通道隔离变压器等)，通道设备(如路由器，网桥，Modem，ISDN，DDN适配器等)，以及通信信道组成。前端设备放在各需要监控的牵引变电所(开闭所、分区所)，前端设备主要由各种摄像机、智能解码器、智能控制矩阵(带报警输入)、多媒体前端监控主机、可控镜头、可控云台、各种报警探头、多画面分割器、报警音响、防护罩等组成。

远程视频监控系统与自动消防系统配合，即构成变电所视频监控和自动消防系统。配置了该系统，即可实现第五遥(遥视)。该系统的监测信号主要包括摄像机输出的视频信号，各种烟感、温度、门禁、光电传感器的报警信号；控制信号包括对摄像机的控制，以及对自动消防系统的控制等。

视频监控系统广泛地应用于各行各业。在牵引变电所，可用于设备运行和表计监视，以及防入侵、防盗、防火、防烟、防潮等。

3. 当地保护、测量与控制单元

(1) 主变压器保护与测控单元。

主变压器保护与测控单元实现一台主变压器的保护、测量、控制、应急选线控制、备用电源进线/备用主变自投等功能。考虑到主变压器保护与测控的重要性，按主变压器主保护、主变压器后备保护、主变压器测控三套独立装置设计。主变压器主保护装置和主变压器后备保护装置的具体内容参见本章第一节、第二节、第三节。主变压器测控装置的具体内容参见本章第七节。

(2) 牵引网保护测控装置：参见本章第一节、第四节。

(3) 并联电容补偿保护测控装置：参见本章第一节、第五节。

(4) 动力变压器保护测控装置：参见本章第一节、第六节。

4. 通用测控装置

本装置也是以32位高性能、高可靠性CPU芯片为硬件核心，采用多层板布线技术和SMT工艺，通过各种软、硬件优化措施，具有高标准的电磁兼容性，能满足不同的现场需要。主要用于牵引变电所的环境温度、湿度与风速等气象参数的测量；同时具有交直流电源的监测功能，高、低压侧电压互感器和隔离开关的遥信与控制功能；并预留充分的开入、开出和交流回路，以满足特殊牵引变电所的要求。

5. 信号显示装置

它是纯数字式微机信号显示装置，主要用于牵引变电所对主变、牵引网、并补、动力变、通用测控等保护测控装置的测量信息、保护信息、告警信息进行显示，对电笛、电铃进行驱动。

6. 通用通信装置

它是采用32位微处理器开发的高性能通信装置，不仅具有通信功能，而且具有协议转换功能和其他功能(设备自检功能、信息指示功能、系统设置功能、串口自动识别参数设置功能)。

三、综合自动化系统运用模式

按用户需要、值班方式和保护测控装置的布置方式不同，综合自动化系统有以下几种运用模式。

1. 集中式有人值班运用模式

在这种运用模式下，保护测控装置集中在控制室组盘，并且采用有人值班的变电所，其系统配置如图 12.66 所示，主要包括集中式保护测控单元、当地监控单元、手动选线控制、中央信号、显示表计等。

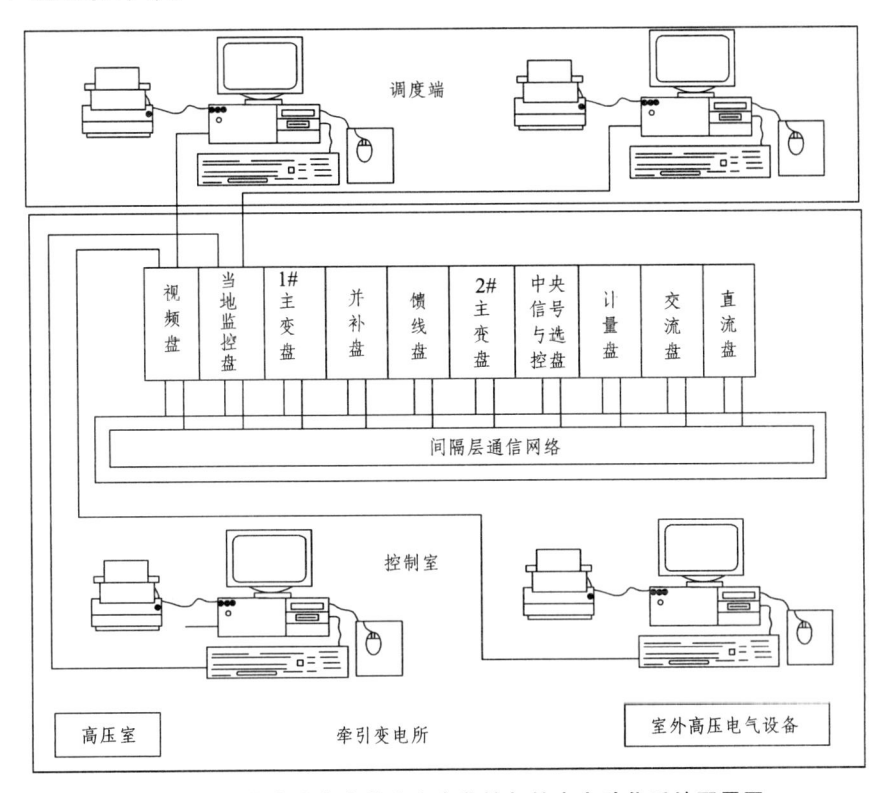

图 12.66 集中式有人值班安全监控与综合自动化系统配置图

2. 集中式无人值班运用模式

在这种运用模式下，保护测控装置集中在控制室组盘，并且采用无人值班的变电所，其系统配置如图 12.67 所示，主要包括视频监控单元、自动灭火单元、集中式保护测控单元、当地监控单元等。

3. 分散式无人值班运用模式

在这种运用模式下，保护测控装置"下放"至一次设备处，并且采用无人值班的变电所，其系统配置如图 12.68 所示，主要包括视频监控单元、自动灭火单元、分散式保护测控单元、当地监控单元等。

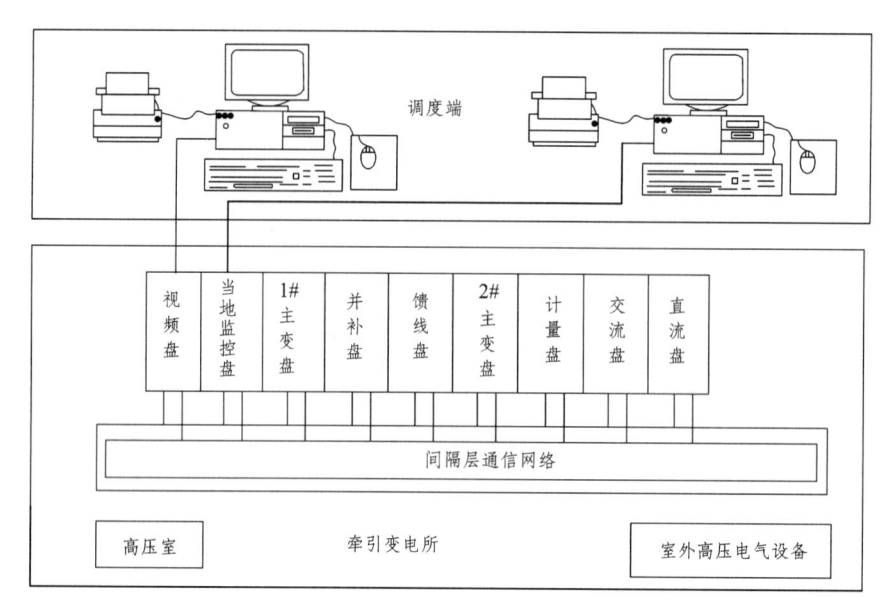

图 12.67 集中式无人值班安全监控与综合自动化系统配置图

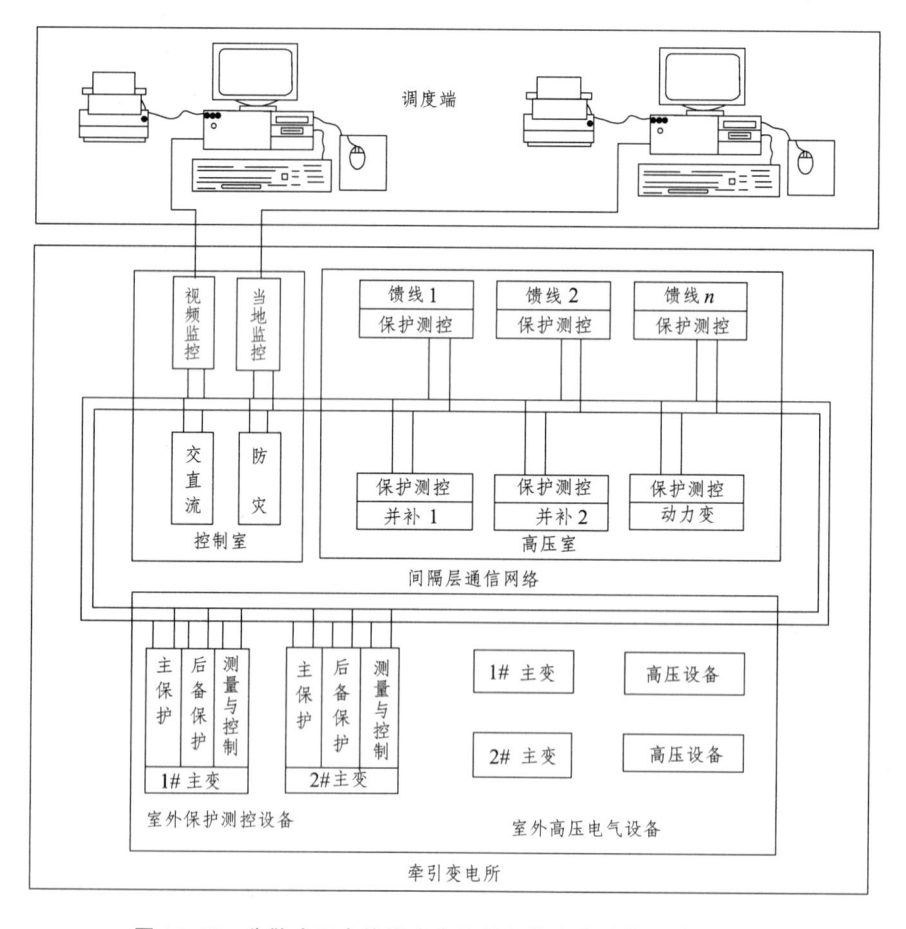

图 12.68 分散式无人值班安全监控与综合自动化系统配置图

四、综合自动化系统的重大意义

牵引变电所安全监控与综合自动化系统的研制成功和广泛采用，为牵引变电所的设计、施工、运营管理和检修体制带来了全方位的巨大变革，主要表现在以下几个方面：

（1）简化设计。变电所二次回路大大简化，设计工作量明显减少。

（2）工厂化施工。智能化保护测控单元可嵌入一次设备，在工厂完成大部分安装调试工作，现场施工期可显著缩短，建（筑）安（装）费用也随之降低。

（3）无人值班。高速可靠的间隔层通信网络和完备的安全监控系统，为无人值班创造了条件，值班人员的大幅裁减带来了可观的经济效益。

（4）检修体制改革。借助于保护测控单元的透明化设计和一次设备的驻所检测技术，可实现设备远程诊断，从而促进了检修体制改革。

附录 A 常用继电器线圈和触点以及逻辑电路的名称和图形

线 圈 类		触 点 类	
名 称	图 形	名 称	图 形
线圈的一般形式		瞬时常开触点（动合触点）	
线圈的引出线位于图形的一侧		瞬时常闭触点（动断触点）	
当需指出继电器为双线圈时		先断后合的瞬时切换触点	
当需指出继电器为3线圈时	3 〔3〕	延时闭合的常开（动合）触点	
当需指出线圈为电流线圈时	I 〔I〕	延时断开的常闭（动断）触点	
当需指出线圈为电压线圈时	U 〔U〕	延时断开的常开（动合）触点	
缓吸线圈（延时闭合）		延时闭合的常闭（动断）触点	
缓放线圈（延时断开）		瞬时闭合的常开保持触点	
快速动作继电器线圈			
有机械保持触点的继电器线圈		压力触点重瓦斯触点	P
极化继电器线圈		温度触点	θ
功率方向继电器线圈	P→	轻瓦斯触点	
自动重合闸继电器	0→	逻辑电路类名称和图形			
阻抗继电器线圈	Z	或门	与门	非门	否门	时间电路
差动继电器线圈	I_d	≥1	&		&	t

附录B 短路保护装置的最小灵敏系数

保护分类	保护类型	组成元件		灵敏系数	备注
主保护	带方向和不带方向的电流保护或电压保护	电流元件和电压元件		1.25~1.5	200 km以上线路不小于1.3；50~200 km线路不小于1.4；50 km以下线路不小于1.5。对于铁路电力，线路过长时(如自动闭塞和贯通电力线路)可取1.25，一般取1.5。
		零序或负序方向元件		2.0	
	距离保护	启动元件	负序和零序增量或负序分量元件	4	距离保护第Ⅲ段动作区末端故障灵敏系数大于2
			电流和阻抗元件	1.5	线路末端短路电流应为阻抗元件精确工作电流的2倍以上。200 km以上线路不小于1.3；50~200 km线路不小于1.4；50 km以下线路不小于1.5。
		距离元件(阻抗元件)		1.3~1.5	
	变压器、线路的纵联差动保护	差电流元件		2.0	
	母线的完全电流差动保护	差电流元件		2.0	
	母线的不完全电流差动保护	差电流元件		1.5	
	变压器、线路的电流速断保护	电流元件		1.5	按保护安装处短路计算
后备保护	远后备保护	电流、电压和阻抗元件		1.2	按相邻电力设备和线路末端短路计算(短路电流应为阻抗元件精确工作电流的2倍以上)
		零序或负序方向元件		1.5	
	近后备保护	电流、电压和阻抗元件		1.3~1.5	按线路末端短路计算
		负序或零序方向元件		2.0	
辅助保护	电流速断保护			>1.2	按正常运行方式下保护安装处短路计算

注：① 主保护的灵敏系数除表中注出者外，均按保护区末端计算。
② 保护装置如反应故障时增长的量，灵敏系数为金属性短路计算值与保护整定值之比；如反应故障时减少的量，则为保护整定值与金属性短路计算值之比。
③ 本表内未包括的其他类型保护装置，灵敏系数另作规定。

附录C 铁路电力变、配电所典型回路继电保护和安全自动装置(单元)配置

一、摘自《铁路电力设计规范》(TB 10008—2006，J 660—2007)表 5.4.4-1

装置名称	典型回路名称	受电	馈出线	自闭或贯通电力线路馈出线	母线分段断路器(桥断路器)	电力变压器	静电电容器	所用变压器	调压器
保护装置	高压熔断器					800 kVA 及以下选用		装设	
	电流速断	宜装设	过电流保护时限大于0.5 s时设		只在合闸过程中投入	过电流保护时限大于0.5 s时设	装设		
	过电流	装设，时限与上一级配合	装设	装设	宜装设	低压侧不设单相接地保护时，高压侧设三相式过电流保护装置，否则可设二相式			装设
	过负荷					400 kVA 以上装设			
	单相接地		利用每段母线电压互感器二次侧开口三角形做接地监视，4路以上宜设小电流接地信号装置	宜装设小电流接地信号装置		400 kVA 及以上，绕组 Yn 联结，低压侧中性点接地的变压器，当高、低压侧的过电流保护都不能保护低压侧单相接地短路时装设			
	纵联差动		35 kV 及以上变电所设置			容量大于 6300 kVA 或 2000 kVA 及以上电流速断保护灵敏系数达不到要求时装设			
	过电压						装设		
	欠电压	有备用自投时装设		装设			装设		
	瓦斯					800 kVA 及以上油浸变压器和 400 kVA 及以上车间内油浸变压器装设			
	温度					1 000 kVA 及以上油浸变压器和 400 kVA 及以上干式变压器装设			
安全自动装置	同期检查	有两路电源并网可能时装设		需要并网时装设					
	备用电源自动投入	有两路电源且需要自投时装设		两相邻变电所需互相自投时装设(注)	允许两路电源同时运行时设			有两台所用变同时在低压侧装设	
	一次自动重合闸		10(6)kV 及以上的架空或电缆与架空混合线路长度 1 km 以上装设	装设					

注：① 主供所设自动重合闸，备供所设备用电源自投；
② 当采用微机保护时，还应监测交、直流电源屏相关参数。

二、摘自《铁路电力设计规范》(TB 10008—2015，J 660—2016) 表 5.5.4-1

装置名称		典型回路及其保护和安全自动装置配置										
		受电	馈出线		电力贯通线路馈出线		母线分段断路器（桥断路器）	电力变压器	静电电容器	电抗器、动态补偿设备	所用变压器	调压器	
			主母线中性点不接地	主母线中性点接地	调压器中性点不接地	调压器中性点接地						调压器中性点不接地	调压器中性点接地
保护装置	高压熔断器							当干式变压器单台容量小于 1 000 kVA、油浸变压器单台容量小于 800 kVA 时选用	装设		装设		
	电流速断	宜装设	过电流保护时限大于 0.5 s 时设	过电流保护时限大于 0.5 s 时设	装设	装设	只在合闸过程中投入	过电流保护时限大于 0.5 s 时设	装设(注3)		装设	装设	装设
	过电流	装设，时限与上一级配合	装设	装设	装设	装设	宜装设	低压侧不设单相接地保护时，高压侧设三相式过电流保护装置，否则可设二相式	装设(注3)		装设	装设	装设
	过负荷							400 kVA 以上装设	装设(注3)				
	零序速断		装设		装设								
	零序过流		装设		装设								装设(注4)
	单相接地	利用每段母线电压互感器二次侧开口三角形做接地监视，4路以上宜设小电流接地信号装置			宜装设小电流接地信号装置			400 kVA 及以上，绕组 Yyn 接线，低压侧中性点接地的变压器，当高、低压侧的过电流保护都不能保护低压侧单相接地短路时装设	装设				
	纵联差动	35 kV 及以上地区或中心变电所装设						容量大于 6300 kVA 或 2000 kVA 及以上电流速断保护灵敏系数达不到要求时装设					
	过电压								装设	装设(注3)			
	欠电压	有备用自投时装设			装设								
	瓦斯							800 kVA 及以上油浸变压器和 400 kVA 及以上车间内油浸变压器装设，轻瓦斯报警，重瓦斯跳闸					
	温度							1000 kVA 及以上油浸变压器和 400 kVA 及以上干式变压器装设，高温报警，超高温跳闸（注2）					

271

续表

装置名称		典型回路及其保护和安全自动装置配置											
		受电	馈出线		电力贯通线路馈出线		母线分段断路器（桥断路器）	电力变压器	静电电容器	电抗器、动态补偿设备	所用变压器	调压器	
			主母线中性点不接地	主母线中性点接地	调压器中性点不接地	调压器中性点接地						调压器中性点不接地	调压器中性点接地
安全自动装置	同期检查	有两路电源并网可能时装设			需要时装设									
	备用电源自动投入	有两路电源且需要自投时设			两相邻变电所需互相自投时装设（注1）		允许两路电源同时运行时设				有两台所用变压器时在低压侧装设		
	一次自动重合闸		10（20、6）kV及以上的架空或电缆与架空混合线路，长度1 km以上装设			装设							

注：① 主供所设自动重合闸，备供所设备用电源自投。
② 设备温度保护由设备自带温度传感器，将温度信息传至主回路继电保护装置。
③ 当设备自带保护装置时，设备保护信息通过通信接口上传至继电保护主机，并与主回路联动。
④ 调压器零序过流保护的电流采样于调压器二次中性线回路，动作于调压器保护单元的断路器。
⑤ 当采用微机保护时，还应监测交、直流电源屏相关参数。

附录D 铁路牵引供电系统继电保护和自动装置配置

一、摘自《铁路电力牵引供电设计规范》(TB 10009—2005，J 452—2005) "4.7 继电保护及自动装置"

4.7.6 对电力变压器的下列故障及异常运行方式，应装设相应的保护装置：
1 绕组及其引出线的相间短路和在中性点直接接地侧的单相接地短路；
2 绕组的匝间短路；
3 外部相间短路引起的过电流；
4 中性点直接接地电力网中外部接地短路引起的过电流与中性点过电压；
5 过负荷；
6 油面降低；
7 变压器温度升高和冷却系统故障。

4.7.7 800 kVA及以上的油浸式变压器，应装设瓦斯保护。当壳内故障产生轻微瓦斯或油面下降时应瞬时动作于信号；当产生大量瓦斯时应动作于断开变压器各侧断路器。

4.7.8 对变压器引出线、套管和内部的短路故障，应按下列规定装设保护装置：
1 对6 300 kVA以下并列运行的变压器以及10 000 kVA以下单独运行的变压器，宜装设电流速断保护和过电流保护。
2 对6 300 kVA及以上并列运行的变压器、10 000 kVA及以上单独运行的变压器应装设纵联差动保护。2 000 kVA及以上用电流速断保护灵敏系数不符合要求的变压器，亦可装设纵联差动保护。
3 各项保护装置应动作于断开变压器的各侧断路器。

4.7.9 纵联差动保护应符合下列要求：
1 应能躲开励磁涌流和外部短路产生的不平衡电流。
2 差动保护范围应包括变压器套管及其引出线。当不能包括引出线时，则应采取快速切除故障的辅助措施。

4.7.10 对由外部相间短路引起的变压器过电流，应按下列规定装设保护装置：
1 牵引变压器
在高压侧应装设带欠电压启动的过电流保护装置，它同时作为变压器内部故障的近后备保护。保护动作后应延时断开变压器两侧的断路器。
在低压侧应装设带欠电压启动的过电流保护装置，它同时作为27.5 kV母线的主保护和馈电线的远后备保护。保护动作后仅延时断开变压器低压侧断路器。
低压侧和高压侧的上述保护应选用不同的电压启动元件。
2 动力变压器
装设过电流保护装置，保护动作后应延时断开各侧断路器。

4.7.11 高压侧为单电源、低压侧无电源的降压变压器不宜装设专门的零序保护。

4.7.12 27.5 kV和2×27.5 kV动力变压器除按本规范第4.7.7条、第4.7.8条和第4.7.10条规定装设相应的保护外，还应装设防止高压侧缺相运行的保护装置，动作于高压侧的断路器。

4.7.13 2×27.5 kV 自耦变压器宜装设瓦斯、放压和温度保护，可按具体条件动作于跳闸或信号。

4.7.14 对牵引变电所的并联电容补偿装置应按下列规定装设保护装置：

　　1 对电容器组和断路器之间连接线的短路，应装设带有短时限的电流保护，动作于跳闸。

　　2 电容器内部故障及其引出线的短路，宜按每台电容器分别装设专用的熔断器；熔丝的额定电流可为电容器额定电流的1.5～2.0倍。

　　3 对引起电容器端电压超过110％额定电压时的保护，宜装设电容器组的电压差动保护或电流不平衡保护，动作于跳闸。

　　4 对电容器组应装设过电压保护，带时限动作于信号或跳闸。

　　5 对电容器的单相接地故障，应装设单相接地保护，但安装在绝缘支持架上的电容器组，可不装设单相接地保护。

　　6 电容器组可装设高次谐波过电流保护，带时限动作于信号或跳闸。

　　7 电容器组应装设失压保护，当电源失压时，经延时动作于跳闸。

　　8 对电抗器应根据产品要求装设相应的保护装置。

4.7.15 110～220 kV 有效接地电力网线路，应按下列规定装设反应接地短路和相间短路的保护装置。

　　1 对于接地短路：

　　1）宜装设带方向或不带方向的阶段式零序电流保护；

　　2）零序电流保护不能满足要求时，可装设接地距离保护，并应装设一段或两段零序电流保护作为后备保护。

　　2 对于相间短路：

　　1）单侧电源单回线路，应装设三相多段式电流或电流电压保护，如不能满足要求，则应装设距离保护；

　　2）双侧电源线路宜装设阶段式距离保护。

4.7.16 牵引供电系统的馈电线保护应按下列原则配置：

　　1 变电所、开闭所、分区所的保护应相互配合，并应保证保护的选择性和灵敏性。

　　2 变电所、开闭所、分区所的保护应与电力机车内部保护相配合，其速断保护应有适当的延时，此延时宜为 0.1 s。

4.7.17 对牵引变电所馈电线的故障，应按下列规定装设保护装置：

　　1 单线区段单边供电的 27.5 kV 馈电线在灵敏系数满足要求时装设电流保护，否则装设距离保护；

　　2 双线区段单边供电（上、下行在分区所并联）的 27.5 kV 馈电线装设两段距离保护；

　　3 单线区段单边供电的 2×27.5 kV 馈电线装设两段距离保护；

　　4 双线区段上、下行经开闭所在分区所并联的 2×27.5 kV 馈电线装设三段距离保护；

　　5 双线区段上、下行由变电所馈出直至在分区所并联的 2×27.5 kV 馈电线装设两段距离保护。

4.7.18 对开闭所的各种故障，应按下列规定装设保护装置：

　　1 27.5 kV 单回路进线应装设过电流保护，作为开闭所母线故障的主保护，并兼作馈电线的远后备保护。

2 27.5 kV双回路进线应装设方向电流速断保护,作为进线故障的主保护;应装设过电流保护,作为母线故障的主保护和馈电线的远后备保护,同时弥补进线方向保护的"死区"。

3 27.5 kV馈电线应装设一套电流速断保护。

4 2×27.5 kV进线方向(至变电所方向)宜装设一段距离保护。

5 2×27.5 kV馈出方向(至分区所方向)宜装设两段或三段距离保护。

6 当进线方向上、下行馈电线和馈出方向上、下行馈电线纽结供电时可装设55 kV母线保护。

4.7.19 对分区所的馈电线故障,应按下列规定装设保护装置:

1 27.5 kV馈电线,在灵敏系数满足要求时装设电流速断保护,否则装设距离保护;

2 由变电所馈出经开闭所在分区所并联的2×27.5 kV馈电线,在上、下行各设两段距离保护;

3 由变电所馈出直接至分区所并联的2×27.5 kV馈电线,在上、下行各设一段距离保护。

4.7.20 对10 kV馈电线的相间短路和单相接地故障应按下列规定装设保护装置:

1 对相间短路装设带时限的过电流保护,动作于断路器。

2 对单相接地故障,按下列规定装设接地保护装置:

1)在10 kV母线上应装设接地监视装置,动作于信号。

2)10 kV线路上宜装设有选择性的接地保护,并动作于信号;当危及人身和设备安全时,保护装置应动作于跳闸。

3)在出线回路数不多,或难以装设有选择性的单相接地保护时,可采用依次断开线路的方法寻找故障线路。

4.7.21 110 kV和220 kV线路宜装设三相式一次自动重合闸装置。

4.7.22 牵引变电所、开闭所、分区所的馈线断路器应装设一次自动重合闸装置。

4.7.23 自动重合闸装置应符合下列要求:

1 当人为将断路器断开以及合闸于故障线路其保护动作随即断开时,自动重合闸均不应动作;

2 不应使断路器多次重合;

3 断路器处于不正常状态或不允许实现自动重合闸时,应能将自动重合闸装置闭锁或撤除。

4.7.24 对备用电源和备用设备的自动投入装置应按下列规定装设:

1 牵引变电所的两回电源进线上应装设备用电源自动投入装置;

2 当牵引变电所的牵引变压器采用固定备用方式时,两台牵引变压器应装设自动投入装置;

3 对有两回进线且正常时只投入一回的开闭所,两回进线上应装设自动投入装置,对有主电源和备用电源的开闭所,宜在备用电源回路上装设自动投入装置;

4 所内设有两台互为备用的所用变压器时,在其二次侧宜装设自动投入装置。

4.7.25 自动投入装置,应符合下列要求:

1 当备用回路有压、工作回路失压和断开后,应投入备用回路;

2 手动断开工作回路时,不应启动自动投入回路;

3 自动投入装置应只动作一次;

4 备用电源和设备的自动投入回路中,应设置自动投入装置的撤除或闭锁回路。

二、摘自《铁路电力牵引供电设计规范》(TB 10009—2016，J 452—2016)"4.7 继电保护及自动装置"

4.7.5 牵引变压器的保护应符合下列规定：
1 电量保护：
1) 引出线、套管、内部绕组故障及中性点直接接地侧的单相接地短路宜设置纵联差动保护；
2) 外部相间短路宜在高压侧和低压侧设置低压闭锁过电流保护，低压侧和高压侧的上述保护应选用不同的电压闭锁元件；
3) 中性点直接接地电力网中外部接地短路宜设置零序过电流保护和零序过电压保护；
4) 宜设过负荷保护或热过负荷保护。
2 非电量保护应包括下列情况：
1) 油面降低；
2) 变压器温度升高和冷却系统故障；
3) 轻瓦斯和重瓦斯；
4) 压力释放。

4.7.6 纵联差动保护应符合下列规定：
1 应能躲开励磁涌流和外部短路产生的不平衡电流；
2 差动保护范围应包括变压器套管及其引出线；当不能包括引出线时，应采取快速切除故障的辅助措施；
3 220 kV 及以上变压器宜采用双重化保护配置。

4.7.7 所用电变压器宜设置温度保护。

4.7.8 2×27.5 kV 自耦变压器宜装设瓦斯、释压、差动、失压和温度保护，当差动保护不能包括引出线时，应采取快速切除故障的辅助措施。

4.7.9 牵引变电所馈电线保护装置的设计应符合下列规定：
1 单线区段单边供电的 27.5 kV 馈电线在灵敏系数满足表 4.7.2（可参看本书附录 B——编者注）的要求时装设电流保护，不满足要求时装设距离保护；
2 单线区段单边供电的 2×27.5 kV 馈电线装设两段距离保护；
3 双线区段单边供电（上、下行在分区所并联）的 27.5 kV 馈电线装设两段距离保护；
4 双线区段上、下行经开闭所在分区所并联的 2×27.5 kV 馈电线装设三段距离保护；
5 双线区段上、下行由变电所馈出直至在分区所并联的 2×27.5 kV 馈电线装设两段距离保护。

4.7.10 开闭所保护装置的设计应符合下列规定：
1 27.5 kV 单回路进线应装设过电流保护，作为开闭所母线故障的主保护，并兼作馈电线的远后备保护；
2 27.5 kV 双回路进线应装设方向电流速断保护或距离保护，作为进线故障的主保护；应装设过电流保护，作为母线故障的主保护和馈电线的远后备保护，同时弥补进线方向保护的"死区"；
3 27.5 kV 馈电线应装设一套电流速断保护；

4　2×27.5 kV进线方向（至变电所方向）宜装设一段距离保护；
5　2×27.5 kV馈出方向（至分区所方向）宜装设两段或三段距离保护；
6　当进线方向上、下行馈电线和馈出方向上、下行馈电线纽结供电时可装设母线保护。

4.7.11　分区所的馈电线保护装置的设计应符合下列规定：
1　27.5 kV馈电线，在灵敏系数满足要求时装设电流速断保护，灵敏系数不满足要求时装设距离保护；
2　由变电所馈电线经开闭所在分区所并联的2×27.5 kV馈电线，在上、下行各设两段距离保护；
3　由变电所馈出直至分区所并联的2×27.5 kV馈电线，在上、下行各设一段距离保护。

4.7.12　牵引变电所、开闭所、分区所的馈电线断路器应装设一次自动重合闸装置或具有一次自动重合闸的功能。

4.7.13　自动重合闸装置的设计应符合下列规定：
1　当人为将断路器断开以及合闸于故障线路其保护动作随即断开时，自动重合闸均不应动作；
2　不应使断路器多次重合；
3　自动重合闸功能应能闭锁或撤除；
4　不带检压判断条件的自动重合闸应具备重合闸后加速保护功能。

4.7.14　备用电源和备用设备的自动投入装置的设计应符合下列规定：
1　牵引变电所的两路电源进线上应装设备用电源自动投入装置；
2　当牵引变电所的牵引变压器采用固定备用方式时，两台（组）牵引变压器应装设自动投入装置；
3　对有两路进线且正常时只投入一路的开闭所，两路进线上应装设自动投入装置，对有主电源和备用电源的开闭所，宜在备用电源回路上装设自动投入装置；
4　两路所用交流电源宜装设自动投入装置。

4.7.15　自动投入装置的设计应符合下列规定：
1　当备用回路有压、工作回路失压和断开后，应投入备用回路；
2　手动断开工作回路时，不应启动自动投入回路；
3　自动投入装置应只动作一次；
4　备用电源和设备的自动投入回路中，应设置自动投入装置的撤除或闭锁回路。

三、摘自《高速铁路设计规范》（TB 10621—2014，J 1942—2014）"11.3 牵引变电"

11.3.12　继电保护的配置应符合下列规定：
1　继电保护设计除铁路特殊要求外，应符合《继电保护和安全自动装置技术规程》GB/T 14285的有关规定。
2　牵引变电所的电源进线设失压保护，馈电线设阻抗、过电流、电流增量保护。牵引变压器设差动、过负荷、瓦斯、油温保护，带低电压启动的过电流保护。
3　分区所馈电线设失压、阻抗、过电流、电流增量保护。

  4 自耦变压器所馈电线设失压保护。
  5 自耦变压器设差动、过负荷、过电流、瓦斯、油温保护。
  6 配置一套数字式保护装置时，综合自动化系统保护装置应采用主保护和后备保护相互独立的方式。
  7 高压侧为330 kV及以上的变压器，应装设过励磁保护。保护应具有定时限或反时限特性，并与被保护变压器的过励磁特性相配合。

11.3.13 安全自动装置设置应符合下列规定：
  1 安全自动装置设计除铁路特殊要求外，尚应符合《继电保护和安全自动装置技术规程》GB/T 14285的有关规定。
  2 牵引变电所、开闭所的两回电源进线应装设备用电源自动投入装置。
  3 互为备用的牵引变压器、自耦变压器和所用电变压器应装设自动投入装置。
  4 牵引变电所馈电线设一次自动重合闸装置。
  5 分区所、自耦变压器所馈电线设检压合闸装置。
  6 牵引变电所馈电线设故障测距装置。

附录 E 牵引站供电线路继电保护配置原则

5.1 牵引站供电线路的继电保护装置应满足可靠性、选择性、灵敏性和速动性的要求。

5.2 保护配置、设备规范及二次回路应满足 GB/T 14285、DL/T 478 和相关反事故措施的要求。

5.3 应选用满足 GB/T 15145、GB/T 18038 要求的微机继电保护装置。

5.4 220 kV 及以上电压等级牵引站供电线路按以下原则实现主保护双重化：
(a) 配置两套完整、独立的全线速动保护；
(b) 两套全线速动保护的交流电流、电压回路、直流电源相互独立；
(c) 两套全线速动保护应分别动作于断路器的一组跳闸线圈；
(d) 两套全线速动保护应分别使用互相独立的远方信号传输设备。

5.5 牵引站供电线路的继电保护装置应充分考虑电气化铁路供电产生的不对称分量、冲击负荷、谐波分量等的影响，采取防止保护不正确动作、保护频繁启动等措施。

5.6 线路两侧纵联保护装置型号、软件版本应相适应，满足匹配要求。

5.7 220 kV 及以上电压等级牵引站供电线路配置双套纵联保护时，牵引站内高压电流互感器二次绕组配置上应满足接入双套纵联保护需要。

5.8 对于牵引站内多分支接线，线路纵联电流差动保护应接入各分支电流，各分支电流互感器特性、变比应一致。

5.9 220 kV 及以上电压等级线路宜按双重化要求实现远跳功能。如存在过电压问题时，宜按双重化要求配置两套过电压及远方跳闸就地判别功能。牵引站侧双套线路保护工程实施方案参见附录 A(参见 GB/T 38435—2019)。

5.10 220 kV 及以上电压等级牵引站供电线路宜配置适应负荷波动特性的双套纵联保护，具备光纤通道时优先采用纵联电流差动保护。

5.11 110 kV 牵引站供电线路，一般为三相式供电模式，应配置三段式相间及接地距离、四段零序过流保护、两段 PT 断线相过流保护。

5.12 具备光纤通道的 110 kV 线路，牵引站内主接线和运行方式满足要求的，可配置一套纵联电流差动保护。

5.13 对于线变组接线的 110 kV 短线路、同杆架设的 110 kV 线路、电缆线路，宜配置一套纵联电流差动保护。

[摘自《牵引站供电线路的继电保护配置及整定计算原则》(GB/T 38435—2019)"5 牵引站供电线路继电保护配置原则"]

附录 F 牵引网阻抗测试记录

<table>
<tr><th rowspan="3">供电臂
(接触网
供电分区)</th><th rowspan="3">供电臂
长度
(km)</th><th rowspan="3">短路
地点</th><th rowspan="3">接地
形式</th><th colspan="9">测 试 结 果</th></tr>
<tr><th rowspan="2">电压
(V)</th><th rowspan="2">电流
(A)</th><th rowspan="2">相位角
(滞后)
(度)</th><th colspan="2">阻抗</th><th colspan="2">电抗</th><th colspan="2">电阻</th></tr>
<tr><th>总值
(Ω)</th><th>每千米值
(Ω/km)</th><th>总值
(Ω)</th><th>每千米值
(Ω/km)</th><th>总值
(Ω)</th><th>每千米值
(Ω/km)</th></tr>
<tr><td rowspan="4">略阳变电所
至
高潭子</td><td rowspan="4">33.8</td><td rowspan="4">供电臂
末端</td><td rowspan="2">与钢轨
连接</td><td>90</td><td>5</td><td>69.7</td><td>18</td><td>0.53</td><td>16.9</td><td>0.50</td><td>6.2</td><td>0.18</td></tr>
<tr><td>180</td><td>10</td><td>70</td><td>18</td><td>0.53</td><td>16.9</td><td>0.50</td><td>6.2</td><td>0.18</td></tr>
<tr><td rowspan="2">与接地
极连接</td><td>150</td><td>1</td><td>1.9</td><td>150</td><td>4.44</td><td>5.0</td><td>0.15</td><td>149.9</td><td>4.43</td></tr>
<tr><td>230</td><td>1.5</td><td>2.6</td><td>153.3</td><td>4.54</td><td>7.0</td><td>0.21</td><td>153.1</td><td>4.53</td></tr>
<tr><td rowspan="3">阳平关变电所
至
高潭子</td><td rowspan="3">22.8</td><td rowspan="3">供电臂
末端</td><td>与钢轨
连接</td><td>125</td><td>10</td><td>68</td><td>12.5</td><td>0.55</td><td>11.6</td><td>0.51</td><td>4.7</td><td>0.21</td></tr>
<tr><td rowspan="2">与接地
极连接</td><td>180</td><td>5</td><td>16</td><td>36</td><td>1.58</td><td>9.9</td><td>0.43</td><td>34.6</td><td>1.52</td></tr>
<tr><td>220</td><td>6</td><td>16</td><td>36.7</td><td>1.61</td><td>10.1</td><td>0.44</td><td>35.3</td><td>1.55</td></tr>
</table>

说明：1. 本表来源于中国铁路西安局集团有限公司宝鸡供电段接触网参数测试记录。
2. 短路地点为供电臂末端，是指在距离供电臂末端最近的支柱支持装置或隧道口隧道悬挂装置处，用携带型接地线把接触网(通过固定地线等)与钢轨或接地极接通。
3. 在供电臂首端(变电所牵引馈电线断路器馈出侧)接电工仪表、加试验电压，记录电工仪表指示的电压、电流和相位角。据此，计算出阻抗、电抗和电阻等。
4. 在接地形式为与接地极连接的情况下，阻抗的电阻分量远大于电抗分量，是因为接地体电阻、接触电阻、接地电阻和地回路(大地)电阻等基本呈纯电阻性质，它们的总和比较大。
5. 略阳至高潭子沿线地带的岩石山区，比阳平关至高潭子沿线地带的岩石山区要多。

参 考 文 献

[1] 潘启敬. 牵引供电系统继电保护[M]. 第二版. 北京：中国铁道出版社，1987.
[2] 贺威俊，张淑琴. 晶体管与计算机继电保护原理[M]. 成都：西南交通大学出版社，1990.
[3] 贺威俊. 电力牵引供电系统技术及装备[M]. 成都：西南交通大学出版社，1998.
[4] 王永康. 继电保护及自动装置[M]. 北京：中国铁道出版社，1998.
[5] 贺家李，李永丽，董新洲，李斌. 电力系统继电保护原理[M]. （第四版）. 北京：中国电力出版社，2013.
[6] [日本]渡边宽，著. 交流电气化铁道牵引供电系统继电保护[M]. 丁向东，何四本，译. 北京：中国铁道出版社，1981.
[7] 山东工学院，山东省电力工业局. 电力系统继电保护（上、下册）[M]. 北京：水利电力出版社，1979.
[8] 何其光，陈容平. 牵引变电所[M]. 北京：中国铁道出版社，1989.
[9] 曹荣江. 配电网络中的串联补偿装置[M]. 北京：中国工业出版社，1964.
[10] [苏]巴·米·巴拉杜宁，列·阿·格尔曼，著. 电容补偿装置[M]. 张进思，何洪涛，袁则富，译. 北京：中国铁道出版社，1982.
[11] 水利电力部西北电力设计院. 电力工程电气设计手册[M]. 北京：水利电力出版社，1989.
[12] 崔家佩，孟庆炎，陈永芳，等. 电力系统继电保护与安全自动装置整定计算[M]. 北京：水利电力出版社，1993.
[13] 潘汉清. 牵引变电所的备用进线和备用主变压器自动投入装置（BZT）——介绍一种BZT接线[J]. 电气化铁道，1994(1).
[14] 李清超，黄子桐. 京秦铁路电气化 AT 供电方式供变电设施简介[J]. 电化铁道动态，1984(1).
[15] 袁则富，闫法舜. 成渝电气化铁路并联电容补偿设计中问题的探讨[J]. 电化铁道动态，1984(1).
[16] 水利电力部电力生产司. 保护继电器检验[M]. 北京：水利电力出版社，1978.
[17] 谭秀炳. 交流电气化铁道牵引供电系统[M]. 第5版. 成都：西南交通大学出版社，2021.
[18] 李群湛，连级三，高仕斌. 高速铁路电气化工程[M]. 成都：西南交通大学出版社，2006.
[19] 张保会，尹项根. 电力系统继电保护[M]. 第二版. 北京：中国电力出版社，2010.
[20] 谷水清，王丽君. 电力系统继电保护[M]. 第二版. 北京：中国电力出版社，2013.
[21] 高亮，罗萍萍，江玉蓉. 电力网继电保护及自动装置[M]. 北京：机械工业出版社，2014.